婚姻家庭违法行为认定与处理

李宇先 许恒芳 著

人民法院出版社

图书在版编目（CIP）数据

婚姻家庭违法行为认定与处理 / 李宇先，许恒芳著
. -- 北京：人民法院出版社，2023.3
ISBN 978-7-5109-3754-5

Ⅰ．①婚… Ⅱ．①李… ②许… Ⅲ．①婚姻法－研究
－中国 Ⅳ．①D923.904

中国国家版本馆CIP数据核字(2023)第040868号

婚姻家庭违法行为认定与处理

李宇先　许恒芳　著

责任编辑	马　倩	
封面设计	尚夏丹	
出版发行	人民法院出版社	
地　　址	北京市东城区东交民巷27号（100745）	
电　　话	（010）67550526（责任编辑）　　67550558（发行部查询）	
	65223677（读者服务部）	
客 服 QQ	2092078039	
网　　址	http://www.courtbook.com.cn	
E－mail	courtpress@sohu.com	
印　　刷	三河市国英印务有限公司	
经　　销	新华书店	

开　　本	787毫米×1092毫米　1/16	
字　　数	442千字	
印　　张	27	
版　　次	2023年3月第1版　2023年4月第2次印刷	
书　　号	ISBN 978-7-5109-3754-5	
定　　价	108.00元	

序言

习近平总书记指出："家庭是社会的基本细胞，是人生的第一所学校。不论时代发生多大变化，不论生活格局发生多大变化，我们都要重视家庭建设，注重家庭、注重家教、注重家风，紧密结合培育和弘扬社会主义核心价值观，发扬光大中华民族传统家庭美德，促进家庭和睦，促进亲人相亲相爱，促进下一代健康成长，促进老年人老有所养，使千千万万个家庭成为国家发展、民族进步、社会和谐的重要基点。"[①] 习近平总书记的重要指示精神为我国婚姻家庭法律制度的建设和研究指明了方向，提供了根本遵循。

根据人类学家、民族学家和考古学家的研究成果，人类大约在 250 万年前出现在地球上，在经历了漫长的蒙昧时代、野蛮时代后，大约在 5000 多年前进入文明时代。在蒙昧时代、野蛮时代，特别是蒙昧时代的早期，由于人类生产能力极为低下，在天寒地冻、洪水猛兽面前，衣食稀缺，随时面临着灭顶之灾，他们是自然界的弱者。那么，人类依靠什么才能在大自然中占有一席之地进而成为地球的主宰呢？其实古人早已经认识到这个问题。在我国战国时代，秦国丞相吕不韦在他主编的《吕氏春秋·恃君览》中指出："凡人之性，爪牙不足以自守卫，肌肤不足以扞寒暑，筋骨不足以从利辟害，勇敢不足以却猛禁悍，然且犹裁万物，制禽兽，服狡虫，寒暑燥湿弗能害，不唯先有其备，而以群聚邪！群之可聚也，相与利之也。"[②] 意大利中世纪经院哲

[①] 习近平：《在 2015 年春节团拜会上的讲话》，载《人民日报》2015 年 2 月 18 日。

[②] （战国）吕不韦，（汉）高诱注：《吕氏春秋》，上海古籍出版社 1989 年版，第 176 页。高诱的注释，"扞"，御也。"从"，随也。

学大师托马斯·阿奎那指出："当我们考虑到人生的一切必不可少的事项时，我们就显然看出，人天然是个社会的和政治的动物，注定比其他一切动物要过更多的合群生活。"① 我国历史学家研究认为，由考古学证明，人类的生产，从来都是在社会中或者通过社会来进行的，即便在北京猿人或者山顶洞人的狩猎时代，人类也不能够离群索居，因为捕捉野兽就不是个人甚至不是三五个人所能搞好的，所以对于自然界的适应，从开始就是集体的过程。② 这些观点阐明了人类只有群居生活，才能够在恶劣的自然环境中求得生存。

伟大的无产阶级革命导师弗里德里希·恩格斯指出："根据唯物主义观点，历史中的决定性因素，归根结底是直接生活的生产和再生产。但是，生产本身又有两种：一方面是生活资料即食物、衣服、住房以及为此所必需的工具的生产；另一方面是人类自身的生产，即种族的蕃衍。一定历史时代和一定地区内的人们生活于其下的社会制度，受着两种生产的制约；一方面受劳动的发展阶段的制约，另一方面受家庭的发展阶段的制约。"③ 恩格斯将两种生产作为考察人类发展历史的基本点，从而揭示了家庭、私有制、阶级和国家、法律的起源、发展过程，为我们研究婚姻家庭法律制度提供了方法论基础和科学依据，也是我们研究婚姻家庭法律制度的一把金钥匙。

在人类发展的历史进程中，人类自身的生产和再生产，也就是种族的繁衍是人类得以延续的根本，没有人类种族的繁衍，人类的历史必然会中断，社会也就不可能延续下去，而要达成这种种族的繁衍，就必然要有男女两性的结合。人类学家一般将人类男女两性的结合称之为婚姻，而法学家则仅将文明时代男女两性的合法结合称之为婚姻。

从人类家庭发展的历史来看，根据摩尔根的研究，人类的家庭形式发展

---

① ［意］托马斯·阿奎那：《阿奎那政治著作选》，马清槐译，商务印书馆1963年版，第44页。

② 雷敢：《中国古代中世纪史》，湖南师范学院自刊1952年版，第5页。

③ ［德］弗里德里希·恩格斯：《家庭、私有制和国家的起源·第一版序言》，中共中央马克思恩格斯列宁斯大林著作编译局译，载《马克思恩格斯全集（第21卷）》，人民出版社1965年版，第29~30页。

出以下几种：血缘制家庭、普那路亚（又称伙婚、亚血缘）制家庭、对偶制家庭和一夫一妻制家庭。在人类发展的不同历史阶段，男女两性结合的习惯与法律规定是不同的。在血缘制家庭、普那路亚制家庭时代，人们的婚姻处于群婚状态，而最早的群婚是在人类群居状态下，谈不上所谓家庭，在这样的状态下，包括直系血亲在内的血亲婚配是允许的，后世所谓婚姻禁例在那时并不存在。摩尔根指出："当人类文化处于蒙昧社会的低级水平时，人们在规定范围内实行共夫共妻，这是当时社会制度的主要原则。"[①] 随着人类认识能力的不断进步，人们逐渐发现直系血亲之间婚配生育出来的孩子存在着明显的生理缺陷，慢慢地人们就排除了直系亲属之间的婚配，形成了血缘家庭，这是人类在家庭组织上的第一个进步。后来，人类进一步发现，亲兄弟姐妹之间的婚配同样会导致所生育出来的孩子存在明显的生理缺陷，于是，人们又排除了亲兄弟姐妹之间的婚配关系和旁系兄弟姐妹之间的婚配关系，形成了亚血缘家庭，这是人类在家庭组织上的第二次进步。最后，人类在氏族内部禁止一切男女婚配关系，进而实行族外婚，形成对偶婚家庭，这是人类在家庭组织上的第三次进步。进入野蛮时代后期和文明时代后，人类就排除了一切男系血亲男女之间的婚配，各种婚姻禁例也越来越错综复杂，血缘制家庭和普那路亚制家庭被对偶婚制家庭所替代。但是，这一时期人类仍然处于母系社会，按照恩格斯的说法就是"原始时代家庭的发展，就在于不断缩小最初包括整个部落并盛行两性共同婚姻的那个范围"[②]。随着社会经济的进一步发展，母系社会瓦解，父系社会成为社会主流，人们可以确定子女出生自特定的父亲，人类家庭最终进入一夫一妻制家庭形式。

就人类社会组织而言，在蒙昧时代中级阶段就产生了氏族这样的社会组织，随着人类发展进程的推进，人类社会组织先后产生了氏族、胞族、氏族

[①]　［美］路易斯·亨利·摩尔根：《古代社会（上册）》，杨东莼、马雍、马巨译，商务印书馆1977年版，第47页。

[②]　［德］弗里德里希·恩格斯：《家庭、私有制和国家的起源》，中共中央马克思恩格斯列宁斯大林著作编译局译，载《马克思恩格斯全集（第21卷）》，人民出版社1965年版，第59页。

部落、部落联盟等社会组织形式。《吕氏春秋·恃君览》曾言，"昔太古尝无君矣"，人类的早期并没有君主。那时，氏族、胞族、氏族部落、部落联盟的首脑都是经全体成员推举产生的。在这些组织中，控制社会的主要是舆论，没有暴力机构，更没有当今所谓法律来管束社会成员。

随着动物的驯化，谷物的种植，畜牧业和种植业得以产生、分离，人类社会出现了第一次社会大分工，即畜牧业和农业的分工；随着陶器、布匹、金属工具等物品的制造，手工业与农牧业得以分离，人类出现了第二次社会大分工，即手工业和农牧业的分工；随着金属工具的使用，社会生产力得到进一步发展，社会财富有了巨大的增长，产品需要进行交换，社会出现了专门从事产品交换的商人，商业从其他行业中得以分离，产品也转化为了商品，人类出现了第三次社会大分工，即商业从生产业中独立出去。社会财富不断地增加，生产资料和生活资料私有制也就在人类社会中慢慢产生，一些人成了生产资料的所有者，一些人丧失了生产资料，生产资料的所有者拥有了奴隶，奴隶制社会产生了，于是社会分为剥削阶级（奴隶主阶级）和被剥削阶级（奴隶阶级），出现了第一次阶级大分裂。由于奴隶主阶级对奴隶阶级的残酷剥削和压迫，造成阶级严重对立，人类社会出现了所谓"少者使长，长者畏壮，有力者贤，暴傲者尊，日夜相残，无时休息，以尽其类"的现象，奴隶们经常反抗，因此，"圣人深见此患也，故为天下长虑，莫如置天子也。"[1]置天子的目的是维护这种私有制，对严重的阶级对立进行必要的控制。战国时代齐国丞相管仲在《管子·君臣（下）》中指出："古者未有君臣上下之别，未有夫妇妃匹之合，兽处群居，以力相征。于是智者诈愚，强者凌弱，老幼孤独不得其所。故智者假众力以禁强虐，而暴人止。为民兴利除害，正

---

① （战国）吕不韦，（汉）高诱注：《吕氏春秋》，上海古籍出版社 1989 年版，第 177 页。

民之德，而民师之。是故道术德行，出于贤人。"① 于是，国家就从氏族社会中自然而然地产生了，所谓智者、贤人就成了国家统治者。

不同的时代，人类有着不同的习惯和法律制度对婚姻家庭形态进行规范。在原始社会，由于不存在国家，对婚姻家庭相关行为的约束主要是氏族习惯，对于违反婚姻家庭习惯的行为，氏族社会最多只能给予舆论上的谴责，没有社会强制力特别是类似国家暴力机关的机制予以制约。进入阶级社会后，人类社会有了国家、法律，对于婚姻家庭关系就有了法律规范予以制约，遇有可能违反婚姻家庭法律规范的行为，国家就会确认该行为是否违反婚姻家庭法律规范，并对违反婚姻家庭法律规范的行为给予必要的调整或者制裁。

中华人民共和国成立后，中央人民政府委员会第七次会议通过了《中华人民共和国婚姻法》（以下简称 1950 年《婚姻法》），这是新中国颁布的第一部基本法律。1950 年《婚姻法》总结了《中华苏维埃共和国婚姻条例》《中华苏维埃共和国婚姻法》《陕甘宁边区婚姻条例》《晋察冀边区婚姻条例》等革命根据地婚姻家庭法律的立法经验，提出废除封建主义婚姻家庭制度，实行新民主主义婚姻家庭制度。1950 年《婚姻法》适应了新中国成立后改革婚姻家庭制度的实际需要。经过三十年发展，我国社会经济生活发生了巨大变化。1979 年 7 月 1 日，第五届全国人民代表大会第二次会议通过《中华人民共和国刑法》（以下简称 1979 年《刑法》），其中对涉及婚姻家庭方面的犯罪行为进行了规制。1997 年 3 月 14 日，第八届全国人民代表大会第五次会议对《中华人民共和国刑法》（以下简称《刑法》）进行了修订，再次对涉及婚姻家庭方面的犯罪行为进行了规制。1980 年 9 月 10 日，第五届全国人民代表大会第三次会议通过了新的《中华人民共和国婚姻法》（以下称 1980 年《婚姻法》）。

---

① （战国）管仲，（唐）房玄龄注，（明）刘绩增注：《管子》，上海古籍出版社 1989 年版，第 104~105 页。文中的"妃"与"配"同义，"兽处群居，以力相征"，唐代房玄龄的注释为"若野兽之处以群而居，力强者征于弱者"。第二个"智者"，房玄龄的注释为"智者即圣王也"。"暴"，音 bào，古"暴"字。

20 世纪 80 年代到 90 年代，我国立法机关又相继出台了一些关于婚姻家庭方面的法律，包括《中华人民共和国民法通则》（以下简称《民法通则》）、《中华人民共和国未成年人保护法》（以下简称《未成年人保护法》）、《中华人民共和国妇女权益保障法》（以下简称《妇女权益保障法》）、《中华人民共和国老年人权益保障法》（以下简称《老年人权益保障法》）和《中华人民共和国反家庭暴力法》（以下简称《反家庭暴力法》）等，对婚姻家庭法律规范进行了有益的补充。改革开放以来，我国社会生活包括婚姻家庭生活发生了翻天覆地的变化，由于 1980 年《婚姻法》存在大量法律空白，其中还有一些规定滞后于社会经济生活的现实。2001 年 4 月 28 日，第九届全国人民代表大会常务委员会第二十一次会议作出了《关于修改〈中华人民共和国婚姻法〉的决定》，对 1980 年《婚姻法》进行了修改，新的《中华人民共和国婚姻法》（以下简称《婚姻法》）制定了若干新的法律措施，更加有效地增强了对公民婚姻家庭权益的保障机制。立法机关对其他有关婚姻家庭方面的法律也进行了修改。2017 年 3 月 15 日，第十二届全国人民代表大会第五次会议表决通过了《中华人民共和国民法总则》（以下简称《民法总则》），对监护人制度进行了进一步的规范。2020 年 5 月 28 日，第十三届全国人民代表大会第三次会议通过并于 2021 年 1 月 1 日起施行的《中华人民共和国民法典》（以下简称《民法典》）对我国婚姻家庭法律制度进行了全新的编纂，在“总则编”“婚姻家庭编”中吸收了上述法律的有效内容，重申了社会主义婚姻家庭法律制度的基本原则，对我国的婚姻家庭法律制度作了进一步的完善，这些基本原则贯彻落实了习近平法治思想，弘扬了社会主义家庭美德。

法律具有国家强制力，我国婚姻家庭法律制度对于规范人们婚姻家庭行为具有强制约束力。对于婚姻家庭违法行为，我国婚姻家庭法律规范历来有所规制，有民事措施、行政措施，还有刑事制裁措施。但是，我国法学理论界对婚姻家庭违法行为的研究还不深入、不全面，对于婚姻家庭违法行为的研究散见于各类婚姻法、亲属法和刑法等方面的著作中。造成这种现状的原因主要是研究者没有打通民事法律（主要是婚姻家庭法律）与刑事法律的衔接渠道。为此，有必要对婚姻家庭违法（包括犯罪）行为进行专门的研究，以期进一步推动对婚姻家庭违法行为的广泛研究。

本书的两位作者一位是法官，从事刑事审判工作三十多年，是最高人民法院授予的第二届全国审判业务专家，且对婚姻家庭法律很有兴趣；一位是律师，从事家事法律代理实务二十多年，代理过许多家事案件。二人通过网络联络，决定共同对婚姻家庭违法行为进行研究，在讨论拟定写作提纲后，分头写作，共同统稿，反复修改，最终形成研究成果，就是呈现在读者面前的这本专著。

对婚姻家庭违法行为的研究是一门科学，美国社会学家丽莎·冈斯茨尼、约翰·冈斯茨尼认为："科学是一种思维方式，一种需要发现事物是为什么这样发生的，是如何运动的，以及这些知识能否用来造福于人类的方式。"[①] 因此，我们始终坚持以习近平新时代中国特色社会主义思想为根本遵循，贯彻落实习近平法治思想，大力弘扬社会主义核心价值观；始终坚持以马克思主义的历史唯物主义特别是婚姻家庭法律思想为指导，因为这些思想为我国婚姻家庭法学研究提供了系统而深刻的理论依据和科学的指导思想。

我们注意运用社会学、人类学、语言学、文献学、逻辑学、法律解释学、法律比较学等研究成果和方法，结合法学理论、最高人民法院的司法解释和部分法院的司法案例，对婚姻家庭违法行为的基本概念、构成，认定婚姻家庭违法行为时应当注意的问题以及对违法行为如何处理进行分析、解读。在研究过程中，当然难免引用众多学者的研究成果，对此作者一一标明出处，以期规范学术行为，并对被引用者表示衷心的感谢。特别要指出的是，在本书的研究过程中，较多地引用了一些经典著作和中国古籍的论述，我们在引述时认真地查找了权威的版本，以期准确无误，目的是为其他研究婚姻家庭

---

① ［美］丽莎·冈斯茨尼、约翰·冈斯茨尼：《角色变迁中的男性与女性》，潘建国、潘邦顺、王晴波译，浙江人民出版社 1988 年版，第 4 页。

法学的学者提供相应的索引。由于作者才疏学浅，错讹在所难免，还请各位读者批评指正。

李宇先

二〇二三年三月

目录

第一章
总　论

　　家庭是社会的基本细胞。无细胞，则无机体；无家庭，则无社会。而婚姻则是家庭的起点，它既是与家庭有关的身份行为的基础性行为，同时也是与亲属关系有关的身份关系的基础性关系。[①] 因此，要对婚姻家庭违法行为进行研究，就有必要对婚姻家庭的基本概念、性质、特征以及社会功能有所了解，有必要对婚姻家庭制度有所了解，只有这样才能够准确地区分在婚姻家庭行为中，哪些行为是合法行为，哪些行为是违法行为甚至是犯罪行为，以便保护合法行为，防止或者纠正甚至惩罚违法犯罪行为。

　　要搞清楚婚姻家庭违法行为，就必须对婚姻家庭法律规范中的一些概念进行必要的廓清。众所周知，概念是逻辑的起点，婚姻与家庭是婚姻家庭法律规范的逻辑起点，正如犯罪与刑罚是刑事法律规范的逻辑起点一样。任何概念都包含概念的内涵和外延，概念的内涵是指概念的意义，概念的外延是指概念的范围，这是形式逻辑的基本原理。美国社会学家威廉·J.古德在研究家庭问题时指出："要给一个研究的对象下一个正式而明确的定义，要比做研究本身困难得多。"[②] 这说明明确概念的重要性和艰难性。那么，我们应当如何对一个概念下定义呢？无产阶级革命导师弗拉基米尔·伊里奇·列宁指

---

　　① 与婚姻家庭相关的民事法律行为绝大多数是与身份有关的法律行为，一般称之为身份法律行为。婚姻家庭法律规范主要就是调整因婚姻关系而产生的各种亲属关系，因此，一些婚姻家庭法学者认为应当将婚姻法称为亲属法或者将《中华人民共和国民法典》中的"婚姻家庭篇"称为"亲属篇"。

　　② ［美］威廉·J.古德:《家庭》，魏章玲译，社会科学文献出版社 1986 年版，第 11 页。

出："下'定义'是什么意思呢？这首先就是把某一个概念放在另一个更广泛的概念里。"[1] 这一论断准确地描述了对某一具体概念下定义的方法，是我们对概念下定义时的理论指南。

第一节 婚 姻

人类进入文明时代以后，婚姻关系一旦形成，就会产生一系列的社会后果，形成众多的亲属关系，而不是只涉及婚姻关系当事人——丈夫和妻子。因此，在不同的时代、不同的社会，都有许多复杂的社会规范来规制婚姻，使得婚姻本身成为公共事务，这对双方亲属来说至关重要。

首先是形成了夫妻关系。男女双方结婚后，组成了新的家庭关系。其次是形成了姻亲关系。男女双方结婚后，就与对方的血亲形成了新的姻亲关系。最后是形成了新的血亲关系。男女双方结婚后，可能生育自己的子女，他们与所生子女构成父母子女关系，形成新的核心家庭——社会学家用核心家庭这个词来代表由父亲、母亲和孩子组成的基本家庭单位，它是家庭这个词的核心。这种新的血缘关系形成，也就完成了人类种族的繁衍。

婚姻最主要的后果是形成了各种亲属关系。马克思指出："人的本质并不是单个人所固有的抽象物，实际上，它是一切社会关系的总和。"[2] 亲属关系则是人类社会关系中最基础的关系。不同的时代、不同的社会对亲属关系规定了不同的权利义务。在人类社会的早期，这种"权利义务"是以氏族习惯的方式加以体现的。人类进入文明社会后，这种权利义务就是以法律的方式加以规制的。因此，有婚姻史学者研究认为，婚姻是建立家庭、繁衍后代的重要方式。它给后代以祖先、名字和权利，使家庭财产由一代传向另一代，与社会的经济基础相关联。婚姻建立了亲属关系，整个社会结构在基本的家庭单位或者亲属团体基础上运行，承载着人类社会的发展演变，与社会的生

---

① ［俄］弗拉基米尔·伊里奇·列宁：《唯物主义和经验批判主义》，中共中央马克思恩格斯列宁斯大林著作编译局译，载《列宁全集（第18卷）》，人民出版社1988年版，第148页。

② ［德］卡尔·马克思：《关于费尔巴哈的提纲》，中共中央马克思恩格斯列宁斯大林著作编译局译，载《马克思恩格斯全集（第3卷）》，人民出版社1960年版，第5页。

产关系相关联。因此，婚姻是一种社会化的行为，容纳了诸多社会因素——家庭地位、亲属利益、经济后果、财产分配、社会关系，它们在其中起着重要的作用。① 这一观点指明了婚姻与最基础的社会关系——亲属关系的关联性。

当代日本著名中国法律史学家滋贺秀三指出："由血缘关系、配偶关系以及两种关系之间的组合而结成的近亲，被我们宽泛并无差别地称为亲族，而在中文里用'亲属'这个词来表示的确很恰当。"② 亲属一词在我国古代早已有之，成书于汉代的《礼记》一书由礼学家戴圣编撰，是中国古代儒家经典之一，它是中国古代一部重要的典章制度集，主要记载了周朝的礼制，也就是当时的社会行为规范，体现了先秦儒家的哲学思想、政治思想、法律思想、教育思想，其中就包括诸多的婚姻家庭方面的典章制度，堪称是一部中国古代人们行为规范的汇编。在《礼记·大传》中就有"四世而缌，服之穷也。五世袒免，杀同姓也。六世，亲属竭矣"的表述。③ 这可能是我国古籍中对亲属最早的记载。对此，汉代的郑玄注曰："四世共高祖，五世高祖昆弟，六世以外，亲尽无属名。"④ 所谓"六世以外，亲尽无属名"，就是说六代以后，横向"亲"的关系已经不存在了，没办法在"属"中找到正式的称呼了。唐代的孔颖达疏曰："'四世而缌，服之穷也'者，四世，谓上至高祖以下至已兄弟，同承高祖之后，为族兄弟，相报缌麻，是服尽於此，故缌麻服穷，是'四世'也。为亲兄弟期，一从兄弟大功，再从兄弟小功，三从兄弟缌麻，共承高祖为四世，而缌服尽也。'五世袒免，杀同姓也'者，谓其承高祖之父者也，言服袒免而无正服，减杀同姓也。'六世，亲属竭矣'者，谓其承高祖之祖者也，言不服袒免，同姓而已，故云'亲属竭'矣。"⑤ 所谓"五世袒免，

① 薄洁萍：《西欧中世纪基督教会对婚姻的规范》，北京大学 2000 年博士学位论文。
② ［日］滋贺秀三：《中国家族法原理》，张建国、李力译，商务印书馆 2016 年版，第 26 页。
③ （汉）戴圣，（汉）郑玄注，（唐）孔颖达疏：《礼记正义》，载《十三经注疏（下）》，中华书局 1980 年版，第 1507 页。
④ （汉）戴圣，（汉）郑玄注，（唐）孔颖达疏：《礼记正义》，载《十三经注疏（下）》，中华书局 1980 年版，第 1507 页。
⑤ （汉）戴圣，（汉）郑玄注，（唐）孔颖达疏：《礼记正义》，载《十三经注疏（下）》，中华书局 1980 年版，第 1508 页。

杀同姓也”的意思就是人死了之后，他的第五代非直系亲属就无须服丧服了，仅仅因为是同姓，只要"袒免"就行了。也就是现在所谓出了"五服"。而"六世，亲属竭"的意思是人死之后，他的第六代以后的非直系亲属，连"袒免"都不必要了，他们的关系仅仅只是同姓而已了，就连亲属关系实质上都视为不存在。所谓袒免，是古代一种较轻的丧服，即露出左臂，脱去帽子用白布缠头，无需有缌麻。① 也就是说，凡五服以外的远亲，无丧服之制，唯脱上衣，露出左臂，脱冠扎发，用宽一寸白布从颈下前部交于额上，又向后绕于髻，以示哀思即可。在《礼记·大传》中还有"绝族无移服，亲者属也"的表述。对"绝族无移服"，郑玄注曰："族昆弟之子，不相为服"；对"亲者属也"，郑玄注曰："有亲者，服各以其属亲疏。"孔颖达疏曰："亲尽则无服，有亲则有服。'绝族'者，谓三从兄弟同高祖者。族兄弟应麻，族兄弟之子及四从兄弟为族属，既绝，故无移服。在旁而及曰'移'，言不延移及之。'亲者属也'者，谓有亲者各以属而为之服，故云'亲者属也'。"② 意思是人死了之后，血缘较近的后代就应当穿丧服，血缘较远的后代则无须穿丧服，是否穿丧服以及穿何种丧服，"各以属而为之服"。滋贺秀三指出，在古代中国，作为测量亲属关系亲疏的尺度，不存在计算世代数的数值来表现的纯粹意义上的亲等计算法，而有关人在死亡时某种范围的亲属应服何种程度丧的礼制上的规定即服制，起到代替亲等的作用。③ 汉代训诂学家刘熙在《释名·释亲》中对亲属作了解释，认为"親，襯也，言相隱襯也"。"屬，續也，恩相連續也"④。摩尔根的研究也表明："亲属关系有两类：第一类是由血缘产生的，或称血亲；第二类是由婚姻产生的，或称姻亲。血亲又分直系、旁系两

---

① 陈复华主编：《古代汉语词典》，商务印书馆2005年版，第1521页。

② （汉）戴圣，（汉）郑玄注，（唐）孔颖达疏：《礼记正义》，载《十三经注疏（下）》，中华书局1980年版，第1508页。在杨大文主编、法律出版社2012年版的《亲属法》中，称《礼记·大传》中有'亲者，续也'之说"。我们仔细检阅了众多研究《礼记》的著作所记载的内容，在《礼记·大传》中并无"亲者，续也"的表述，只有"亲者属也"的表述，虽然"属"字后来被解释为"续"，但是，毕竟原籍中并无"亲者，续也"的表述。

③ ［日］滋贺秀三：《中国家族法原理》，张建国、李力译，商务印书馆2016年版，第29页。

④ （汉）刘熙撰：《释名》，中华书局2016年版，第40页。为了准确表达文字的意义，此处引文特意使用了繁体字。

种。"① 这些解释的内容都说明，亲属之间的关系具有与其他社会关系不同的性质，这种相衬相连的亲属关系网络，是以婚姻关系为经、以血缘关系为纬而编织起的社会关系。在亲属关系中，夫妻关系是最核心的关系，有夫妻关系然后才有父母子女关系，再有其他亲属关系，最后建立各种社会关系。正如《周易·卦序》所言："有天地，然后有万物；有万物，然后有男女；有男女，然后有夫妇；有夫妇，然后有父子；有父子，然后有君臣；有君臣，然后有上下；有上下，然后礼义有所错。"② 在甘肃省天水市伏羲庙刊刻的《重建伏羲庙记》碑也指出："婚姻正则人伦叙。"③ 因此，家庭关系中所有的亲属关系都是以夫妻关系为核心展开的。

我们现在经常使用的亲属二字的意义当然已经与古代典籍中的含义不尽相同，古代是以亲为主、以属为从。汉代经学家、文字学家许慎在他的《说文解字》中释"亲"为"至也"，释"属"为"连也"。④ 从许慎的解释来看，亲与属二者之间存在亲疏远近之别，属因婚姻而将双方的亲联系在一起。滋贺秀三认为："在中国，亲属关系的规定上具有决定性意义的是'宗'的概念，并以此为中心来考虑亲属的分类和设立类似的亲等制度。""如果用一句话来表示，宗是一个排除了女系的亲属概念，即总括了由共同祖先分出来的男系血统的全部分支，就是所谓的一个宗。"⑤ 也就是我们常说的"宗"或者宗法制度。在这种宗法制度中，各个宗为与其他宗有所区别，一般以姓氏来作为区别的标准，同宗者均同姓，同姓者并不一定同宗，同宗者有着同一男性祖先，这也是过去有所谓"同姓不婚，异姓不养"之说的缘故。女性在宗法制度中，就她的自然属性而言，她是属于父宗；就她的社会属性而言，她又是属于夫宗，从父宗向夫宗地位的转移，则是由于婚姻关系的缔结才使得她取得了夫宗之中妻、母、祖母、曾祖母的家庭宗法地位。

现代汉语中，与亲属意义相近的词是亲戚，然而实质上，亲属和亲戚

---

① ［美］路易斯·亨利·摩尔根：《古代社会（下）》，杨东莼、马雍、马巨译，商务印书馆 1977 年版，第 392 页。

② （晋）王弼注，（唐）孔颖达疏：《宋本十三经注疏 附校勘记·宋本周易注疏（又称〈周易正义〉）》，光绪丁亥脉望仙馆石印版，卷九。

③ 贾坤：《〈重建伏羲庙记〉碑文中的祭祀研究》，载《天水行政学院学报》2015 年第 2 期。

④ （汉）许慎撰，（宋）徐铉校定：《说文解字》，中华书局 2013 年版，第 176、173 页。

⑤ ［日］滋贺秀三：《中国家族法原理》，张建国、李力译，商务印书馆 2016 年版，第 26 页。

两者之间还是有一定区别的，特别是在中国古代典籍中更是如此。在《礼记·曲礼》中有"夫为人子者，三赐不及车马，故州闾乡党称其孝也，兄弟亲戚称其慈也，僚友称其弟也，执友称其仁也，交游称其信也"的表述。孔颖达疏曰："亲指族内，戚言族外。"① 因为在中国古代是以宗法礼制作为社会关系规则，这一规则认为，亲戚是因血缘、婚姻而形成的社会关系。一般认为，亲是以血缘为纽带的，因"育"而来，将夫族的血缘关系作为亲的依据；而戚则是以婚姻为纽带的，因"姻"而来，将妻族的血缘关系作为亲的依据，比如在中国历史书中常见的外戚的戚就是这个意思。但是也有将戚解释为亲的，《吕氏春秋·论人》曰："何谓六戚？父母兄弟妻子。"高诱注曰："六戚，六亲也。"② 清代钱大昭在对成书于三国时代的《广雅》进行疏义时认为，对六亲的范围诸说多有不同，但是高诱对《吕氏春秋》的注释为正解。③ 正是因为中国古代社会是宗法社会，一切婚姻家庭关系都是以亲来确定的，也就是前面滋贺秀三所谓的宗。因此，在中国古代法律中很少用到亲戚这个概念，更多的是使用亲属的概念，在明清两代，亲属二字更是经常出现在各种律例之中，诸如"同姓亲属相殴""娶亲属妻妾""亲属相奸""亲属相盗"以及"亲属相为容隐"等内容。

晚近以来，在中国法学话语体系中，亲属是指人类基于婚姻关系、血缘关系和法律拟制的血缘关系而形成的社会关系。其中，婚姻为亲属之源，血亲为亲属之流，法律拟制为亲属之补，姻亲则是以婚姻作为媒介而形成的一种社会关系。所谓血亲，按照英国历史法学派代表人物亨利·詹姆斯·萨姆那·梅因的理解："'血亲'指的是一切人，从血统上能追溯到一个单一的男性和女性祖先的；或者，如果我们用罗马法中这个字的严格的专门意义，他们是一切从血统上能追溯到一对合法结婚夫妇的人。"④ 婚姻一经缔结，由此而形成的亲属关系便产生了法定的权利和义务，受到法律规范调整，也受到

---

① （汉）戴圣，（汉）郑玄注、（唐）孔颖达疏：《礼记正义》，载《十三经注疏（上）》，中华书局 1980 年版，第 1233 页。

② （战国）吕不韦，（汉）高诱注：《吕氏春秋》，上海古籍出版社 1989 年版，第 30 页。

③ （清）钱大昭撰：《广雅疏义》，中华书局 2016 年版，第 466 页。广雅即是增广《尔雅》之意。

④ ［英］亨利·詹姆斯·萨姆那·梅因：《古代法》，沈景一译，商务印书馆 1959 年版，第 84 页。

社会习俗调整。各种亲属关系的形成并不是基于其他社会关系，而是基于婚姻关系，亲属关系的起点是婚姻关系。

从婚姻制度上来看，我国史学界一般认为中国的婚姻制度起源于伏羲，在《重建伏羲庙记》的碑文中，有伏羲"以俪皮为礼，而正婚姻之始"，这是出自孔颖达《礼记正义》引谯周《古史考》云："伏牺（羲）制嫁娶，以俪皮为礼。"就是说伏羲创建了婚姻制度，包括最早的婚姻礼俗，就是以俪皮（两张鹿皮）作为礼物向女方家庭求婚。[①] 夏、商两代正是由父权制大家庭向父权制一夫一妻制家庭演进的时期，从史籍记载来看，禹已经不能像之前传说中的帝喾、帝尧那样可以娶四位妻子，也不能像帝舜那样可以娶两位妻子，夏禹只有一位妻子，即涂山氏。商代的王，也是一夫一妻制，但是在商代的后期，王族与贵族已经开始实行一夫一妻多妾的婚姻制度。周朝的王及诸侯、贵族的婚姻制度更是以"礼"（其实就是当时的法律制度）的形式固定下来的一夫一妻多妾制，妻只有一位。《礼记·曲礼》规定："天子有后，有夫人，有世妇，有嫔，有妻，有妾。""公、侯有夫人，有世妇，有妻，有妾。"[②] 并且规定有媵嫁制度。所谓媵，据汉代郑玄对《礼仪·士昏礼》中媵的注释："媵，送也，谓女从者也。"[③] 也就是陪嫁的女子。当天子、诸侯的正妻死后，天子、诸侯可以从媵中按地位高低顺序选一位作为正妻。因为当时的法律制度规定，天子、诸侯于妻子在世之时不得再娶妻子，同时天子、诸侯与妻子离婚是受到限制的。古人谓离婚为出妻，一般认为男子休妻有七条理由，谓之"七出"。据唐代贾公彦在对《仪礼·丧服》疏义时指出："七出者，无子一也，淫泆二也，不事舅姑三也，口舌四也，盗窃五也，妒忌六也，恶疾七也。天子诸侯之妻，无子不出，唯有六出耳。"[④] 直接指出天子、诸侯不能因为正妻无子而出妻（离婚）。电视剧《芈月传》中的楚国公主芈月就是一位跟随同父异母的姐姐芈姝作为陪嫁女子嫁入秦国的媵。她后来成为秦王王后

---

① 盛洪：《伏羲崇拜和制度神》，载《读书》2021 年第 9 期。

② （汉）戴圣，（汉）郑玄注，（唐）孔颖达疏：《礼记正义》，载《十三经注疏（上）》，中华书局 1980 年版，第 1261、1267 页。

③ （汉）郑玄注，（唐）贾公彦疏：《仪礼注疏》，载《十三经注疏（上）》，中华书局 1980 年版，第 966 页。

④ （汉）郑玄注，（唐）贾公彦疏：《仪礼注疏》，载《十三经注疏（上）》，中华书局 1980 年版，第 1104 页。

并进而成为太后，成为中国历史上称"太后"的第一人。周朝的婚姻制度对中国后世的婚姻制度影响极大，形成封建主义婚姻制度，其后万变不离其宗。新中国成立后，人民政府彻底废除了封建主义的婚姻制度，建立了新民主主义和社会主义的婚姻制度。

婚姻是人类社会一切亲属关系的源泉，进入文明时代以后，婚姻需要法律加以调整，以确保婚姻的合法性，以确保血缘的纯洁性，以确保家庭的稳定性。在某些历史学者看来，"婚姻就是固定配偶的男女关系，并用伦理规范来保证。"[①] 但是在我们看来，更多的是用法律规范来保证。民国时期的婚姻史学者陈顾远指出："顾生民之初，男女虽有性的结合，实基于人类保种之自然法则所致，尚不得遽以夫妻名，亦不得即以婚姻论。此种两性关系之表现，与其称为社会现象，无宁称为自然现象也。"[②] 因此，人类进入文明时代后都有一套完整的婚姻家庭法律规范制约着婚姻家庭关系。马克思指出："如果婚姻不是家庭的基础，那末它就会像友谊一样，也不是立法的对象了。""谁也没有被强迫着去结婚，但是任何人只要结了婚，那他就得服从婚姻法。"[③] 婚姻在文明社会是要受到法律规范制约的。

婚姻，就普通语义学而言，是指结婚的事，特指男女结婚而形成的夫妻关系。[④] 这个定义指明婚姻是一种社会关系，即夫妻关系。

在中国先秦时期，婚姻是写作"昏因"的，后来才发展为婚姻。根据语用学的理论，不同的语境，语词存在不同的意义。因此，婚姻在不同的语境中有多重意义。第一种情形，《礼记·经解》称："昏姻之礼，所以明男女之别也。"对此，郑玄注曰："昏姻，谓嫁取（娶）也。婿曰昏，妻曰姻。"孔颖达疏曰："案《尔雅·释亲》云：'婿之父为姻，妇之父为婚。'此云'婿曰昏，妻曰姻'者。《尔雅》据男女父母，此据男女之身。婿则昏时而迎，妇

---

① 盛洪：《伏羲崇拜和制度神》，载《读书》2021年第9期。

② 陈顾远、王书奴：《中国婚姻史·中国娼妓史》，岳麓书社1998版，第1页。

③ ［德］卡尔·马克思：《论离婚法草案》，中共中央马克思恩格斯列宁斯大林著作编译局译，载《马克思恩格斯全集（第1卷）》，人民出版社1956年版，第183页。

④ 李行健主编：《现代汉语规范词典》，外语教学与研究出版社、语文出版社2004年版，第588页。

则因而随之，故云'婿曰昏，妻曰姻'。"① 这些解释主要是说男女结婚后，形成夫妻关系、姻亲关系等亲属关系。第二种情形，《尔雅》在解释婚姻时称："婿（婿）之父为姻，妇之父为婚。""妇之父母、婿之父母，相谓为婚姻。"② 从婚姻关系当事人双方父母的角度解释婚姻是男女嫁娶之后形成的姻亲关系。许慎在解释婚姻时则称："婚，妇家也。礼，娶女以昏时，妇人，阴也，故曰婚。""姻，婿家也，女之所因，故曰姻。"③ 这些解释主要是说婚姻是姻亲关系的连接点。第三种情形，如《诗·郑风·丰》，这本是一首反映女子对美好婚姻向往的诗，而毛亨在解释该诗时认为，《丰》是"刺乱也。昏姻之道缺，阳倡而阴不和，男行而女不随"。对"昏姻之道"，郑玄注曰："婚姻之道，谓嫁娶之礼。"孔颖达疏曰："男以昏时迎女，女因男而来。嫁，谓女适夫家。娶，谓男往娶女。论其男女之身，谓之嫁娶；指其好合之际，谓之婚姻。嫁娶婚姻，其事是一，故云'婚姻之道，谓嫁娶之礼'也。若指男女之身，则男以昏时取妇，妇因男而来。婚姻之名，本生於此。"④ 孔颖达认为男娶女嫁，人们常说的婚姻这一名称本源于此。汉代班固所撰《白虎通·嫁娶》中有"婚姻者，何谓也？婚者昏时行礼，故曰婚。姻者，妇人因夫而成，故曰姻"⑤。这些解释主要是说婚姻是创设夫妻关系的行为。

在西方社会，最早从民事法律语义学的角度给婚姻下定义的是古罗马法学者赫伦尼亚斯·莫德斯丁。莫德斯丁指出，婚姻是"男女以终身共同生活为目的之结合关系"。罗马法中的 nuptiae、德国瑞士民法中的 Ehe、法国民法

---

① （汉）戴圣，（汉）郑玄注，（唐）孔颖达疏：《礼记正义》，载《十三经注疏（下）》，中华书局 1980 年版，第 1610 页。

② （晋）郭璞注：《尔雅 附音序、笔画索引》，中华书局 2016 年版，第 30 页。"婿"为"婿"的古体字。

③ （汉）许慎撰，（宋）徐铉校定：《说文解字》，中华书局 2013 年版，第 259 页。

④ （汉）毛亨传，（汉）郑玄笺，（唐）孔颖达疏：《宋本十三经注疏 附校勘记·宋本毛诗注疏（又称〈毛诗正义〉》，光绪丁亥脉望仙馆石印版，卷四。

⑤ （东汉）班固，（清）陈立撰：《白虎通疏证》，中华书局 1994 年版，第 491~492 页。据（东汉）班固，（清）陈立撰：《白虎通义（下）》（王云五总编纂：《万有文库》），商务印书馆 1937 年版，第 412 页为"婚姻者，何谓也？婚者昏时行礼，故曰婚。姻者妇人因夫而成，故曰姻"。而据潘绍观、王杰详校：《摛藻堂（钦定）四库全书荟要·子部·白虎通义·嫁娶》则为"婚姻者，何谓也？昏时行礼，故谓之婚也。妇人因夫而成，故谓之姻也"。两个版本文字上存在差异。

中的 mariage、英美法律中的 marrage 同样也是这样的意思。① 强调的是男女以终身共同生活为目的而形成的社会关系。因为"罗马人视婚姻有神秘性之结合，与古代各国之思想如出一辙，故认为婚姻为'夫妇终身之结合'"。"罗马法学大家毛特斯丁（莫德斯丁）有言曰：婚姻者，乃一夫一妇之终身结合，发生神事与人事之共同关系者也。"② 在罗马法学者看来，婚姻是以家族的利益为基础，以继血统、承祭祀为目的，这一观念与中国古代思想家对婚姻的理解是相同的。罗马法学者进一步认为，结婚涉及宗教与世俗的关系，因此是涉及神事与人事的关系。而在东罗马帝国皇帝弗拉维乌斯·阿尼修斯·查士丁尼的《法学总论——法学阶梯》看来："由自然法产生了男与女的结合，我们把它叫作婚姻；从而有子女的繁殖及其教养。"③ 美国法学家普遍认为，婚姻不仅仅是一男一女之间的个人关系，它是建立于合同之上的法律关系，并受到法律规范。在传统家庭法中，婚姻被定义为"一男一女排他的自愿结合"④。这些论述都是从民事法律规范的角度对婚姻这一概念的定义。

对婚姻的定义，在我国婚姻家庭法理论界，有学者认为："婚姻是为当时社会制度所确认的男女两性的结合。此结合所形成的特定的两性关系即为夫妻关系，又称之为婚姻关系或配偶关系。"⑤ "婚姻，是人与人之间一种特殊的社会关系，是以感情为基础的两性关系，婚姻是男女两性在爱情基础上合法的自然结合。"⑥ 强调的是社会关系。还有学者认为："婚姻是男女双方以永久

---

① 参见史尚宽：《亲属法论》，中国台湾地区自刊 1980 年版，第 83 页。

② ［美］A lan Watson：The Digest of Justinian，D.23，2，1（Mod.1 reg.），University of Pennsylvania Press，1985，P.657. 中文译文参见陈朝璧：《罗马法原理》，中国台湾地区商务印书馆 1979 年版，第 429 页。周枏、吴文翰、谢帮宇编：《罗马法》，群众出版社 1983 年版，第 98 页。莫氏对婚姻的定义为我国罗马法或者婚姻法学者引用，但是均没有给出脚注，出处不明确。经查英文、德文文献《The Digest of Justinian》《Corpus Iuris Civilis》，此定义来自《查士丁尼·学说汇纂（第 23 卷）》所引莫德斯丁的观点。中国政法大学出版社 2013 年版《罗马法民法大全翻译系列·学说汇纂（23 卷）》已经解决了此定义中文的来源问题。

③ ［罗马］弗拉维乌斯·阿尼修斯·查士丁尼：《法学总论——法学阶梯》，张企泰译，商务印书馆 1989 年版，第 6 页。

④ 夏吟兰：《美国现代婚姻家庭制度》，中国政法大学出版社 1999 年版，第 16 页、第 18 页。

⑤ 巫昌祯、夏吟兰主编：《婚姻家庭法学》，中国政法大学出版社 2007 年版，第 1 页。

⑥ 王光仪主编：《婚姻法教程》，南京大学出版社 1988 年版，第 1 页。

共同生活为目的，依法自愿缔结具有权利义务内容的两性结合。"① 强调的是两性结合的行为。在婚姻家庭法实务界，有研究者认为："婚姻是男女双方以永久共同生活为目的，以夫妻间的权利义务为内容的结合。"② 从权利和义务的角度，强调婚姻是两性结合的行为。其他论著对婚姻的定义，大同小异，有认为婚姻是一种法律行为的，有认为婚姻是一种社会关系的。

　　对婚姻进行定义，还有学者指出婚姻具有两重性："婚姻一词在法律上包括两个含义。一是指男女两性建立夫妻关系共同生活的行为；二是指通过一定的形式，也即国家、宗教或世俗认可的形式来建立夫妻关系。并不是男女两性自然结合就成为婚姻，法律上的婚姻是指符合法律所规定的条件的男女两性建立夫妻关系。"③ 直接指明婚姻具有法律行为与法律关系的两重性。但是，也有研究者认为："合法性不能成为一般婚姻的要件。否则，重婚等违法婚姻，就失去了理论基础。事实上，婚姻的定义，主要只涉及婚姻主体、内容（内涵）和形式三个方面。至于是否合法，则只涉及婚姻效力问题。据此，我们认为，婚姻是男女双方以永久共同生活为目的，按照一定程式缔结的配偶关系。"④ 这种观点否定合法性是婚姻的一般构成要件。

　　我们认为，在给婚姻下定义时，首先要确定婚姻这个概念是用于身份行为还是用于身份关系或者说是法律行为还是法律关系，如果认为婚姻是身份行为或者法律行为，则婚姻是指结婚，指男女双方以共同生活为目的两性结合的行为。如果认为婚姻是身份关系或者法律关系，婚姻是指配偶关系，指男女双方以共同生活为目的，按照一定的程式缔结为夫妻（配偶）关系。比利时学者雷克洛认为："婚姻是在具有男女好合的行为和男女好合的状态这两种意义上使用这个词的，而且教律给婚姻的定义是男女以产生子女为目的，互相贡献自我，而于彼此的身子互有永恒的独用的权利。"⑤ 韦斯特马克则认为，婚姻，通常被作为一种表示社会制度的术语。因此，可以给它下这样一

---

① 张贤钰主编：《婚姻家庭法教程》，法律出版社1995年版，第3页。
② 马原主编：《新婚姻法条文释义》，人民法院出版社2002年版，第3页。
③ 吴高盛主编：《婚姻法释义》，人民法院出版社2001年版，第1页。
④ 王礼仁：《婚姻诉讼前沿理论与审判实务》，人民法院出版社2009年版，第11页。
⑤ 参见［比］雷克洛：《婚姻》，田恩霈译，新生出版社1949年版，第1~2页。"教律"，是指教会的教规。

个定义：得到习俗或法律承认的一男或数男与一女或数女相结合的关系，并包括他们在婚配期间相互所具有的以及他们对所生子女所具有的一定的权利和义务。[①]并进一步指出，我们也可以把婚姻定义为男女之间或久或暂较为稳定的结合，一直延续到繁育子女之后。婚姻和纯粹的两性关系之间有着根本性的差别。这些纯粹的两性关系即使为习俗所认可，也不能算作婚姻。[②]在婚姻是体现身份关系这一意义上，婚姻家庭法律规范其实就是亲属法律规范。我们认为，婚姻既具有身份行为的意义，又具有身份关系的意义，但是主要是身份关系，我们将在这两个意义上、在本书不同的语境中交替使用婚姻这个词汇。

对于婚姻的构成要件，罗马法理论认为，凡法律视为正式婚姻者，须具备下列六种要件：一是必须男女二人均有市民法规定的"婚姻权"。在古罗马共和时代，罗马法根据人所具有的不同身份，将人划分为"有婚姻权人"和"无婚姻权人"。市民法规定，仅在罗马市民及古拉丁人之间，得为正式婚姻当事人。其他人虽然可以结婚，但是不得因婚姻取得"夫权""家父权"。梅因指出："从历史表面上所能看到的各点是：——最年长的父辈——最年长的尊属亲——是家庭的绝对统治者。"[③]这个统治者就是所谓的"家父"，这是一个大概念，与"家长""族长"的概念不尽相同。罗马法认为，就广义而言，有"自权人"身份之男性家长，对于其他亲属而言，皆称家父，不论其他亲属是尊属亲或者是卑属亲，都可以对他们行使家父权。家父之于家子，未必真正具有父子关系。但是就狭义而言，则所谓家父权，是指有"自权人"身份的人，对他的子女及其他卑属亲享有的权力，并且被古罗马市民法所承认。家子甚至包括奴隶、仆人。二是必须男女二人均为"已适婚人"。包括达到法定结婚年龄、有性行为能力。三是必须当事人未于过去有与婚姻抵触之志愿，这一要件主要是限制寡妇再婚。罗马法规定，寡妇必须在丈夫死亡十个月后

---

① ［芬兰］E.A.韦斯特马克：《人类婚姻史（第一卷）》，李彬、李毅夫、欧阳觉亚、刘宇、李坚尚译，商务印书馆2015年版，第35页。

② ［芬兰］E.A.韦斯特马克：《人类婚姻史（第一卷）》，李彬、李毅夫、欧阳觉亚、刘宇、李坚尚译，商务印书馆2015年版，第75页。

③ ［英］亨利·詹姆斯·萨姆那·梅因：《古代法》，沈景一译，商务印书馆1959年版，第71页。

方准许再婚，这样做是为了确定在丈夫死后，寡妇所生的孩子是死亡丈夫的遗腹子还是与再婚后丈夫的孩子。四是必须经双方家父的许诺。有如我国古代所谓"父母之命"。五是必须得到男女双方的同意。这一要件体现了当事人的主观意愿，在当事人为"他权人"时，他的婚姻以家父同意即可，不必当事人同意。在当事人为"自权人"时，必须他本人同意。而家父为女子选定夫婿时，则无须女子同意，但是，如果家父选定的夫婿为不忠实的人或者无健全的品行与名誉者则不在此限。六是必须没有法律上的障碍。一般认为，所谓法律上的障碍有三种情形：包括结婚当事人间有亲属关系，如有血亲、宗亲、姻亲关系结婚的限制；结婚当事人政治背景或者社会地位的限制，如平民与贵族通婚的限制、自由人与"解放自由人"通婚的限制、元老阶级与品位卑下者通婚的限制、官长与其管辖区域内女子通婚的限制；以及以维持公益为原因的限制，如与有夫之妇通奸者与该妇结婚的限制、略诱少女者与该少女通婚的限制、监护人及其子女与被监护人通婚的限制、不同宗教者通婚的限制。除了上述六种要件外，在9世纪后，宗教方面的结婚仪式亦被视为法律上的要件，特别是天主教国家更是如此。[1] 德国哲学家格奥尔格·威廉·弗里德里希·黑格尔在《法哲学原理》中从婚姻的主客观方面出发，认为"婚姻的主观出发点在很大程度上可能是缔结这种关系的当事人双方的特殊爱慕，或者出于父母的事先考虑和安排等；婚姻的客观出发点则是当事人双方自愿同意组成为一个人，同意为那个统一体而抛弃自己自然的和单个的人格"[2]。查士丁尼指出，罗马法除了规定了缔结合法婚姻应当具备的年龄等标准之外，还规定了一些亲属之间禁止结婚的情形，包括尊卑亲属（即使是因收养而形成的尊卑亲属）之间不能结婚、较亲的旁系亲属之间不得结婚、不准娶兄弟姐妹的女儿为妻、不准和姑（姨）母（即使是收养形成的）结婚、不准与继女和儿媳妇结婚、不准与继母和岳母结婚等。[3] 我国社会学家费孝通

---

① 以上罗马法关于婚姻构成要件的内容，详情还可以参见陈朝璧：《罗马法原理》，中国台湾地区商务印书馆1979年版，第430~440页。

② ［德］格奥尔格·威廉·弗里德里希·黑格尔：《法哲学原理》，范扬、张企泰译，商务印书馆1961年版，第177页。

③ ［罗马］弗拉维乌斯·阿尼修斯·查士丁尼：《法学总论——法学阶梯》，张企泰译，商务印书馆1989年版，第19~23页。

也认为，婚姻是社会为孩子们确定父母的手段，婚姻的目的是在确定生物性、社会性的父亲。社会必须预备着一个能够担负起抚育责任的生活团体，孩子出生前就要有这个小团体存在，婚姻之外的两性关系之所以受到限制就是要维持和保证父亲对儿女的长期的抚育作用，男女相约共同担负抚育他们所生孩子的责任就是婚姻。因此，结婚不是件私事，它是婚姻关系当事人与双方亲属之间的一种相互的权利与义务。[①] 在英国人的观念中，在一般意义上而言，婚姻是一种伙伴关系，丈夫和妻子首要的任务就是建立一个新住所，然后共同协作经营一个家。[②] 在美国家庭法理论看来，结婚双方必须具备结婚能力，且遵循特定的法律形式，方能缔结一项有效的婚姻契约，否则婚姻即无效。[③] 我们认为，我国婚姻法律规范中有关婚姻的构成要件应当包括以下几个要素：

1. 婚姻的主体。婚姻是男女两性的结合，这种结合应当为当时社会的习俗和法律制度所确认，同时也是结成夫妻身份关系的结合。无论是过去的《婚姻法》还是现在的《民法典》都规定，"结婚必须男女双方完全自愿"，并且对男女双方的最低结婚年龄作了限制性规定。这些规定足以证明，当今世界主流婚姻关系的主体只能是男女双方，同性不存在婚姻的问题。因此，婚姻是男女两性结合而形成的社会关系，这是婚姻的自然属性。男女两性在生理上、心理上的差异以及男女所固有的性本能和性需求是构成婚姻的自然要素，也是婚姻的原始动力和自然条件。两性的结合除了满足生理和心理的需求之外，还为了繁衍后代、种族延续和情感依赖的需要，这是婚姻的社会属性。

2. 婚姻的主观方面。我国婚姻法律规范规定，缔结婚姻要求男女双方完全自愿。婚姻是以共同生活为目的，包括性生活、精神生活和物质生活，体现婚姻当事人的主观意愿。

就性生活而言，是指夫妻双方互享性交的权利、互负性交的义务，与之相应的称之为配偶权，性生活最基本的功能是满足男女双方的基本生理需求。

---

① 参见费孝通：《生育制度》，载《乡土中国》，上海人民出版社 2006 年版，第 294~300 页。

② 傅新球：《英国转型时期的家庭研究》，安徽人民出版社 2008 年版，第 154 页。

③ ［美］凯特·斯丹德利：《家庭法》，屈广清译，中国政法大学出版社 2004 年版，第 32 页。

两性结合是人伦之本，男女两性的性差别、性吸引和性本能是婚姻成立的原始动力，是婚姻产生的自然条件。因此，在性生理需求方面，如果婚姻关系当事人一方存在性功能障碍，就可能导致婚姻中没有性生活，而没有性生活的婚姻是难以想象的，也是违反人性的。所以，过往对婚前患有性功能障碍结婚，婚后没有治愈的，一般视为无效的婚姻。《民法典》实施后，此类情形则视为可撤销婚姻的情形。当然，在婚姻关系当事人都进入老年状态时，性生活已经不是必需的了，夫妻双方更多的是在日常生活上的互相扶持。

就精神生活而言，人类不是独居动物，需要感情交流，特别是不可替代的男女之间的感情交流。无论中外，在传统社会里，女子如果对丈夫不忠会受到严厉责难甚至杀害，这其中的主要心理因素就在于男人们害怕自己妻子所生的孩子不是自己的，男人一般都不愿意抚养婚内的非亲生子女。因此，这些社会往往利用减少女子抛头露面的机会，力图控制妻子不忠行为的发生，而对男子的不忠行为则少有非议，甚至认为是风流韵事。在现代社会，我国的婚姻家庭法律规范要求男女结婚后，夫妻双方应当依照法律的规定互相忠实、互相尊重、互相关爱。无论男女的出轨行为，在法律上都是给予否定性的评价，认为只有在这样的基础上才能满足夫妻正常的感情需要，体现了婚姻家庭法律规范的男女平等原则。

就物质生活而言，是指夫妻双方在婚姻关系存续期间，夫妻双方建立了紧密的家庭经济联系，形成了受法律保护的家庭经济关系，夫妻双方使用一方或者双方所获得的合法财产满足家庭日常生活的需要。在婚姻关系存续期间，这种物质生活除了法律另有规定或者双方另有约定外，夫妻双方各自所获得的合法财产归夫妻双方共同所有，均有平等的处分权，夫妻双方承担互相扶养的义务，共同承担抚养未成年子女、赡养老人的义务。经济关系也是家庭关系的重要组成部分，是人类社会物质生产和自身生产在家庭生活中的反映。

有婚姻家庭法实务者用以永久共同生活为目的、以终身共同生活为目的来定义婚姻的主观方面，认为通奸、姘居之所以不被称为婚姻，就是因为通奸、姘居的男女发生两性关系的目的不是永久共同生活。这种判断割裂了婚姻构成要件的整体性，仅将主观方面的一个侧面作为评判标准，以偏概全。是否有永久、终身的目的，是一个主观判断，在现实生活中，就存在结婚不是为了永久共同生活、终身共同生活的情形，如为出国与外国人结婚，出国后即离婚，目的是利用婚姻为跳板，所以永久、终身不是婚姻的主观构成要件。而且，所谓永久、终身的观点是建立在基督教夫妻一体、夫妻不可离异这一观念基础上的。[①]查士丁尼从自然法原理出发指出："婚姻或结婚是男与女的结合，包含有一种彼此不能分离的生活方式。"[②]德国自然法学者塞缪尔·普芬道夫认为："婚姻结合的亲密本质明确表明：婚姻应当是永久性的，只在一方死亡时才结束，除非当初的婚约被通奸或恶意抛弃所破坏。"[③]德国哲学家约翰·戈特利布·费希特同样指出："婚姻的结合按其本性来说是不可分离的和永恒的，而且必然就作为永恒的关系加以推论的。"[④]这是婚姻所谓永久性、终身性概念的理论基础或者说宗教背景。

3. 婚姻的客观方面。新中国成立后，无论是过去的《婚姻法》还是现在的《民法典》均规定，婚姻必须要按一定程式缔结，即缔结婚姻的男女双方应当亲自到婚姻登记机关申请结婚。符合法律规定的，予以登记，发给结婚证。完成结婚登记，即成立婚姻关系。这是婚姻的客观的、法定的形式要件。至于其他诸如定婚、婚礼之类的均不是婚姻的形式要件。

在原始社会早期，只有两性基于男女双方的生理需求的结合，并不存在被当时社会规制的婚姻制度，仅具有婚姻的自然形式，尚不具备社会形式，即使如此，也得由当时的社会习惯所确认。在一夫一妻婚姻制度产生后的阶级社会，婚姻则主要由法律制度所确认，只有符合当时当地的法律规定的两性结合，才能被称之为婚姻。因此，从现代社会法律规范的角度来看，男女双方没有依法结婚登记而共同居住在一起并且有两性关系，并不认为婚姻关系已然或者必然存在，只能认为是同居关系，这是婚姻的社会属性所决定的。因此，不是所有的两性结合都是婚姻，两性结合必须采取缔结婚姻时社会制

---

① 参见《圣经·旧约全书·创世纪》《圣经·新约全书·马可福音》《圣经·新约全书·以弗所书》相关章节。

② ［罗马］弗拉维乌斯·阿尼修斯·查士丁尼：《法学总论——法学阶梯》，张企泰译，商务印书馆1989年版，第19页。

③ ［德］塞缪尔·普芬道夫：《人和公民的自然法义务》，鞠成伟译，商务印书馆2010年版，第177页。

④ ［德］约翰·戈特利布·费希特：《自然法权利基础》，谢地坤、程志民译，商务印书馆2004年版，第315页。

度所认可的形式，才能称之为婚姻。比如中国封建时代的婚姻，并没有要求婚姻登记，但是仍然有一定的程式，没有这种程式则不能称之为婚姻，或者不为当时的社会所承认。

4. 婚姻的客体。婚姻的客体是一种社会关系，或者说是一种社会制度，更直接、更具体的客体则是亲属关系。我们认为，设定婚姻制度最基础、最主要的目的并不是促进男女灵与肉的融合，反而是防止、减少人类同性之间为争夺异性伴侣互相进行残酷的搏斗而设定的制度。因此，婚姻实质上是一种"确权"行为，确认某男与某女的结合是得到社会认可的、是合法的，为的就是平息人们之间为争夺配偶资源而进行恶性争斗，婚姻制度最本质的目的就是保障同性之间不会为了配偶的争夺而相互侵犯，特别是保障自己的配偶免受其他人的性侵犯，一旦有所侵犯，就会受到法律的制裁。中国古代对伏羲的崇拜、祭祀其实并不是对伏羲个人的崇拜、祭祀，而是借对伏羲的崇拜、祭祀来表达人们对婚姻制度的感恩、崇敬，在当时的人们看来，是伏羲为人类制定了婚姻制度。他们祭祀的是婚姻制度，因为人们认为稳定和睦的婚姻乃是男女夫妻生活幸福的重要条件之一。① 英国哲学家伯特兰·罗素认为："婚姻和其他性关系是不同的，因为婚姻是法律上的一种制度，而且在大多数社会中，这是一种宗教制度，虽然重要的还是在婚姻的法律的一方面。"② 在专偶制婚姻的情形下，因为法律规范的缘故，婚姻关系进而亲属关系是确定的。摩尔根指出："每一个人对于居中心位置的己身的亲属关系都有精确的规定，除了亲属关系相同的人之外，各人都可通过专门的称谓和说明性的名称与其他人相区别。这种亲属制也反映了每个人的血统的肯定性，只有专偶制才能够保证血统确实无疑。"同样的，"亲属制可说是最为重要的。它通过每个人的亲属关系极其明确地表达了婚姻法和家族形态。"③ 男女双方缔结婚姻后，就形成了夫妻（配偶）关系，这是一种身份关系，是亲属关系中最为基础的社会关系，这种关系是一种静态的法律关系，是婚姻的法律属性。

① 盛洪：《伏羲崇拜和制度神》，载《读书》2021 年第 9 期。
② ［英］伯兰特·罗素：《婚姻革命》，野庐译，世界学会 1930 年发行，第 129 页。
③ ［美］路易斯·亨利·摩尔根：《古代社会（下册）》，杨东莼、马雍、马巨译，商务印书馆 1977 年版，第 491 页。

婚姻一经缔结，就必然产生一系列的法律后果，婚姻关系当事人享有相应的法律权利并且承担相应的法律义务，合法的婚姻将受到法律的保护。文明社会的法律排斥、否定一切不符合法律规定的两性结合，对不合法的两性结合法律将不予保护，甚至予以禁止、给予惩罚。美国婚姻问题研究学者珍妮弗·孔兹认为："在美国，婚姻一般定义为一位男性与一位女性合法结合形成的一个群体，前提是他们的年龄符合法律的规定，而且与他人都不存在合法的婚姻关系。"[①] 这种可以接受的定义强调的是婚姻的合法性。除此之外，双方的结合，只要不具有合法性就不会受到当事人所在国当时的法律保护，违法的婚姻家庭行为还会受到法律的否定性评价甚至是法律制裁。

关于婚姻的性质，在法学理论上主要有两种观点，即婚姻契约说与婚姻非契约说：

1. 婚姻契约说。在欧洲中世纪宗教婚姻发展鼎盛时期的寺院法（又称教会法），直接将婚姻视为"神作之合"，是上帝和他的创造物之间联合的一个标志。婚姻是标志着基督与教会结合的一种宗教性契约，它是不可解除和永恒的。梅因在研究古代法的时候发现，在古代社会，人的一切都是和他所具有的身份相关，而社会进入近代以后，"所有进步社会的运动在有一点上是一致的，在运动发展的过程中，其特点是家族依附的逐渐消灭以及代之而起的个人义务的增长，'个人'不断地代替了'家族'，成为民事法律所考虑的单位"。[②] 所有持婚姻为契约说这一观点的理论都认为，婚姻是夫妻间所订立的契约关系，也称合同关系。美籍英国史学家劳伦斯·斯通在他的研究中指出："中世纪初俗人眼中所见到的婚姻似乎都是一种关乎财产交换的两个家族间的私人契约，这份契约也对新娘提供若干经济保护，以防她遇到夫死或被夫遗弃或离异等状况，对那些没有财产的人而言，婚姻是两个个体间的私人契约，借社群的认同取得效力。"[③] 在 18 世纪的英国法学家威廉·布莱克斯通看来，

---

① ［美］珍妮弗·孔兹：《婚姻与家庭》，王道勇、郧彦辉译，中国人民大学出版社 2013 年版，第 5 页。

② ［英］亨利·詹姆斯·萨姆那·梅因：《古代法》，沈景一译，商务印书馆 1959 年版，第 96 页。

③ ［英］劳伦斯·斯通：《英国的家庭、性与婚姻 1500—1800》，刁筱华译，商务印书馆 2011 年版，第 12 页。

18 世纪的英国"法律仅将婚姻关系看成一种民事契约"。同时，布莱克斯通指出："婚姻关系的神圣性完全属于宗教法的管辖范围，因此世俗法院并不拥有将不合法的婚姻判定为一种罪行的裁判权，而只能视之为一种民事上的不便。"因此，布莱克斯通认为："从民事行为的角度来看待婚姻时，法律将婚姻关系与其他所有的契约关系同等对待。"[①]美国家庭法学者指出，从许多案例所使用的语句都可以推出这样一个结论：婚姻是一种契约合同。更确切地说，婚姻的缔结是通过合同完成的，然后转化为一种身份。婚姻既涉及合同又涉及身份。[②]在认为婚姻为契约关系的理论中又分为特殊契约、制度的契约和状态关系的契约学说。

就婚姻是特殊契约说而言，这种理论认为，基于婚姻是男女独立人格者自由意思的结合及其生活共同体的特性，婚姻关系虽然是夫妻生活共同体，但是它是一种契约，是一种基于亲属法的契约，因此也称之为特殊契约关系，与普通的民事契约不同。瑞士民法典将夫妻之间的共同体称为婚姻上的共同体。在英美法律上，这种双方合意的男女结合的行为就是婚姻契约，强调婚姻是一种特殊契约。

就婚姻是制度的契约说而言，这种理论认为，婚姻是制度规定的结合，它的设立行为是一种必须为法律认可、双方合意的行为，法律认可即是制度，双方合意即是契约，因此，婚姻是制度契约。而基于制度的要求，夫妻不能随意如解除其他契约那样依解除的合意而解除婚姻，必须得到法律的认可才可以解除。普通契约只要双方同意解除即可解除，无须办理法律手续，而解除婚姻则不同，必须经过法定的程序才能解除，如果双方均同意解除婚姻关系，则必须到民政部门婚姻登记机关办理离婚手续；如果一方不同意，则必须通过到法院进行诉讼，由法院判决是否离婚。这种学说强调婚姻虽然是一种契约，但它是一种受制度约束的契约。法国民法典和美国大多数州的婚姻法律规范是以此观点为支撑的。

就婚姻是状态关系的契约说而言，这种理论认为，婚姻是男女生活的共

---

① ［英］威廉·布莱克斯通：《英国法释义（第 1 卷）》，游云庭、缪苗译，上海人民出版社 2006 年版，第 482 页。

② ［美］哈里·D. 格劳斯、大卫·D. 梅耶：《美国家庭法精要》，陈苇等译，中国政法大学出版社 2010 年版，第 53~54 页。

同体，是必须被法律承认的两性结合，它是一种法律制度，虽然依契约而成立，但是依它的本性并不是如债权等那样的普通民事契约，它是亲属法上的法律状态关系的契约，与个人的随意性无关，这种法律状态不能因双方合意而随意改变，强调婚姻虽然是一种契约，但它是一种法律状态关系的契约。

在理论上认为婚姻是契约的主要代表人物有普芬道夫、法国启蒙思想家查理·路易·孟德斯鸠、德国哲学家伊曼努尔·康德和费希特。

普芬道夫指出："由人类的先行行为组合而成的人类联合状态便是婚姻。"普芬道夫认为："异性间强烈的吸引力不是被全能的上帝设计用来满足人单纯的愉悦感的。如果仅仅是这样，它必然会给人类带来极端的邪恶与混乱，上帝是要用它来增进夫妻关系，鼓励他们承担起养育孩子的责任与负担的。"在普芬道夫看来："任何背离此目的的男女媾和都是违背自然法的。""人类的繁殖绝对不能靠随意的性滥交来实现。必须用婚姻法来规制它，使它在婚姻内进行。"[1] 就婚姻的性质而言，婚姻是契约的。

孟德斯鸠认为："父亲有养育子女的天然义务，这促成了婚姻制度的建立。婚姻宣告谁应该负担这个义务。"在孟德斯鸠看来，当时的社会形态下，"不正当的结合对人种的繁衍没有什么好处"。如果不通过婚姻来确定父亲是谁，就无法确定谁是子女的父亲，就可能造成没有父亲履行对子女养育之责的状态。这样一来，对子女的养育的责任就会单独地落在母亲的身上。因为就子女而言，谁是子女的母亲是可以确定的。而母亲单独养育子女有无数的障碍，她们往往缺乏生活资料，难以恪尽这个责任。由此，孟德斯鸠得出一个结论："理性规定：在有婚姻关系的场合，子女承受父亲的身分；在没有婚姻关系的场合，子女则仅仅能够和母亲有关系了。"[2] 孟德斯鸠将婚姻视为一种确定谁是子女的父亲的机制，只有在当事人双方都合意的情况下才能建立这种机制，这种合意就是契约。

康德的法学思想渊源主要来自罗马法和法国资产阶级启蒙学者的法学思想，并且为自由主义法学思想进行哲学论证。康德认为，婚姻是一种契约，

---

① ［德］塞缪尔·普芬道夫：《人和公民的自然法义务》，鞠成伟译，商务印书馆 2010 年版，第 175~176 页。

② ［法］查理·路易·孟德斯鸠：《论法的精神（下册）》，张雁深译，商务印书馆 1963 年版，第 108~109 页。

"婚姻由两性间自然交往或自然的联系而产生。两性间的自然结合体的产生，或者仅仅依据动物的本性，或者依据法律"。当依据法律时，这种结合体就是婚姻。"婚姻就是两个不同性别的人，为了终身互相占有对方的性官能而产生的结合体。""在这种关系中，单个的人把自己成为一种'物'，这与他本人的人性权利相矛盾。可是，这种情况只有在一种条件下可以存在，即一个人被另一个人作为'物'来获得，而后一个人也同样对等地获得前一个人。这就恢复并重新建立了理性的人格。由于这种结合，获得人身的一部分器官，同时就是获得整个人。"在康德看来，这种结合体就是契约，"但是，婚约并不能据此而成为一种专横意志的契约，它是依据人性法则产生其必要性的一种契约。"① 占有是相互的，与人格观念并不相矛盾，类似于物权之对人的权利的关系，当配偶一方逃亡或者委身于他人的占有时，他方可以如拥有物权一样，随时地无条件地取回。康德持有的这种婚姻为契约观点是以满足性冲动为目的的要物或者诺成契约，将婚姻的契约关系完全等同于财产的契约关系，将人或者人格等同于"物"。这种观念现在看来当然是不正确的，或者可以说是过时的，因为这一观念忽视了以人格性爱为本质的婚姻所具有的社会伦理性。但是，考虑到当时正是法国大革命期间，大革命的洪流涤荡着教会法对婚姻的控制，宗教的婚姻正在向世俗的婚姻转变，1791 年制定的法国宪法公开宣告，"法律视婚姻不过为民事契约"，将个人从封建身份桎梏中解放出来，婚姻是一种契约的理论将婚姻从教会法的支配中解放出来，至少实现了夫妻形式上的平等和可以解除婚姻，是康德论述婚姻平等的理论基础，在当时无疑具有重大的进步意义。梅因的研究指出："所有进步社会的运动，到此处为止，是一个从'身份到契约'的运动。"② 对于婚姻的性质的问题，费希特摒弃了康德那种所谓婚姻中男女互相献身的平等性的形式主义立场，认为婚姻当事人对于他方而言，既非手段，也非所谓的物，而是当事人相异的机能的一种有机体。在费希特看来，婚姻不过是"一种自然的和道德的结合"而已。他反复强调："婚姻是一种通过性欲建立起来的性别不同的两个人之间的

---

① ［德］伊曼努尔·康德：《法的形而上法原理——权利的科学》，沈叔平译，商务印书馆1991 年版，第 94~95 页。

② ［英］亨利·詹姆斯·萨姆那·梅因：《古代法》，沈景一译，商务印书馆 1959 年版，第 97 页。

完美结合，这种结合以其自身为目的。""婚姻是在两性中通过性欲建立起来的。""婚姻关系是大自然所要求的两性成年人的真正生存方式。""婚姻是两个人之间的一种结合，即一个男人和一个女人之间的一种结合。"这些观点一方面体现了费希特对婚姻性质的看法，另一方面也体现了费希特坚持一夫一妻制，反对一夫多妻、一妻多夫制的理念。费希特一再指出："婚姻决不是发明的习俗，决不是任意的安排，而是一种必然完全由自然和理性的统一得到规定的关系。"在此基础上，费希特得出一个结论："婚姻必须用绝对自由的方式加以缔结，国家根据其保护每个人，特别是保护女性的职责，有权力和义务保护婚姻关系的这种自由。"① 以绝对自由的方式体现的就是个人的意志自由，是一种契约自由的精神。

英国当代社会学家安东尼·吉登斯研究指出："在前现代的欧洲，大部分婚姻都是契约式的，是以经济条件而不是以彼此间的性魅力为基础的。"② 反映了那个时代英国婚姻的状况。而美国的法律制度则认为，婚姻，可以说是公开的对男女性关系的约束，使当事人之间的两性关系合法化。以现代法律的角度来看，婚姻是一种身份、一种契约、一种财产形式、一种信托关系，它构建了一个新的法律实体——家庭。③ 美国婚姻法学者玛丽·埃伦·里士满、弗雷德·S.霍尔认为："婚姻这一概念是在英国由完全民事合同演化而来，并没有完全推翻另一个来自罗马中世纪的注解者的学说。也就是说，婚姻是一种自然权利。"④ 费孝通更是认为，婚姻是个别的契约，"多妻不是多母，多夫不是多父，这说明了婚姻是个人间的契约，不是集合性的契约，非但一男一女的结合是正常的及最普通的婚姻方式，即使有多男一女或多女一男的结合，也没有脱离这个别性的基础。"⑤ 在费孝通看来，多夫制也好、多妻制也好，都不是一种团体婚姻、团体契约，而是个体婚姻、个体契约。

---

① 参见［德］约翰·戈特利布·费希特：《自然法权基础》，梁志学译，商务印书馆2006年版，第302~320页。

② ［英］安东尼·吉登斯：《亲密关系的变革——现代社会中的性、爱和爱欲》，陈永国、汪民安等译，社会科学文献出版社2001年版，第51页。

③ 夏吟兰：《美国现代婚姻家庭制度》，中国政法大学出版社1999年版，第5页。

④ ［美］Mary E.Richmond、Fred S.Hall：《婚姻与国家：基于美国婚姻法实施的田野调查》，朱姝主译，华东理工大学出版社2018年版，第317页。

⑤ 费孝通：《生育制度》，载《乡土中国》，上海人民出版社2006年版，第331页。

2. 婚姻为非契约说。这种观点的理论基于宗教和性爱的立场，认为婚姻不是契约。这种非契约关系的理论又分为夫妻一体的基督教婚姻观、伦理的共同体理论和性爱的结合理论。

就夫妻一体的基督教婚姻观而言，基督教教义认为，婚姻不是只充满性欲的男女结合，而是一种纯粹的教会制度。《圣经》对夫妻一体的问题多有论述，《圣经·旧约全书·创世纪》指出："因此，人要离开父母与妻子连合，二人成为一体。"《圣经·新约全书·马太福音》指出："那起初造人的，是造男造女，并且说'因此，人要离开父母，与妻子连合，二人成为一体'。这经你们没有念过吗？既然如此，夫妻不再是两个人，乃是一体的了。所以，神配合的，人不可分开。"《圣经·新约全书·马可福音》指出："但从起初创造的时候，神造人是造男造女。因此，人要离开父母，与妻子连合，二人成为一体。既然如此，夫妻不再是两个人，乃是一体的了。所以，神配合的，人不可分开。"《圣经·新约全书·以弗所书》指出："为这个缘故，人要离开父母，与妻子连合，二人成为一体。"这些观念就如同基督教与教会不可分离一样，超越了个人自由的、神圣的夫妻一体关系是不可以随意解除的，一般天主教国家是不允许离婚的，因为婚姻是超越契约的夫妻身份关系。契约是可以解除的，而婚姻不是契约，所以不可离婚。

就伦理的共同体理论而言，这种理论反对婚姻是以性交为目的的单纯的契约关系，认为婚姻是直接的伦理共同体。有感情的爱可能是偶然的，但是偶然性不为伦理所容，从而婚姻应当是合法的伦理的爱。此观点的代表人物是黑格尔，在黑格尔看来，婚姻不是契约行为，因为婚姻是建立在道德和理性的基础上，是不可以任意解除的，而契约则是可以经双方同意而解除。黑格尔指出："婚姻不可能归属于契约的概念下，而康德竟然把它归属于契约的概念下，可说竭尽情理歪曲之能事。"[①] 黑格尔批判了自然法学理论将婚姻只看作性的关系、近代法学把婚姻仅仅视为民事契约和认为婚姻仅仅建立在爱的基础上的观点。黑格尔指出："以前，特别是大多数自然法的著述，只是从肉体方面，从婚姻的自然属性方面来看待婚姻，因此，它只被看成一种性的

---

① ［德］格奥尔格·威廉·弗里德里希·黑格尔：《法哲学原理》，范扬、张企泰译，商务印书馆 1961 年版，第 82 页。

关系，而通向婚姻的其他规定的每一条路，一直都被阻塞着。至于把婚姻理解为仅仅是民事契约，这种在康德那里也能看到的观念，同样是粗鲁的，因为根据这种观念，双方彼此任意地以个人为订约的对象，婚姻就降格为按照契约而互相利用的形式。第三种同样应该受到唾弃的观念，认为婚姻仅仅建立在爱的基础上。"黑格尔始终认为，"婚姻作为直接伦理关系首先包括自然生活的环节"。他进一步补充道，"婚姻实质上是伦理关系"，是伦理共同体。因此，"婚姻是具有法的意义的伦理性的爱。"① 婚姻使两性结合为一新人，构成一个伦理共同体，这种共同体不是以契约关系作为它的本质基础，因为契约当事人是相对立的，不是共同体，最为关键的是，契约的对象是个别的外部事务，当事人可以任意转让，而婚姻则不可以。罗素对婚姻的性质问题指出，"在教会看来，婚姻并不是生育的手段，却是奸通的替代。"② 是对具有法律的意义、伦理性的爱的诠释。

就性爱的结合理论而言，这种理论认为，婚姻是夫妻双方完全人格的结合，它是基于人格的性爱意思而成立的共同体。这种结合虽然是基于当事人的合意而成立，但是这种结合却与一般的合伙关系不同，不是契约关系。也与社团基于选择的意思而成立的利益团体不同，不是基于团体的利害关系，而是基于人格的性爱的结合。恩格斯指出："结婚的充分自由，只有在消灭了资本主义生产和它所造成的财产关系，从而把今日对选择配偶还有巨大影响的一切派生的经济考虑消除以后，才能普遍实现。""既然性爱按其本性来说就是排他的，——虽然这种排他性在今日只是对妇女才完全有效，——那末，以性爱为基础的婚姻，按其本性来说就是个体婚姻。""如果说只有以爱情为基础的婚姻才是合乎道德的，那末也只有继续保持爱情的婚姻才合乎道德。"③ 这些论述指明了婚姻的基础是性爱的结合。

马克思批判地继承了黑格尔的婚姻法律思想，认为婚姻关系的本质是摆

---

① ［德］格奥尔格·威廉·弗里德里希·黑格尔：《法哲学原理》，范扬、张企泰译，商务印书馆 1961 年版，第 176~177 页。

② ［英］伯兰特·罗素：《婚姻革命》，野庐译，世界学会 1930 年发行，第 153 页。"奸通"即"通奸"。

③ ［德］弗里德里希·恩格斯：《家庭、私有制和国家的起源》，中共中央马克思恩格斯列宁斯大林著作编译局译，载《马克思恩格斯全集（第 21 卷）》，人民出版社 1965 年版，第 95~96 页。

脱夫妻双方主观任意性的客观伦理理性。马克思从理性的观点出发，在批判普鲁士国家最新离婚法草案时，坚持把婚姻关系的伦理理性同行为的合法性结合起来，指出"立法不是把婚姻看作一种合乎伦理的制度，而是看作一种宗教的和教会的制度，因此，婚姻的世俗本质被忽略了"。认为在婚姻的问题上，"每个有理智的人都会认为自己的行为是合法的"。① 婚姻不仅仅是夫妻的个人意志，而且也是伦理实体。

《民法典》第464条第2款规定："婚姻、收养、监护等有关身份关系的协议，适用有关该身份关系的法律规定；没有规定的，可以根据其性质参照适用本编（即合同编）规定。"这一规定延续了《合同法》的规定，我们可以从中看出，在《民法典》中规定婚姻、收养、监护是有关身份关系的契约，只不过是与一般的财产契约不同的契约而已。由于婚姻关系承载着人类种族繁衍的重任，因而也对当事人之间缔结婚姻和解除婚姻的合意给予了更多的法律限制。婚姻关系的性质是身份契约，既有身份性，又有契约性。因此，我们认为，婚姻的性质是男女双方当事人自愿缔结为夫妻关系的特殊契约，它是缔约双方当事人以建立夫妻关系为目的，以夫妻间的权利义务为内容的身份协议，这一契约需要国家背书确认。契约的形式是结婚证书，契约的内容则是当时的婚姻家庭法律规范，通过婚姻契约为合法的两性关系确权。

至于婚姻的社会功能，大致包含人类物质生活和精神生活的需求：一是满足人类两性的性生理和性心理需求，二是满足人类两性的情感需求，三是满足人类两性相互扶持的需求，四是满足人类种族繁衍的需求。对此无须作更多的解释。

第二节 家 庭

学术界的主流观点均认为婚姻是家庭存在的基石，先有婚姻，后有家庭，这是毫无疑义的。不同的婚姻制度制约着不同的家庭制度，一般而言，有什

---

① ［德］卡尔·马克思：《论离婚法草案》，中共中央马克思恩格斯列宁斯大林著作编译局译，载《马克思恩格斯全集（第1卷）》，人民出版社1965年版，第182~185页。

么样的婚姻制度，就会有与之相对应的家庭制度。但是，在韦斯特马克看来，是婚姻起源于家庭，而不是家庭起源于婚姻。他作出这一判断的依据就是，在许多民族中，男女之间的真正婚姻生活，并不是从正式宣布结婚或订婚的时候开始的，只有到孩子出生或者已明显怀孕时，婚姻关系才算最终确定。[①]人类社会组织结构从古至今，就它演变的过程来看，是朝着两个方面发展的：一方面维护人类基本安全的社会组织越来越大，从氏族到胞族、氏族联盟、国家、国家联盟乃至联合国组织；另一方面维持人类基本生存的亲属组织越来越小，从氏族、家族、家庭乃至个人。但是，人类社会最基本、最稳固的细胞仍然是家庭，尽管千百年来人类社会、经济、文化环境已经发生了巨大的变化，但是家庭却依然保留了对全部社会制度的最大影响。

人们一般将通过婚姻建立的夫妻关系与亲子关系的结合体称为家庭三角，而之所以说家庭三角是最稳固的、最小的、最为普遍的社会结构单元，就是因为在婚姻缔结之始就意味着要同时缔结夫妻关系和建立亲子关系这两种社会关系，这两种社会关系相互联结，互为前提，是社会结构形成与维系的基本条件。

就普通语义学而言，家庭，是以婚姻和血缘关系为基础的社会单位。一般包括父母、夫妻、子女等亲属。[②]美国社会学家斯图尔特·A.奎因和罗伯特·W.哈本斯坦则认为："家庭这个术语本身就有多种不同的解释。从最简单的生物学定义上说，家庭是通过交配和血统维系的一群人，而不论他们是否有其它方面的联系。"他们进一步指出："从社会学定义的角度上说，家庭被看作是人的亲密的社会群体，这些人通常具有血缘关系、并形成一个明确的社会单元。"[③]奎因和哈本斯坦从生物学和社会学两个不同的角度阐明了家庭的概念。

根据摩尔根的研究，在人类社会的早期，人们的"婚姻"是无序的群婚

---

① ［芬兰］E.A.韦斯特马克：《人类婚姻史（第一卷）》，李彬、李毅夫、欧阳觉亚、刘宇、李坚尚译，商务印书馆2015年版，第76页。

② 李行健主编：《现代汉语规范词典》，外语教学与研究出版社、语文出版社2004年版，第626页。

③ ［美］斯图尔特·A.奎因、罗伯特·W.哈本斯坦：《世界婚姻家庭史话》，卢丹怀、刘谧辰、韩铁椿译，宝文堂书店1991版，第14~15页。

状态，整个一群男子与整个一群女子互为所有，相与为婚，包括直系血亲在内的每个女子属于每个男子，每个男子同样也属于每个女子。在这种群婚状态下，与之相适应的就不存在我们当今所谓的家庭，这些人共居共财共生，是一种杂乱的性交关系，不存在当今人类的任何婚姻禁忌制度。因此，刚刚"脱离动物状态的原始人类，或者根本没有家庭，或者至多只有动物中所没有的那种家庭"①。在这种情形下，无所谓婚姻制度，当然也就无所谓家庭制度，有的只是共同生活的人类群体而已。当然，如果一定要将两性在生孩子之前成对同居的一切场合，都称之为"婚姻"的话，那么这种"婚姻"是完全可以在杂乱性交关系状态下发生的，一定要说这样的群体是家族或者家庭也未尝不可。但是，没有制度的支撑，这种情形确实不能称之为家族或者家庭。古德的研究指出："家庭是由个人组成的，但是它又是一个社会单位，是庞大的社会网络的一部分。家庭并非孤立而又自我封闭的社会体系。"②摩尔根在研究波利尼西亚人、夏威夷人的亲属关系时发现，在史前时期存在过一种被称为血婚制度的婚姻制度，这种婚姻制度是因为人类发现直系血亲之间的婚配所生出来的孩子存在明显的生理缺陷，因而排除了直系血亲之间的任何婚配形式，在这种婚姻制度中，兄弟姐妹包括从兄弟姐妹之间互相通婚是为社会习俗所允许的，从而与之相适应的是，形成了最早的家庭制度——血婚制家族，也称血婚制家庭。这种血婚制家族在摩尔根时代，在历史所记载的最蒙昧的民族中已经找不出这样的例子来了，只能从当时发现的未开化的民族中残存的亲属关系的称呼来推断这种家庭形式的存在。摩尔根得出一个结论："在由这种婚姻方式组成的血婚制家族中，就男子而言，则为一夫多妻制；就女子而言，则为一妻多夫制，这种形式应被视为与人类社会同样古老的形式。"③这种血婚制家族就是人类社会最初级阶段的最基础的家庭组织结构，人类之后的家庭都是在此基础之上逐渐成长、发展起来的。摩尔根指出：

---

① ［德］弗里德里希·恩格斯：《家庭、私有制和国家的起源》，中共中央马克思恩格斯列宁斯大林著作编译局译，载《马克思恩格斯全集（第21卷）》，人民出版社1965年版，第45页。

② ［美］威廉·J.古德：《家庭》，魏章玲译，社会科学文献出版社1986年版，第5页。

③ ［美］路易斯·亨利·摩尔根：《古代社会（下册）》，杨东莼、马雍、马巨译，商务印书馆1977年版，第405页。

"血婚制家族是第一个有组织的社会形式，而它必然是从以前的无组织状况中进化而来的产物，不论那种无组织状况究竟如何。它揭示了人类的最低水平，我们可以以此为出发点，以此为已知的最低点，来探索人类进步的历史，并通过家族的结构，通过发明和发现的进程，从蒙昧社会一直研究到文明社会。"[①] 这一研究表明人类的家庭起源于血婚制家庭。

在中国远古时期，因为没有文字记载，我们很难对当时的家庭情况给予科学的论述。但是，在我国的古籍中，记录了大量关于远古时期"婚姻""家庭"的神话传说，这些神话传说可能就是远古时期我国古代先民"婚姻""家庭"状况口口相传的反映。比如，关于中国的人类始祖伏羲与女娲的传说。这一传说认为伏羲氏与女娲氏兄妹为夫妻。汉武梁祠画像可以为证。[②] 在现今留存的汉代石刻画像与砖画中我们可以看到伏羲与女娲的形象，在这些画像中，伏羲和女娲腰身以上为人形，衣袍官帽，腰身以下则为蛇形，两条尾巴紧紧缠绕在一起，象征交媾。在有的画像中还饰以彩云，伏羲手捧太阳，太阳中有一金乌；女娲手捧月亮，月亮中有一蟾蜍，表示阴阳两极，象征男女。汉代王延寿在他所作的《鲁灵光殿赋》中追述了汉景帝之子鲁恭王刘余受封及建造灵光殿的情景。此赋从外观上综述灵光殿的高峻、博大、卓异、奇险和壮丽，引导读者观览宫殿内部的种种结构、构造和设施，对整个建筑的设计、施工、结构发出了高度的赞叹，最后赞美灵光殿雄奇瑰丽。赋中就有对灵光殿中的伏羲、女娲画像的描述："伏羲鳞身，女娲蛇躯。"[③] 伏羲、女娲兄妹相婚的神话反映的正是我国远古时代血婚制家族的状况，也与世界其他民族家庭的发展进程相一致。

摩尔根发现："当人类文化处于蒙昧社会的初级水平时，人们在规定范围内实行共夫共妻，这是当时社会制度的主要原则。"[④] 直到古希腊时代，在古希腊哲学家中还存有共妻的观念，古希腊哲学家柏拉图借苏格拉底之口指出：

---

① ［美］路易斯·亨利·摩尔根：《古代社会（下册）》，杨东莼、马雍、马巨译，商务印书馆 1977 年版，第 412~413 页。

② 雷敢：《中国古代中世纪史》，湖南师范学院自刊 1952 年版，第 5 页。

③ （东汉）王延寿：《鲁灵光殿赋》，载（梁）萧统编，（唐）李善注：《（昭明）文选》，中华书局 1977 年版，第 171 页。

④ ［美］路易斯·亨利·摩尔根：《古代社会（上册）》，杨东莼、马雍、马巨译，商务印书馆 1977 年版，第 47 页。

"这些女人应该归这些男人共有，任何人都不得与任何人组成一夫一妻的小家庭。同样地，儿童也都共有，父母不知道谁是自己的子女，子女也不知道谁是自己的父母。"[①] 社会进一步地发展，人类在性关系上又有了进一步的限制，开始排除亲兄弟姐妹之间的性行为，这种婚姻制度被称为伙婚制，又被称为亚血缘婚制或者普那路亚婚制，这种婚姻制度的基础就是若干个兄弟是他们彼此的妻子的共同配偶，或者是若干姐妹是她们彼此丈夫的共同配偶。这里的兄弟姐妹包括从兄弟、再从兄弟、三从兄弟甚至远房兄弟，姐妹也一样。由此而形成的家庭制度就被称为伙婚制家庭、亚血缘制家庭或者普那路亚制家庭。每一个这种群体，包括因婚姻产生的子女在内，构成一个普那路亚制家庭。人类社会在此基础上，由若干个普那路亚制家庭组成了氏族组织。而当氏族组织在人类社会普遍形成之后，娶旁系姐妹为妻的风气也就终止了。但是，相互间仍然共有其他没有血缘关系的夫妻。氏族是以同一祖先而结合的血族团体。在亲属的称呼上，同辈的男性都是下一辈人的共同父亲，同辈的女性都是下一辈的母亲。在中国的商代就存在祖乙、祖丁、祖庚的称呼。[②] 在这样的氏族社会原始形态中，实行的是族外婚，这种族外婚有两条最为基本的社会规则：一是兄弟姐妹之间禁止通婚，二是女性世系，也就是母系社会。在上古的母系社会，人类的世系是以母亲的血缘为标准计算的。战国时代的商鞅在《商君书·开塞》中指出："天地设而民生之，当此之时也，民知其母而不知其父。"[③] 这时，子女的父亲尚无法确定，而只有母亲才能作为识别世系的标准，这是氏族最古老的形式，有氏无姓，姓则是一直到父系社会后期才有。"男子称氏，女子称姓，此周之通制也。"[④] 在中国的许多古籍中都有母系氏族社会的描述，留下了许多所谓"圣人皆无父，感天而生"的传

---

① ［古希腊］柏拉图：《理想国》，郭斌和、张竹明译，商务印书馆 1986 年版，第 190 页。
② 王国维：《殷周制度论》，载《观堂集林 附别集》，中华书局 1959 年版，第 455 页。
③ （战国）商鞅：《商君书》，上海古籍出版社 1989 年版，第 13 页。
④ 王国维：《殷周制度论》，载《观堂集林 附别集》，中华书局 1959 年版，第 473 页。

说。[1] 姓由"女""生"二字组合而成，许慎在他的《说文解字》中将姓解释为："人所生也，古之神圣，母感天而生子，故称天子。"[2] 唐代张守节在对《史记·五帝本纪》进行"正义"（中国古代的一种解释学，指对某事物进行正确的解释）时指出，中华人文始祖黄帝轩辕氏的母亲附宝"之祁野，见大电绕北斗枢星，感而怀孕，二十四月生黄帝于寿丘"。张守节还引用古籍《帝王世纪》称炎帝神农氏的母亲任姒"游华阳，有神龙首，感生炎帝"。张守节并引用《河图》描述帝颛顼的母亲昌仆（又名女枢）因"瑶光如蜺（秋蝉、寒蜩）贯月，正白，感女枢于幽房之宫，生颛顼"。张守节在对《史记·夏本纪》进行"正义"时引用《帝王纪》称大禹的母亲脩己"见流星贯昴，梦接意感，又吞神珠薏苡（一种禾本科、薏苡属植物），胸坼（裂开）而生禹"。司马迁在《史记·殷本纪》中称商朝始祖殷契的母亲简狄"三人行浴，见玄鸟堕其卵，简狄取吞之，因孕生契"。在《史记·周本纪》中称周朝始祖后稷的母亲姜嫄"出野，见巨人迹，心忻然说（即悦），欲践之，践之而身动如孕者"。在《史记·秦本纪》中称秦的始祖大业的母亲女脩在织布时，有"玄

---

[1] 在众多的学术论文和其他文章中，均将此语的出处归于《春秋公羊传》。经查，《春秋左传》《春秋公羊传》《春秋谷梁传》，均无此语。从查证的情况来看，他们的依据是唐代孔颖达疏《毛诗正义》，孔疏曰："《异义》：《诗》齐鲁韩、《春秋公羊》说：圣人皆无父，感天而生。《左氏》说：圣人皆有父。"见《十三经注疏（上）》，中华书局1980年版，第529页（所引古籍的标点符号为本书作者标点）。孔颖达之言在《五经异义疏证》中得到了印证，见（清）陈寿祺、（清）皮锡瑞撰，王丰先点校：《五经异义疏证·驳五经异义疏证》，中华书局2014年版，第187页。孔颖达的疏证指出，"圣人皆无父，感天而生"这句话，《五经异义》认为出自《诗》齐鲁韩和《春秋公羊传》，《左传》则认为圣人皆有父。孔的疏证至少排除了《左传》说过这句话。这里的"异义"，是指东汉许慎所撰《五经异义》。《诗》齐鲁韩，是指秦代焚书后，汉兴而有三家注《诗》，包括齐人辕固传《齐诗》、鲁人申培公传《鲁诗》、燕人韩婴传《韩诗》，三家同属今文学派，他们与《毛诗》，一起构成四家诗，《毛诗》属于古文学派。《毛诗》是指战国末年时，鲁国毛亨和赵国毛苌所辑和注的古文《诗经》，也就是现代流传的《诗经》版本。再查，清代王先谦则认为："孔疏引许氏《五经异义》：《诗》齐鲁韩说，圣人皆无父，感天而生。"见《诗三家义集疏》，中华书局1987年版，第876页。王先谦明显是将《春秋公羊传》排除在外，认为《春秋公羊传》中并没有这句话。梁启超在《中国文化史》里称："许慎五经异义述今文家经说云：'圣人皆无父，感天而生。'"见《中国文化史》，载《饮冰室合集·饮冰室专集第十八册·饮冰室专集八十六》，上海中华书局1936年版，第1页。因此，此句应当出自《诗》齐鲁韩。现《诗》齐鲁韩已经逸失，目前无法考据这句话确切的原始出处。

[2] （汉）许慎撰，（宋）徐铉校定：《说文解字 附音序笔画检字》，商务印书馆2013年版，第259页。

鸟陨卵，女脩吞之，生子大业"。唐代司马贞"索隐"（索谓求索，隐谓隐藏，一般是指对古籍的注释考证）也称女脩"吞鳦（燕子）子而生大业。其父不著。而秦、赵以母族而祖颛顼"。[1] 历史学家认为，作为远古以来世代相传的氏族之殷族、周族和秦族，他们最初的男性祖先可以追到契、弃和大业，他们最后的女性祖先可以追溯到简狄、姜原和女脩。在这个事实后面，我们更可以窥探到远古人类社会变革的信息：女性当权的母系氏族社会在殷族结束于简狄，在周族结束于姜原，在秦族结束于女脩，与此相应，男性当权的父系社会，在殷族开始于契，在周族开始于弃，在秦族开始于大业。[2] 在《清史稿·太祖本纪》中记载，清代皇族爱新觉罗氏的始祖布里雍顺的母亲佛库仑"相传感朱果而孕"，从而生下布里雍顺。[3] 同样，夏族最初的男性祖先可以追到禹，他们最后的女性祖先可以追溯到脩己；爱新觉罗氏最初的男性祖先可以追到布里雍顺，他们最后的女性祖先可以追溯到佛库仑。这些神话传说一方面是史书作者有神化帝王的意味在其中，但是，另一方面也确实说明，史书作者真的不知道这些帝王始祖的父亲是谁，这足以证明这些始祖在他们出生时所处的社会还是父系血缘不清的母系社会，充分证明了商鞅所谓"民知其母而不知其父"情形的真实性。

出现了氏族这一社会组织后，人类社会就已经开始禁止氏族内部通婚了，正因为如此，氏族成员才能免于血亲通婚带来的弊端，进而促进人类种族活力的增长。在此基础之上，形成了三个最基本的观念：一是亲属间的团结，二是完全以女性为本位的母系世系，三是氏族内部严厉禁止通婚。按照摩尔根的说法："把没有血缘关系的人带入婚姻关系中，这种新的做法的影响必然给社会带来巨大的冲击。它有利于创造一种在体力和智力两个方面都更为强健的种族。"[4] 一般认为，在这种婚姻里，婚姻当事者的一方是甲氏族，婚姻当事者的另一方是乙氏族，我们把氏族间这种集体婚配的现象称为群婚。这

① （汉）司马迁撰，（宋）裴骃集解，（唐）司马贞索隐，（唐）张守节正义：《史记》，中华书局1959年版，第2页、第4页、第11页、第49页、第91页、第111页、第173页。
② 李开元：《秦崩：从秦始皇到刘邦》，生活·读书·新知 三联书店2015年版，第8页。
③ 赵尔巽等撰：《清史稿》，中华书局1977年版，第1页。
④ ［美］路易斯·亨利·摩尔根：《古代社会（下册）》，杨东莼、马雍、马巨译，商务印书馆1977年版，第464页。

种集体婚配，不是个体婚姻的总和，在由两个氏族构成的婚姻圈子里，个人的性伴侣是经常更换的。[①] 这是人类自身的生产和再生产过程中最重要的制度性突破——从氏族群居向家族聚居转变。但是，也有学者对群婚制的存在表示出强烈的质疑，据法国人类学家兼社会学家霞尔·鲁妥努的观察研究："许多脊椎动物，即一夫多妻的动物，都具有一种嫉妒很深的排他感情。因此恋爱与饿渴同样的单纯欲望的脊椎动物，是极稀有的。""我们不能不相信，乱婚是极下等的形式，只是一种例外。"[②] 从动物的自然属性，认为人类的群婚并不是一种制度性安排，而只是一种例外的情形，与韦斯特马克的观点相同。

随着社会生产力的进一步发展，人们开始有了剩余财产，由于身体、生理的差异，男性比女性更容易拥有剩余财产，在持有剩余财产的人死后，财产由谁来继承就成了一个社会问题。当氏族成员的劳动开始生产出维持生存所必需的生活资料和生产资料后仍然有剩余产品的时候，从事生产劳动的氏族成员所占有的劳动产品就有可能增多。由于男子进入主要的生产领域，并掌握了劳动工具，这就使得他们首先占有更多的劳动产品。而剩余产品和财富在个人手里的逐步集中，便产生了私有制的萌芽。由此可见，当有了剩余劳动产品的时候，也就开始有了排斥妇女在社会劳动之外的物质条件；一旦私有制形成并确立，这种排斥就成为了现实，妇女的社会经济地位因此发生了深刻的变化，两性劳动的分工进一步发展成为在生产资料所有权基础上的分工。妇女丧失了生产资料的所有权和财产的占有权，被排斥在社会生产劳动之外，妇女的劳动范围日益缩小，地位日趋下降。随着财富的增长，人的自私心理也就随之产生，人们开始希望自己死亡后财产能由与自己有直接血缘关系的人继承。在人类早期，死者的遗产（如果有遗产的话）是由氏族内部全体成员继承；后来，死者的遗产是由死者的宗亲继承；再后来，剩余财产的拥有者更希望自己的财产能由与自己有直接血缘关系的后代继承。这样的心理需求，就造成了人类婚姻制度的重大变革，从亚血缘婚姻制度向偶婚制度再向专偶婚制度转变，家庭也随之从亚血缘制家庭向父权制家庭再向专

---

① 刘发岑：《婚姻通史》，辽宁人民出版社 1991 年版，第 6 页。

② ［法］霞尔·鲁妥努：《男女关系的进化》，卫惠林译，上海文化出版社 1989 年版，第 45 页。

偶制家庭转变。在偶婚制的情况下，虽然亲兄弟仍然可以共同享有妻子，但是，在这些妻子中，仍然有一位是主妻；亲姐妹虽然可以共同享有丈夫，但是，在这些丈夫中，仍然有一位是主夫。又由于氏族内部禁止通婚，就需要向外部氏族寻求配偶，因此，出现了通过谈判、购买、抢掠外氏族女性为妻的情况，男人们劳心费力地才娶到妻子，自然更不愿意再与他人共同享有妻子，当然也更希望能够明确妻子所生的子女是自己的，而这只有在一夫一妻制的情况下才可以做到。正如恩格斯的研究所言："这些财富，一旦转归各个家庭私有并且迅速增加起来，就给了以对偶婚和母权制氏族为基础的社会一个有力的打击。"① 当人类世系还是按母系确定时，谁是孩子的父亲是无法确定的，因此，能够明确孩子的父亲是谁的情况，只能是以父系来确定世系。正如普芬道夫所言："人类的境况比畜类更糟糕，因为很少有其他动物像人这样生下来就如此脆弱。如果没有其他人的帮助，一个人类个体能够长大成熟的话，那将是一个奇迹。"在他看来："人类生活中的一切好处都来自人们的相互帮助。""最基本的自然法是：每一个人都应当尽其所能地培养和保存社会性。""人的本性就是如此，以至于人类离开了社会生活便没安全可言。"② 在这种情形下就要求人类必须共同生活在一起。然而，由于人类还具有动物所没有的恶习和强大的伤害他人的能力，进入私有制社会后，人类，特别是男性，一般而言是不愿意再为他人养育下一代的。这样，只有在确认下一代是自己的子女时，男性才有可能担负起养育的责任并愿意将自己的财产遗留给自己的子女。对此，摩尔根指出："当牛羊开始作为家畜饲养从而成为生活资料和私有财物以后，当耕作促使房宅和土地属于私有以后，必然会出现一种与当时流行的氏族成员继承制相对抗的运动，因为此时父亲的身份日益确定，而旧的继承制却排除财产所有者的子女的继承权，而将他的财产给予他的同氏族的亲属。父亲们和他们的子女共同为争取新继承制而奋斗，这就为世系的转变提供了充分强烈的动力。随着财产的大量积蓄并具有永久性，

---

① ［德］弗里德里希·恩格斯：《家庭、私有制和国家的起源》，中共中央马克思恩格斯列宁斯大林著作编译局译，载《马克思恩格斯全集（第21卷）》，人民出版社1965年版，第66页。

② ［德］塞缪尔·普芬道夫：《人和公民的自然法义务》，鞠成伟译，商务印书馆2010年版，第80~84页。

随着私有财产比例的日益扩大，女性世系必然会解体，而男性世系相应地必然会取而代之。"① 因此，一夫一妻制的家庭就不可避免地在人类中产生。

世界各民族从母系社会进入父系社会，从对偶婚家庭进入一夫一妻制家庭转变的时间各有不同。据历史记载，在古罗马建城时，罗马人还处在母系社会，并没有完全进入父系社会。对于罗马城的缔造者罗慕路和勒莫来说，"在他们的母系方面，他们是伊尼阿斯的后裔，而他们的父系家谱则没人知道。"② 与古罗马同时代的不列颠依然存在着共妻共夫的现象，罗马共和国独裁官盖乌斯·尤利乌斯·凯撒在他的《高卢战记》中对这一现象进行了记录，不列颠人的"妻子们是由每一群十个或十二个男人共有的，特别是在兄弟们之间和父子们之间共有最为普遍，如果这些妻子们中间有孩子出生，则被认为是当她在处女时第一个接近他的人的孩子"③。在古罗马时代的日耳曼人则已经完全形成了一夫一妻制的家庭，古罗马著名的历史学家塔西佗·科纳留·普布留（或盖攸斯）在他的《日耳曼尼亚志》中记录道："他们大概是野蛮人中唯一以一个妻子为满足的一种人：虽然也有极少数的例外，但那些例外者并非出于情欲的作用，而是由于出身高贵才招来许多求婚者。"④ 到拜占庭时代，也就是东罗马帝国时代，在高加山索山脉，还有一支被称为亚马孙人的种族，他们"出于对自己后代逐渐减少的担心，亚马孙人努力争取与临近民族的男子们睡觉。部落每年都组织这样一次相会，配对的男女们还须商定，次年在这同一天相会，以便把生下来的男孩交还给他们的父亲，而女孩

---

① ［美］路易斯·亨利·摩尔根：《古代社会（下册）》，杨东莼、马雍、马巨译，商务印书馆 1977 年版，第 343 页。

② ［古罗马］阿庇安：《罗马史》，谢德风译，商务印书馆 2011 年版，第 23 页。罗马建城的传说：罗慕路和勒莫出生后，被仇敌安排交给牧羊人，让牧羊人将这两兄弟投入台伯河中，这两个小孩沿河流到一个沙滩上，为一只母狼所养，后来被另外的牧羊人抚养成人。他们长大后复国，建立罗马城。所以母狼是古罗马人的图腾。

③ ［古罗马］盖乌斯·尤利乌斯·凯撒：《高卢战记》，任炳湘译，商务印书馆 1979 年版，第 107 页。

④ ［古马罗］塔西佗·科纳留·普布留（或盖攸斯）：《阿古利可传　日耳曼尼亚志》，马雍、傅正元译，商务印书馆 1959 年版，第 64 页。

则被她们的母亲留在亚马孙人那里接受军事训练"①。这种风俗明显是母系社会的遗俗。

　　根据中国古代众多的传说和现代考古发现，随着新石器的普遍使用，到山顶洞人时期，人工取火的方法已经为我们的先人所采用。诸如燧人氏钻燧取火，烤熟而食；伏羲氏结网渔猎，饲养家畜；神农氏制作耒耜，种植庄稼；有巢氏发明建造房屋等传说，说明古代中国在那个历史时期，已经产生了原始农业和原始的畜牧业的社会大分工，还学会了建筑房屋，开始了相对的定居生活，这些重大事件大体上都发生在原始社会晚期。而中国的母系社会向父系社会的转变，大致在夏、商之间，这个时代的社会组织形式按照西方人类学家的观点仍然是氏族社会，这从对商代考古研究中可以发现这一点。"我国在殷商时代，惟有横断的世代之组织，下一世代对于上一世代，通称父或母，对于再上一世代通称为祖或妣，例如祖甲、祖乙、祖丙、父甲、父乙、父丁。同辈年长者，皆称兄。身份之传承，为'兄终弟及'。无弟然后传子。"② 这是学者们对当时亲属关系考证的结果。但是，可以肯定的是，中国的父权制在夏、商那个时代已经形成，因为王位的继承是以父系的血统为依据的。而且，西周以降至春秋战国时代，中国古代社会有了宗法制度，社会也进入了宗法社会。这种宗法制度实质上仍然是氏族的宗法制度，是父系氏族制度的遗种。这种制度在西欧封建社会也曾经以这样或者那样的形式存在过。而且中国的宗法制度是十分完备的，这种宗法制度的基本特征就是父系、父权、父治、族外婚和嫡长子继承制，它是以周公旦制定的周礼作为制度性基础的。③《礼记·大传》对此规定："别子为祖，继别为宗，继祢者为小宗。有百世不迁之宗，有五世则迁之宗。百世不迁者，别子之后也；宗其继别子

---

　　① ［拜占庭］约达尼斯：《哥特史》，罗三洋译注，商务印书馆 2012 年版，第 41 页。对此，韦斯特马克在他的著作中也有记载。见［芬兰］E.A. 韦斯特马克：《人类婚姻史（第一卷）》，李彬、李毅夫、欧阳觉亚、刘宇、李坚尚译，商务印书馆 2015 年版，第 90 页。

　　② 史尚宽：《亲属法论》，中国台湾地区自刊 1980 年版，第 698~699 页。

　　③ 详见陶希圣：《婚姻与家族》，商务印书馆 1931 年版，第 3~5 页。父系，是指世系以父亲的血缘为标准计算世系。父权，是指父亲的身份权利只传给儿子，而不传给女儿。父治，是指家族一族管理的权力在于父亲，也就是同一家族的男性最尊长者。族外婚，就是同姓不婚，同族肯定同姓，同姓不一定同族。嫡长子继承制，是指有嫡子则嫡子中的最年长者继承父亲的身份权利，无嫡子时则庶子中的最年长者继承父亲的身份权利。

者，百世不迁者也。宗其继高祖者，五世则迁者也。"① 在当时，嫡长子都是诸侯的世子，一般都要继承诸侯的爵位的。其他的儿子无论嫡庶均为公子，因为与嫡长子有别，也称为别子。别子长大后都会受封一座庄园，也称采邑，为某君、为卿大夫。如战国时代的孟尝君田文就受封于薛。在这个采邑，这位别子就成了采邑所有人的统治者，成为这支同一宗亲的始祖，这就是所谓的"别子为祖"，而别子的嫡长子孙世世代代继承别子的身份及采邑，这样传下去的谱系就被称为大宗。大宗的宗子们永远地祭祀着别子，这就是所谓的"百世不迁"。同一始祖的分支，永远奉大宗之宗子为族长，受采邑收获的奉养。大宗嫡长子的其他兄弟如果受封其他采邑，成为卿大夫，则成为该采邑的始祖。分受耕地作为耕战的自由地主及耕地者为士，成为此耕地地主家族的祢。他的嫡长子孙继承士的身份和耕地，这样的谱系称为小宗。小宗分支的家族，祭祀、崇奉小宗的宗子，分支的范围及于五世，高祖以上之祖则不在祭祀的范围内，这就是所谓的"五世则迁"。因此，小宗有四，大宗唯一，合称五宗。族长的地位在家族是至高无上的，他的权力类似于罗马法中的家父权。在宗法制度下，家父对家子特别是女子是具有绝对的权威的。女子未出嫁之前由父权控制，她的身份是属于父宗的，心不得向外。西方古代社会也存在这样的情况，罗马人与亚尔巴人发生战争，罗马人荷累喜阿斯杀死了对方的三兄弟，其中有一位是荷累喜阿斯妹妹的未婚夫。他妹妹得知此噩耗后痛哭不已。荷累喜阿斯便将他妹妹给杀了。在他看来，罗马人不应当为罗马的仇敌痛哭，否则就应当死亡。② 女子出嫁后则由夫权控制，心不得再向父家。在春秋战国时代，诸侯女子外嫁到其他诸侯国为后、为妃之后，夫在之日不得回母国省亲，她们就完全附属于诸侯之国，只能做促进夫国与母国和平共处的事情，不得做有损夫国的事情。在西欧封建社会也存在这样的问题，法国历史学家马克·布洛赫在他的研究中记载："当两个家族发生冲突时，很有可能同一个人恰好就属于冲突中的两个家族：依其父论他属于一个家族，依其母论则属于另一个家族，在两个家族中他如何作出选择呢？博马努瓦尔

① （汉）戴圣，（汉）郑玄注，（唐）孔颖达疏：《礼记正义》，载《十三经注疏（下）》，中华书局1980年版，第1508页。

② 详见［古罗马］阿庇安：《罗马史》，谢德风译，商务印书馆2011年版，第26页之译者注。

有一个聪明的办法，即站到关系更近的亲属一边，如果亲疏远近程度相同，就超然事外。"① 大约到了秦汉以后，旧的宗法制度遭到破坏，贵族制度开始消解，世禄不复存在，特别是魏晋之后，魏晋的九品中正制的官僚选举制度被隋唐的科举选拔制度逐步取代，过去的宗法制度渐变为家长本位的大家族制度，诸如五世同堂、九世同堂都为人们所津津乐道。过去的采邑经过多次的农民起义以及战乱早已不复存在，取而代之的是独立的农户。在政治上的管理也从宗法制度一变为编户制度，家族不仅作为私法意义上的存在，同时也作为公法意义上的存在，也就是说家族在当时是国家权力掌控民众的一个单位。因此，常有小户人家为逃避国家的税役等，寻求大家族的庇护而归于大家族之下。所谓宗法在这个时候只在祭祀时起着作用，原来的所谓大宗宗子也好，小宗宗子也好，就都成为一个个大家族的族长了，形成以家为中心的家族制度。当氏族共同所有的土地所有制被废除后，家族耕作成为主体，家族就成了独立的经济主体。"家不是作为独自的机构，而只不过是个人以亲族关系——分为同一男系的血脉的同宗、同类的关系——为契机所结合成的集合体。"② 家族的基本生活方式就是同居共财，这种生活方式要求家族中所有人的收入都应当交由家族统管，而消费支出也由家族统一支配，若有节余则由家族统一贮存作为积蓄。这种大家族的生活方式在巴金的小说《家》《春》《秋》(《激流三部曲》)和老舍的作品《四世同堂》中有详细的文学描述，这些作品充分地反映了旧式大家族日常生活。大家族势力尽管给予家族成员以支持或者限制，家族对外一般都能保持一致，但是，大家族内部往往也充斥着激烈的冲突，家族成员在继承财产、家父权特别是王位、爵位时，更加剧烈，有时是你死我活。布洛赫在《封建社会》中对王侯家族内部的继承冲突有具体的描写，这也是大家族逐渐往小家庭发展的一个重要原因，因为这种自相残杀的后果对家族的破坏性极大。③ 近代以来，中国社会步入半封建半殖民地社会，海禁大开，西方的生活方式冲击着封建社会的生活方式，中国的社会形态发生巨大的变化，婚姻也好，家庭也好，也随之发生了巨大

① ［法］马克·布洛赫：《封建社会（上卷）》，张绪山译，商务印书馆 2004 年版，第 239 页。
② ［日］滋贺秀三：《中国家族法原理》，张建国、李力译，商务印书馆 2013 年版，第 75 页。
③ ［法］马克·布洛赫：《封建社会（上卷）》，张绪山译，商务印书馆 2004 年版，第 332~335 页。

的变化，特别是在沿海发达地区、通都大邑，这种变化显得更加突出。人们的思想观念为之一变，个人主义、自由主义、平等主义思潮对婚姻、家庭产生了巨大影响，特别是年轻人更是如此。以夫妻、子女"家庭三角"为核心结构的小家庭慢慢成为普遍现象了。当然，宗法思想、宗法制度的影响即便是当下，也仍然不同程度地存在，诸如修族谱、祭祀祖宗，外出工作收入高者要照顾大家族或者回馈父母养育之恩、照顾弟妹等。

在人类社会的众多概念中，最容易产生歧义的是家庭这个概念，因为家庭既可以指一种建立在婚姻之上的社会制度，也可以指父母和子女的集合体，或者指源于同一个祖先的家族成员的集合体。正因为家庭概念的这种不确定性和模糊性，使得无论是社会学家、人类学家还是法学家，对于家庭的定义总是不能令人满意，而我们在研究时又不得不对家庭的概念进行界定。

就家庭的概念而言，在美国现代家庭法中，家庭的概念有狭义与广义之分。狭义的概念是指家庭是由血缘和婚姻所构成的团体。传统家庭应当包括夫妻、父母子女。广义的概念则包括非传统家庭，即家庭是生活在同一家（户）的一个团体。美国家庭法理论还认为，定义家庭有不同的方式。它或许被定义为同一家庭的成员，或一个由血缘联系的人群，或一个由父母和儿童组成的人群。在一些文化里，广义的家庭是重要的，但在英国，"家庭"通常指核心家庭或者直系血亲家庭。[①]摩尔根在阐释家族、家庭（family）时指出："family 出自 familia，familia 含有 famulus 之意，famulus＝仆从，因此，familia 可能出自鄂斯坎语的 famel，famel＝servus，意为一个奴隶。从 family一词的本意来看，它与配偶及其子女毫无关系，而是指 pater familia（家族之父）的权力支配下为维持家族而从事劳动的奴仆团体。在某些遗嘱条文中，familia 与 patrmonium 通用，意为'传给继承人的遗产'。这个词被引入拉丁社会，来指明一种新的组织，这个组织的首领支配妻室儿女和在父权控制之下的奴仆团体。"[②]苏格拉底和柏拉图反对小家庭的观念，主张共妻共夫，认为应当维持大家庭的共有生活方式。西方众多的哲学派别，如斯多噶派、神正

---

① ［美］凯特·斯丹德利：《家庭法》，屈广清译，中国政法大学出版社 2004 年版，第 7 页。

② ［美］路易斯·亨利·摩尔根：《古代社会（下册）》，杨东莼、马雍、马巨译，商务印书馆 1977 年版，第 474 页。

论派、伊壁鸠鲁派、大部分经院派、叶色依派，原则上都承认这个学说。[①]斯通认为，"family"这个字可以用来指许多事物，但是它不同于 househkld（家户——包含住在同一屋檐下的所有人），也不同于 kin（亲属——有血缘或者姻亲关系的人），它是被用来指一起住在一屋檐下的同族成员。[②]孔兹则认为，家庭是"由两人或多人组成的存在婚姻、亲子或关系的群体"。而据孔兹介绍，"美国联邦人口普查局规定，家庭是指'两个或两个以上的人由于结婚、生育、收养，以及其他原因而形成的一个群体'。而户则是由'所有居住在同一住房中的人构成'，它并不区分这些人到底是什么关系。依美国联邦政府的规定，一对已婚夫妇和他们的子女是一个家庭，而一对没有结婚但共同生活在一起的夫妇则是一户。"[③]在美国，家庭与户的区别，其实也就在于私法和公法适用上的区别。奎因、哈本斯坦指出，家庭由一群有血缘关系的、亲密住在一起的人们组成，他们从事交配、孕育和抚养后代，一起生活，相互保护。[④]指明了家庭的构成、功能。

我国婚姻家庭法学界对家庭也有诸多的定义。在我国婚姻家庭法理论界，有学者认为："家庭或家则是共同生活的亲属团体，夫妻间的共同生活自然也在其中。"[⑤]还有学者认为："家庭，是以婚姻、血缘为纽带，由一定范围的亲属所构成的生活单位。"[⑥]"家庭是由一定范围的亲属所构成的社会生活单位。"[⑦]而在我国婚姻家庭法实务界，有研究者认为："家庭，是指因婚姻、血缘和法律拟制所产生的具有权利义务内容的一定范围内的亲属所组成的共同

① 参见［法］泰考尔·德萨米：《公有法典》，黄建华、姜亚洲译，商务印书馆 1982 年版，第 119 页。

② ［英］劳伦斯·斯通：《英国的家庭、性与婚姻 1500—1800》，刁筱华译，商务印书馆 2011 年版，第 10 页。

③ ［美］珍妮弗·孔兹：《婚姻与家庭》，王道勇、郧彦辉译，中国人民大学出版社 2013 年版，第 4 页、第 6~7 页。

④ ［美］斯图尔特·A.奎因、罗伯特·W.哈本斯坦：《世界婚姻家庭史话》，卢丹怀、刘谧辰、韩铁椿译，宝文堂书店 1991 版，第 9 页。

⑤ 许莉主编：《婚姻家庭继承法学》，北京大学出版社 2006 年版，第 1 页。

⑥ 高言、郑晶主编：《婚姻家庭法理解适用与案例评析》，人民法院出版社 1996 年版，第 2 页。

⑦ 巫昌祯、夏吟兰主编：《婚姻家庭法学》，中国政法大学出版社 2007 年版，第 5 页。

体。"① 还有研究者认为:"家庭,是共同生活的,其成员间互享法定权利、互负法定义务的亲属团体。"② 所有这些定义,强调的都是家庭是亲属团体。

我国台湾地区学者史尚宽归纳了中国古代典籍中家的概念,指出:"家约有四种不同之涵义。(1)为人之居。如说文解字'家尻也,从门豭省声'。尻居古字,宀系象形。(2)室内曰家,如尔雅释宫'牖户间谓之扆(屏风之类),其内谓之家'。(3)男女居室谓之家,周礼左小司徒之职,郑玄注:'有夫有妇,然后为家。'礼记地官媒氏'无夫家者'之释文曰:'是男无家,女无夫,男女相对,男称女为家,所以成家。'(4)父子兄弟夫妇等亲属共同生活团体,谓之家,如易家人卦篆曰:'家有严君焉,父母之谓也。父父子子兄兄弟弟夫夫妇妇,而家道正,正家而天下定矣。'"史氏认为,家的涵义的变化是由有形之建筑物,而变为共同生活之亲属团体,乃至无形人格。③ 也强调家庭是共同生活的亲属团体。

目前,我国法律还没有对家庭进行定义。我们认为,家庭是因婚姻关系、血缘关系和法律拟制血缘关系所形成的,具有一定权利义务关系的亲属所构成的社会生活单位。

关于家庭的特征,古德认为,传统的家庭至少有以下几个特征:(1)至少有两个不同性别的成年人居住在一起。(2)他们之间存在着某种劳动分工,即他们并不都干同样的事。(3)他们进行许多种经济交换与社会交换,即他们相互为对方办事。(4)他们共享许多事物,如吃饭、性生活、居住,既包括物质活动,也包括社会活动。(5)成年人与其子女之间有着亲子关系,父母对孩子拥有某种权威,但是同时也对孩子承担保护、合作与抚育的义务,父母与子女相依为命。(6)孩子们之间存在着兄弟姐妹关系,共同分担义务,相互保护,相互帮助。④ 英国人口与社会学家彼得·拉斯莱特和理查德·沃尔研究认为,一般来说,家庭类型可以分为三类:简单家庭,一般是以婚姻关系为组织原则的,它可以包括一对已婚夫妇、一对已婚夫妇和他们的孩子、鳏寡的人和孩子,至少有两个成员。这种家庭也就是我们常讲的婚姻家庭、

---

① 马原主编:《新婚姻法条文释义》,人民法院出版社 2002 年版,第 4 页。
② 陈坚:《婚姻法原理精释与适用指南》,南方出版社 2012 年版,第 2 页。
③ 史尚宽:《亲属法论》,中国台湾地区自刊 1980 年版,第 708 页。
④ [美]威廉·J.古德:《家庭》,魏章玲译,社会科学文献出版社 1986 年版,第 13 页。

核心家庭。扩展家庭，包括一个婚姻家庭单位和一个或者更多的亲戚——户主夫妇的父母辈、孙子辈、侄子辈，或者是他们的兄弟姐妹，他们共同居住在一起，但是多为三代同堂的家庭。复合家庭，则包括两个或者更多的由亲族关系或者婚姻联系起来的婚姻家庭单位。奎因、哈本斯坦认为，核心家庭有时称作夫妇群体或婚姻群体，它由夫妻二人及其亲生子女或领养子女组成。综合家庭则由分享一个丈夫或一个妻子的两个或更多的核心家庭组成，包括一夫多妻制（一个男人娶两个或两个以上的妻子）、一妻多夫制（一个女人嫁两个或两个以上的丈夫）或者纳妾（从属的性伴侣，虽然被视为家庭中的成员，但不具备和妻子相对等的地位）。扩大式家庭有时称作亲属群体，它是三代或三代以上的父母—子女关系的扩大形式，包括祖父母、孙辈、堂表兄弟姐妹、舅舅、叔伯以及姑母和姨母。血亲是亲属范围以外更大的群体，包括从一个祖宗传下来的亲族，有时被称为近亲群体。氏族也可以称作综合群体，因为它涉及近亲和居住在一处这两个基本原则。这个氏族包括男性近亲群体的成员或血亲，这些人作为一个居住群体居住在一个地区，进而组成一个社会政治单元。家族则只包括住在一起的人，他们"坐在同一张桌子上吃饭"，然而并不一定是亲属。这可能与综合家庭相差不远，也可能相当于去掉不在家的成员的核心家庭，或者等同于核心家庭加亲属、姻亲和寄宿者。[①] 父母与子女间的关系是核心家庭中最为关键的要素，年轻男女结婚成家后，一般没过多久就会生儿育女，形成核心家庭，而且对于所有的人而言，生儿育女总是婚姻生活的中心。

　　尽管在家庭结构上种类很多，而家庭作为社会组织的基本单位，自然有它自身的功能。在不同时期、不同社会，家庭的功能有所不同，但还是有一些最基本、最普遍的功能。我国台湾地区民法学者研究认为："宗族以祖先祭祀为主要目的，而兼有经济的（族产为族共同共有）、社会的（自卫、教育、救恤）、政治的（自治、裁判）作用。"[②] 在美国，无论是传统家庭还是非传统家庭，家庭最重要的功能都是共同生活、共享情感以及家庭成员间经济上

　　① ［美］斯图尔特·A.奎因、罗伯特·W.哈本斯坦：《世界婚姻家庭史话》，卢丹怀、刘谧辰、韩铁椿译，宝文堂书店1991年版，第15~16页。

　　② 史尚宽：《亲属法论》，中国台湾地区自刊1980年版，第708页。

的相互扶助。① 奎因、哈本斯坦认为，家庭的职能范围很广泛，包括：繁衍后代、管教子女、提供社会地位；组织经济和生产、保护幼儿、老人和残疾人；控制自身行为以及不断培养家庭成员之间的感情。② 家庭具有经济、社会、政治和情感的功能，婚姻家庭法律规范一个重要的意义就是保障这些功能发挥应有的作用。家庭的功能大致有以下几方面的内容：

1.实现人类自身的生产和再生产的功能。这是马克思主义的历史唯物主义最基本的理论，也是马克思主义关于婚姻家庭问题的理论基础。人类社会要延续下去，首先必须要解决人类种族的繁衍，也就是人类自身的生产和再生产。在人类社会早期，没有制度性婚姻、家庭时，人类自身的生产和再生产仍然可以进行，只是在低层次地进行着。但是，正如英国社会人类学家、功能学派创始人之一的布罗尼斯拉夫·卡斯帕·马林诺夫斯基所言，家庭不是简单的生物团体单位，"婚姻在任何人类文化中，并不是单纯的两性结合或男女同居"，"亲子关系亦决不是单纯的生物关系"，"生殖作用在人类社会中已成为一种文化体系。种族的需要绵续并不是靠单纯的生理冲动及生理作用而满足的，而是一套传统的规则和一套相关的物质文化的设备活动的结果。这种生殖作用的文化体系是由各种制度组织成的，如标准化的求偶活动，婚姻、亲子关系及氏族组织"。③ 进入文明时代以后，人类种族繁衍的基本环境是在有婚姻的家庭中，人类自身的生产和再生产主要是在家庭中完成的。家庭成为社会组织结构中最基础的三角，这种家庭形态一般也称为核心家庭。英国人类学家雷蒙德·弗思认为："普通字汇中'家庭'可以有几种不同的意义，但是在社会学者或人类学者用这名词时，它是指那父母和子女所构成的小团体。父亲、母亲和儿女三者缺一就不能算是一个完整的家庭。在舞台上，在银幕上，'经常的三角'是二男一女（近来也有二女一男）热情的冲突。从人类学者看来，真正'经常的三角'是共同情操所结合的儿女和他

---

① 夏吟兰：《美国现代婚姻家庭制度》，中国政法大学出版社 1999 年版，第 4~5 页。

② ［美］斯图尔特·A.奎因、罗伯特·W.哈本斯坦：《世界婚姻家庭史话》，卢丹怀、刘谧辰、韩铁椿译，宝文堂书店 1991 版，第 22 页。

③ ［英］布罗尼斯拉夫·卡斯帕·马林诺夫斯基：《文化论》，费孝通等译，商务印书馆（上海）1947 年版，第 21~22 页。

的父母。"①在当今社会经济发展的状态下，没有家庭承担人类自身的生产和再生产是不可想象的，因此，客观上来说，将来或许人类生殖繁衍的功能会以其他形式替代，但是，家庭目前仍然必须承担着人类种族的生殖繁衍功能。所以，法律禁止血亲较近的人之间通婚。

2.经济保障的功能。家庭的一项重要功能就是要在经济上为全体家庭成员提供稳定的生存保障，包括提供整个家庭成员所需的所有生活资料。无论过去还是现在，家庭都是一个生产、生活的单位。人类在原始社会，氏族可以说是唯一的社会组织形式，在一个小血缘群体里——这个小血缘群体我们也可称之为家庭，人们共同寻猎食物，共同消费和生活，共同防御野兽和自然灾害的侵袭。因此，一个血缘家庭就相当于是一个较合理有效的"保险公司"，人们必须依靠这一群体才能生活下去。到了奴隶社会、封建社会，家庭的部分职能则开始发生巨大变化，在一部分自耕农和小手工业者家庭中，生产和消费的职能同时存在。家庭既是生活和消费的单位又是从事生产的单位。但是，无论哪一阶级、哪一阶层的家庭，保护家庭成员对抗外界的不确定性都是家庭的基本功能。滋贺秀三指出，在农耕社会，家族的生活资料基本上是靠家庭生产来完成的，家族成员消费的分配则是由家庭统一分配，过着同居共财的生活，这种情形无论中外，都曾经发生。②家庭并不只是因为血缘关系而存在，更重要的是一个经济单位，在小生产条件下，家庭更加既是一个生产单位，又是一个生活单位。到了现代社会，包括资本主义社会和社会主义社会，市场经济的调节功能得到了长足的发展，技术、收入和机会在快速发展的经济环境中得到增加，社会化生产取代了家庭化生产。社会保险职能得到良好的改进，进而取代了过去家庭所承担的保险职能，个人在资金紧张或者宽裕时可以在资本市场进行信贷与储蓄，甚至可以在资本市场进行投资。这种基于成千上万家庭而形成的市场保险，它所提供的保护足以对抗外界的各类灾难，比任何个别家庭所能提供的保障更为有效。目前我国有些家庭仍然具有生产职能和消费职能，这些家庭还有保护家庭成员特别是老弱

---

① ［英］雷蒙德·弗思：《人文类型》，费孝通译，商务印书馆1944年版，第77~78页。
② 参见［日］滋贺秀三：《中国家族法原理》，张建国、李力译，商务印书馆2013年版，第77~96页。

病残者对抗生活的不确定性，抵御外在风险的保障功能，但是，总的来说，随着商业化程度加深，家庭尤其是家庭成员之间的经济联系已经不再像以前那么密切。因此，家庭原有的经济保障职能已经有了很大变化，但是，我们还是应当看到家庭的生活、消费职能仍然存在着。同时，家庭成员的生活消费，大部分还是要由家庭来完成，特别是家庭生活所需要的房屋、汽车、饮食和子女的教育等大宗支出，还是家庭支出的重要组成部分，也是社会最为重要的消费。这种消费支出只可能发生在家庭成员之间，这是家庭成员之间的义务。虽然也有人们出于同情心为一些贫困人员给予一定的生活、生产扶助，但这仅仅是出于一种同情心，而不是义务，特别不是家庭义务，更不是家庭的功能，基本的经济保障是家庭的另一重要功能。所以，法律禁止借婚姻索取财物。

3. 社会保护的功能。在人类社会早期，为了在恶劣的自然界求得更好的生存环境，人类需要群居在一起共同抵御自然灾害和猛兽的侵袭。进入文明时代以后，人类为抵御外族的侵掠，采取大家族聚居是保障自身安全的最主要的一种生活方式。塔西佗在《日耳曼尼亚志》中记载，古代日耳曼人"军阵的编制并非临时随意排列，而是按照各个家庭和血缘关系编制的，最足以激发他们勇气的一个原因也就在于此：因为，站在自己身旁的就是自己最亲爱的人，他们可以听到妇孺的悲号声：这里有着每个男子心目中所最重视的旁观者；这里有着他们所急于想博得的赞誉：他们把自己的创伤带到母亲和妻子们面前，而她们也毫不畏惧地要求看一看和数一数那些伤口：她们管理战士的饮食和给他们以鼓励"。"在传说中，有许多次已经溃败或将要溃败的战役都被一些妇女挽救过来了。这些妇女们不断地祈祷着，并且露着胸脯，这样便使男子们俨然感到她们之将被奴役，而妇女之被奴役乃是他们所最痛心的事"。① 保护家族的妇孺是家族男人的基本任务。布洛赫也写道："中世纪，特别是封建时代的生活，自始至终笼罩在私人复仇的征象之下。"布洛赫详细地描绘了 faide（古日耳曼语，族间复仇）的现象，就是亲属成员对他族进行报复的行动，又称为血亲复仇。人们认为，任何道德义务似乎都难比族

---

① ［古罗马］塔西佗·科纳留·普布留（或盖攸斯）：《阿古利可拉传 日耳曼尼亚志》，马雍、傅正元译，商务印书馆1959年版，第59页。

间复仇更为神圣，这些报复行动往往被诗人们写进史诗进行吟诵，广为传唱。在那个时代，家族之间的冲突都是采取族间复仇的形式或者手段，如果本家族的一位成员被另一家族的人杀害了，孤立的个人对凶手很难有所作为，那么本家族就与凶手所在的家族成了仇敌，本家族对敌对家族的复仇是针对整个家族的，不一定只针对凶手个人，这就形成了族间复仇。这样，家族成员就在家族的庇护下从而保证自己的人身安全。① 这种族间复仇的现象对家族成员当然起着一定的保护作用，但是，整个社会却存在着不安全感。随着国家、政府对社会控制能力的增强，法律的作用越来越大，这族群间的复仇行为就逐渐为国家所禁止，对社会安全的保护也由国家所替代，家庭仅仅成为个人心灵的安全港湾。人们在辛劳一天后，最想回归的就是家庭，远在他乡的游子在外打拼一年后，也往往要回到家中与亲人团聚，寻求的是一种心灵的慰藉。孩子摔倒了，首先是寻求父母的安慰；老年人行动不方便，首先想到的是子女的照顾，家庭成员会相互提供保护。如果家庭内部存在暴力伤害等现象的话，人们就会生活在极度不安之中，生存安全就仿佛没有着落。所以，法律禁止家庭成员间的虐待。

4. 家庭具有扶养的功能。由于私有制的产生，人类的生活方式从群居到聚居再到小家庭散居，人类组建家庭的目的之一是保证家庭成员能够得到应有的扶养。诺贝尔经济学奖获得者、美国婚姻经济学家加里·斯坦利·贝克尔用经济学的方法来分析婚姻与爱情，他研究认为："由于已婚妇女需要与丈夫签订长期'契约'，以免被遗弃或受其他苦难。其实，所有社会都对已婚妇女进行长期保护；人们甚至可以说，'结婚'就是男女要共同承担一项长期义务。"② 因此，人类社会应有的状态是孩子在幼年生活不能自理时，能够得到长辈的抚养；夫妻间在出现生活困难和生活不能自理时，能够得到相互的扶养；年老后在出现生活困难和生活不能自理时，能够得到晚辈的赡养。特别是对孩子的抚养，在费孝通看来，父母是孩子抚育的中心，父母对孩子的抚育形成了生育制度中的双系抚育。而男女不同的社会分工是双系抚育的基

---

① ［法］马克·布洛赫：《封建社会（上卷）》，张绪山译，商务印书馆2004年版，第219~226页。

② ［美］加里·斯坦利·贝克尔：《家庭论》，王献生、王宇译，商务印书馆1998年版，第32页。

础。费孝通认为："在男女分工体系中，一个完整的抚育团体必须包括两性的合作。两性分工和抚育作用加起来才发生长期性的男女结合，配成夫妇，组成家庭。""家庭是最早也是最基本的生活集团，因之它是社会关系的养成所。"[①] 雷克洛指出，对儿童负责的是其父母，"家庭是一种自然组织，依着它自己的法则而发展，结婚成家的人会自负其家庭责任的。"[②] 这种家庭成员之间的扶养功能在将来或许能够社会化，但是，在目前情况下，主要还是家庭承担着这些功能，这也是形成家庭的一个主要因素。如果家庭不承担这样的功能，生活不能自理者就可能面临遗弃。所以，法律禁止家庭成员间的遗弃。

5. 社会声望和地位的功能。一个家庭成员自小成长的家庭环境，社会学家一般称之为原生家庭，这种所谓的原生家庭对人们今后的生活会产生很大的影响。"血缘所决定的社会地位不容个人选择。世界上最用不上意志，同时生活上又是影响最大的决定，就是谁是你的父母。"[③] 我们在一些贪官的忏悔中经常可以听到"我出生在贫苦家庭，自幼家境贫寒"等，这就是原生家庭对这些贪官的影响——穷怕了，他们也知道，他们所贪的钱其实根本用不了，他们就是觉得自己拥有这么多钱就有"安全感"。作为家庭的一员，往往会有一种社会位置感，我们的家庭会将家庭成员置于特定的经济阶层、社会阶层，如农民阶级、工人阶级、中产阶级和所谓的"官二代""富二代"等。社会阶层对家庭生活的影响是方方面面的，甚至会影响到成家后要生育多少孩子，以及如何养育孩子。父母在养育孩子时，对孩子关爱多一些，那么对孩子的成长就有更多的好处；如果孩子生活在家庭暴力较严重的家庭中，孩子长大后也容易产生暴力倾向。所以，法律禁止家庭暴力。

6. 休闲娱乐的功能。家庭成员因为亲情的缘故，在一般情况下聚在一起都是欢乐的。有社会学家研究认为，随着社会的发展，虽然社会化的休息和文化娱乐设施日益增多，但这还不能代替家庭作为个人休息和娱乐场所的功能。家庭娱乐功能对于儿童、成年人都具有特别重要的意义。家庭成员一般是通过家庭而获得精神上的安慰和体力上的恢复。现代社会为家庭提供了先

---

① 费孝通：《乡土中国》，上海人民出版社 2006 年版，第 292 页。

② ［比］雷克洛：《婚姻》，田恩霈译，新生出版社 1949 年版，第 29 页。

③ 费孝通：《乡土中国》，上海人民出版社 2006 年版，第 57 页。

进的娱乐手段和条件，随着家庭现代化程度的提高，收录机、电视机等娱乐工具的普及，家庭的休息和娱乐功能将会不断增强。在我国，家庭仍然是人们的主要娱乐场所，是人们休养生息、恢复体力和调剂生活的地方。[①]家庭的这种休闲娱乐功能能够使得家庭成员之间的感情进一步升华、融洽，家庭的休闲娱乐功能进一步得到强化，在这种家庭环境中成长起来的孩子一般都能有一个健康的心理，更容易与社会融合为一体。所以，法律鼓励树立优良家风、弘扬家庭美德、重视家庭文明建设。

　　7.情感满足的功能。社会学研究表明，共同居住在一起的人，要比独居的人心理更加健康，而家庭则是提供人们合情合理合法共居的场所。心理学研究认为，情感是人们对客观事物是否满足自己需求欲望而产生的态度体验，是人们对行为目标一种较复杂而又稳定的评价。我们所谓的家庭情感，它包括了夫妻之间的情感、父母与子女之间的情感、长辈与晚辈之间的情感、兄弟姐妹之间的情感等。有社会学家研究发现，家庭情感交往功能表现在：（1）家庭能使人的个性得到发展；（2）使感情得到激起和发泄；（3）使品德和情操受到锻炼；（4）使爱情得到培植和表现；（5）使精神得到安慰和寄托；（6）使人的情感得到充分的交流；（7）使事业得到鼓励和支持；（8）使心灵得到陶冶和净化。人在社会中，总是要和别人生活在一起的。[②]费孝通在研究生育制度时指出："家庭是个合作团体，合作不但可以促进人间的友情，也可以使生活丰富。"[③]亲密的关系和情感是人类心理健康成长的基本需求，家庭成员共同居住在一起可以满足这样的情感需求。因此，我们说扶养，不仅仅是物质上的扶养，还包括情感上的慰藉。家庭暴力、虐待、遗弃等行为都是与家庭情感满足的功能相违背的。我们可以试想，也可以从现实中观察得到，如果一个家庭内部没有了情感的交流，这个家庭肯定会让人感到压抑，这种家庭气氛肯定会很紧张，家庭也就不再是我们的心灵寄托，不再是我们的安全港湾。因此，家庭成员之间的情感沟通十分重要，它可以让婚姻更和谐，让家人更团结，每个人都会充满阳光。所以，法律提倡敬老爱幼，互相帮助，

---

① 韩玉敏、郝秀芬、王军主编：《新编社会学辞典》，中国物资出版社1998版，第555页。
② 韩玉敏、郝秀芬、王军主编：《新编社会学辞典》，中国物资出版社1998版，第552页。
③ 费孝通：《乡土中国》，上海人民出版社2006年版，第400页。

维护平等、和睦、文明的家庭关系，禁止有配偶者与他人同居，禁止重婚。

8.社会化的功能。生育是家庭的又一项基本功能，如果人类都不生孩子，那么人类种族的延续就会受到影响，年长的一代人去世后，就会没有后代，一个家庭哪怕历史上再辉煌，如果没有了后代，一切都将归零。尽管有一些人组建家庭后不愿意生孩子，但是，总的来说，更多的人们还是愿意生育孩子使自己的血脉得以在下一代延续。而夫妻一旦做了父母，自然就要承担起教育的职责，期望教养好自己的下一代。按照费孝通的说法就是"生死是生命的造成，抚育是生活的供养"。社会化是一个社会学的概念，指一个让每一个人的行为都符合社会规范、文化规范要求的过程。社会化当然主要是在社会上成长，承担社会化功能的更多的是学校，但是家庭也是人类社会化的一个重要单元。费孝通指出："人类的婴儿所需的哺乳期特别长，而能独立直接利用别种食料来营养的时期又特别晚。即断乳之后，生理上虽可以说已经长成独立的个体，但是还需要一个更长的时期去学习在社会中生活所需的一套行为方式。"[①] 正如社会学家所言，社会化的过程很长，其中有相当大部分内容是在家庭生活中习得。没有家庭养育孩子，社会化过程很难成功。过去人们发现了一些动物化的孩子，比如"印度狼孩"，就是因为从小没有受到人类家庭的教育，混迹于狼群，孩子就养成了"狼性"。在家庭中，孩子社会化的过程，父母或多或少地都会将家庭环境中的文化中的价值观、人生态度和信仰灌输给自己的孩子。人类的婴儿生下来是无助的，要经过相当长的时间才能独立生活，在此期间他们十分脆弱，易受伤害，离不开父母。孩子的正常发展需要一定程度的保护、爱与训练。父母是一个孩子成长过程中无可匹敌的照料者，他们与自己孩子间的交流是他人不能替代的。当母爱被剥夺时，一个孩子在身体上、智力上和社会上的成长就会滞后，在有些情况下还会终生受到损害。因此要保证一个孩子的正常成长，基本的最低限度的父母之爱是必需的，这种父母之爱也是社会化的重要内容。[②] 因此，家庭在人类社会化过程中起着十分重要并且不可替代的作用。罗素指出："在现代，家庭是重要

---

① 费孝通：《乡土中国》，上海人民出版社 2006 年版，第 278、416 页。
② 傅新球：《英国社会转型时期的家庭研究》，安徽人民出版社 2008 年版，第 232 页。

的，因为家庭可以使父母得到一种情感，这是唯一的原因。"① 所以，法律规定父母有抚养、教育和保护未成年子女的义务。

第三节　婚姻家庭违法行为概述

文明时代以降，如果没有合法的婚姻作基础，家庭的合法性也就不复存在，这样的"家庭"是不受当时当地的法律规范保护的。

现代社会所谓个人主义的核心家庭是从旧的传统社会中的扩展型家庭、血缘型家族逐步发展演变而来的。因此，不同的时代对婚姻家庭有着不同的习俗或者法律规制，同样一个行为，在不同的时代、不同的地方有着不同的习俗或者法律评判，在此一时代是合法的，在另一时代则是不合法甚至是犯罪行为；在此一国家是合法的，在另一国家则是不合法甚至是犯罪行为。有研究者指出，人们对客观事物的认识是无穷尽的，所以很难说某人已经穷尽了绝对真理，能够回答所有终极性问题。客观事物又是不断发展的，所以彼时的"是"，有可能会成为此时的"非"，比如人类在远古存在过乱婚（杂婚）、血亲群婚的时代，这个曾经的"是"，发展到"一夫一妻制"的现代法治社会，也就变成了"非"。② 而在当今时代的中国，我们对婚姻家庭行为的合法性评判当然就应当以中国的法律为准绳，如果社会生活有所进步变化，法律也应当随之而修改。

在原始社会时代，人类社会是没有法律的，有的只是习惯、习俗，而正是这些习惯、习俗约束着人类的日常生活，包括婚姻家庭生活。同时，原始社会的习惯、习俗也是随着人类认识能力的不断提高而缓慢地演进着、变化着，最后在阶级社会成为法律。在人类蒙昧时代早期，男女之间的性关系是不受限制的，没有婚姻与家庭的观念。当人类开始限制直系血亲之间的婚配时，人类就形成了血婚家庭；当人类进一步禁止较亲的旁系血亲之间的婚配时，人类就形成了亚血婚家庭，在此基础上，人类形成了一个一个的氏族。

---

① ［英］伯兰特·罗素：《婚姻革命》，野庐译，世界学会 1930 年发行，第 176 页。
② 陈漱渝：《平常心，是非感，爱憎情——读鲁迅随感》，载《随笔》2021 年第 3 期。

在当时，人类关于婚姻家庭最根本的一个习惯、习俗就是氏族内部禁止通婚。

原始社会中人类是依靠习惯、习俗来约束他们的行为，这种习惯、习俗起着某种程度的"法律"作用。作为人类学家的马林诺夫斯基对法律人类学进行过研究，旨在探索人类法律的起源。在他看来，法律是实然的、动态的文化现象。"法律和秩序已贯穿于原始种族的部落习惯中，无论它们是何等的离奇和耸人听闻，还是多么重要和值得尊重，它们控制着人们所有的日常生活以及公共生活的主要活动。"在这里的"法律"实质上就是原始部落的习俗，因为在原始社会没有国家，当然也就不存在法律的问题，由于马林诺夫斯基研究的是法律人类学问题，讨论的是法律发生学的问题，因此，他是将原始部落的习俗按当代社会的法律来表述。马林诺夫斯基研究认为，原始部落"婚姻所建立的不仅是夫妻之间的纽带，它也是丈夫和他妻子的家庭，特别是和她的兄弟建立了一种长远的互惠关系"。在马林诺夫斯基看来，"习惯的力量，对于传统要求的敬畏和对情感的传统依附及满足公众舆论的需要——这一切的结合，使得习俗由于自身缘故而被遵循。"原始人类所遵循的主要是禁忌与命令，这种禁忌与命令对原始人类的约束，在某种程度上甚至超过法律对文明时代人类的约束。马林诺夫斯基举了一个例子，在他进行田野调查的特罗布里安德群岛有一位年轻人与自己的表妹产生了恋情，这种行为违反了氏族关于与外族通婚的规定，当表妹的追求者将此事公之于众后，这位年轻人因不能承受氏族内部的舆论压力而自杀。在当地当时，与自己的表妹有恋情是违反外族通婚（即禁止同一图腾氏族内部通婚）规定的，是一种严重的"犯罪行为"，因为在特罗布里安德群岛"外族通婚禁律是图腾制度、母权制和亲等划分制度的基本特征之一"。"外族通婚的法律，即在氏族内部联婚和交合的禁律，常常被引证为原始法律中最严厉和毫无选择空间的戒律之一，它同样严禁氏族内部成员间的性关系，而不论两人亲属关系的亲疏程度如何。"在原始社会早期，人类的禁忌比较少，甚至没有。到了原始社会晚期，相对来说各种禁忌逐渐增多，但是，在婚姻家庭方面最主要的禁忌则是血亲通婚或者氏族内部的通婚。这些习惯、习俗是氏族、部落全体成员共同意志的体现，成员们违反了这些禁忌或者说习俗会受到怎样的对待，氏族或者部落会对他们进行处罚吗？至少在特罗布里安德群岛，当部落内部的平衡与秩序出现了问题时，在没有国家机器和法律秩序的情况下，作为社会控制的工具，能够调整和修复社会关系的只有作为强制手段的巫术和作为赎罪、挑战手段的自杀，巫术、自杀在那里是维护"法律"和秩序的保守力量和强大支柱，这种具有普遍约束力的社会习俗不是靠国家机器这一强制力来保证的。① 鲁妥努的观察和研究也表明："保利奈西亚（即波利尼西亚）之舆论，既婚之妇人，不经其主人的许可，而以其身让与他人的事受着禁止。这是他们中间的道德，或者简直是唯一严重的法律。"② 这些研究足以说明在初民社会是没有当今意义上的法律——他们的行为规范就是氏族内部的习惯、习俗。

《汉谟拉比法典》是古巴比伦王国第六代国王汉谟拉比（公元前 1792 年至公元前 1750 年在位）颁布的一部著名法典，据说是迄今为止发现的最早的法律，法典全文 280 条，对刑事、民事、贸易、婚姻、继承、审判制度等都作了详细的规定，较为完整地继承了两河流域原有的法律精华。法典关于婚姻、家庭与财产继承方面的规定主要体现在第 127 条至第 195 条，这些法条详细地规定，如果违反法典中关于婚姻家庭方面的法律规范应当给予制裁。比如，第 154 条规定："如果一个男人与他的女儿乱伦，他将被驱逐出当地。"第 157 条规定："如果任何人在父亲死后与母亲乱伦，二人将被烧死。"③ 这些规定从一方面来说，法典将当时阿摩利人的习惯法变成了成文法；从另一方面来说，法典是当时社会经济制度的产物，反映出那个时代现实社会对法律的需求，因为在现时代，即便偶然发生乱伦事件，也不至于给予那么严厉的惩罚，而当时之所以如此严厉，就在于人类刚从野蛮时代进入文明时代，乱伦的现象还经常发生，必须以严厉的法律予以惩罚，乱伦行为才有可能被遏制。

中国古代社会大约在公元前 21 世纪开始从父系社会的原始氏族公社过渡到奴隶制社会，当时禹传位于儿子启，从天下为公进入家天下体系，夏王朝得以建立并以父系血统相传。从古代文献和现代考古发现，我们可以初步

① ［英］布罗尼斯劳·卡斯帕·马林诺夫斯基：《原始社会的犯罪与习俗》，原江译，云南人民出版社 2002 年版，第 5 页、第 21 页、第 33 页、第 52 页、第 54 页。
② ［法］霞尔·鲁妥努：《男女关系的进化》，卫惠林译，上海文化出版社 1989 年版，第 69 页。
③ 《汉谟拉比法典》，https://baike.baidu.com/item/汉谟拉比法典。

断定，从禹开始已经具备了部落国家的基本特征，开始运用法律以达到控制社会的目的。目前尚未发现夏代有完整的法典，夏代的一些法律规范散见于后世青铜器之上和古籍之中。这些法律规范的内容以刑为主，被古代典籍称为"禹刑"。夏代法律关于婚姻家庭方面的规定罕见，由于后人普遍认为夏代是以孝治国，因此可能存在对不孝行为有所惩戒的规定。历史学家章太炎在《孝经本夏法说》一文中有所考证，认为古籍《孝经》皆取夏法，就是说《孝经》的内容是取自夏代的法律，因为夏朝刑律共有5种刑罚，3000条，认为非夏法则不得此数。[①] 得出这一结论，其中一个论据就是郑玄在注释《周礼·秋官·司刑》时明言："夏刑，大辟二百，膑辟三百，宫辟五百，劓、墨各千。"[②] 正好合乎《孝经》所言"五刑之属三千，而罪莫大于不孝"[③]。这一论证可以自圆其说，因为在夏之时，氏族、部落的血缘关系比较厚重，夏代还处于部落国家初期，可能还存在大量如管子所言"老幼孤独不得其所"的行为，而统治者又注重血缘关系，对于不孝的行为进行惩罚、制裁是十分自然的事。

大约在公元前16世纪，成汤率领商部落灭了夏朝，建立了商朝。由于商代王族历来崇尚鬼神的缘故，可以证明商代政权是一个以神权法思想为主流的奴隶主阶级的政权。由于这一时代的出土文物较多，在出土的甲骨、青铜器上发现大量文字，相对来说法律文献也比夏代要多一些。就婚姻家庭方面的法律制度而言，主要的就是正式确立了一夫一妻多妾、家长支配财产绝对权的婚姻家庭制度，对于违反这一制度的行为也有相应的制裁。在继承方面，在商代的前期，王位继承制度是采取的"兄终弟及，子继为辅"的制度，据《礼记·礼运》记载："大人世及以为礼。"[④] 这里的世，就是指父死子继；这里的及，就是兄死弟承。但是，这一制度有着明显的缺陷，兄弟间为争夺王位经常发生流血事件，这一情形在司马迁的《史记·殷本纪》中也有记载：

---

① 章太炎：《章太炎全集·太炎文录初编》，上海人民出版社2014年版，第6~8页。
② （汉）郑玄注，（唐）贾公彦疏：《周礼注疏》，载《十三经注疏（上）》，中华书局1980年版，第880页。
③ （清）皮锡瑞撰：《孝经郑注疏》，中华书局2016年版，第95页、第98页。
④ （汉）戴圣，（汉）郑玄注，（唐）孔颖达疏：《礼记正义》，载《十三经注疏（下）》，中华书局1980年版，第1414页。

"自中丁以来，废嫡而更立诸弟子，弟子或相争代立，比九世乱，于是诸侯莫朝。"[1] 说明那时还没有嫡庶之分的观念。王国维的研究指出："商人祀其先王，兄弟同礼，即先王兄弟之未立者，其礼亦同，是未尝有嫡庶之别也。此不独王朝之制，诸侯以下亦然。"[2] 有鉴于此，从商代第十一代王武丁起，有了立太子的制度，完成了王位继承从兄终弟及（子继为辅）到嫡长子继承制度的过渡。关于殷商最后一位王纣的继承就是十分典型的立嫡制度的表现。《吕氏春秋·当务》对此有较为详细的描述，"纣之同母三人，其长曰微子启，其次曰中衍，其次曰受德，受德乃纣也，甚少矣。纣母生微子启与中衍也尚为妾，已为妻而生纣。纣之父纣之母欲置微子启以为太子，太史据法而争之曰，有妻之子而不可置妾之子。纣故为後（置立）。"[3] 纣王有一母同胞三兄弟，而且并不为长，但是，他的两个哥哥出生时，他们的母亲尚为妾，当他们的母亲晋升为妻以后，生下了纣，因此，纣就是妻生之嫡子，微子启和中衍就只是纣的庶兄，纣的父母都想立长子微子启为太子，遭到当时太史的反对，他根据礼法坚持认为，微子启虽然为长子，但不是大王的妻子所生，只是庶子，而纣却是大王的妻子所生的嫡子，应当立嫡子纣为太子。但是，对于嫡长子继承制形成于何时，王国维有不同的看法："舍弟传子之法，实自周始。当武王之崩，天下未定，国赖长君，周公既相武王克殷胜纣，勋劳最高，以德以长，历代之制，继武王而自立，固其所矣。而周公乃立成王而已摄之，后又反政焉。摄政者，所以济变也。立成王者，所以居正也。自是以后，子继之法遂为百王不易之制矣。"[4] 这一观点明显认为嫡长子继承制度形成于周代，但是，我们认为，嫡长子继承制度形成于周不等于周之前就没有嫡长子继承的现象。政权与财产的嫡长子继承制度有利于王权统治和家族的安全延续，以保障自己的王位、爵位和财产等能够永久地掌握在与自己有着最亲近的父系血缘关系的家庭成员手中，而为了防止子孙之间争夺，自相残杀，更加需要明确只有嫡长子才有继承权。王族的这种嫡长子继承制度为其他贵族家族所效仿。嫡长子继承制度后来也就成为历代相沿用的定制，这一制度的

① （汉）司马迁：《史记》，中华书局1959年版，第101页。
② 王国维：《殷周制度论》，载《观堂集林 附别集》，中华书局2004年版，第233页。
③ （战国）吕不韦，（汉）高诱注：《吕氏春秋》，上海古籍出版社1989年版，第83页。
④ 王国维：《殷周制度论》，载《观堂集林 附别集》，中华书局2004年版，第233页。

确立具有特别重要的历史意义。正是有了这些法律的规定，商代以后对非婚生子女采取不承认家族地位的态度，这一态度在《周易·渐卦》中就有反映，其象辞曰："夫征不复，妇孕不育，凶。"[①] 说的就是丈夫出征没有回家，妻子如果怀孕生孩子就是不合法的，是凶兆，是不能容忍的行为。

大约在公元前 11 世纪，姬发率领周部落灭了商朝，建立了周朝。周代继承了夏、商两代的神权法思想，建立了上古时代比较完备的世俗法律体系，从古籍文献所载和现代出土文物来看，周代的法律是与周公所制定的礼制紧密结合在一起的，礼法合一是当时法律制度的基本特点，而"礼"实质上就是周部落的习惯法，其中最为重要的则是宗法制度建立。所谓宗法制度，是指我国古代社会中存在的以血缘关系为纽带的家族组织与国家制度相结合的一种维护社会秩序的政治形式，这种制度的建立是为了保证血缘贵族的世袭统治。在这种制度之下，家庭组织与国家制度高度合而为一，将家族观念、家庭伦理与国家法律结合在一起。在王位或者爵位继承形成了嫡长子继承制后，不按这一制度行事就是"非礼"，不合礼制，也就是非法的。所谓周人尚礼，就是指周代的人崇尚以"礼"为代表的一系列制度体系。公羊高在论证鲁隐公不宜立而应当立鲁桓公时言："（鲁）隐（公）长又贤，何以不宜立？立嫡以长，不以贤，立子以贵，不以长。（鲁）桓（公）何以贵？母贵也。母贵则子何以贵？子以母贵，母以子贵。"[②] 所谓嫡，就是指嫡夫人（正妻）的儿子，他尊贵无比；所谓子，就是指左右媵及姪娣的儿子，他们的家庭地位有贵贱之分，如果同时出生则看他们地位的贵贱。按当时的所谓礼制，当嫡夫人（正妻）无儿子时，立右媵的儿子；当右媵也没有儿子时，立左媵的儿子；左右媵均没有儿子时，就立姪娣的儿子；当姪娣也没有儿子时，立右媵姪娣的儿子；当右媵姪娣仍然没有儿子时，就立左媵姪娣的儿子。鲁隐公（姬息）虽然比鲁桓公（姬允）年长，而且比较贤能，但是，姬息却只是鲁惠公（姬弗湟）与继室声子的儿子，声子的地位低于姬允的母亲仲子（右媵），姬息在家族中的地位也就低于姬允，按当时的制度就应当立姬允而非姬息，

---

① （晋）王弼注，（唐）孔颖达疏：《宋本十三经注疏 附校勘记·宋本周易注疏（又称〈周易正义〉）》，光绪丁亥脉望仙馆石印版，卷五。

② （清）陈立撰：《公羊义疏》，中华书局 2017 年版，第 49~55 页。

虽然事实上是立姬息而非姬允，但是这种继位是"非礼"的，不符合当时的法律规定。

周代在婚姻家庭方面形成了一套对后世影响极大的制度，这一制度对于士大夫阶层而言，婚姻更偏重于礼，以保护宗族利益为重；对于庶人阶层而言，婚姻更偏重于法，以调整百姓权利义务为重，而其中族外婚是被严格执行的。《礼记·曲礼》有所谓"取（娶）妻不取同姓，故买妾不知其姓则卜之"之说，①娶妻不准娶同姓女子，如果买来的妾而不知道她的姓氏，就要灼甲骨取兆以占吉凶。在《左传·昭公元年》中有记载："侨又闻之，内官不及同姓，其生不殖。美先尽矣，则相生疾，君子是以恶之。违此二者（其中之一为娶同姓），古之所慎也。男女辨姓，礼之大司也。故《志》曰：'买妾不知其姓，则卜之。'"②内官，嫔御也。如果国君娶了同姓的嫔妃，会影响生育。如果同姓相婚，美是美，但是美极则尽，尽则生疾，所以君子们都不喜欢这样。娶同姓，古人都是十分谨慎的。而对于男女要区别姓氏，则是十分重要的礼制。对于娶妻不娶同姓的原因，《国语·晋语》在讲述晋文公重耳流亡的故事时说得很清楚，"同姓不婚，恶不殖也"③。在《左传·僖公二十三年》讲述晋文公重耳流亡的故事时也有同样的说法，"男女同姓，其生不蕃"④。说明当时的人们已经认识到，血缘关系太近不利于后代的健康，不利于种族的繁衍。因为在当时，同姓基本就是同宗的，血缘关系比较近。这一制度是得到了严格地执行，如果有违反，也是"非礼"的行为，是不为社会所承认或者容忍的。鲁昭公姬姓，娶了吴国同为姬姓的公主为夫人。鲁昭公这位姬姓夫人死后，《春秋·哀公十二年》只记"孟子卒"。《左传·哀公十二年》作了解释："夏五月，昭夫人孟子卒。昭公娶于吴，故不书姓。死不赴，故不称夫人。不反哭，故不言葬小君。孔子与吊，适季氏。季氏不絻，放绖而拜。"⑤讳娶同姓，故谓孟子。不称夫人，故不言薨。反哭，（国君）夫人礼也。以同姓故，不称其夫人。孔子以小君（国君夫人）礼往吊，季孙不服丧

---

① （清）朱彬：《礼记训纂》，中华书局 1996 年版，第 23 页。
② （晋）杜预：《春秋左传集解》，上海人民出版社 1977 年版，第 1197 页。
③ 徐元诰：《国语集解》，中华书局 2002 年版，第 332 页。
④ （晋）杜预：《春秋左传集解》，上海人民出版社 1977 年版，第 334 页。
⑤ （晋）杜预：《春秋左传集解》，上海人民出版社 1977 年版，第 1783 页。

（不繰），故去经，从主节制。《谷梁传·哀公十二年》表述得更加直接："夏五月甲辰，孟子卒。孟子者何也？昭公夫人也。其不言夫人何也？讳取同姓也。"钟文烝注曰："葬当书姓，讳故不书葬。"[①]《春秋》历来就有所谓微言大义之说。鲁昭公夫人去世了这么一件大事，孔子只用了"孟子卒"三个字，这里面大有文章。这位姬姓夫人，本为吴国的嫡生大公主，孔子却只对这位夫人用"孟子"二字，不书她的姓，也不称她为夫人。对鲁昭公夫人的死亡只用一个字"卒"，不言"葬我小君某某"（按国君夫人之礼安葬），这就是所谓《春秋》为尊者讳。因为鲁昭公违反了同姓不婚的礼制，因此，鲁昭公夫人死后不能按常规讣告诸侯吊唁，鲁国执政国卿季孙前往吊唁，连帽子都不摘去，也不穿丧服，不行安葬国君夫人之礼。对此，孔子心知肚明，但是他并没有对季平子提出批评，而是默认了他的做法。鲁昭公的行为当时就被指为有违礼制，遭人质疑。《论语·述而》对此也有记载："陈（国）司败（司寇）问（孔子），昭公知礼乎？孔子曰：'知礼。'孔子退，（陈司败）揖巫马期（孔子的弟子）而进之，曰：'吾闻君子不党，君子亦党乎？君取于吴，为同姓，谓之吴孟子。君而知礼，孰不知礼？'"[②]陈司败批评了孔子为鲁昭公讳"非礼"的行为。西晋十六国时期，前赵皇帝刘聪欲娶太保刘殷之二女、四孙女为贵嫔、贵人，刘聪之弟刘乂坚决反对，刘聪便咨询太宰刘延年、太傅刘景。刘景等人告诉刘聪说："臣常（尝）闻太保自云周刘康公之后，与圣氏本源既殊，纳之为允。"刘聪仍然不放心，在派大鸿胪李弘去下聘时，再次提出自己的担忧。李弘回答刘聪说："太保胤自有周，与圣源实别，陛下正以同姓为恨耳。且魏司空东莱王基，当世大儒，岂不达礼乎？为子纳司空太原王沈女，以其同姓而源异故也。"[③]意思是刘殷是周朝刘康公的后代，刘聪虽然姓刘，但刘聪是匈奴人，是汉高祖刘邦外孙的后代，后来冒姓刘，二者是同姓异源，虽然同姓刘，但实际上不是同宗。王基为儿子娶王沈的女儿为妻，二王虽然同姓王，但是，不同宗源，所以不违背同姓不婚（实则同宗不婚）的原则，同姓不婚的本质是同宗不婚。

---

① （清）钟文烝：《春秋谷梁经传补注》，中华书局1996年版，第737~738页。
② （宋）朱熹：《论语集注》，岳麓书社1986年版，第127~128页。
③ （北魏）崔鸿撰，（清）汤球辑补：《十六国春秋辑补（上）》，中华书局2020年版，第27页。

秦汉以后，中国进入封建社会，从制度而言，也从礼法合一转到以法为本的形态，统治者在制定法律的时候，也特别重视对婚姻家庭法律规范的制定。当代出土的云梦秦简可以证明，秦代已经有了婚姻家庭方面的立法。据《睡虎地秦墓竹简·法律答问》："女子甲为人妻，去亡，得及自出，小未盈六尺，当论不当？已官，当论；未官，不当论。"当时秦律是以身高确定是否成年，身高的标准，按《周礼》的解释，七尺为年二十，六尺为年十五，小未盈六尺，就是未成年。此处的"官"作动词，指至官府登记，从中可知秦朝婚姻是否成立以登记为准。"已官"，是指婚姻已经官府认可；"未官"，是指婚姻未经官府认可。此外，还有"臣强与主奸，何论？比殴主"。秦律规定，殴主，当死罪。"同母异父与奸，可（何）论？弃市。"如果五服以内亲属通奸是要受处罚的，如果是同母异父兄妹之间通奸，则是要在人员集聚的闹市，对犯人执行砍头，以示为大众所弃。[①] 汉代还对妻妾之位不可乱作出了规定，法律不允许出现乱妻妾位的情形。据《汉书·外戚恩泽侯表》记载，汉元寿二年（公元前1年）"孔乡侯傅晏坐乱妻妾位免，涉合浦"[②]。这种做法的目的就在于保证嫡庶之别，维护封建宗法关系。特别是从汉朝起，在董仲舒"罢黜百家，独尊儒术"思想影响下，形成了一套完整的封建伦理，作为法律的补充，那就是"三纲五常"，即"君为臣纲、父为子纲、夫为妻纲"和"仁义礼智信"。同时，汉人伪托孔子所作的《孝经》也开始流传，总的目的就是要维护封建统治秩序，在家庭关系中，无论是夫妻关系、兄弟关系或者是父子关系，他们尊卑地位是不可逾越的，例如《白虎通义·三纲六纪》指出："夫妇者，何谓？夫者，扶也，以道扶接。妇者，服也，以礼屈服。"[③] 不得违反。

在现代社会，家庭暴力、弃婴、虐待家庭成员都不为法律所容忍，但是，在古罗马时代，这些行为都是合法的行为。产生于公元前5世纪中叶的《十二铜表法》是古罗马第一部成文法典，也是世界古代法中最为著名的法典之

① 睡虎地秦简的引文引自夏利亚：《睡虎地秦简文字集释》，上海交通大学出版社2019年版，第250页、第275页、第276页。弃市，《礼记·王制》有所谓"刑人于市，与众弃之"之说，见（汉）戴圣，（汉）郑玄注，（唐）孔颖达疏：《礼记正义》，载《十三经注疏（上）》，中华书局1980年版，第1327页。

② （东汉）班固，（唐）颜师古注：《汉书》，中华书局1962年版，第711页。

③ （东汉）班固，（清）陈立撰：《白虎通疏证》，中华书局1994年版，第376页。

一，是古罗马奴隶社会的产物。据《十二铜表法》第四表规定："对畸形怪状的婴儿，应即杀之。"在那时的人们看来，因畸形婴儿不具人形，即推定婴儿不具备人类的智能。还规定："家属终身在家长权的支配下，家长得监察之、殴打之、使作苦役，甚至出卖之或杀死之；纵使子孙担任了国家高级公职的亦同。"[1] 将家子完全置于家父的绝对权威之下，体现了当时的家庭关系。无效婚姻制度也发轫于古罗马法，对于婚姻六大构成要件除婚姻权及寡妇再醮的期限外，如果缺乏其中之一，婚姻归于无效，以当事人未结婚论。[2] 这一婚姻制度为后世成文法国家广泛采纳。

买卖婚姻、抢掠婚姻都为当今法律所不允许，然而，在当年西欧早期封建时代则是被允许的。大约在公元 4 世纪，日耳曼人建立了包括法兰克王国、西哥特王国、勃艮第王国、伦巴德王国在内的各王国（史称"蛮族国家"），在这些国家实行的是被世界法制史称为"日耳曼法"的法律制度。大约在公元 5 世纪，大多数王国进行了习惯法成文化的工作，编纂了大量的成文法典，统称为"蛮族法典"，比较有名的是西哥特王国的《尤列克法典》、法兰克王国的《撒利克法典》《里普利安法典》和东哥特王国的《狄奥多理法典》等，但是，习惯法仍然是日耳曼法的重要组成部分。这些成文法和习惯法特别是有关婚姻家庭法律规范对近代资本主义民法典影响极大——由此发展为大陆法系和普通法系这两大法系。日耳曼法关于婚姻家庭继承方面的制度主要表现在：一是实行一夫一妻制度，但是贵族和国王除外。二是买卖婚姻是正常的婚姻方式。新郎带着财物到新娘的父母和亲友面前去求亲，只要新娘父母接受了，就表示婚姻被应允。三是早期抢掠婚是可以接受的，新郎和亲友们将看上的女子抢来，然后向女子的家族支付赔偿金表示和解，如果女子的父母接受赔偿金，就表示对亲事的认可，不接受可能就会引发血亲复仇。实质上就是一种变相的买卖婚姻。四是实行家长制，妻子、孩子都受到家长的支配，但是，比起罗马法来，妻子与孩子的地位相对要好些，妻子和儿子都可以拥有自己独立的财产，家长不能单独处置他们的不动产。五是在继承问题上，只有法定继承而无遗嘱继承。主要原因在于当时的日耳曼人还存在公社

---

① 参见周枬、吴文翰、谢邦宇：《罗马法》，群众出版社 1983 年版，第 165 页。

② 陈朝璧：《罗马法原理》，中国台湾地区商务印书馆 1979 年版，第 440 页。

制度，私有制度还不发达，加之日耳曼人的家族本位精神的影响，限制了人们对个人财产的自由处分。[①] 对于近亲结婚的问题，到了公元 6 世纪，人们已经完全不能接受一个男子与同自己有较亲血缘关系的女性发生性关系这一行为了。据法兰克时代的都尔教会主教格雷戈里在《法兰克人史》中记载，公元 54 年至公元 68 年在位的罗马皇帝尼禄"对他的母亲、他的姊妹以及所有同他在血缘关系上最为亲近的妇女都加以淫猥的蹂躏"[②]，言语之间表达了作者对此行为的不齿，虽然这只是日耳曼人对罗马人的批评，但是这种批评体现的则是一种道德和法律的观念，即血缘较近的人是不能发生性关系的。

中国古代婚姻家庭规范在唐代达到了鼎盛时期，始于唐高宗永徽元年（公元 650 年）、刊定于唐玄宗开元年间（公元 713 年至公元 741 年）的《永徽律疏》（即《唐律疏议》）中的《户婚律》，集中国封建婚姻家庭制度之大成，以法律的形式维护封建婚姻家庭制度，对婚姻的成立、解除，家庭生活规范等进行了详细的规定。在修定《唐律》时，唐太宗李世民要求将失"礼"的行为作为禁律刑书，以严厉惩处违犯封建纲常礼教的行为，《贞观政要·俭约》就记载有李世民所谓"失礼之禁，著在刑书"的要求。[③] 在这种思想指导下，形成了如《唐律疏议·名例律》所谓"德礼为政教之本，刑罚为政教之用"的基本原则。[④] 以"礼"为内容、以法为形式，是《唐律疏议》的基本特点，它全面地确认并保护了封建婚姻家庭制度特别是封建家长制度，赋予了家长以极大的权力，同时还充分肯定了封建包办和买卖婚姻的合法性。比如，《唐律疏议·户婚》规定："诸立嫡违法者，徒一年。即嫡妻年五十以上无子者，得立庶以长，不以长者，亦如之。""诸有妻更娶妻者，徒一年，女家减一等。若欺妄而娶者徒年半，女家不坐，各离之。"[⑤] 为了维护以尊卑贵贱为核心的封建婚姻家庭制度，严禁良贱通婚，违者予以刑罚。在财产方面的继承，采取的是诸子平分原则。但是，在贵族身份继承方面则规定是嫡长子继

---

① 参见由嵘、胡大展主编：《外国法制史》，北京大学出版社 1989 年版，第 88~89 页。
② ［法兰克］格雷戈里：《法兰克人史》，寿纪瑜、戚国淦译，商务印书馆 1981 年版，第 22 页。
③ （唐）吴兢撰：《贞观政要》，上海书店 1984 年根据商务印书馆 1934 年版印行，第 440 页。
④ （唐）长孙无忌等撰：《唐律疏议》，中华书局 1985 年北京新一版，第 12 页。
⑤ （唐）长孙无忌等撰：《唐律疏议》，中华书局 1985 年北京新一版，第 278 页、第 292 页。

承。《唐律疏议》对婚姻家庭中哪些行为是违法行为以及法律后果，均予以明确规定。从这些规定中我们可以看出，中国古代法律民刑合一的立法体例在此得到充分的体现。《唐律疏议》作为封建社会的法典，有着浓厚的封建思想意识，体现着封建统治阶级的阶级意志，反映了礼制、君主专制、等级制度和宗法制度等内容，特别是疏议部分，是对《唐律》统一的权威性的解释，《旧唐书·刑法志》称《唐律疏议》一出"自是断狱者皆引疏分析之"①。《唐律疏议》对后世封建法律影响极大，正如有中国法律史学者所指出的那样，"这部永徽律全得疏议才流传至今"②。西欧进入中世纪后，与世俗法相比，教会法占了统治地位，特别是法国和英国，在婚姻家庭法律规范方面，日耳曼法逐渐为教会法所取代。在法国，按照教会法的要求，婚姻关系的成立应当尊重婚姻关系当事人双方的意愿，只要达到法定结婚年龄男女双方同意即可结婚，无须得到家长或者监护人的同意，与世俗法规定必须征得父母同意才能结婚相冲突。同时，教会法从婚姻是一种宣誓圣礼的观点出发，主张婚礼应当在教堂举行，否则婚姻无效。后来，随着教会权威的下降和世俗王权的加强，世俗法律认为应当把婚姻从一般的宗教圣礼中分离出来，婚姻的效力应当由国家机关来决定，宗教仪式并不是婚姻的必要条件。教会法对婚姻大致有五个方面的原则：一是一夫一妻制；二是婚姻以双方合意为要件，缺乏有效的同意、生理有缺陷、患有精神病、重婚以及一方曾宣誓永远独身的婚姻是无效的；三是不得离婚，在教会法看来，婚姻是一种圣礼，既然已经对上帝宣誓，离婚就是对上帝的不忠；四是族外通婚，也就是排除近亲结婚；五是夫妻之间地位不平等，教会法一如之前维护夫权、父权的法律规定，家庭成员在家长的绝对控制之下。在财产继承方面，教会法主张遗嘱继承与无遗嘱继承并行，并极力推行遗嘱继承，以保证教徒们在写遗嘱时会将财产的三分之一捐给教会，目的是净化灵魂以进天堂。在英国，就夫妻关系而言，夫处于特权地位，妻处于从属地位，妇女结婚后，财产全部归丈夫管理。在亲子关系方面，家长在家庭中享有特权，可以决定子女的婚姻，可以惩戒、禁闭子女。在继承方面，对于动产和不动产实行不同的继承方式。对不动产，

---

① （后晋）刘昫等撰：《旧唐书》，中华书局年1975版，第2141页。
② 杨鸿烈：《中国法律发达史（上册）》，上海书店影印社1990年版，第350页。

以法定继承、长子继承为主，目的是保证不动产能长久留在家族内部。而对动产，则以遗嘱继承为主，一般要求死者在临终前要留下遗嘱，把财产分为三份，妻、儿各一份，其余三分之一作为"死者的份额"捐赠给教会。如果不捐赠给教会，便可能被指责为罪过，教会可以为死者灵魂祈祷为由强行索取，以保障教会能有足够的财产维持运转。①

有宋以降直到清代末年，中国的婚姻家庭方面的立法基本遵循唐代法律规范略有改进或者不同。与周代以来的情形一样，以"父母之命、媒妁之言"为主要特征的聘婚制度是宋元明清历代唯一合法的结婚方式，这种制度的实质就是包办、买卖、强迫婚姻，妇女沦为商品。在宋代，理学观念开始成为法律上的强制规定，特别是在寡妇再婚问题上更是持坚决反对态度。在元代，崇尚游牧民族自由习俗的蒙古贵族对婚姻家庭方面的要求就没有更多地受到宋代理学观念的影响。为新中国明令禁止的童养媳制度起源于宋元，元代杂剧《窦娥冤》中的窦娥就是一位童养媳，说明元代以后，童养媳制度就已经十分普遍了。在明代，重典治世、礼法结合更是明代立法的指导思想，在婚姻家庭立法方面，《大明律》共有 18 条，例如对于类似于当今可撤销婚姻如何认定以及如何处罚，在《大明律·户律·婚姻》中有规定："凡男女定婚之初，如有残疾、老幼、庶出、过房、乞养者，务要两家明白通知，各从所愿，写立婚书，依礼聘嫁。""其未成婚男女有犯奸盗者，不用此律。若为婚而女家妄冒者，杖八十（谓如女有残疾却令姊妹相见后却以残疾女成婚），追还财礼。男家妄冒者，加一等（谓与亲男定婚却与义男成婚，又如男有残疾却冒妄相见后却以残疾男成婚之类）。"② 清承明制，在婚姻家庭方面的立法与明代大致相同，但是在同姓为婚方面有所松动，同姓非同宗不罚。以财论婚娶的现象更为严重，买卖婚姻大行其道。还首创了独子兼祧制度。兼祧是指一个男子同时继承两家宗祧的习俗。作为独子的兼祧人不脱离原来家庭的裔系，兼做所继承家庭的嗣子，以保证两边祖先得以血食（祭礼）。清代俞樾在《俞楼杂纂·丧服私论·论独子兼祧之服》中指出："一子两祧，为国朝乾隆间特

---

① 参见由嵘、胡大展主编：《外国法制史》，北京大学出版社 1989 年版，第 103 页、第 119 页、第 146 页。

② （明）刘惟谦详定：《大明律》，明嘉靖年间河南按察使范永鸾重刊本，卷六、户律三。

制之条，所谓王道本人情也，所谓礼以义起也。此洵足补前圣所未及，而为后世之所法守矣。道光间议定服制，大宗子兼祧小宗，则为所生父母斩衰三年，而为兼祧父母齐衰不杖期，而为兼祧父母斩衰三年。"[①] 兼祧制度对我国的家族制度影响极大，以至于在清朝皇族里也实施这一制度。同治皇帝爱新觉罗·载淳去世时年仅19岁，并且没有子嗣，从皇位继承的制度安排，应当从同治皇帝的侄儿辈中选择新皇帝，但是，这样一来，载淳的母亲慈禧太后就成了太皇太后，就不能继续临朝称制了。慈禧太后为了能够继续临朝称制，就选了载淳的堂弟、慈禧太后妹妹和醇亲王奕譞的孩子爱新觉罗·载湉即位，当上满清的皇帝，史称光绪皇帝，慈禧太后就仍然只是太后，就可以继续临朝称制，垂帘听政。由于光绪皇帝也一直没有子嗣，慈禧太后就选了载淳的堂弟、载湉的弟弟爱新觉罗·载沣的儿子爱新觉罗·溥仪承继同治皇帝为嗣，并兼承光绪皇帝之祧，使得载淳、载湉香火得以延续，光绪皇帝死后，溥仪当上了皇帝，史称宣统皇帝。

我国世界历史学界一般将1640年发生的英国资产阶级"光荣革命"到1917年发生的俄国无产阶级"十月革命"界定为世界近代史，其中又以1871年巴黎公社为界，将资本主义社会划分为自由资本主义阶段和垄断资本主义阶段。由于社会经济发展的不平衡，加之文化传统、认识论基础和思维方式的不同，英国、法国和德国的法律虽然都来源于日耳曼法和教会法，但是他们的法律形式特征有所不同，婚姻家庭规范中对有关婚姻家庭的违法行为的规定也不尽相同。从法律形式特征而言，在英国，属于英伦岛屿，是普通法系（又称"海洋法系"，后与美国法律并称为"英美法系"），形成普通法系的认识论基础是英国本土发展起来的经验主义哲学，运用的是归纳逻辑，思维方式是从特殊到一般，强调的是审判必须遵循先例，法律规则从先前的判例中提炼，因此又称之为"判例法"。在"光荣革命"初期，英国的婚姻家庭法律规范几乎原封不动地保留了封建法的规定，比如在婚姻的有效性方面，1753年的《哈特魏克法》还规定结婚必须在教堂举行，并由神职人员主持才有效。直到1836年的婚姻条例才开始承认政府机关登记的婚姻与通过教会仪式的均为有效婚姻。在夫妻关系、亲子关系等方面，当今认为是违法的行为，

---

① （清）俞樾：《俞楼杂纂（第3册）》，同治十八年曾国藩署检，第37页。

在当时却认为是合法的。而在法国、德国，同属欧洲大陆，是成文法系（又称为"大陆法系"），形成成文法系其中重要的因素就是认识论基础，大陆法系的认识论基础是欧洲大陆发展起来的理性主义哲学，运用的是演绎逻辑，思维方式是从一般到特殊，强调的是审判必须以成文法为依据，"法无明文不为罪"，因此又称之为"法典法"。在法国资产阶级大革命期间，最伟大的成就大概就是 1804 年《法国民法典》（又称之为《拿破仑法典》）的产生，它是资本主义社会的第一部资本主义法典，它是资本主义生产力和生产关系发展到一定程度的产物，法典用法律的形式将法国资产阶级大革命的成果和资本主义早期社会的经济基础加以固定，对后世产生了深远的影响。特别是在婚姻家庭方面，较之封建主义社会大有进步，但是对一些带有封建主义色彩的法律规定仍然有所保留。比如在亲子关系方面，父亲对子女有广泛的权力，可以支配子女的人身和财产，对非婚生子女采取歧视态度，认为非婚生子女不得成为继承人。在夫妻关系方面，男女平等并没有得到真正落实，限制妻子的行为能力。在德国统一后，在经历了自然法学派与历史法学派、日耳曼法学派与罗马法学派的思想交锋后，德意志帝国在 1900 年正式颁布了《德国民法典》。《德国民法典》在婚姻家庭方面又有所进步，但是仍然保留了许多封建主义色彩的内容。比如在夫妻关系方面，虽然规定妻子具有行为能力，可以诉讼，但是，妻子不经丈夫同意不能处分自己的财产，规定丈夫有权决定有关共同婚姻生活的一切事务。在亲子关系方面，虽然子女在继承方面较之法国民法典有所进步，但是，子女在继承方面仍然受到种种限制。[①] 在英国，对乱伦或者其他违背《圣经》的婚姻关系进行惩罚或者宣布无效的裁判权属教会法院所有。但是，英国法律只视这种婚姻关系为可宣告无效的关系，在教会法院宣告无效的判决下达前，这种关系并不依事实而无效。依照教会法的规定，下列情形依教规判定婚姻关系是无效的：重婚（英国法律引用查士丁尼时代的法律规定，不许一个人同时拥有两个妻子）、婚前另有婚约、血亲通婚、姻亲通婚、未达到法定结婚年龄、应当由法定监护人同意而未经同意的、未经正当的法律程序的以及某种特定的肢体残疾、智障。其中

---

① 参见由嵘、胡大展主编：《外国法制史》，北京大学出版社 1989 年版，第 198 页、第 236 页、第 258 页。

在法律程序方面，除非得到坎特伯雷大主教的特准，任何婚姻，若未在某个教堂或者其他非国教教堂举行过婚礼，都被认为是不具有法律效力的。英国法律规定，这种婚姻关系并非从确立之初即为无效，只有通过判决才能使之无效。[①]20世纪初，美国教会法规认为，法定婚姻障碍被教会分为可大可小（主要或者次要）的。主要的障碍包括：（1）未到法定年龄；（2）性无能；（3）既往和现存婚姻；（4）信仰不同（相比于旧法典，新教会法典实施后，更少的婚姻因此被禁止）；（5）圣职；（6）庄严的宗教职位；（7）诱拐；（8）犯罪；（9）同族血亲；（10）姻亲关系；（11）公共礼节；（12）精神关系；（13）合法关系。对于婚姻而言，适当显性的准许是十分必要的，需要由教会权威判定其为有效。暴力和恐惧，或者婚姻契约中存在不合法条款，是准许获得有效性的障碍。[②]违反这些规定的婚姻可能导致婚姻违法，而判断婚姻是否违法的权力在教会。在美国人看来，要防止这些问题的出现，就需要熟悉社区情况的牧师为婚姻当事人主持婚姻仪式，以判断当事人是否有上述情形。

中国进入近代以后，中国的经济社会受到西方文明的冲击和影响，婚姻家庭制度也在其中。清政府为了能在新的形势下维护自己的统治地位，在修律大臣沈家本的主持下，于1900年前后开始对原有的法律进行修订，《大清民律草案》中就有关于婚姻家庭方面的修订，虽然一些具体条文较以前的《大清律例》有了很大的进步，成为东西方法律文化交融的一个缩影，但是，当此之时，封建纲常礼教的影响仍然十分强大，在修律的过程中还发生了"礼教派"和"法理派"就"无夫奸"（指没有丈夫的妇女与人通奸）是否入罪的争议。清朝统治者在《修改新刑律不可变革义关伦常各条谕》中强调，这些封建纲常礼教乃"数千年相传之国粹，立国之大本"，"凡我旧律义关伦常诸条，不可率行变革，庶以维天理民彝于不敝"。[③]在《大清民律草案》中仍然保留聘娶婚制是国家法律规范的唯一合法婚姻制度的规定，实则仍然是买

---

① 参见［英］威廉·布莱克斯通：《英国法释义（第一卷）》，游云庭、缪苗译，上海人民出版社2006年版，第482~488页。

② ［美］Mary E.Richmond、Fred S.Hall：《婚姻与国家：基于美国婚姻法实施的田野调查》，朱姝主译，华东理工大学出版社2018年版，第235页。

③ 故宫博物院明清档案部编：《清末筹备立宪档案史料（下册）》，中华书局1979年版，第858页。

卖婚姻。还规定结婚、离婚均须父母同意，否则无效，并规定家政统摄于家长，家长以一家之中最尊长者为之，等等。然而，这些法律直到清朝灭亡都没有来得及颁行。

辛亥革命到新中国成立之前，中国社会从政体上来说已经是共和制，但是社会性质仍然是半殖民地半封建社会。在西方观念影响下，婚姻家庭制度还是有很大的改变，特别是在大城市，婚姻自由的观念深入人心，大家族的瓦解更是这个时代的显著特征。正如有历史学家所指出的那样："从晚清中国无政府主义者的'毁家'，到五四新文化运动的'家庭改造'，到随后的促发人员社会流动性加快的战争、革命以及工业化、商业化、城市化，这些不仅从理念上冲击着传统的大家族式家庭的根基，也直接导致多数传统大家庭（族）走向解体。"[1] 然而，北洋政府的法律仍然实行的是结婚必须由父母允许的包办强迫聘娶婚制，同时，也规定如果当事人不愿意结婚而父母强迫的，则婚姻无效；因欺诈或者胁迫而结婚的，只有当事人可以申请撤销婚姻。这些规定，说明当时已经开始引入西方的无效婚姻、可撤销婚姻制度。到国民党南京国民政府时期，法律在婚姻家庭制度上较之旧式婚姻有了较大松动，体现了婚姻是一种契约这一原则。对于买卖婚姻，认为只要双方合意，即为有效。甚至规定，订婚以婚书、聘财为形式要件，只要一方接受了聘财，就意味着是对此婚姻的同意。这一规定实质上是为当时的封建聘娶婚制度的一种维护。在重婚罪的认定上，要以举行相当婚娶礼式为要件，并且认为娶妾的行为不是婚姻，不能成为离婚的理由，更不是重婚罪的构成要件，实质上限制了重婚罪的入罪条件。还有所谓亲属会议制度，等等。在广大农村还残存着童养媳制度，严重侵害了妇女的合法权益。国民党南京国民政府的民法在继承问题上第一次打破封建宗祧继承制，规定子女均拥有平等的遗产继承权。

新中国成立后，中国共产党领导人民彻底打破了封建主义、资本主义婚姻家庭制度。1950 年《婚姻法》提出，实行新民主主义婚姻制度。在之后历次的刑法、婚姻法修改中，都对婚姻家庭中的违法（包括犯罪）行为进行了规制。2021 年 1 月 1 日起实施的《民法典》对婚姻家庭违法行为的规制作了

---

[1] 尤小立：《顾颉刚的"出走"》，载《读书》2021 年第 2 期。

进一步的完善。

所谓违法，从广义的意义上是指危害社会，违反现行法律、法规，应当承担相应的法律责任，受到一定的法律惩罚的行为。本书是从广义的角度研究包括犯罪在内的婚姻家庭违法行为。婚姻家庭违法行为，是指危害婚姻家庭，违反现行婚姻家庭法律规范特别是《刑法》《民法典》，应当承担刑事、民事责任，受到法律否定性评价的行为。婚姻家庭违法行为的基本特征有以下几个方面：一是违法主体必须达到法定的责任年龄，具有法定的责任能力。既包括单位，也包括自然人。就自然人这一违法主体而言，不仅要达到法定的责任年龄，而且还要具有法定的责任能力，部分民事责任还需要无民事行为能力人、限制民事行为能力人的监护人承担。二是婚姻家庭违法行为人必须具有主观上的过错，包括故意或者过失。三是必须实施了违反有关婚姻家庭的法律规范规定的行为。在法律领域，没有行为则没有违法，只有当人的主观意愿外化于自己的行为且这一行为不符合法律规定时，才有可能构成违法。这里的行为，既包括积极的作为，如重婚；也包括消极的不作为，如遗弃。同时，这种行为还必须是违反了法律的规定，否则即使有社会危害性，也不构成违法。对于违法的性质，应当以法律为准绳，是民事法律规定为违法的，就是民事违法；是行政法律规定为违法的，就是行政违法；是刑事法律规定为犯罪的，就是刑事犯罪。还有些行为为民事、行政、刑事法律同时规定为违法的。违法行为如果造成了损害，还要求违法行为与损害结果之间具有法律上的因果关系。四是婚姻家庭违法行为危害了法律所保护的婚姻家庭关系，也就是侵害的客体是我国婚姻家庭关系。

根据不同的划分标准，对婚姻家庭违法行为可以进行不同的分类。根据违反法律性质、承担的法律责任的不同，可以分为行政违法、民事违法和刑事犯罪。行政违法，是指违反国家行政法律、法规，应当承担行政责任的行为；民事违法，是指违反国家民事法律、法规，应当承担民事责任的行为；刑事犯罪，是指触犯刑事法律，应当承担刑事责任、受到刑罚的行为。根据违法行为侵犯的客体、对象的不同，我们将婚姻家庭违法行为大致分为四大类。包括破坏婚姻家庭管理秩序的行为，损害合法婚姻家庭关系的行为，侵害当事人婚姻自由权利的行为，侵犯家庭成员人身权利的行为。

| 第二章 |
撤销监护人资格——监护人损害、
侵害被监护人利益的行为

　　当今世界通行的现代监护制度作为民法的基本制度之一，它起源于古罗马法的监护制度和保佐制度。有婚姻家庭法学者指出，在古罗马时期，与监护制度并行使用的还有保佐制度。监护制度的主要对象是未适婚人和适婚女子，最初用于弥补被监护人能力的不足；保佐制度的主要对象是精神病人、浪费人、痴呆聋哑人，主要的作用是管理被保佐人的财产。[①] 罗马法设置监护制度和保佐制度最初的目的是保护被监护人、被保佐人的利益，避免被监护人、被保佐人因能力不足，挥霍浪费家族财产、滥用财产权以致财产被他人非法侵吞进而损害其他法定继承人的利益。在那个时代的法学家们看来，监护制度和保佐制度可以补充被监护人行为能力的欠缺和代理被保佐人来管理被保佐人的财产。后来，监护制度与保佐制度合二为一，保佐制度渐次消退。随着社会经济的发展，世界各国根据各自的国情，沿袭了罗马法的监护制度，形成了现代监护制度。

　　最早的监护权实质上是家长权或者说是家父权的重要内容。在氏族社会瓦解时，社会的公共财产逐渐减少，个人的私有财产逐渐增加，特别是进入父系社会以后，个人财产的持有者死亡后，遗产可能被人继承，而为了防止被继承人的财产被他人非法侵占，防止继承人的财产遭受损害，特别是防止未适婚人、适婚女子以及精神疾病人等残障人士不当处置财产造成被监护人

---

　　① 于水：《我国监护制度的比较与完善》，载《法制与社会》2010 年第 15 期。

财产被侵占或者损失，监护制度也就应运而生。监护制度设置的主要目的还是保护家族的利益，规定由最有希望继承财产的人充当监护人，以监督被监护人，防止他们因缺乏自制、判断能力而导致财产浪费和倾家荡产或者被他人侵占、损害，监护权实则是亲权的延伸。

《汉谟拉比法典》没有设置监护制度和保佐制度，从中我们也可以看出，在汉谟拉比时代的两河流域私有制还不是很发达，社会经济的发展状态还不足以促使当局者设置监护制度和保佐制度，社会对此也没有需求。古罗马时代则不同，在古罗马共和时代末期，氏族制度全面瓦解，个人拥有的私有财产的现状迫切需要一个制度防止未适婚人、适婚女子以及精神疾病人等残障人士不当处置财产而造成损失。而此时亲权、夫权又游离于家长权或者说家父权之外，有独立的倾向，对于不服亲权或者夫权的儿女或者妻子，在统治者看来就有必要设置监护制度。在古罗马，"法律推定女子、'未适婚人''精神病人'等，无自治能力，苟任其独自处理事务，必有任意挥霍或蒙受不利益之虞，果尔，其家族中对之有继承权之人，将无遗产可以继承，亦即间接蒙受损害，故法律规定监护及保佐制度，以避免是项不幸情形之发生也。"[1]古罗马的《十二铜表法》首次规定了监护和保佐的法律制度，标志着监护制度和保佐制度的正式问世。[2] 但是，在当时，监护制度还没有完全脱离宗法家族制度的影响，监护人常常从家族中推选。监护人不仅要监护被监护人，而且还要抚养、扶养或者赡养被监护人。

在《十二铜表法》第五表中，对监护制度和保佐制度进行了详细的规定，如《十二铜表法》规定："除威士塔修女外，妇女受终身的监护。""在族亲监护下的妇女，其所有要式转移物不适用时效的规定，但妇女转让其物时，曾取得监护人的同意，不在此限。""遗嘱未指定监护人时，由族亲为法定监护人。""精神病人无保佐人时，对其身体和财产由族亲保护之，无族亲时由宗

---

① 陈朝璧：《罗马法原理》，中国台湾地区商务印书馆 1979 年版，第 506 页。

② 中国大百科全书总编辑委员会·《法学》编辑委员会编：《中国大百科全书（法学卷）》，中国大百科全书出版社 1984 年版，第 397 页。

亲保护之。""浪费人不得管理其财产，应由其族亲为他的保佐人。"① 从这些规定我们可以看到，罗马法设置监护制度和保佐制度的目的十分明显，就是要保障被监护人和被保佐人的利益。而被监护和被保佐对象则是"自权人"，因为"他权人"没有独立的人格权和财产处置权，他们本身就处在家长权或者说家父权之下，不存在对"他权人"还要再设置监护和保佐的问题。在古罗马时代，已经有了撤销监护人的法律规定，主要体现在对未适婚人的监护人的撤销上。由于当时的监护人是公共职务，一般不得拒绝担任监护人或者中途辞职。但是，监护人不忠于职守的，市民都有权诉讼撤职，因渎职而败诉的应受破廉耻的处分。其后，又将这种做法扩及不善于经营管理的监护人。②

第一节　撤销监护人资格的概念

一、监护的概念

亲属法理论界有学者认为，根据监护对象范围的宽窄，监护制度可分为广义与狭义两种不同的解释。广义的监护制度是指对一切未成年人和限制民事行为能力及无民事行为能力成年人（又曰禁治产人）的人身和财产权益进行监督和保护的法律规范的总和，其中规定父母为未成年人的法定监护人。狭义的监护制度是指对无父母或者父母不能照护的未成年人（亦即不在亲权

---

① 周枬、吴文翰、谢邦宇编写：《罗马法》，群众出版社 1983 年版，第 365~366 页。"威士塔"是罗马的灶神，由六个修女供奉，修女必须是 10 岁以下的童贞女孩才能入选，30 岁退休。"要式转移物"是指罗马农业社会中视为重要的财富，要式转移物所有权的转移，必须用法定的、特定的方式。这些转移物包括土地、奴隶、力畜、土地耕役权等。"精神病人"按乌尔比安鲁士谓系指疯子。而学者对精神病人的解释，意见不一。"浪费人"是专指滥用祖上遗产，致损害法定继承人的利益的人。

② 周枬、吴文翰、谢邦宇编写：《罗马法》，群众出版社 1983 年版，第 137 页。"破廉耻"制度是罗马法上特有的制度，是一种基于道德理由而对人格进行限缩并使相关主体陷入个人权利受损状况的身份制度。

保护下的未成年人）和限制民事行为能力及无民事行为能力成年人的人身和财产权益进行监督和保护的法律规范的总和。狭义的监护概念排除了父母对未成年子女人身和财产上监督和保护的权利和义务内容，对此种权利义务法律另设亲权制度加以规定。① 亲属法实务界人士则认为，英美法系国家或者地区多采广义的监护制度体系，将亲权与监护统称为监护，父母是未成年人的法定监护人，无父母时得另设监护人。而大陆法系国家或者地区多采狭义监护制度体系，严格区分亲子关系与非亲子关系，将父母对子女的监督和保护列为亲权制度，将对不在亲权保护之下的未成年人和限制民事行为能力及无民事行为能力成年人的人身和财产以及其他合法权益的监督和保护列为监护制度。我国现行立法实际采用的是广义监护的概念，将亲权的内容纳入监护制度，力图实现互补与融合。同时，我国的监护制度还将对民事行为能力不充分的成年精神障碍人的照护也视为监护的一种。② 我国自古实行的是以宗法制度为基础的亲属制度，在宗法制度下，家属均统属于家长，不存在所谓监护的问题，在各代律例之中并没有设置专门的监护制度，虽然有所谓"托孤""顾命""管家"之说，但是这些行为并没有最终上升为监护制度。清末法律改革，沈家本等修律大臣参习德、法、瑞、日各国民法典，在《大清民律草案》中首次引入监护制度，但是终因辛亥革命爆发而致此新律未颁布实施。国民党在南京建立国民政府后，于1929年5月至1930年12月，陆续颁布了"民法"各编，在总则编和亲属编第一次正式设置了中国的监护制度。

新中国成立后，在我国的法律体系中，在较长的时间内没有设置监护制度，直到《民法通则》才首次设置了监护制度。随后，最高人民法院于1988年4月2日颁布实施了《最高人民法院关于贯彻执行〈中华人民共和国民法通则〉若干问题的意见（试行）》，对监护制度作出了司法解释。此后，《婚姻法》以及《最高人民法院关于〈中华人民共和国婚姻法〉若干问题的解释（一）》（以下简称《婚姻法解释一》）、《中华人民共和国收养法》（以下简称《收养法》）、《未成年人保护法》《妇女权益保障法》《老年人权益保障法》《中

---

① 杨大文主编：《亲属法》，法律出版社2012年版，第266页。
② 最高人民法院民法典贯彻实施工作领导小组主编：《中华人民共和国民法典总则编理解与适用（上）》，人民法院出版社2020年版，第162页。

华人民共和国残疾人保障法》和《最高人民法院、最高人民检察院、公安部、民政部关于依法处理监护人侵害未成年人权益行为若干问题的意见》（以下简称《关于监护人的意见》）等都涉及监护制度的有关规定，对我国监护制度作了有益的完善和补充。《民法总则》总结了之前的立法经验和司法实践，对我国的监护制度进行了全新的规定。《民法典》完整地吸收了《民法总则》所确立的监护制度体系，只是在第 33 条、第 36 条对文字略作修改，使得意思表达更为简洁、规范，保留了《民法总则》我国关于监护制度的全部内容。[①]《民法典》关于监护制度的规定，具有中国特色社会主义法律特征。首先，在体例设置上，虽然监护制度是亲属制度的重要组成部分，但是，由于《民法典》没有设置"亲属编"，因而立法机关在编纂《民法典》时，关于监护制度的设置，不像其他国家和地区那样放在"亲属编"，而是放在"总则编"，在规定了自然人的基本民事权利能力和民事行为能力后，对无民事行为能力人和限制民事行为能力人的监护制度进行了规定。其次，立法机关在编纂《民法典》时，对监护制度的设置采用广义的监护概念，将亲权与监护权合一，避免亲权与监护权的冲突。

我国亲属法学者认为，监护，就是指依照法律规定，对特定自然人的人身权益和财产权益进行监督和保护的法律制度。[②]这一定义没有明确监护的具体对象，只用特定自然人来概括，必然还要对什么是特定自然人进行定义。我们知道，《民法典》关于自然人民事行为能力的划分标准是依据自然人的年龄、智力和精神健康状况，除未成年人外，还将《民法总则》中规定的"精神病人"修改为"不能辨认自己行为"或者"不能完全辨认自己行为"的"成年人"，总之不是什么特定自然人。这样就使被监护人的范围扩大了，既包含了原来的精神病人，也将有智力障碍的人、植物人、阿尔茨海默病人以及空巢老人等其他丧失或者部分丧失民事行为能力的人包含在内，确保这些人的合法权益能够得到监护制度的充分保障，以适应当今社会现实需求。

因此，我们认为，我国监护的概念，就是指《民法典》规定的对无民事行为能力人和限制民事行为能力人的人身和财产以及其他合法权益进行监督、

---

① 孙原：《〈民法典〉之监护制度的特点》，载《法制与社会》2020 年第 25 期。
② 杨大文主编：《亲属法》，法律出版社 2012 年版，第 266 页。

管理和保护，以弥补无民事行为能力人和限制民事行为能力人民事行为能力不足的民事法律制度。这一定义从监护的对象、功能以及性质方面对监护进行了界定。

二、监护的性质

关于监护的性质，亲属法学界历来有不同的分法。有二分法：一种观点认为监护是一种权利，也被称为权利说；另一种观点认为监护是一种职责，也被称为职责说。有三分法：第一种观点认为监护是一种权利，也被称为权利说；第二种观点认为监护是一种义务，也被称为义务说；第三种观点认为监护是一种职责，也被称为职责说。

认为监护是一种职责的观点，它的主要依据是《民法典》第34条第1款的规定，该款规定："监护人的职责是代理被监护人实施民事法律行为，保护被监护人的人身权利、财产权利以及其他合法权益等。"这种观点认为，监护的内容主要是保护被监护人的人身和财产权益，特别是我国的监护制度，兼具私法与公法性质，既有亲权参与的家庭监护，也有居民委员会、村民委员会参与的社会监护，还有民政部门的国家监护，形成了"以家庭监护为基础，以社会监护为补充，以国家监护为兜底"的监护体系。因此，监护人实质上是一种具有"职务"性质的身份，是权利与义务的统一。从《民法典》第34条、第35条的内容来看，监护人履行的是"职责"，这种职责产生最基础的根据是家庭关系，因为家庭关系是人类社会最基础的社会关系，父母子女关系是家庭关系中最核心的内容，监护责任应当主要由家庭来承担，监护是一种职责也就在情理之中了。

认为监护是一种权利的观点，它的主要依据是《民法典》第34条第2款的规定，该款规定："监护人依法履行监护职责产生的权利，受法律保护。"这种观点认为，从身份权的角度出发，认为监护的主要依据是基于监护人与被监护人之间所具有的某种特定的身份关系，没有这种身份关系，就没有相应的身份权，一般就不会形成监护关系。只有将监护视为一种民事权利，才能保证监护人正确、主动地行使这一权利，以达到保护被监护人合法权益的立法目的。这种观点将履行监护职责时产生的权利与监护是一种权利混为一谈，解释显然不具有合理性。

认为监护是一种义务的观点，它的主要依据是《民法典》第 34 条第 3 款的规定，该款规定："监护人不履行监护职责或者侵害被监护人合法权益的，应当承担法律责任。"这种观点认为，监护的本质是法律赋予监护人单方面的义务，因为设置监护制度的目的就在于保护被监护人的合法权益，如果监护人不履行义务，则要承担相应的法律责任。因为义务是承担法律责任的前提，没有法律赋予的义务，就不必承担相应的法律责任。这种观点将不履行职责的后果与监护是一种义务混为一谈，解释也显然不具有合理性。

我国司法实务界一般持职责说。在他们看来，监护人的职责包括保护被监护人的人身权利和财产权利、代理监护人实施民事法律行为，在履行这一职责时，应当贯彻最有利于被监护人原则，并且不得借监护谋取个人利益；同时，监护人在依法履行监护职责时所产生的权利，也应当受到法律的保护。因此，他们认为，我国现行立法对监护的性质倾向于职责说，监护人既享有法律赋予的职权又承担法律规定的责任，体现了权利与义务的统一，有利于监护制度补足行为能力欠缺，保护监护人合法权益、维护社会秩序稳定功能的发挥。[①] 职责就是职务上应尽的责任。在本书，我们也持监护是一种职责的观点。

三、撤销监护资格的概念

所谓撤销监护资格，又称监护人资格的撤销，是指监护人实施了损害、侵害被监护人利益的行为，根据法律的规定，应当撤销监护人资格的民事法律制度。

国家设立监护制度的目的，当然是保护被监护人的人身和财产利益。法律为民事行为能力有所欠缺的人设置监护人，一是为了对被监护人照护，保障他们的人身和财产权益不被他人损害、侵害；二是代理被监护人实施一些与他们相关的民事法律行为，以避免被监护人因民事行为能力欠缺而被阻挡

---

① 最高人民法院民法典贯彻实施工作领导小组主编：《中华人民共和国民法典总则编理解与适用（上）》，人民法院出版社 2020 年版，第 163 页。

在法律行为之外，从而使得被监护人自身利益最大化。从另一角度而言，由于监护人所处的地位和便利，监护人也更容易损害、侵害被监护人的利益。因此，法律规定如果监护人有意无意地实施了某些损害、侵害被监护人人身和财产权益的行为，就应当撤销监护人资格。

第二节　撤销监护人资格情形的认定

一、监护人资格

所谓监护人资格，是指担任监护人所应当具备的条件、身份。也就是说，具备哪些条件、身份的人可以成为或者担任监护人。

对于未成年人的监护问题。根据《民法典》第27条的规定："父母是未成年子女的监护人。""未成年人的父母已经死亡或者没有监护能力的，由下列有监护能力的人按顺序担任监护人：（一）祖父母、外祖父母；（二）兄、姐；（三）其他愿意担任监护人的个人或者组织，但是须经未成年人住所地的居民委员会、村民委员会或者民政部门同意。"《未成年人保护法》第7条第1款也规定："未成年人的父母或者其他监护人依法对未成年人承担监护职责。"因此，具有未成年人监护人资格的人有：父母，祖父母、外祖父母，兄、姐和其他愿意担任监护人并且经过未成年人住所地的居民委员会、村民委员会或者民政部门同意的个人和组织。除父母外，其他人担任未成年人的监护人的前提：一是未成年人的父母已经死亡或者没有监护能力，二是有监护能力。两个前提必须同时具备，这是我国法律对哪些人可以成为或者担任未成年人监护人的规定。

法定担任未成年人监护人是按父母，祖父母、外祖父母，兄、姐和其他愿意担任监护人的个人或者组织顺序来确定监护人的，顺序不得紊乱，而且其他愿意担任监护人的个人或者组织还必须经过未成年人住所地的居民委员会、村民委员会或者民政部门同意。

未成年人的监护人首先是父母，只有在父母已经死亡或者没有监护能力的情况下，有监护能力的祖父母、外祖父母，兄、姐和其他愿意担任监护人并且经过未成年人住所地的居民委员会、村民委员会或者民政部门同意的个人和组织才能担任监护人。关于未成年人监护制度的设置，《民法通则》第16条第1款、第2款规定："未成年人的父母是未成年人的监护人。""未成年人的父母已经死亡或者没有监护能力的，由下列人员中有监护能力的人担任监护人：（一）祖父母、外祖父母；（二）兄、姐；（三）关系密切的其他亲属、朋友愿意承担监护责任，经未成年人的父、母的所在单位或者未成年人住所地的居民委员会、村民委员会同意的。"后来，《民法总则》第27条对此进行了修改，完善了我国未成年人监护制度体系，《民法典》保留了这一修改。

由于我国是采用广义的监护概念，将亲权的部分内容纳入监护制度，也就是将父母对未成年子女人身和财产的管理、教育和保护的权利与义务作为监护的内容。关于亲权，《民法典》第26条第1款规定："父母对未成年子女负有抚养、教育和保护的义务。"第1068条规定："父母有教育、保护未成年子女的权利和义务。未成年子女造成他人损害的，父母应当依法承担民事责任。"这些规定，体现了我国立法者将亲权融入监护权的价值取向。因此，父母基于血缘关系（包括法律拟制的）而产生亲子身份关系，进而形成对未成年子女所享有的专属权利与义务。这一规定同样也意味着亲权在监护权体系中的地位，父母对未成年子女的监护权具有天然性、合法性和优先性。首先，父母对未成年子女的监护资格基于血缘关系（包括法律拟制的）产生，无须任何形式的许可、授权。同时，它既是权利又是义务，因此也是不得任意放弃的，只有在父母死亡或者丧失监护能力、监护资格时，父母对未成年子女的监护关系才得以终止。这体现了父母对未成年子女监护关系的天然性。其次，父母对未成年子女的监护资格均为古今中外的法律所规定，特别是当代，父母对未成年子女的监护资格为国际人权公约、各国宪法和相关的法律规定为基本权利。这体现了父母对未成年子女监护关系的合法性。再次，父母对未成年子女的监护是以亲子关系为基础的，而且优先于其他同样具有监护资格的人，包括祖父母、外祖父母，即使他们具有监护能力也是这样，祖父母、外祖父母对未成年孙子女、外孙子女的监护权必须让位于父母对未成年子女的监护权。这体现了父母对未成年子女监护关系的优先性。最后，对未成年子女的利益最为关心的当然是父母。保护父母对未成年子女的监护关系，体现了监护制度"最有利于被监护人原则"。

对于无民事行为能力或者限制民事行为能力的成年人的监护问题。根据《民法典》第 28 条的规定："无民事行为能力或者限制民事行为能力的成年人，由下列有监护能力的人按顺序担任监护人：（一）配偶；（二）父母、子女；（三）其他近亲属；（四）其他愿意担任监护人的个人或者组织，但是须经被监护人住所地的居民委员会、村民委员会或者民政部门同意。"因此，具有成为或者担任无民事行为能力或者限制民事行为能力的成年人的监护人资格的人有：配偶，父母、子女，其他近亲属，其他愿意担任监护人并经被监护人住所地的居民委员会、村民委员会或者民政部门同意的个人或者组织。这是我国法律对哪些人可以担任无民事行为能力或者限制民事行为能力的成年人的监护人的规定。

法定担任无民事行为能力或者限制民事行为能力的成年人的监护人是按配偶，父母、子女，其他近亲属，其他愿意担任监护人并经被监护人住所地的居民委员会、村民委员会或者民政部门同意的个人或者组织的顺序来确定监护人的，顺序不得紊乱。

关于无民事行为能力或者限制民事行为能力的成年人监护制度的设置，《民法通则》第 17 条第 1 款规定："无民事行为能力或者限制民事行为能力的精神病人，由下列人员担任监护人：（一）配偶；（二）父母；（三）成年子女；（四）其他近亲属；（五）关系密切的其他亲属、朋友愿意承担监护责任，经精神病人的所在单位或者住所地的居民委员会、村民委员会同意的。"后来，《民法总则》第 28 条对此进行了修改，将被监护人从无民事行为能力或者限制民事行为能力的精神病人扩大为无民事行为能力或者限制民事行为能力的成年人，同时，对于担任无民事行为能力或者限制民事行为能力的成年人的监护人的范围进行了修改，完善了我国无民事行为能力或者限制民事行为能力的成年人监护制度体系，将父母与子女并列为同一顺序监护人，《民法典》保留了这一修改。

对于无民事行为能力或者限制民事行为能力的成年人的监护制度，一般认为是所谓真正意义上的监护，也就是狭义的监护，设置这一制度的目的是弥补无民事行为能力或者限制民事行为能力的成年人民事行为能力的不足，对无民事行为能力或者限制民事行为能力的成年人的人身和财产合法权益进行监管和保护，也是保障社会交易安全和社会秩序。因为无民事行为能力或者限制民事行为能力的成年人不具备或者不完全具备民事行为能力，有时外人与之进行民事行为互动时，他人难以判断无民事行为能力或者限制民事行为能力的成年人的民事行为能力，如果进行了民事行为的互动，比如进行了交易，由于无民事行为能力或者限制民事行为能力的成年人无民事行为能力或者限制民事行为能力，他们所进行的民事行为就没有法律效力，这样一来社会民事活动就可能处于不稳定的状态。这就需要设置无民事行为能力或者限制民事行为能力的成年人监护制度，以保障社会上的民事活动处于安全稳定状态。

哪些人是无民事行为能力的人？根据《民法典》第21条第1款的规定："不能辨认自己行为的成年人为无民事行为能力人。"哪些人是限制民事行为能力人？根据《民法典》第22条第1款的规定："不能完全辨认自己行为的成年人为限制民事行为能力人。"前提是成年人，这两款规定明确了需要被监护的成年人的标准，将被监护人的范围扩大到了因智力、精神障碍以及年老、疾病等原因致使辨认能力丧失或者部分丧失的成年人，而过去则仅限于无民事行为能力或者限制民事行为能力的精神病人。对成年人的民事行为能力的认定，必须按照《中华人民共和国民事诉讼法》（以下简称《民事诉讼法》）第十五章"特别程序"之第四节"认定公民无民事行为能力、限制民事行为能力案件"的程序进行。

在我国，对无民事行为能力或者限制民事行为能力的成年人监护制度的建立与完善也是有一个发展的过程，就被监护人的范围而言，《民法通则》只规定了"无民事行为能力或者限制民事行为能力的精神病人"。后来，随着老龄化社会的到来，对老年人的监护问题就日益凸显，其他身患疾病而影响了民事行为能力的成年人也日益增多，他们的人身和财产权益的保障也就提上了议事日程。在对《老年人权益保障法》进行修订时，增加了有关老年人监护制度的规定，实现了我国成年人监护制度的突破，也跟上了世界成年人监护制度的潮流。但是，由于《老年人权益保障法》所规定的老年人监护制度只适用于老年人，对那些年满十八周岁不满六十周岁因种种原因丧失或者部分丧失民事行为能力的成年人则无法适用。因此，我国立法机关在制定《民法总则》时，全面完善了成年人监护制度体系，在编纂《民法典》时，保留了《民法总则》规定的无民事行为能力或者限制民事行为能力成年人监护制度，并对遗嘱指定监护人、单位监护人和意定监护人进行了规定。

对于遗嘱监护人的问题。根据《民法典》第 29 条的规定："被监护人的父母担任监护人的，可以通过遗嘱指定监护人。"据此，被监护人（包括未成年人、限制民事行为能力及无民事行为能力成年人）的父母可以通过订立遗嘱的方式为自己的子女指定监护人，前提是被监护人的父母正在担任监护人。这是法律规定的遗嘱指定监护人的情形，在被监护人父母去世后的监护人就是：由被监护人父母遗嘱指定为监护人的人。如果父母已经因为种种原因诸如丧失监护能力没有担任子女的监护人，或者已经被撤销了监护人资格，就不能采取遗嘱的方式为子女指定监护人，即使指定也没有法律效力。

所谓遗嘱指定监护人，就是指被监护人的父母通过订立遗嘱的形式为处于自己监护之下的子女指定的监护人，在父母去世后，由被指定人担任该子女的监护人。遗嘱指定监护人制度起源于罗马法，《十二铜表法》第五表就规定："凡以遗嘱处分自己的财产，或对其家属指定监护人的，具有法律上的效力。"[1] 这是罗马法中较为成熟的法律制度。遗嘱指定监护优于法定监护是世界通行的惯例，正如遗嘱继承优于法定继承一样，这是因为父母与子女的血缘关系最近，感情最深厚，特别希望自己的子女健康成长，因此，父母可以通过订立遗嘱的方式选择他们最信任的人在自己不能履行监护职责时担任子女的监护人，体现了最有利于监护人原则，也是符合民法意思自治原则的。我们知道，遗嘱监护实质上是指定监护的一种，因此，有民法学者指出，遗嘱监护必然受最有利于被监护人和尊重被监护人意愿原则的限制，否则就与监护制度应有的功能属性相违背。当父母指定的监护人不一致时，如果被监护人有足够的能力进行判断和选择，首先应当依据被监护人的主观意愿选择监护人。如果被监护人没有足够的能力进行判断和选择，最终也应当依据客观上最有利于被监护人利益保护的原则确定监护人。[2] 遗嘱指定的对象不限于《民法典》第 27 条、第 28 条规定的法定监护人，还可以是法定监护人之外的其他人，前提是被指定人具有监护能力，能够履行监护职责，也不受法定监

---

① 周枬、吴文翰、谢邦宇编写：《罗马法》，群众出版社 1983 年版，第 366 页。

② 张新宝：《〈中华人民共和国民法总则〉释义》，中国人民大学出版社 2017 年版，第 57 页。

护顺序的限制。我们认为，作为以指定监护人为主要内容的遗嘱，应当符合遗嘱的基本形式要件和实质要件。首先，遗嘱人必须是具有完全民事责任能力人，订立遗嘱不能进行代理，遗嘱在遗嘱人死亡时生效。其次，遗嘱人必须是正在履职的监护人，已经丧失监护人资格的人不能订立此类遗嘱或者订立无效。遗嘱人在订立遗嘱时虽然具有监护资格，但是，遗嘱人死亡时，遗嘱人已经被撤销监护资格或者经核实认定遗嘱人具备应当撤销监护资格情形的，遗嘱是否仍然生效，法律没有规定，有待立法解释或者司法解释予以明确，我们认为应当根据最有利于被监护人原则来确定遗嘱的有效性。最后，遗嘱应当以书面的为主，只有在紧急情况下，才能使用口头遗嘱而且需要有相应的证明人。公证遗嘱优于其他形式遗嘱，但是，在遗嘱订立后，客观情况发生了重大变化，被指定人因为种种原因丧失了监护能力，或者被指定人因为种种原因无法履行监护职责，就不能再按遗嘱监护来执行，而应当另行确定监护人，或者恢复法定监护。

根据遗嘱的性质，遗嘱基于单方面的真实意思表示就可以发生预期的法律效果，比如遗嘱继承或者遗嘱赠与，只要遗嘱人决定由谁继承或者获得他的财产，谁就可以继承或者获得遗嘱人的财产，这是遗嘱人对自己财产的自主处置。指定监护遗嘱的内容针对的是人，虽然法律给被监护人父母以自主选择子女监护人的空间，也没有要求征求被监护人的意见或者被指定人的意见，但是，从法律体系解释的角度来看，遗嘱指定监护人制度内含了父母在遗嘱指定监护人时，应当尊重被监护人的意志，在子女具有一定的判断和表达能力时，应当征求子女的意见。同时，父母在法定监护人中为子女指定监护人，一般不需要征求被指定人的意见，因为被指定人本身就具有监护人资格，应当履行监护职责。在指定法定监护人以外的人担任子女的监护人时，还是应当征得被指定人的同意签字，否则如果被指定人拒绝担任监护人，则有可能使得指定落空。

根据《民法典》第32条的规定："没有依法具有监护资格的人的，监护人由民政部门担任，也可以由具备履行监护职责条件的被监护人住所地的居民委员会、村民委员会担任。"因此，在法定监护人缺位时，监护人原则上由民政部门担任，也可以由被监护人住所地的居民委员会、村民委员会担任，前提是具备履行监护职责的条件。这是法律规定的单位监护人的情形，是我国监护制度的兜底性条款。此时的监护人就是：民政部门或者是被监护人住所地的居民委员会、村民委员会。如果存在具有监护资格的人，就不能适用单位监护制度。

根据《民法典》第 33 条的规定："具有完全民事行为能力的成年人，可以与其近亲属、其他愿意担任监护人的个人或者组织事先协商，以书面形式确定自己的监护人，在自己丧失或者部分丧失民事行为能力时，由该监护人履行监护职责。"这是法律规定的意定监护制度。所谓意定监护，是指具有完全民事行为能力的成年人（简称"意定者"）按照自己的意愿事先作出安排，对将来自己丧失或者部分丧失民事行为能力时，确定由谁来对自己进行监护的制度。有婚姻家庭法学者认为，成年监护制度出现了明显的现代转向——意定监护制度的利用者泛成年人化，即凡成年人，都可利用意定监护制度。[①]此时的监护人就是：具有完全民事行为能力的成年人的近亲属、其他愿意担任监护人的个人或者组织。意定监护有这么几个特征：一是意定监护确定的对象是"意定者"的近亲属、其他愿意担任监护人的个人或者组织，包括法定监护人、不在法定监护人范围内而愿意担任监护人的个人或者组织。二是在意定监护人时，"意定者"应当与他的近亲属、其他愿意担任监护人的个人或者组织事先协商，而且必须双方协商一致。因此，意定监护是双向法律行为，必须双方达成合意后才可以签订有效的监护协议。有民法学者指出，意定监护人之间，并不要求具有担任监护人的法定义务。现代监护以关心和保障被监护人的合法权益为目的，监护人所需要承担的更多是一种职责和义务，如果仅凭被监护人的单方意志就为他人设定监护义务，显然与民法所谓未经同意个人不得为他人设定义务的原则相悖。监护涉及重大利益关系和法律责任，也将影响监护人的个人生活，在没有与监护人形成意思表示一致的情况下仅通过被监护人的单方意志就强制形成意定监护，显然不具有现实可行性。[②]同时，根据一般的民法原理，双方在签订意定监护协议时，应当均具有完全民事行为能力，否则可能会因为一方或者双方是否具有完全民事行为能力而影响协议的法律效力。三是由于意定监护对被监护人的权益影响很大，

---

① 李霞：《成年监护制度的现代转向》，载《中国法学》2015 第 2 期。

② 满洪杰：《民法总则监护设立制度解释论纲》，载《法学论坛》2018 年第 3 期。

意定监护应当以书面方式，明确约定双方认可的内容。所谓书面形式，根据《民法典》第 469 条第 2 款的规定："书面形式是合同书、信件、电报、电传、传真等可以有形地表现所载内容的形式。"书面形式不仅包括合同书、信件、电报、电传、传真等有形形式，而且根据《民法典》第 469 条第 3 款的规定："以电子数据交换、电子邮件等方式能够有形地表现所载内容，并可以随时调取查用的数据电文，视为书面形式。"因此，意定监护协议所谓的书面形式应当采广义的理解。前述民法学者认为如果以公证的形式订立意定监护，则具有更高的证明力。[1] 四是意定监护优于法定监护。法律设置意定监护制度的目的就是要尊重成年人自己的意愿，当然也就取得比法定监护更为优先的地位。只有当意定协议无效，或者由于其他种种原因意定的监护人丧失或者部分丧失了监护能力，协议已经无法履行的情况下，才能重新适用法定监护。五是意定监护协议自订立协议起，在被监护人丧失或者部分丧失民事行为能力时生效。而该当事人是否丧失或者部分丧失民事行为能力，则应当按照《民法典》第 24 条的规定处理，由当事人的利害关系人（包括被意定的监护人）或者有关组织向人民法院申请认定该当事人丧失或者部分丧失民事行为能力。

意定监护制度是我国对监护制度的重要突破，是因应老龄化社会到来的重大成果。有民法学者认为，构建现代成年监护制度的核心在于将成年监护制度与被监护人的行为能力加以"脱钩"。[2] 我国老龄化问题日益凸显，一般认为，一个社会 65 岁以上老年人占整个社会人口结构 7% 以上，那么，这个社会就是老龄化社会。我国有关机构对我国老龄化情况进行了研究，在 2014 年预测，我国 65 岁以上老年人口规模在 2020 年将达到 1.81 亿人，占总人口比例 12.6%；2030 年 2.54 亿人，占总人口比例 17.4%；2040 年 3.46 亿人，占总人口比例 23.9%；2050 年 3.63 亿人，占总人口比例 25.6%。而我国 80 岁以上高龄老年人口规模在 2020 年将达到 2919 万人，占老年人口 11.5%；2030 年 4344 万人，占老年人口 11.7%；2040 年 6714 万人，占老年人口 15.4%；2050 年达到 1.08 亿人，占老年人口 22.5%。[3] 还有研究资料显示，仅截至

---

[1] 满洪杰：《民法总则监护设立制度解释论纲》，载《法学论坛》2018 年第 3 期。

[2] 焦富民：《民法总则编纂视野中的成年监护制度》，载《政法论丛》2015 年第 6 期。

[3] 国家应对人口老龄化战略研究·人口老龄化态势与发展战略课题组：《人口老龄化态势与发展战略研究》，华龄出版社 2014 年版，第 9~10 页。

2015 年底，中国失能、半失能的老年人口便已经占到老年人口总数的 18.1%，约 4063 万人。[①] 更有资料显示，截至 2020 年 9 月，我国约有 1000 万阿尔茨海默病患者，数量居全球之首，预计到 2050 年，将突破 4000 万人。阿尔茨海默病是一种起病隐匿的进行性发展的神经系统退行性疾病，临床表现为认知功能下降、行为障碍、生活能力下降等。[②] 此外，根据中国《老龄监皮书》公布的数据，我国失独家庭数量呈明显上升趋势。到 2012 年，我国失独家庭已经超过 100 万，且以每年 7.6 万个家庭的速度增长。[③] 上述情况表明，我国将会有越来越多的老年人可能丧失或者部分丧失民事行为能力，在这种情况下，对老年人的监护问题就显得特别突出，一些人更愿意在自己具有完全民事行为能力时选择自己中意的人在自己丧失或者部分丧失民事行为能力时担任自己的监护人。《民法通则》没有设置意定监护制度，有民法学者认为，我国《民法通则》对成年人监护单纯以法律规定为产生路径的规则存在明显的弊端。换言之，把未成年人的监护与成年人的监护完全视为同一，忽略了具有完全行为能力的成年人在行为能力出现欠缺之前安排自己监护事宜的意志，缺乏对其选择监护人、确定监护职责范围等意愿的尊重。[④] 立法机关在修订《老年人权益保障法》时，在第 26 条第 1 款规定："具备完全民事行为能力的老年人，可以在近亲属或者其他与自己关系密切、愿意承担监护责任的个人、组织中协商确定自己的监护人。监护人在老年人丧失或者部分丧失民事行为能力时，依法承担监护责任。"初步设置了意定监护制度。立法机关在制定《民法总则》时，吸收了这一规定的内容，并将意定监护制度适用的范围扩大到所有成年人，进一步完善了我国的意定监护制度。立法机关在编纂《民法典》时，完整地吸收了《民法总则》关于意定监护制度的规定，与法定监护制度、遗嘱指定监护制度、单位监护制度共同构成了我国完整的监护制

[①] 全国老龄工作委员会办公室编：《第四次中国城乡老年人生活状况抽样调查数据开发课题研究报告汇编》，华龄出版社 2018 年版，第 414 页。

[②] 《我国阿尔茨海默病患者数量居全球之首 专家建议：应持续加大对阿尔茨海默病的预防干预工作》，载 https://politics.gmw.cn/2020−09/18/content_34200417.htm。

[③] 董彭滔、翟德华：《积极应对人口老龄化成为中央的战略部署》，载吴玉韶主编、党俊武副主编：《中国老龄事业发展报告（2013）》，社会科学文献出版社 2013 年版，第 3 页。

[④] 费安玲：《我国民法典中的成年人自主监护：理念与规则》，载《中国法学》2019 年第 4 期。

度体系。

关于监护人监护能力的问题。监护人，无论是法定的还是以其他方式获得的监护权，首先监护人自身应当是具有完全民事行为能力的成年人，特别是作为兄、姐是监护人的时候更应当是这样。如何判断监护人是否具有监护能力，法律并没有规定，实践中也比较复杂。我们认为，除了监护人必须具有完全民事行为能力外，没有监护能力大概有这么两种情形：一是被剥夺了人身自由，如监护人被判刑入狱服刑；二是下落不明。至少这两种情形都会导致监护人无法履行监护职责，是监护不能。除了上面所说的情形外，其他监护能力的问题，具体到《民法典》第27条第2款所谓父母没有监护能力的，一般是指父母不具备履行监护职责的身体健康条件或者相应的经济条件，以及父母与未成年子女分居两地，长年不住在一起等情形，无法履行对未成年子女的监护职责。所谓其他个人没有监护能力，是指因为年龄较大、自身身体健康状况不佳、与被监护人居住地相隔较远、自身工作生活负担繁重，无暇承担相应的监护职责或者已经担负着相应的监护责任无力再担负新的监护责任等。所谓组织没有监护能力，是指该组织信誉不佳、没有相应的人员和财产、无法对被监护人实施生活照护和人身和财产权益的保护、无法代理被监护人进行民事法律活动等。这也就是法律规定其他愿意担任监护人的个人或者组织必须经过监护人住所地的居民委员会、村民委员会或者民政部门同意的缘故。

二、撤销监护人资格的情形

保护被监护人的人身和财产权益是法律设置监护制度的目的。根据《民法典》第34条第1款的规定："监护人的职责是代理被监护人实施民事法律行为，保护被监护人的人身权利、财产权利以及其他合法权益等。"这一规定明确了监护人的基本职责，并且在第3款规定："监护人不履行监护职责或者侵害被监护人合法权益的，应当承担法律责任。"其中撤销监护资格就是应当承担的法律责任之一。综合说来，撤销监护人资格——监护人损害、侵害被监护人利益的行为应当包括以下几方面的特征：

1. 被撤销监护人资格的主体应当是正在履行监护职责的监护人。在前面的讨论中，我们已经知道，具有监护人资格的人包括法定监护人、遗嘱指定监护人、单位监护人和意定监护人。而被撤销监护人资格的必须是法定监护人、遗嘱指定监护人、单位监护人和意定监护人中正在履行监护职责的监护人。监护人与被监护人是一种对合关系，只有正在履行监护职责的监护人损害、侵害被监护人的人身和财产权益时，才存在撤销监护人资格的问题。这种损害、侵害行为是基于行为人的监护人身份关系和监护人资格，没有这种身份，也就不存在撤销资格的问题。

2. 监护人必须要实施了损害、侵害被监护人人身和财产权益的行为。对于什么是监护人侵害未成年人权益行为，《关于监护人的意见》第 1 条规定："本意见所称监护侵害行为，是指父母或者其他监护人（以下简称监护人）性侵害、出卖、遗弃、虐待、暴力伤害未成年人，教唆、利用未成年人实施违法犯罪行为，胁迫、诱骗、利用未成年人乞讨，以及不履行监护职责严重危害未成年人身心健康等行为。"该意见虽然是针对被监护人是未成年人制定的，但是对于认定什么是损害、侵害被监护人的人身和财产权益仍然具有一定的参考价值。

根据《民法典》第 36 条第 1 款的规定，监护人有下列情形之一的，人民法院根据有关个人或者组织的申请，撤销该监护人的监护人资格：

（1）实施严重损害被监护人身心健康的行为。例如，性侵害（包括对男童、智障成年女性）、出卖、遗弃、虐待、暴力伤害等行为，主要是监护人对被监护人的身体、心理健康方面的损害。

（2）怠于履行监护职责，或者无法履行监护职责且拒绝将监护职责部分或者全部委托给他人，导致被监护人处于危困状态。例如，监护人有吸毒、赌博等恶习，怠于履行监护职责，导致被监护人处于危困状态；有的监护人纯粹怠于履行监护职责，导致被监护人处于危困状态；还有的监护人外出工作，没有甚至拒绝将监护职责委托给他人，自己又无法履行监护职责，导致被监护人处于危困状态，等等。例如陆某某申请撤销儿媳对儿子的监护人资格案，就是一件原监护人不履行监护职责又拒绝将监护权委托他人的案例。2003 年 8 月 8 日，时年 35 岁的陆某在道路交通事故中受伤，造成七级精神障碍，失去生活自理能力。2009 年 11 月 11 日，陆某取得国家有关部门核发的《残疾人证》，该证载明陆某系智力四级残疾人，监护人为妻子赵某。2011 年

9 月起赵某独自离家在外居住生活，不再负责照料陆某的日常生活，陆某的父亲陆某某从此负责照料。2015 年 11 月，上海市浦东新区人民法院公开开庭审理了陆某某申请撤销赵某监护人资格一案。陆某某诉称：陆某是智力残疾人，监护人为儿媳赵某，但是赵某自 2011 年 9 月起独自离家在外生活至今，遗弃丈夫，监护关系已经名存实亡。作为父亲的陆某某从此负责照料儿子。为保护儿子的合法权益，要求撤销赵某的监护人资格，由他本人担任儿子的监护人。赵某辩称，她监护丈夫长达八年，履行了监护职责。由于家庭矛盾，导致她在外居住生活，近年来较少照料丈夫。自己至今从未放弃监护资格或者有过放弃监护、离婚的念想。因此，不同意对方的要求。法院审理认为，陆某是智力残疾人，无生活自理能力，应当由监护人进行监护。赵某作为配偶而成为陆某的监护人，虽然在较长时间内履行了监护职责，但是自 2011 年 9 月起一直离家在外居住，与陆某分居生活至今，客观上没有履行好照料陆某生活等方面的监护职责。由于赵某没有证据证明她未履行监护职责的根本原因在于申请人一方的严重阻挠或者存在其他足以导致赵某难以履行监护职责的客观情形，并且赵某在审理中表示既不愿回家照料陆某，也不愿将陆某接到她现住所共同生活，故可以认定赵某在主观上具有拒绝履行监护职责的故意。因此，如果由赵某继续担任监护人，将对陆某明显不利，故应当撤销赵某监护人资格，并确定新的监护人。近年来，陆某某之父实际履行了监护职责，具有监护人资格，他申请担任陆某监护人有事实和法律依据，应当予以支持。[①]

（3）实施严重侵害被监护人合法权益的其他行为，这是关于撤销监护人资格的兜底性条款。例如教唆、利用被监护人实施违法犯罪行为，胁迫、诱骗、利用被监护人乞讨，以及其他严重侵害被监护人合法权益的行为，等等。我们认为，最高人民法院应当对此类情形作出必要的司法解释或者发布指导性案例，以指导法官审理案件，人民法院在审理此类案件时，也可以根据最有利于被监护人利益原则作出判断。

3. 监护人损害被监护人身心健康的行为必须达到严重程度；怠于履行监

[①] 富心振：《男子车祸致脑残 妻子监护不尽职——法院判决撤销妻子监护人资格》，载《人民法院报》2016 年 4 月 12 日。

护职责，或者无法履行监护职责且拒绝将监护职责部分或者全部委托给他人的行为，必须导致被监护人处于危困状态；侵害被监护人合法权益的其他行为必须达到严重程度，才可以撤销监护人的资格。一般而言，监护人都是被监护人的近亲属，特别是未成年人，绝大多数监护人都是与他们有血缘关系的人，家庭对他们来说就显得十分重要，监护人在很大程度上还承担着对被监护人的抚养、扶养和赡养义务，如果对撤销监护人资格的条件过于宽松，就可能反而不利于对被监护人的抚养、扶养和赡养，就可能会对作为社会细胞的家庭造成破坏，引发一系列的社会问题。特别是对未成年人，父母除了抚养义务外，还有管理、教育义务，有伦理亲情的需求。在我国，父母对孩子负有管教职责，对未成年人的行为可以进行适当的管束，在管束的过程中，难免有一些轻微的体罚，这种轻微的体罚符合我国民众的一般认识，也能为一般民众所容忍，如果撤销监护人资格的标准不严格，就有可能混淆监护人的损害、侵害行为与不当教育行为的关系。因此，我国对撤销监护人资格的标准采取的是"严重"和"危困"标准，也符合国际上多数国家对于撤销监护人资格采取"不得已而为之"的惯例。

对于如何判断损害、侵害被监护人权益的行为达到严重程度以及导致被监护人处于危困状态，我国法律没有规定。我们认为，《关于监护人的意见》第 35 条的规定可供审判实践参考，该意见第 35 条规定："被申请人有下列情形之一的，人民法院可以判决撤销其监护人资格：（一）性侵害、出卖、遗弃、虐待、暴力伤害未成年人，严重损害未成年人身心健康的；（二）将未成年人置于无人监管和照看的状态，导致未成年人面临死亡或者严重伤害危险，经教育不改的；（三）拒不履行监护职责长达六个月以上，导致未成年人流离失所或者生活无着的；（四）有吸毒、赌博、长期酗酒等恶习无法正确履行监护职责或者因服刑等原因无法履行监护职责，且拒绝将监护职责部分或者全部委托给他人，致使未成年人处于困境或者危险状态的；（五）胁迫、诱骗、利用未成年人乞讨，经公安机关和未成年人救助保护机构等部门三次以上批评教育拒不改正，严重影响未成年人正常生活和学习的；（六）教唆、利用未成年人实施违法犯罪行为，情节恶劣的；（七）有其他严重侵害未成年人合法权益行为的。"例如何某某被撤销监护人资格案。被申请人何某某（女）与案外人杨某某原系夫妻，双方协议离婚时约定婚生女儿杨某随被申请人何某某共同生活。2013 年上半年至 2014 年 7 月 13 日期间，被申请人何某某的情人张某某在明知杨某是未满 14 周岁幼女的情况下，先后多次让何某某将杨某带到遂昌县某宾馆房间内，由何某某做杨某的"思想工作"后，与杨某发生性关系。2015 年 7 月 3 日，浙江省遂昌县人民法院以强奸罪分别判处张某某有期徒刑十年零六个月，何某某有期徒刑十年。案发后，杨某随其父亲杨某某共同生活。浙江省遂昌县人民法院经审理认为，监护人应当履行监护职责，保护被监护人的人身和财产及其他合法权益。本案中，被申请人何某某罔顾伦理道德、漠视法律，帮助他人性侵未成年被监护人，严重损害了被监护人的身心健康。为维护被监护人合法权益，依照法律有关规定，判决撤销被申请人何某某作为杨某的监护人资格。这是一起典型的监护人严重侵害被监护人身心健康的案件，本案的典型意义在于无论是从伦理道德还是从法律角度而言，为人父母者都应尽心尽力地对未成年子女进行管理和教育，妥善照顾未成年子女的生活，保护其身心健康和人身安全。本案被申请人何某某作为杨某的亲生母亲，却帮助他人性侵杨某，有悖伦理道德，触犯刑法规定，严重损害了被监护人杨某的身心健康。在遂昌县人民检察院告知杨某的父亲杨某某可以申请撤销何某某监护人资格后，杨某某并没有提起诉讼，遂昌县民政局在检察机关的建议下，向法院起诉撤销何某某的监护人资格，充分体现了司法机关、行政机关为制止监护侵害行为、维护未成年人合法权益所作的共同努力。[①]

第三节　撤销监护人资格的程序

鉴于法律设置监护制度的目的，立法也好，司法也好，对撤销监护人监护资格应当持慎重的谦抑态度。从国际上多数国家对监护制度的共识和我国实践经验来看，转移被监护人的监护权都有一套完整的法律制度和法律程序，监护权转移是只有在当多种监护支持、监护干预措施都已经无法有效帮助被

[①] 《最高人民法院关于侵害未成年人权益 被撤销监护人资格典型案例》，载《人民法院报》2016 年 6 月 1 日。

监护人摆脱监护缺失或者监护失当困境时才不得已而为之的非常措施，是"不得已而为之"原则，是在极端情况下保护被监护人合法权益的特别措施，因此，不可轻易撤销监护人资格。

1. 申请撤销监护人资格的主体。申请撤销监护人资格的主体虽然很广泛，但也并不是任何人都可以。《民法典》第36条第1款规定，"人民法院根据个人或者组织的申请"，撤销监护人资格。第2款规定："本条规定的有关个人、组织包括：其他依法具有监护资格的人，居民委员会、村民委员会、学校、医疗机构、妇女联合会、残疾人联合会、未成年人保护组织、依法设立的老年人组织、民政部门等。"采取的是列举式加"等"的立法模式。从这一款所列举的主体来看，具有申请撤销监护人资格的主体，既有其他依法具有监护资格的人，也有居民委员会、村民委员会、学校、医疗机构、妇女联合会、残疾人联合会、未成年人保护组织、依法设立的老年人组织、民政部门等。他们或者因为血缘的关系而在感情上最关心被监护人的权益，或者因为特定关系而负有法律规定保护被监护人权益免受损害、侵害的法定职责。同时，他们也因为与被监护人生活关系较为密切，具有及时发现被监护人权益遭受损害、侵害的几率。《未成年人保护法》第108条第1款也规定："未成年人的父母或者其他监护人不依法履行监护职责或者严重侵犯被监护的未成年人合法权益的，人民法院可以根据有关人员或者单位的申请，依法作出人身安全保护令或者撤销监护人资格。"同时，为了保障被监护人的权益，使得撤销监护人资格之诉能够及时提起，《民法典》第36条第3款还规定："前款规定的个人和民政部门以外的组织未及时向人民法院申请撤销监护人资格的，民政部门应当向人民法院申请。"在这里，民政部门成为撤销监护人资格之诉申请主体的兜底性主体，目的是防止出现被监护人权益遭受损害、侵害时无人过问的情形。而且，民政部门只要发现了监护人存在严重损害、侵害被监护人合法权益的情形时，就可以向人民法院提出撤销监护人资格的申请，并不需要等到其他个人或者组织都不向人民法院提出撤销监护人资格的申请之后再向人民法院提出申请。例如江苏省徐州市铜山区民政部门申请撤销未成年人小玲（化名）的法定监护人案。2015年2月4日，江苏省徐州市铜山区人民法院开庭审理由民政部门提起的一起申请撤销法定监护人监护权案件，并当庭作出判决。该案是全国首例由民政部门申请撤销监护人资格案件，也是全国首例适用《关于监护人的意见》的案件。被害人小玲2004年10月出生于河南省焦作市，父亲邵某系徐州本地人，母亲王某是一名残疾人。在小玲一岁多时，邵某独自带她回徐州市铜山区大许镇生活。平时，邵某打工赚的钱基本都是自己花销，酒后还经常殴打小玲。为了生存，小玲在邵某外出打工的时候，四处乞讨为生。2013年，邵某竟然猥亵、强奸了当时不满十岁的小玲。2014年6月该案案发，铜山法院于2014年10月以强奸罪、猥亵儿童罪数罪并罚依法判处邵某有期徒刑十一年、剥夺政治权利一年。小玲母亲王某八年多一直未尽抚养义务，且自女儿被性侵案发后半年多对其不闻不问，有实质遗弃行为。小玲祖父母早年去世，外祖母等亲属表示不愿抚养。小玲暂由热心村民张女士抚养，由于没有户口和家庭原因没有入学。在邵某涉嫌犯罪审查起诉和审判过程中，该区检察院和法院对小玲的遭遇非常关注，撤销邵某、王某监护资格的问题已经开始酝酿。但是因为没有明确的法律规定而暂时搁置。《关于监护人的意见》的发布使事情有了转机，其第27条规定，有权提起申请撤销监护人资格的单位和个人，有未成年人的其他监护人、关系密切的其他亲属、未成年人住所地的村（居）民委员会、民政部门及其设立的未成年人救助保护机构、妇联、关工委等。还规定，被申请人性侵害、出卖、遗弃、虐待、暴力伤害未成年人，严重损害未成年人身心健康的；将未成年人置于无人监管和照看的状态，导致未成年人面临死亡或者严重伤害危险，经教育不改的；拒不履行监护职责长达六个月以上，导致未成年人流离失所或者生活无着的等七种情形之一，人民法院可以判决撤销其监护人资格。张女士积极要求照料小玲，愿意承担监护责任。铜山区民政局主动于1月7日向铜山区法院提起撤销小玲父母邵某、王某监护人资格，另行指定监护人的申请，该院审查后当日即立案受理。该案受理后，合议庭多次进行走访调查，加强与检察、民政等部门的沟通，征求各界专家、有关人士、社会公众意见，确保案件事实清楚，裁判正确。关于监护权归属，小玲愿意继续在张女士家生活。经审理，铜山区法院依法作出判决：一、撤销小玲父母邵某、王某的法定监护权；二、指定铜山区民政局为小玲的监护人。该案适用民事诉讼特别程序，一审终审，判决立即生效。[①] 这个案例表明，民政部门可以直接提出撤销监护人监护资格的诉讼。当然，如果其他个人或者组织都不提出撤销监护人资格的申请，民政部门则应当主动或者在人民法院的建议下向人民法院提出撤销监护人资格的申请。又例如卢某某被撤销监护人资格案。卢某某系卢某一的父亲，卢某一是未满 14 周岁且精神发育迟滞幼女，卢某某与卢某一发生性关系并导致卢某一怀孕。2015 年 12 月 14 日，四川省泸州市纳溪区人民法院以强奸罪判处卢某某有期徒刑五年六个月。卢某某在监狱服刑。该刑事案进入审理阶段后，法院认为应当依法撤销卢某某的监护权，遂向泸州市纳溪区民政局发出司法建议，建议泸州市纳溪区民政局申请撤销卢某某的监护权资格。泸州市纳溪区民政局接受法院司法建议，向法院申请撤销被申请人卢某某监护权。由于卢某一的母亲饶某某患有重度精神发育迟滞，卢某一的祖父母、外祖父母均已去世，现在唯一有能力照顾卢某一的姑姑已经 60 多岁。纳溪法院经审理认为，被申请人卢某某作为卢某一的监护人，对被监护人卢某一实施性侵，严重损害了卢某一的身心健康，已经不适合再担任卢某一的监护人，故对申请人纳溪民政局的申请，依法予以支持。由于卢某一的母亲患重度精神发育迟滞，无独立生活能力，不能尽到监护责任，其祖父母、外祖父母均已去世，其姐姐系未成年人，无监护能力。另外，综合卢某一的其他亲属的经济条件及身体状况等因素，亦不适合担任卢某一的监护人，依照《民法总则》及《关于监护人的意见》相关规定，依法判决撤销被申请人卢某某对卢某一的监护人资格，指定泸州市纳溪区民政局担任卢某一的监护人。本案的典型意义在于，近年来，监护人侵害未成年人权益的事件时有发生，对未成年人身心健康造成严重伤害，引起社会各界广泛关注。为维护未成年人合法权益，《关于监护人的意见》对处理监护人的侵害行为作出规定，进一步加强了未成年人司法保护和行政保护。其中规定有性侵害未成年人等七种情形的，法院可以判决撤销监护人资格，并赋予民政部门等申请撤销监护人资格及依法院指定担任监护人的权利。本案是由民政部门申请撤销未成年人亲生父母监护权的典型案例，法院依法撤销亲生父亲监护人资

---

① 娄银生、夏友锋、吴磊：《全国首例民政部门申请撤销监护人资格案宣判——徐州铜山法院指定民政局监护被生父伤害、生母遗弃女童》，载《人民法院报》2015 年 2 月 6 日。

格，指定民政部门担任监护人，并积极协调对其进行安置、救助，最大限度地保障了未成年人的合法权益，体现了民政部门在撤销监护资格案件中的重要地位、作用，赢得了较高的社会评价，并为处理该类型案件提供了可供参考的司法样本。[①] 对于申请撤销监护人资格的申请人的顺序，《民法典》没有规定，也就意味着，当出现了申请撤销监护人资格的情形时，任何一个具有《民法典》第36条第2款规定的个人和组织均可以向人民法院提出撤销监护人资格的申请，提起撤销之诉。

2. 根据《民法典》第36条第1款的规定，人民法院在审理撤销监护人资格申请的案件时，在立案之后，确定新的监护人之前，应当为被监护人安排必要的临时监护措施。因为撤销监护人资格的诉讼一般要持续一段时间，在诉讼期间，被监护人的人身和财产等合法权益就可能处于监护真空状态，无人保护。因此，人民法院必须对被监护人的人身和财产权益安排临时监护措施，这种临时监护措施可以由人民法院指定被监护人住所地的居民委员会、村民委员会、法律规定的有关其他组织或者民政部门临时担负起监护责任，在人民法院指定了新的监护人后，再将监护权移交给新的监护人履行监护职责。民政部门的临时监护措施方式，根据《未成年人保护法》第93条第1款规定："对临时监护的未成年人，民政部门可以采取委托亲属抚养、家庭寄养等方式进行安置，也可以交由未成年人救助保护机构或者儿童福利机构进行收留、抚养。"这种必要的临时监护措施同样应当遵循最有利于被监护人原则。

3. 人民法院在判决撤销原监护人资格后，根据《民法典》第36条第1款的规定，应当按照最有利于被监护人原则依法指定监护人。关于最有利于被监护人原则，《民法典》设置的监护制度中多有提及，因为民法作为规范和调整平等民事主体之间的民事法律关系的基本法律，理应对本身已经处于社会弱势地位的被监护人予以更加充分的保护，而最有利于被监护人原则就体现了这一充分保护的精神。但是，什么是最有利于被监护人原则，在法律上并没有作出解释，也没有明确的判断标准，人民法院对此有较大的自由裁量权，

---

① 《最高人民法院关于侵害未成年人权益 被撤销监护人资格典型案例》，载《人民法院报》2016年6月1日。

这就需要法官在审理此类案件时，应当充分听取被监护人及其亲属、居民委员会、村民委员会和民政部门的意见，特别要尊重被监护人的意见，结合案件的具体情况和被监护人、拟指定的监护人的状态作出判断，一方面要考量被监护人当前的生活状态，另一方面还要考量被监护人今后的生存发展空间，还要考量拟指定的监护人的生理、精神和经济状态，特别是监护能力。对未成年被监护人，人民法院为他们指定监护人还应当综合考虑被监护人的年龄与智力程度，被监护人与有监护资格的人的关系亲密程度，未成年人与有监护资格的人的家庭以及可能就读的学校环境适应度等。对成年被监护人，人民法院为他们指定监护人时，除了保证被监护人的基本生活外，还应当考虑被监护人情感、精神层面的需求和方便、效用等发展的需求，特别是对老年人更是如此。

我们认为，原监护人资格被撤销后，人民法院在指定监护人时，应当充分考虑监护人的消极资格，不得指定下列人员担任监护人：一是无民事行为能力或者限制民事行为能力的成年人，因为他们本身就需要有监护人对他们进行监护，本身并无监护他人的能力。二是对被监护人提起诉讼的人及其配偶、直系亲属，因为这些人与对被监护人的监护职责相冲突。三是与被监护人有利害冲突的人，因为他们与要维护被监护人的利益这一职责相冲突。四是下落不明的人。这些下落不明的人无法正常履行监护的职责。五是患有可能严重危害被监护人的疾病，尚未治愈的人。例如患有严重传染病等，因为他们可能传染给被监护人，损害被监护人的健康权。六是涉嫌犯罪或者已经被判处刑罚的人。七是其他无监护能力或者对被监护人有明显不利的人。

应当注意的是，《民法典》第 31 条第 1 款规定："对监护人的确定有争议的，由被监护人住所地的居民委员会、村民委员会或者民政部门指定监护人，有关当事人对指定不服的，可以向人民法院申请指定监护人；有关当事人也可以直接向人民法院申请指定监护人。"第 31 条第 1 款所规定的指定监护人的情形与《民法典》第 36 条规定的人民法院指定监护人的情形是有区别的。首先，指定的前提不同。第 36 条规定的指定监护人的前提是原监护人资格被撤销；而第 31 条规定的指定监护人的前提是"对监护人的确定有争议的"。其次，申请的主体不同。第 36 条规定的申请主体是"其他依法具有监护资格的人，居民委员会、村民委员会、学校、医疗机构、妇女联合会、残疾人联合会、未成年人保护组织、依法设立的老年人组织、民政部门等"；而第31条规定的申请主体是"被监护人住所地的居民委员会、村民委员会或者民政部门"。再次，程序不同。第36条规定的程序是人民法院根据有关个人或者组织的申请撤销原监护人资格，再依法指定新的监护人。而第31条规定的程序有两种：一种是由被监护人住所地的居民委员会、村民委员会或者民政部门指定监护人，有关当事人对指定不服的，可以向人民法院申请指定监护人；另一种是有关当事人也可以直接向人民法院申请指定监护人。最后，指定监护人的范围不同。依照"以家庭监护为基础，社会监护为补充，国家监护为兜底"的原则，对于第36条规定的范围，在人民法院撤销原监护人资格后，如果还有其他监护人，应当先由其他监护人承担监护职责。在没有其他监护人的情况下，则在有监护资格的个人或者组织中指定新的监护人。如果没有合适的个人或者组织可以被指定为监护人，则由民政部门担任监护人。而第31条规定的指定范围是具有监护资格的人。

4.撤销监护人资格与监护终止的区别。根据《民法典》第39条的规定："有下列情形之一的，监护关系终止：（一）被监护人取得或者恢复完全民事行为能力；（二）监护人丧失监护能力；（三）被监护人或者监护人死亡；（四）人民法院认定监护关系终止的其他情形。""监护关系终止后，被监护人仍然需要监护的，应当依法另行确定监护人。"这是法律对监护关系终止的规定。民法实务界认为，监护关系的终止，是指因为某种法律事实的存在，监护人与被监护人之间有关监护的职责归于消灭。学理上，监护关系的终止有绝对终止与相对终止的区分。所谓绝对终止，是指由于被监护人方面的原因，监护关系失去存在的依据，监护关系归于消灭。所谓相对终止，是指由于某种原因，原监护人不再履行监护职责，更换新的监护人，但是监护关系本身并不消灭。[①]撤销监护人资格与监护终止存在较大的区别：首先，两者产生的原因不同。撤销监护人资格的原因是监护人实施了损害、侵害被监护人合法权益的违法行为。而监护关系终止则不是因为监护人的违法行为引起监护关系消灭的行为，包括：被监护人取得或者恢复完全民事行为能力，监护人丧

[①] 最高人民法院民法典贯彻实施工作领导小组主编：《中华人民共和国民法典总则编理解与适用（上）》，人民法院出版社2020年版，第231页。

失监护能力，被监护人或者监护人死亡，人民法院认定监护关系终止的其他情形。其次，撤销监护人资格是因为申请人的申请。而监护关系终止则一部分是自然原因而终止，另一部分是由人民法院判决监护关系终止。从被监护人角度而言，被监护人是无民事行为能力或者限制民事行为能力的成年人完全恢复了民事行为能力，则可以由该被监护人向人民法院申请恢复自己为完全民事行为能力人，人民法院判决终止监护关系，监护关系终止；从监护人角度而言，监护人因正当理由而不愿意再担任监护人，经向人民法院申请，人民法院审理后认为理由成立，人民法院判决终止监护关系，监护关系终止。最后，法律后果不一样。撤销监护人资格，只是撤销监护人的资格，不再具有监护资格。被监护人的父母子女在一定条件下仍然可以恢复监护资格，其他监护人被撤销监护人资格后则不能恢复，此时监护人仍然处于需要被监护的状态且不涉及财产清算问题。而监护关系终止后，一般来说，被监护人不需要再被监护，如果被监护人仍然需要监护的，实质上是监护关系的变更，应当依法另行确定监护人。监护关系终止后，需要对被监护人的财产进行清算，以确定双方应当予以清结的账目和应当移交或者交还的财产范围。

第四节　对撤销监护人资格的处理

1. 根据《民法典》第 36 条的规定而被撤销了监护人资格的原监护人，他的监护人资格丧失，实质上就不再是被监护人的监护人了，也就不能再履行对被监护人的监护职责。何为监护职责？《民法典》第 34 条第 1 款规定："监护人的职责是代理被监护人实施民事法律行为，保护被监护人的人身权利、财产权利以及其他合法权益等。"包括法定代理权和对被监护人的人身权利、财产权利以及其他合法权益的保护，而代理被监护人实施民事行为是监护职责的核心内容。《中华人民共和国精神卫生法》也对患精神障碍病人的监护人职责作出了规定。就代理权而言，《民法典》第 20 条规定："不满八周岁的未成年人为无民事行为能力人，由其法定代理人代理实施民事法律行为。"第 21 条规定："不能辨认自己行为的成年人为无民事行为能力人，由其法定代理人代理实施民事法律行为。""八周岁以上的未成年人不能辨认自己行为的，适用前款规定。"第 22 条规定："不能完全辨认自己行为的成年人为限制民事行为能力人，实施民事法律行为由其法定代理人代理或者经其法定代理人同意、追认；但是，可以独立实施纯获利益的民事法律行为或者与其智力、精神健康状况相适应的民事法律行为。"第 23 条规定："无民事行为能力人、限制民事行为能力人的监护人是其法定代理人。"如果监护人资格被撤销，就不能再履行《民法典》第 20 条至第 23 条规定的代理权，即使履行了代理权，对被监护人也不发生法律效力。除代理权外，一般而言，监护人的监护职责还包括：保护被监护人的身体健康，照顾被监护人的生活，管理和保护被监护人的财产，对被监护人进行管理、教育，等等。同时，《民法典》第 34 条第 2 款规定："监护人依法履行监护职责产生的权利，受法律保护。"也就是说，为了保障监护人履行监护职责，法律赋予监护人一定的权利，例如，被监护人的医疗方案同意权，被监护人财产的支配权、收益权。《中华人民共和国广告法》还规定，广告主或者广告经营者使用被监护人的名义或者形象的，应当事先征得监护人的同意。如果监护人被撤销了监护人资格，因为不存在监护职责，这些权利自然也就不能行使了。

2. 监护人资格被撤销后，仍然应当承担相应的抚养、赡养和扶养义务。根据《民法典》第 37 条的规定："依法负担被监护人抚养费、赡养费、扶养费的父母、子女、配偶等，被人民法院撤销监护人资格后，应当继续履行负担的义务。"在我国的其他法律中也有类似的规定，《未成年人保护法》第 108 条第 2 款规定："被撤销监护人资格的父母或者其他监护人应当依法继续负担抚养费。"《反家庭暴力法》第 21 条第 2 款规定："被撤销监护人资格的加害人，应当继续负担相应的赡养、扶养、抚养费。"《关于监护人的意见》第 42 条也规定："被撤销监护人资格的父、母应当继续负担未成年人的抚养费用和因监护侵害行为产生的各项费用。相关单位和人员起诉的，人民法院应予支持。"在民事法律关系上，监护人资格与抚养、扶养和赡养义务是不同的民事法律关系，监护人资格被撤销后，只是不再承担监护职责，即不能再作为监护人代理被监护人实施民事法律行为，不能再以监护人的身份来保护被监护人的人身权利、财产权利以及其他合法权益等。监护人资格被撤销，并不免除他们为父母、配偶、子女等基于血缘、婚姻关系而形成的抚养、扶养和赡养义务，这些义务是法定的，是独立于监护关系之外而存在的，不会因为监护关系不存在而使得这些义务消失、终止。从法理上来看，设置监护制度是为了保护被监护人的合法权益，如果因为撤销监护人资格而同时免除他的抚养、扶养和赡养义务，实质上反而损害了被监护人的利益，使得被监护人处于更为不利的地步，显然违背了设置撤销监护人资格制度的初衷。同时，被监护人没有独立财产，被监护人所需要的生活费、教育费、医疗费都有赖于依法负担被监护人抚养费、扶养费和赡养费的父母、配偶、子女，如果因为撤销监护人资格而他们不再履行抚养、扶养和赡养义务，势必影响其他具有监护资格的人担任监护人的积极性，同样也会影响新监护人正常履行职责。

3. 被监护人父母或者子女的监护人资格被撤销后，在一定条件下可以恢复监护人资格。根据《民法典》第 38 条的规定："被监护人的父母或者子女被人民法院撤销监护人资格后，除对被监护人实施故意犯罪的外，确有悔改表现的，经其申请，人民法院可以在尊重被监护人真实意愿的前提下，视情况恢复其监护人资格，人民法院指定的监护人与被监护人的监护关系同时终止。"这是监护人资格丧失后再行恢复监护人资格的制度性安排。撤销监护人资格不是目的，目的是更好地保护被监护人的利益，因此，监护人的资格被撤销后，在一定条件下，可以申请恢复。首先，可以申请恢复监护人资格的主体是被人民法院撤销监护人资格的被监护人的父母或者子女，这是因为父母、子女是关系最亲近的直系血亲关系，在撤销监护人资格的情形消失后，为了更好地保护被监护人的权益，恢复他们的监护人资格是很有必要的。恢复监护人资格不包括被撤销监护资格的其他个人或者组织，这些人一旦被撤销就不再恢复。其次，恢复监护人资格必须向人民法院提出申请，人民法院审理后决定是否恢复监护人资格。再次，恢复监护人资格的条件有以下几个：一是排除监护人对被监护人故意犯罪的问题。如监护人对被监护人实施性侵害、虐待、遗弃、故意伤害、故意杀人等，这些行为针对被监护人，构成故意犯罪，不得申请恢复监护人资格，申请了也必须驳回，对被监护人有过失犯罪的不影响恢复监护人资格。由于《民法典》没有明确哪些故意犯罪应当排除在外，有待于立法或者司法解释予以明确。《关于监护人的意见》第 40 条第 2 款规定："申请人具有下列情形之一的，一般不得判决恢复其监护人资格：（一）性侵害、出卖未成年人的；（二）虐待、遗弃未成年人六个月以上、多次遗弃未成年人，并且造成重伤以上严重后果的；（三）因监护侵害行为被判处五年有期徒刑以上刑罚的。"这一规定可以作为审判此类案件的参考。二是监护人资格被撤销后，确有悔改表现的问题。对于确有悔改表现的问题，司法实践认为，当事人申请恢复监护人资格应当向人民法院提交书面申请，提交申请人对行为危害性的认识、悔改的决心、接受教育辅导的情况以及后续表现情况等证据材料，一般还需要提供其他亲属、居民委员会、村民委员会、民政部门、所在单位、被监护人所在社区、所在学校的证明等。如果居民委员会、村民委员会及民政部门对监护人开展监护指导、心理疏导等教育辅导工作并取得效果的，申请人还应当向法院提交上述报告。人民法院也可以依职权走访申请人、被监护人及其家庭，向当地民政部门、辖区公安派出所、居民委员会、村民委员会、共青团、妇联、未成年人所在学校、监护人所在单位等了解情况。人民法院应当征求被监护人现任监护人和有表达能力的被监护人的意见，并可以委托申请人住所地的民政部门或者其他相关组织，对申请人的监护意愿、悔改表现、监护能力以及被监护人的身心状况、生活情况等进行调查，形成调查评估报告。申请人正在服刑或者接受社区矫正的，人民法院应当征求刑罚执行机关或者社区矫正机构的意见。三是人民法院要尊重被监护人真实愿意。如果被监护人不愿意他们的父母或者子女继续担任监护人，恢复监护人资格的，则不能恢复。四是即使上述情形均符合恢复的标准，人民法院仍然可以视具体情况，从最有利于保护监护人合法权益的角度，决定是否恢复监护人资格。最后，监护人资格恢复后，人民法院指定的监护人与被监护人的监护关系同时终止。人民法院无论是否决定恢复监护人资格，均应当将决定的结果书面告知侵害人和其他监护人、指定监护人。

4. 关于申请恢复监护人资格的期限问题。监护人被撤销资格以后，何时可以申请恢复监护资格，《民法典》对此没有作出相应的规定，有待将来进一步明确。但是，《关于监护人的意见》第 38 条第 1 款规定："被撤销监护人资格的侵害人，自监护人资格被撤销之日起三个月至一年内，可以书面向人民法院申请恢复监护人资格，并应当提交相关证据。"实质上可以认为这是司法实践对申请恢复监护人资格有关期限问题的实际操作。这样做的目的，可以认为是给当事人一个相应的悔改期限，这个期限不能太短，因为当事人可能还没有完全悔改，也不能太长，否则可能时过境迁，失去恢复监护人资格的意义，也可以避免被监护人的监护关系处于不稳定状态。对未成年人，还涉及民政部门送养问题，时间太长，可能使得民政部门不能放心送养。

此外，《最高人民法院关于适用〈中华人民共和国民法典〉婚姻家庭编的解释（一）》（以下简称《婚姻家庭编解释一》）第 62 条规定："无民事行为能力人的配偶有民法典第三十六条第一款规定行为，其他有监护资格的人可以要求撤销其监护资格，并依法指定新的监护人；变更后的监护人代理无民事行为能力一方提起离婚诉讼的，人民法院应予受理。"也就是说，无民事行为能力人的配偶侵犯、损害了无民事行为能力人的合法利益，其他有监护资格的人可以要求撤销无民事行为能力人的配偶的监护权，重新指定新的监护人，以保护无民事行为能力人。如果无民事行为能力人的配偶有重婚、与他人同居、家庭暴力、虐待、遗弃等行为的，新的监护人可以代理无民事行为能力人提起离婚诉讼，人民法院应当予以受理。这是对无民事行为能力人在离婚和其他案件中保护无民事行为能力人所作的制度性安排，有利于保护无民事行为能力人的合法权益。

| 第三章 |
同居的行为

　　同居，从汉语普通语义学的角度来看，是指夫妻共同生活，也指男女双方没有结婚而共同生活。[①] 汉语中的同居一词，最早见于《周易·睽卦》，其象辞曰："二女同居，其志不同行。"孔颖达注疏曰："中少二女共居一家，理应同志。各自出适，志不同行，所以为异也。"[②] 说的是两姐妹年少时共同居住生活在一起，本应同心同德，但是，因为各自出嫁了，二人志趣也就不同了。

　　在出土的我国战国、秦汉时代众多法律方面的简牍中，我们经常可以看到同居这个词。有中国法制史学者研究认为，通过对出土的战国、秦汉时代简牍的研究可以看出，同居包含两重意义：第一种含义，同居是法律用语，是用于界定同一户籍中与相对当事人有亲属关系的人具有连带责任的法律术语。通常情况下，同居指同一户籍中除相对当事人以外的其他亲属。"可（何）谓'同居'？户为'同居'。"从这个界定可以看出，同居除了有共同居住的意思之外，还强调是否为同一户籍，同居的范围是同一户籍的家庭成员。第二种含义，"可（何）谓'同居'？独户母之谓殹（也）。"强调的是同母的兄弟姊妹属于同居，前提是在同一户籍上，是对第一种含义进一步补充和强

---

　　① 　中国社会科学院语言研究所词典编辑室编：《现代汉语词典（第7版）》，商务印书馆2016年版，第1313页。

　　② 　（晋）王弼注，（唐）孔颖达注疏：《宋本十三经注疏 附校勘记·宋本周易注疏（又称《周易正义》）》，光绪丁亥脉望仙馆石印版，卷四。

调说明，强调的是一母所生的血缘关系，当然也包括了父亲在内。[①] 在中国古代文献中，同居一词大多用于共同居住和共同居住的人这两层含义上，与当今所谓两性关系无关。更有中国法制史学者研究认为，在稍早的历史时期，同居一词更倾向于血缘关系较近的人之间共同居住，而不存在当今意义上的未婚异性共同居住的用法。这一现象的出现一方面是因为古代汉语的特殊语法，同居一般是同居者的省略用法；另一方面是在古代中国未婚异性共同居住的事实至少是不被允许的，不为普通民众所接纳，而且在我国历代法律中，对于未婚异性共同居住一起也都是规定为"奸"而予以惩处的。[②] 我们认为，在《民法典》的语境中，同居的行为分为两种情形：一种是同居的男女双方均是未婚者，我们在本书中称之为非婚同居的行为，又称非婚同居；另一种是同居的男女一方或者双方是已婚者，同居双方没有婚姻关系，我们在本书中称之为有配偶者与他人同居的行为，又称有配偶者与他人同居。

对于非法同居的概念，在我国的立法机关所制定的婚姻家庭法律中并没有出现过，只是曾经在最高人民法院的司法解释中使用过。1989 年《最高人民法院关于人民法院审理未办理结婚登记而以夫妻名义同居生活案件的若干意见》（以下简称《同居案件的意见》）中就多处使用非法同居的表述，其中第 3 条规定："自民政部新的婚姻登记管理条例施行之日起，未经办理结婚登记即以夫妻名义同居生活，按非法同居对待。"由此，非法同居成为一个法律概念而长期存在。后来，最高人民法院在司法解释中逐渐放弃了非法同居的表述。如《婚姻法解释一》《最高人民法院关于适用〈中华人民共和国婚姻法〉若干问题的解释（二）》（以下简称《婚姻法解释二》）中就再没有使用过非法同居这一表述，而开始使用同居关系这一表述。通过对婚姻法司法解释相关条文的解读可以知道，男女两性没有经过婚姻登记的法定程序，就持续、稳定地共同居住即同居关系。除了违反一夫一妻制的同居外，其他的请求解除同居关系起诉到法院的，法院不予受理。在《民法典》实施后，似乎所有请求解除同居关系起诉到法院的，法院均不予受理。自此，非法同居不再

---

① 李亚光：《再论"室人"与同居——以简牍为核心看战国秦汉时期的农业家庭》，载《安徽农业大学学报（社会科学版）》2018 年第 6 期。《战国秦及汉初的家庭关系——以同居"同产"为核心》，载《东北农业大学学报（社会科学版）》2019 年第 1 期。

② 朱彩丽：《传统家庭同居共财制度研究》，载《福建质量管理》2019 年第 10 期。

出现在官方法律文件中。

由于同居这个词在不同的语境有不同的意义，因此，我们在讨论同居的行为前，必须厘清同居概念的语境。本书中，我们将同居的行为限定在男女双方在没有夫妻关系的情况下持续、稳定地共同居住这一范围内。

第一节　非婚同居

一、非婚同居的概念

对于非婚同居的概念，由于婚姻家庭法律规范没有明确定义，因此，在婚姻家庭法理论界争议较大。有婚姻家庭法学者从非婚同居是一种行为的角度指出，非婚同居是指不为法律所禁止的，无配偶的男女双方自愿、持续、公开共同生活在一起，但是又没有履行结婚登记手续的一种两性结合的行为。[1] 还有婚姻家庭法学者从非婚同居是一种状态的角度指出，非婚同居是指男女双方以性为基础，在不违反法律的强制性规定下，未缔结婚姻而长期共同生活在一起的一种事实状态。非婚同居的双方不得有法律上的障碍，即不能是已婚者。[2] 非婚同居，应当是指一男一女在未缔结婚姻的情况下，像夫妻一样共同生活的事实状态。[3] 非婚同居，是指成年的男女双方，在不存在婚姻障碍的前提下未办理结婚登记手续，但是基于男女二人的意愿而在同一处居住并共同生活的事实状态。更有婚姻家庭法学者从非婚同居是一种社会关系的角度指出，非婚同居是以夫妻名义共同生活，符合结婚实质要件的事实婚姻关系和不以夫妻名义共同生活的各类同居关系。[4] 有婚姻家庭法学者认为，

① 傅立群：《非婚同居关系法律调整的思考》，载《2010 全国婚姻家庭研讨会暨纪念新中国首部婚姻法颁布 60 周年大会论文集》，第 293 页。
② 潘威：《论非婚同居》，载《法制博览》2018 年第 12 期。
③ 高留志：《论非婚同居的立法规制》，载《广西政法管理干部学院学报》2003 年第 6 期。
④ 黄江：《民法典（草案）婚姻家庭编非婚同居法律问题探析》，载《职工法律天地》2019 年第 4 期。

非婚同居，是指男女双方在法律规定的时期内建立起共同生活体而无婚意的一种同居。① 这些观点都有各自的合理之处：一是说明了非婚同居的法律属性，即不为法律所禁止；二是说明了非婚同居的主观方面是自愿；三是强调了非婚同居是两性的结合。但是，上述概念不够简洁。我们认为，非婚同居是指年满 14 周岁的未婚男女持续、稳定地共同居住的行为。非婚同居的前提是没有违反我国法律关于一夫一妻制和其他强制性规定，是以非法定婚姻的方式在感情、经济和性等方面形成了相互依赖的生活共同体，表现形态和形成原因则多种多样。

随着社会的发展和时代的进步，一些男女不履行结婚手续而共同生活在一起的情形越来越多，情况也越来越复杂。20 世纪 70 年代以来，西方主要国家经历了被称为"第二次人口转变"的婚姻家庭模式的巨大变化，非婚同居人口不断攀升。这种非婚同居的生活方式随着国门的打开，不仅为许多年轻人所接受，一些中老年人慢慢地也开始尝试或者接受这种非婚同居的生活方式，非婚同居现象呈现出不断扩大态势。根据中国家庭追踪调查组织（CFPS）2010 年和 2012 年的数据，1980 年以前，我国的婚外同居比率仅为 1% 左右，但是在 2010 年和 2012 年之间结婚的人群中，婚前同居的比率已经超过 40%。一些人认为这一数据依然低估了中国的同居率，比如中国妇联主管的中国婚姻家庭研究会近期的调查显示，近六成的 85 后会在婚前和性伴侣同居，这个比例已经和美国相当。② 一些人选择这种非婚同居的生活方式，目的是规避婚姻家庭法律规范所规定的某些法律义务，造成婚姻家庭法律规范难以调整非婚同居的社会关系，一旦双方发生矛盾纠纷，同样也就失去了婚姻家庭法律规范所赋予的法律权利，给社会带来了不少问题。这种非婚同居的生活方式目前仍然游离于我国婚姻家庭法律规范之外，还有扩大之势，需要我们认真对待。美国家庭法学者认为，非婚同居之所以很有吸引力，是因为结束非婚同居关系不需要花太多的费用和经过烦琐的法律程序，并且还可以避免离婚

① 张民安：《非婚同居在同居配偶间的法律效力》，载《中山大学学报（社会科学版）》1999 年第 2 期。

② 《中国式同居：同居率的锐增并不意味着婚姻的终结》，载中国家庭追踪调查网 http://www.isss.pku.edu.cn/cfps/xzyj/wxzsm/1296033.htm?CSRFT=8JME-6FXN-R5VO-F2VC-2RJ2-K36T-I969-TI5。

带来的不利经济后果。① 非婚同居现象增多，表明婚姻不再是两性关系选择的唯一方式，两性关系已经呈现多元化的趋势。非婚同居的行为并不能完全取代结婚，而且非婚同居和结婚都能从男女结成的关系中得到好处，和结婚相比，非婚同居似乎能得到更多的好处，但是，非婚同居所付出的代价也更大。

现代社会越来越多的人愿意非婚同居，但是其中多数人并不像对待婚姻那样对待非婚同居，非婚同居的稳定性明显不如婚姻关系，一些人利用非婚同居玩弄他人感情。正如苏联社会学家 V. 斯维尔得洛夫所言："现代唐·若安式的典型人物，还没有从我们中间完全消失。他们对女了这样说法：'我们先行同居几天，各个互相研究研究，稍后再商量结合和婚姻。'假使女子稍表示不信，或者经过长期的动摇和怀疑之后再接受坏蛋的要求，这种人却在几天之内把她抛开，又向别人作同样的提议了。"② 斯氏对非婚同居的行为是持否定的、批判的态度。有一些人在非婚同居后迟早会正式缔结婚姻关系，也有一些人非婚同居后就不再与非婚同居对象缔结婚姻关系，这是因为"由于了解一个人的最好方法是与他在一起生活，因而未婚夫妇花费一些时间在一起共同生活，或许也包括试婚，对于深入地互相了解会更有效率"③。还有些人并不满足于非婚同居，却仍然实施非婚同居，这是因为他们没有更好的择偶机会，也就只好先行非婚同居，待寻到更为合适的配偶时再行解除非婚同居关系。还有婚姻家庭法学者从婚前非婚同居对婚姻家庭稳定性角度研究非婚同居，认为随着同居的快速蔓延，非婚同居的行为已经从一种特立独行的行为变成稀松平常的现象，非婚同居者身上所自带的所谓"非法的""不道德的"独特标签也因此将不复存在。在非婚同居的行为越来越普遍的情况下，社会各界应当逐渐转变对非婚同居者所持的负面评价和看法，意识到非婚同居的行为在年轻群体的婚姻中可能越来越具有的积极作用。如果我们赋予非婚同居者更宽松的社会和舆论环境，使婚前同居所具有的试婚作用得到有效

---

① ［美］哈里·D. 格劳斯、大卫·D. 梅耶：《美国家庭法精要》，陈苇等译，中国政法大学出版社 2010 年版，第 45 页。

② ［苏联］V. 斯维尔得洛夫：《新家庭论》，常乐生译，华北新华书店 1949 年印行，第 46 页。译者对唐·若安式的典型人物进行了注释，是指世界文学上的典型，他的一生的目的，就是在于喜欢女人，一味从女人身上来满足他的感觉生活。

③ ［美］加里·斯坦利·贝克尔：《家庭论》，王献生、王宇译，商务印书馆 1998 年版，第 345 页。

的显现和发挥，不仅不会对现有婚姻家庭体系造成太大伤害，从某种意义上，甚至还可能有利于婚姻的健康和稳定。①事实上，在许多未开化民族中，人们在确立婚姻关系之前，照例都有一段试婚期，苏格兰、爱尔兰都曾存在这种情形。②

在美国，非婚同居发展迅速的重要原因之一是非婚同居无须通过法律程序解除，也就避免了因离婚所带来的经济后果。非婚同居者在同居期间可以自行确定双方的权利义务关系，而不必考虑法律的规定。③因为在美国法律看来，非婚同居本身作为违法行为，是不受法律保护的。美国法律界人士普遍认为，同居婚姻或非婚同居关系，从传统意义上讲不能称之为婚姻，因为：（1）不符合各州立法对正式婚姻的规定；（2）双方既缺乏结婚的意思表示也不具有普通法婚姻夫妻的公开称谓；（3）双方或者一方不具有推定婚姻的善意。当事人之间的结合或者分手都不经过法定程序，大多数的非婚同居是临时性的，不具有婚姻的目的。④我们认为，非婚同居关系与合法的婚姻关系相比，有诸多不同之处，最重要的一点是非婚同居关系不受婚姻家庭法律规范的保护。1994年2月1日颁布的《婚姻登记管理条例》第24条规定："未到法定结婚年龄的公民以夫妻名义同居的，或者符合结婚条件的当事人未经结婚登记以夫妻名义同居的，其婚姻关系无效，不受法律保护。"这一规定就是我国对非婚同居最早的否定性法律评价：一是不再承认非婚同居的事实婚姻效力，二是非婚同居不受法律保护。此后的婚姻家庭法律规范和审判实践均秉持这一理念和规定，也正是由于非婚同居不为婚姻家庭法律规范所保护，非婚同居关系男女一方或者双方可以随时基于当事人的意志而终止非婚同居的关系，而婚姻关系则为婚姻家庭法律规范所承认，是要式行为，不得任意解除，要经过一定的法律程序才能解除婚姻关系。在我国，非婚同居关系的男女双方，无论是否表示要以终身共同生活为目的，也无论保持了多长的时

---

① 刘玉萍、郭郡郡、喻海龙：《婚前同居、同居蔓延与中国居民的婚姻稳定性：自选择及其变化》，载《西北人口》2019年第1期。

② ［芬兰］E.A.韦斯特马克：《人类婚姻史（第一卷）》，李彬、李毅夫、欧阳觉亚、刘宇、李坚尚译，商务印书馆2015年版，第130页。

③ 夏吟兰：《美国现代婚姻家庭制度》，中国政法大学出版社1999年版，第27页。

④ 夏吟兰：《美国现代婚姻家庭制度》，中国政法大学出版社1999年版，第25页。

间和稳定的非婚同居关系，也无论是否以夫妻名义同居，在《婚姻登记管理条例》实施后，因非婚同居的行为而形成的非婚同居关系，都不再将非婚同居关系视为合法的婚姻关系，不再承认是事实婚姻，婚姻家庭法律规范对非婚同居关系不再予以保护，由此而造成的后果应当由当事人自行承担。

二、非婚同居的特征

对于非婚同居的基本特征，有婚姻家庭法学者认为，非婚同居的主体为异性，就实质要件而言，并不要求男女双方完全满足结婚的实质要件，患有婚姻障碍疾病或者没达到法定婚龄的男女在一定情形下也可以与他人成立非婚同居关系。非婚同居的男女双方对于不登记结婚而共同生活的同居模式达成合意，排除一方采用欺诈、胁迫或者第三方从中干预等损害一方自由意志的情形。就客观方面而言，非婚同居共同生活要达到一定时间并且具有相对稳定性，界定男女双方是否共同生活的标准至少应当涵盖空间、情感、经济联系等要素，将双方之间的情感与经济的联系作为主要要素。是否构成非婚同居，还需要考虑双方共同生活所稳定维持的时间，借鉴罗马法时效婚姻的理论将一定时间作为非婚同居成立且生效的要件。对于是否以对外公开作为非婚同居的要件，该学者持否定态度，认为非婚同居的男女双方当事人不是缔结婚姻，一定程度上也有隐私化这段关系的考虑，并不能强制要求当事人必须公开同居关系。[1] 还有婚姻家庭法学者认为，非婚同居的构成要件包括以下三个方面：第一，无同居障碍。主要是男女双方具备判断和控制自己的行为的能力，属于完全民事行为能力人，符合法律所规定的允许结婚的生理条件。第二，真实自愿的意思表示，不得通过欺诈、胁迫等手段，在违背一方真实意愿的情况下建立非婚同居关系。第三，在一定时间内公开并且维持。具体是指同居双方公开生活达到一定的时间要求，否则，即使同居关系公开，但是由于时间较短，难以认定同居的事实。[2] 在这些学者看来，因为上述特征，非婚同居的行为不能成为婚姻替代品。结合非婚同居的概念，我们认为，

---

[1] 雷飞亚：《从"宇芽案"探究非婚同居中家暴的法律规制》，载《西部学刊》2020年第9期。
[2] 刘瑶、吴世瑶：《对我国非婚同居法律规制的构想》，载《法制与社会》2019年第24期。

非婚同居有下面几个基本特征：

1. 非婚同居的行为人是年满14周岁具有民事行为能力或者具有部分民事行为能力的自然人，是在法律上没有夫妻关系的未婚男女双方，即非婚同居的主体是年满14周岁具有民事行为能力或者具有部分民事行为能力的男女双方。

从婚姻状态的角度来看，我们认为，非婚同居的男女双方当事人不得有婚姻法律上的障碍，即一方或者双方不能是已婚者。从年龄的角度来看，我们认为，年满14周岁以上有性行为能力的男女都有可能成为非婚同居的行为人，既包括具有性能力的未婚中青年男女，也包括已经丧失性能力的老年男女，只要男女双方是处于未婚、丧偶、离异状况并且没有夫妻关系而持续、稳定地共同居住即可。这当然不包括没有性生活而持续、稳定地共同居住的未成年男女，也不包括仅有偶尔的性行为而没有持续、稳定地共同居住的男女。非婚同居关系作为一种对合关系，同居的双方必须是持续、稳定地共同居住的男女。对于男女精神病患者之间，特别是一方为精神病患者一方为正常人之间的同居，这一现象在一些贫困农村偶有存在，这种情形是否能视为法律意义上的非婚同居的问题有待法律进一步明确。

2. 非婚同居最本质的主观特征是非婚同居关系的男女双方有意规避婚姻登记程序，在没有经过婚姻登记的法定程序的情况下，就持续、稳定地共同居住，即明知自己的行为是没有经过婚姻登记的法定程序而持续、稳定地共同居住的行为仍然为之。男女双方对于不进行婚姻登记而持续、稳定地共同居住的模式达成合意，双方是自愿的，排除一方对另一方或者第三方对双方采用欺诈、胁迫、干预等违背一方或者双方当事人自由意志的情形。非婚同居的双方当事人自愿建立包括性生活在内的生活共同体，而不论以后有无建立夫妻关系的主观意愿。非婚同居关系男女双方当事人可能没有结婚的目的，例如丧偶老年人仅仅为找伴养老而持续、稳定地共同居住，一般称之为"养老式同居"；也有未婚的中年男女为避免与儿女的矛盾，不结婚而持续、稳定地共同居住；还有未婚青年男女纯粹因感情原因而持续、稳定地共同居住；甚至还有离婚后离异的男女双方仍然持续、稳定地共同居住，这些情形我们称之为"纯粹的非婚同居的行为"。非婚同居关系的男女双方当事人也可能有结婚的目的，如婚前试婚的年轻人持续、稳定地共同居住，一般称之为"试婚式同居"；还有因为没达到法定婚龄而先行持续、稳定地共同居住，在达到法定婚龄后再办理婚姻登记，这些情形我们称之为"非纯粹的非婚同居的行为"。因此，对于非婚同居，是否以终身共同生活在一起为目的或者说是否以结婚为目的在所不论。

3. 非婚同居的客观特征是未婚男女持续、稳定地共同居住的行为，表明非婚同居是一种行为、一种状态。首先，非婚同居是一种既不为我国法律所禁止的行为，也不为我国法律所保护的行为。目前，我国婚姻家庭法律规范对非婚同居既不反对，也不支持，属于法无明文禁止的行为。其次，非婚同居是一种无配偶的男女双方持续、稳定地共同生活，而又没有履行结婚登记手续的行为。非婚同居不必一定要公开，但也不是刻意隐藏，害怕他人知晓的行为。而之所以需要持续一定的时间，是因为这种结合只有持续性地存在，才能证明这种行为是一种具有一定的稳定性的共同生活的行为。稳定性是一个重要的考量因素，一般来说，那些未婚同居者特别是不以结婚为最终结局的非婚同居者，他们所生育的孩子数量要少于有合法婚姻的人，虽然可能有较长时间的维系，体现了非婚同居的稳定性，但是，生孩子将成为非婚同居者的羁绊，与合法的婚姻相比，这种稳定性是没有法律保障的，因此，这种稳定性是相对的。最后，非婚同居是一种两性结合的行为，这种两性结合的性质，决定了这种共同生活与家庭成员如父母子女、兄弟姐妹在一起共同生活不同，虽然有时这种两性结合可能会因为当事人性行为能力丧失（如老年人、性无能者）而不能有真正意义上的性生活，但是并不能否认这仍然是一种两性的结合，实质上就是无配偶的男女双方以夫妻名义或者不以夫妻名义，持续、稳定地共同居住的行为。

非婚同居是一种行为，同时也是一种状态，这种状态一方面体现在未婚的男女双方没有形成法律上的婚姻状态，没有法律上的夫妻关系，而不论男女双方以后是否有婚姻的意图。另一方面体现在男女双方以共同居住（包括但是不限于性生活）为基础，在不违反法律的强制性规定下，没有缔结婚姻关系而持续、稳定地共同居住的一种事实状态。如何界定双方是否持续、稳定地共同居住？我们认为，判断的标准应当考虑时间、空间等要素，而且还要考虑情感、经济等要素。非婚同居的男女双方应当像夫妻一样共同生活，建立包括性生活、平常必要的共同的社会经济生活等为主要内容的共同体，但是又没有履行结婚登记手续，不构成法律意义上的婚姻关系。这里的非婚是指男女双方都不存在法律承认的婚姻关系，包括一直没有结过婚、婚后丧偶、婚后离异三种情形，通俗说来，就是男女双方都是单身。这里的同居是指男女双方在相对较长的时间里，在某一固定的居所持续、稳定地共同居住。非婚同居是一种类似于婚姻的状态，我们也可以称之为"准婚姻关系"或者"亚婚姻关系"。非婚同居的男女双方自愿建立像夫妻一样的生活共同体，但是并不具备构成合法婚姻的形式要件。也并不要求男女双方完全满足结婚的实质要件，某些患有各类障碍疾病的男女或者没有达到结婚年龄的男女在一定情形下可以与他人成立非婚同居关系，与可撤销婚姻和无效婚姻有重大区别。

4. 非婚同居不违反我国婚姻家庭法律规范的禁止性规定。非婚同居是指男女未办理结婚登记手续而持续、稳定地共同居住的行为。《婚姻法》禁止重婚，禁止有配偶者与他人同居等行为。对非婚同居，《婚姻法解释一》第5条规定："未按婚姻法第八条规定办理结婚登记而以夫妻名义共同生活的男女，起诉到人民法院要求离婚的，应当区别对待：（一）1994年2月1日民政部《婚姻登记管理条例》公布实施以前，男女双方已经符合结婚实质要件的，按事实婚姻处理；（二）1994年2月1日民政部《婚姻登记管理条例》公布实施以后，男女双方符合结婚实质要件的，人民法院应当告知其在案件受理前补办结婚登记；未补办结婚登记的，按解除同居关系处理。"对1994年2月1日民政部《婚姻登记管理条例》公布实施以前的非婚同居的行为，只要符合婚姻的实质要件，承认为事实婚姻，按婚姻关系对待。对1994年2月1日民政部《婚姻登记管理条例》公布实施以后的非婚同居的行为，实质上是不再承认为事实婚姻，不补办婚姻登记的，一律按同居关系处理，并且将非法同居中的"非法"二字取消，非法同居改头换面为同居关系。《婚姻法解释二》中又重申同居关系"当事人起诉解除同居关系的，人民法院不予受理"，上述这种同居行为已经俨然从"非法"行为变成个人私事，法律抽身而出，法院也不再对此进行实质性的干预。从狭义的角度来说，非婚同居不能称之为非法行为，更不能称之为违法行为。但是，我们应当看到，非婚同居毕竟与我国现行的婚姻家庭法律规范格格不入，冲击着我国现行的婚姻家庭法律规范，同时也不为我国婚姻家庭法律规范所调整，因此，非婚同居也可以说是不合法的行为，视之为广义的违法行为也未尝不可。

在欧美国家，以非婚同居为代表的"去婚姻化"的"家庭革命"呈愈演愈烈之势。在美国未婚同居并不违法，当事人通常可以居住在他们愿意居住的任何地方。还有些地方法规禁止三个以上无亲属关系的人合住同一别墅或同一单元，但是这一规定并不适用于两人同居。[①]伴随经济全球化日益推进的同时，在我国，人们的思想观念越来越开放，非婚同居作为婚姻关系之外的另一种男女双方共同生活的行为方式越来越多，并为一部分国人所接受，发展态势虽然不及欧美国家来得迅猛，但是非婚同居仍然呈现出扩大化的趋势，人们对非婚同居的宽容度也比以前逐渐增大。非婚同居现象的日益增长带来了很多的问题，如子女的权益保障问题，善意第三人的权益保护等问题都呈现出来。[②]目前，我国婚姻家庭法律规范对非婚同居基本持不支持、不反对、不保护的态度。而域外许多国家则形成了一套与婚姻家庭制度并行，以规制非婚同居行为的法律制度，这些法律制度总体上来说是倾向于承认、保护非婚同居，并将某些婚姻家庭法律规范的调整方式和内容延伸至非婚同居。美国研究者认为，目前的尝试婚姻似乎被定义为合法婚姻的序曲，而不是它的代替物。对那些采用它的人，它是一种试验，以决定是否与这个特定的伙伴或者其他某个伙伴（假定此人有一系列的尝试），或者不与任何人缔结合法婚姻。[③]从目前世界上对非婚同居在法律上的态度来看，大致分为三种不同的态度：一是完全承认主义。在一些国家，非婚同居已经被法律视同为婚姻，与婚姻并行。二是限制承认主义或者是有条件的承认主义。在非婚同居现象普遍存在的时代，大多数国家在一定程度上承认非婚同居，以便在非婚同居关系存续期间特别是在解体时更好地保护相对弱势的一方。三是不承认主义。即法律不承认以夫妻名义相称的非婚同居的任何婚姻法律效力。总的来说，完全不承认非婚同居的国家较少，承认非婚同居关系，对非婚同居的法律责任进行法律调整是世界各国婚姻立法的主要趋势。在美国，对未婚同居，许多州都明确规定同居者在同居前须签订协议以决定其权利义务关系及

---

① 夏吟兰：《美国现代婚姻家庭制度》，中国政法大学出版社 1999 年版，第 9 页。

② 杨媛媛：《非婚同居与相关概念之分析》，载《法制博览》2019 年第 13 期。

③ ［美］丽莎·冈斯茨尼、约翰·冈斯茨尼：《角色变迁中的男性与女性》，潘建国、潘邦顺、王晴波译，浙江人民出版社 1988 年版，第 163 页。

分居后的财产与扶养问题。如在同居协议中要确定在同居期间双方如何分担房租、抵押、各种生活费用，双方分居后一方是否要给付对方扶养费，若有子女，分居后由何方承担子女的监护权、探视权及子女抚养费如何给付。这种同居协议是合法有效的协议，一方不执行协议时，他方可以诉至法院请求强制执行。一些美国城市最近通过了"同居关系"法令，承认未婚同居关系部分享有与婚姻关系相同的法律地位。[①]"同居夫妇"不但可以用合同法规范他们的关系，也逐渐可以通过登记结成法律认可的"同居伴侣"而规范其关系。[②] 美国的做法是从合同法的角度来规范同居关系，有一定的参考价值。我国立法机关目前认为，非婚同居虽然不违法，但是也不合法，不受婚姻家庭法律的保护，特别是在人身关系上。鉴于婚姻家庭职能的转变、伦理道德观念的改变，以及非婚同居的具体缘由，我国社会也确实客观地存在着大量的非婚同居现象。因此，我们应当正视非婚同居这一现象，吸收、借鉴外国有关非婚同居方面立法的先进经验，制定一套符合中国国情的规制非婚同居的法律制度。在这方面，我国法律应当与时俱进，充分尊重非婚同居者的意志自由，同时又对可能出现的不公正给予救济，这样一来其实在事实上也维护了婚姻家庭制度的权威性。由于因非婚同居引发的财产纠纷、非婚生子女权益、家庭暴力、规避法律等社会问题日渐普遍和严重，法律既应当肯定当事人选择非婚同居生活方式的自由，又应当防范它可能导致的社会问题，以维护公平正义。如果法律不介入并加以规制，弱势群体难以得到应有的保护。例如，《反家庭暴力法》第 37 条规定："家庭成员以外共同生活的人之间实施的暴力行为，参照本法规定执行。"事实上已经将非婚同居中的"家庭暴力"问题纳入婚姻家庭法律规范中进行规制。我国一些婚姻家庭法学者认为，应当对非婚同居的行为予以法律规制，纳入婚姻家庭法律规范的体系。[③] 英国家庭法也认为，如同已婚夫妇一样，同居者（或前同居者）可以根据 1996 年家庭法第 4 条寻求不妨害法令和占有法令，以保护自己和子女对抗暴力的同居

---

① 夏吟兰：《美国现代婚姻家庭制度》，中国政法大学出版社 1999 年版，第 9 页。

② ［美］哈里·D.格劳斯、大卫·D.梅耶：《美国家庭法精要》，陈苇等译，中国政法大学出版社 2010 年版，第 4 页。

③ 李泓江：《非婚同居的法律规制》，载《政法研究》2018 年第 1 期。刘瑶、吴世瑶：《对我国非婚同居法律规制的构想》，载《法制与社会》2019 年第 24 期。

者。然而，同居者不如配偶，他们没有占有家庭房屋的法定权利的利益。[①] 我们认为，将已经成为现象级的非婚同居问题纳入法治的轨道是理所应当的，而且人民法院在审判实践中也经常遇到因非婚同居的行为引发的纠纷案件，如果没有相应的法律规定作为审判的依据，就很难审理好此类案件，不利于社会稳定。对此，《最高人民法院关于办理人身安全保护令案件适用法律若干问题的规定》（以下简称《人身保护令的规定》）第4条规定："反家庭暴力法第三十七条规定的'家庭成员以外共同生活的人'一般包括共同生活的儿媳、女婿、公婆、岳父母以及其他有监护、扶养、寄养等关系的人。"实质上是否定了同居者为家庭成员。

三、认定非婚同居应当注意的问题

1. 注意区分非婚同居与有配偶者与他人同居。两种行为在客观特征上有相似之处，就是同居。但是，两者也有着鲜明的区别，首先，最根本的区别在于行为人有无婚姻家庭法律规范上的障碍。认定非婚同居，同居男女双方必须均是未婚者；认定有配偶者与他人同居，同居的男女双方必须是男女一方或者双方是已婚者。其次，非婚同居可以对外以夫妻的名义，持续、稳定地共同居住，也可以不对外以夫妻的名义，持续、稳定地共同居住，而且无论是否以夫妻名义，持续、稳定地共同居住都不会涉及重婚问题，与婚姻家庭的生活高度相似；有配偶者与他人同居是不以夫妻名义，持续、稳定地共同居住，如果以夫妻名义，持续、稳定地共同居住就可能涉及重婚。最后，非婚同居关系的解除在法律上不具有可诉性；有配偶者与他人同居关系的解除至少在《民法典》实施之前在法律上具有可诉性，《婚姻法解释二》第1条第1款规定，当事人请求解除同居关系，属于有配偶者与他人同居的，人民法院应当受理并依法予以解除。

2. 注意区分非婚同居与事实婚姻。现实生活中，男女双方以夫妻的名义生活在一起通常会办理相应的法律手续，登记结婚。如果在1994年2月1日

---

① ［美］凯特·斯丹德利：《家庭法》，屈广清译，中国政法大学出版社2004年版，第55~56页。

之前男女双方没有办理婚姻登记手续而持续、稳定地共同居住，那么就可能产生两种不同的法律关系，包括事实婚姻和非婚同居关系。所谓事实婚姻，是指没有配偶的男女双方，虽然符合结婚的实质要件，但是未办理结婚登记而以夫妻的名义同居所形成的婚姻。[①]事实婚姻是与登记婚姻相对应的，虽然二者都符合结婚的实质要件，但是，事实婚姻与登记婚姻最大的区别是事实婚姻不具备婚姻成立的程序要件。非婚同居与事实婚姻有相似之处，二者都是登记婚姻之外而又类似婚姻的男女双方持续、稳定地共同居住的模式，在上述时间节点之前，男女双方满足结婚的实质要件，持续、稳定地共同居住，周围的群众也认为双方是夫妻关系，在这种情况下，以事实婚姻论，法律效力就跟婚姻关系一样，受法律的保护。在上述时间节点之前，若同居双方不满足结婚的实质要件，如持续、稳定地共同居住时可能是有禁止结婚的近亲关系，或者是有法定禁止结婚的疾病，尚未治愈，因为不符合结婚的实质要件，不能认定为事实婚姻，只能认定为非婚同居关系，不受法律保护。有婚姻家庭法学者认为，在我国司法实务中，事实婚姻比非婚同居的认定难度更大，相比来说，事实婚姻的发生、认可受到的限制较多，如需要满足特定时间、特定条件等。[②]严格说来，这位学者所指出的问题已经不存在了。因为，在1994年2月1日之后，我国法律不再承认事实婚姻的法律效力，因而也就不再存在所谓的事实婚姻，在上述时间节点之后，男女双方没有办理婚姻登记手续而持续、稳定地共同居住，不管双方有无结婚的目的，也不论外界是否认为他们是夫妻关系，一律认定为非婚同居，不再认定为事实婚姻。

四、对非婚同居的处理

1. 就非婚同居所形成的人身关系而言，非婚同居关系中男女当事人双方不具有婚姻家庭法律规范所规定的人身关系，即不具有法定的夫妻关系。非婚同居关系不是婚姻关系，非婚同居者之间既非登记婚姻关系，又非事实婚姻关系，不具有夫妻关系这一身份关系，所以不能适用我国婚姻家庭法律规

---

① 雍雪林、陈笔魁、李军主编：《婚姻家事纠纷解决之道》，法律出版社2018年版，第3页。
② 王秦杰：《事实婚姻与非婚同居的认定及法律效力探析》，载《法制博览》2021年第2期。

范关于夫妻间人身权利义务的规定，这种非婚同居关系也就不受我国婚姻家庭法律规范的调整。《婚姻家庭编解释一》第 3 条第 1 款规定："当事人提起诉讼仅请求解除同居关系的，人民法院不予受理；已经受理的，裁定驳回起诉。"这是从解除同居关系的角度作出的规定，男女一方或者双方可以自行解除非婚同居关系，无须法律干预，如果向人民法院提起诉讼请求解除同居关系，人民法院也不会受理，即使受理了也是驳回起诉，解除非婚同居关系不具有法律上的可诉性。

2. 关于解除非婚同居关系而涉及非婚同居期间的财产分割或者子女抚养纠纷的问题。对于同居者之间的身份关系，从《同居案件的意见》到《婚姻法解释二》再到《婚姻家庭编解释一》，我国最高司法机关的司法解释虽然经历了由受理到不受理的变化，但是对同居关系当事人因同居期间财产分割或者子女抚养纠纷提起诉讼的，司法解释历来均表示应当受理。《婚姻家庭编解释一》第 3 条第 2 款规定，同居关系"当事人因同居期间财产分割或者子女抚养纠纷提起诉讼的，人民法院应当受理"。有婚姻家庭法学者认为，由于未婚同居除了未经过法定婚姻登记程序外，其实与法定婚姻有诸多相似之处，两者都是双方在长期的共同生活中互享情感，互相帮扶，以及经济上也有紧密的联系，但是最突出的不同之处在于法定婚姻具有共同生活的相对稳定性。而未婚同居的稳定性是判断财产性质的参照系，当未婚同居双方的共同生活状态呈现出稳定性时，在财产的问题上可以参照夫妻财产关系的相关法律规定处理，在同居期间取得共同财产，应当定性为共同所有，即同居期间无论个人所得还是双方共同所得，都属于同居双方共同财产，但是，同居期间一方的伤残补助金、一方的专用生活用品等，应当属于个人所有；当未婚同居共同生活状态认定为非稳定性时，在同居期间取得共同财产，应当定性为共同所得，即同居期间只有双方共同劳动和生产所得财产是同居双方的共同财产，推定共同共有，除非双方有证据证明是按份共有；个人所得归各自所有。[①] 因此，我们认为，人民法院在审理此类案件时，对财产进行分割时应当充分考虑非婚同居关系的稳定性程度。

在英国，对于同居者的财产权问题，英国家庭法理论认为，同居者关系

---

① 聂晓龙：《未婚同居财产纠纷之财产定性探析》，载《法制博览》2019 年第 25 期。

存续以及破裂时，其财产权受到财产和合同法基础原则的调整，他们不像已婚夫妇那样有专门固定的法律去规范他们之间的权益。同已婚夫妇相比，在双方关系破裂之时，他们经常处于一个不利的境地，这是因为对于同居者而言，法院不享有离婚救济管辖权，也就不能根据双方的实际需求来调整他们之间的财产关系。[①] 对于非婚同居，我国婚姻家庭法律规范虽然既不提倡，也不反对，由道德舆论来引导，但是，我们认为，法律也应当承担相应的责任，不能任由非婚同居发展，特别是在涉及财产分割和子女抚养问题时。财产分割，其实就是解除未婚同居关系时的财产纠纷，是指在解除同居关系时，单方起诉因同居期间双方财产的分割而引起的财产纠纷。有婚姻家庭法学者指出，非婚同居双方当事人在同居关系存续期间，若是没有牵扯到财产纠纷，没有侵害到第三人利益，没有涉及侵犯国家利益及公共利益，法律是不会强制规范此类行为的，可以说是双方一拍两散。非婚同居生活方式的组建与解除，均由当事人自行协议决定。但是，在财产分配时，非婚同居期间的财产制度主要有约定制和法定制。有约定的按约定，没有约定或者约定不明确的按法定财产制，约定应当采取书面形式且内容合法。没有约定或者约定不明确的，财产归属于原产权所有人享有，没有足够的证据确定原所有人的，归双方共同所有。双方达不成协议的，适用法定财产制度。非婚同居法定财产制是以个人财产制度为基础，共同财产制度为辅。[②] 我们认为，《同居案件的意见》虽然有一定的滞后性，但是在新的司法解释出台前，人民法院在审理非婚同居纠纷财产纠纷案件时，在不作为法律依据的情况下，仍然可以根据案件的具体情况参照适用。解除同居关系时，同居生活期间双方共同所得的收入和购置的财产，按一般共有财产处理，同居生活前，一方自愿赠送给对方的财物可以比照赠与关系处理。解除同居关系时，具体分割财产时，应当照顾妇女、儿童的利益，考虑财产的实际情况和双方的过错程度，妥善分割。应当在平等原则的基础上，考虑共有人对共有财产的贡献大小，适当照顾对方生产、生活的实际需要；在分割时，应当适当照顾在同居期间牺牲较大者，对相对弱势者给予较多的补偿，对抚养照顾孩子较多者给予较多的补偿；同

---

① ［美］凯特·斯丹德利：《家庭法》，屈广清译，中国政法大学出版社2004年版，第67页。
② 刘子涵：《非婚同居财产问题的探究》，载《法制与经济》2020年第2期。

居期间为共同生产、生活而形成的债权、债务，可以按共同债权、债务处理；一方在共同生活期间患有严重疾病未治愈的，分割财产时，应当予以适当照顾，或者由另一方给予一次性的经济帮助。

在法律对非婚同居关系不予保护的情况下，最高人民法院应当尽快出台处理解除非婚同居关系时财产纠纷的司法解释，以便人民法院在处理解除非婚同居关系时财产纠纷案件，保障社会和谐稳定，在此之前应当多发布一些指导性、典型性案例。例如，最高人民法院公布的婚姻家庭纠纷典型案例中的王某诉张某同居析产案，就是对解除非婚同居关系时财产纠纷公正处理的典型案例。原告王某与被告张某于 2001 年起以夫妻名义同居生活，无子女。2002 年 1 月 24 日，被告张某以个人名义用 3 万元的价格购得弓长岭区安平街某小区 10 号楼 3 单元 6 层 1 号住宅楼 1 处。原、被告为购置该房屋在耿某处借款 13000 元，上述借款已经由原、被告偿还完毕。另查，原、被告用于同居生活在耿某处借款 2000 元、在赵某处借款 8000 元。辽宁省辽阳市弓长岭区人民法院经审理认为，同居关系是指男女双方未经结婚登记而具有较稳定的长期共同生活关系。原、被告未办理结婚登记而以夫妻名义同居生活，同居期间双方共同所得的收入和购置的财产，按一般共有财产处理；解除同居关系时，同居期间为共同生产生活而形成的债权、债务，可以按共同债权、债务处理。依照《婚姻法解释二》第 1 条第 2 款、《同居案件的意见》第 10 条、第 11 条之规定，判决如下：一、坐落于弓长岭区安平街某小区住宅楼 10 号楼 3 单元 6 层 1 号房屋归被告张某所有，被告张某于本判决生效后十五日内给付原告王某所占房屋份额折价款 51069.2 元；二、原、被告同居期间的债务 1 万元（赵某 8000 元、耿某 2000 元），原、被告各负担 5000 元，双方互负连带清偿责任；三、驳回原告其他诉讼请求。案件受理费 300 元、评估费 6000 元，由原、被告各负担 3150 元。最高人民法院认为本案的典型意义在于：近年来，涉及解除同居关系以及分割财产的案件越趋复杂，在很多情况下，同居关系与婚姻关系非常接近，除了两张纸（结婚证），几乎没有区别。然而，在起诉同居析产的情况下，同居关系的处理与婚姻关系有着不小的区别。经过结婚登记的夫妻在婚姻关系存续期间，一方或双方所得的财产，除《婚姻法》第 18 条列举的财产以外，均为夫妻共有财产，夫妻对共有财产享有平等处分权。同居关系析产则是以财产取得方式确定产权，共同财产未经共有人同意不得处分。由于行为模式不同,后果模式也不相同。同居关系和家庭关系都是整个社会的小细胞,处理好同居关系对和谐社会建设有着十分重要的意义。①

非婚同居当事人双方所生子女是非婚生子女。非婚生子女是指没有婚姻关系的男女所生的子女。非婚生子女俗称"私生子",现代社会均已称之为"非婚生子女"。②为了更好地保护非婚生子女的利益,《民法典》已经建立了相对完整的亲子制度,我们可以通过亲子关系的推定等方式,更准确更有效地确认非婚同居者与其子女间的关系。《民法典》第1071条规定:"非婚生子女享有与婚生子女同等的权利,任何组织或者个人不得加以危害和歧视。""不直接抚养非婚生子女的生父或者生母,应当负担未成年子女或者不能独立生活的成年子女的抚养费。"正因为非婚生子女与婚生子女享有同等的权利,《民法典》第1067条第1款规定:"父母不履行抚养义务的,未成年子女或者不能独立生活的成年子女,有要求父母给付抚养费的权利。"第1068条规定:"父母有教育、保护未成年子女的权利和义务。未成年子女造成他人损害的,父母应当依法承担民事责任。"对于非婚生子女抚养纠纷的问题,人民法院审理此类案件时,应当按上述规定处理。《民法典》第1073条规定:"对亲子关系有异议且有正当理由的,父或者母可以向人民法院提起诉讼,请求确认或者否认亲子关系。""对亲子关系有异议且有正当理由的,成年子女可以向人民法院提起诉讼,请求确认亲子关系。"《婚姻家庭编解释一》第39条规定:"父或者母向人民法院起诉请求否认亲子关系,并已提供必要证据予以证明,另一方没有相反证据又拒绝做亲子鉴定的,人民法院可以认定否认亲子关系一方的主张成立。""父或者母以及成年子女起诉请求确认亲子关系,并提供必要证据予以证明,另一方没有相反证据又拒绝做亲子鉴定的,人民法院可以认定确认亲子关系一方的主张成立。"这是对否认亲子关系、强制认领亲子关系的制度性安排。对于非婚生子女与非婚同居者的亲子关系纠纷问题,人民法院在审理男性非婚同居者否认非婚生子女的亲子关系并拒绝支付

---

① 《最高人民法院通报30起婚姻家庭纠纷典型案例》,载 https://www.chinacourt.org/article/detail/2015/12/id/1763574.shtml。

② 杨大文主编:《亲属法》,法律出版社2012年版,第223页。

抚养费案件时，应当按上述规定处理，以确定男性非婚同居者与非婚生子女是否存在亲子关系，确定男性非婚同居者是该非婚生子女的生父后即可强制认领，该生父就要承担起对非婚生子女的抚养义务。根据《民法典》第1070条的规定，非婚生子女可以继承生父的遗产，当生父死亡时，生母可以作为未成年非婚生子女的法定监护人、法定代理人提起继承诉讼，请求人民法院为非婚生子女按法定继承保留相应的继承份额。总之，非婚同居者与在同居期间孕育的子女之间形成了父母子女关系，我国法律认为，非婚生子女应当享有与婚生子女同等的人身权利和财产权利。因此，人民法院在审理涉及有未成年子女的非婚同居关系的案件时应当给予特别关注，当事人解除同居关系涉及子女问题时，应当妥善解决子女的抚养问题。

3. 非婚同居男女双方当事人之间互相没有法定继承权。法定继承又称为无遗嘱继承，即在被继承人无遗嘱的情况下，按照法律规定的继承人范围、继承人顺序、遗产分配原则等进行的遗产继承方式。[①]《民法典》规定，自然人依法享有继承权。继承权必须具备相应的法律身份，就法定继承而言，如果没有相应的人身关系，如配偶、子女、父母、兄弟姐妹、祖父母、外祖父母等身份，就不能按法定继承的规则来继承被继承人的遗产。《民法典》第1061条规定："夫妻有相互继承遗产的权利。"由于我国法律规范对非婚同居关系不予保护，因此，非婚同居当事人之间没有合法的身份关系，不具有可以相互继承的夫妻关系，因而互不享有继承权。当非婚同居关系的一方当事人死亡后，非婚同居当事人另一方不发生法定继承的效力。法定继承是基于婚姻关系、血缘关系而形成的继承法律行为，两个没有婚姻关系、血缘关系的人不存在法定的相互继承关系。《婚姻家庭编解释一》第8条规定："未依据民法典第一千零四十九条规定办理结婚登记而以夫妻名义共同生活的男女，一方死亡，另一方以配偶身份主张享有继承权的，依据本解释第七条的原则处理。"第7条规定："未依据民法典第一千零四十九条规定办理结婚登记而以夫妻名义共同生活的男女，提起诉讼要求离婚的，应当区别对待：（一）1994年2月1日民政部《婚姻登记管理条例》公布实施以前，男女双方已经符合结

---

① 最高人民法院民法典贯彻实施工作领导小组主编：《中华人民共和国民法典婚姻家庭编继承编理解与适用》，人民法院出版社2020年版，第504页。

婚实质要件的，按事实婚姻处理。（二）1994 年 2 月 1 日民政部《婚姻登记管理条例》公布实施以后，男女双方符合结婚实质要件的，人民法院应当告知其补办结婚登记。未补办结婚登记的，依据本解释第三条规定处理。"第 3 条规定："当事人提起诉讼仅请求解除同居关系的，人民法院不予受理；已经受理的，裁定驳回起诉。""当事人因同居期间财产分割或者子女抚养纠纷提起诉讼的，人民法院应当受理。"根据第 7 条的规定，形成夫妻关系的，可以按继承处理，没有形成夫妻关系的则不能按继承处理，只能对同居期间的财产进行析产分割。如果非婚同居的一方当事人有遗嘱让非婚同居的另一方当事人"继承"，则因为另一方不是法定继承人，实质上也就不属于遗嘱继承，而是遗嘱赠与，这种遗嘱赠与当然不受相互是否有夫妻关系的限制。法律是有温度的，当非婚同居期间一方死亡，另一方要求"继承"遗产的，如果符合《民法典》第 1131 条"对继承人以外的依靠被继承人扶养的人，或者继承人以外的对被继承人扶养较多的人，可以分给适当的遗产"的规定，可以根据相互扶助的具体情况处理，适当分得遗产。《最高人民法院关于适用〈中华人民共和国民法典〉继承编的解释（一）》第 20 条规定："依照民法典第一千一百三十一条规定可以分给适当遗产的人，分给他们遗产时，按具体情况可以多于或者少于继承人。"第 21 条规定："依照民法典第一千一百三十一条规定可以分给适当遗产的人，在其依法取得被继承人遗产的权利受到侵犯时，本人有权以独立的诉讼主体资格向人民法院提起诉讼。"第 41 条规定："遗产因无人继承又无人受遗赠归国家或者集体所有制组织所有时，按照民法典第一千一百三十一条规定可以分给适当遗产的人提出取得遗产的诉讼请求，人民法院应当视情况适当分给遗产。"所有这些都只是分得，而不是继承。

关于非婚同居当事人之间是否具有扶养请求权的问题。如果严格依照《民法典》第 1059 条的规定，只有夫妻之间因双方的身份关系而享有相互扶养的请求权，非婚同居不产生夫妻身份，不享有法定的扶养请求权。鉴于我国当前非婚同居而产生的非婚姻家庭已经逐渐成为社会问题，这种现象也越来越多，人们有权利来选择自己的家庭生活方式，可以在一定条件下承认非婚同居当事人之间有此种请求权，前提是法律或者司法解释要有所规定。

4.非婚同居可能涉嫌强奸犯罪。当非婚同居的女方在同居期间拒绝与男方发生性关系时，如果男方以暴力、胁迫或者其他手段强行与女方发生性关系，可能涉嫌强奸犯罪，这种行为与刑法理论界争论的所谓"婚内强奸"是不同性质的行为。当然，此时认定男方构成强奸罪的前提是有充分的证据证明男方违背了女方的意志。此外，男方与无性防卫能力的精神病妇女非婚同居，可能涉嫌强奸犯罪。

如果男方与不满 14 周岁的幼女非婚同居，发生性关系，属于奸淫幼女的行为，可能涉嫌强奸罪。公安机关在接到报案后应当立案侦查，查证属实后，应当移送检察机关审查起诉，检察机关应当向人民法院提起公诉或者作出相对不起诉决定。根据《刑法》的规定，奸淫幼女构成强奸罪不应当以男方明知女方未满 14 周岁为前提条件，只要行为人与未满 14 周岁的幼女发生性关系，而行为人具有刑事责任能力，就构成犯罪。奸淫幼女构成强奸罪是一种严格的刑事责任。办理性侵害未成年人犯罪案件，应当严格依据《最高人民法院、最高人民检察院、公安部、司法部关于依法惩治性侵害未成年人犯罪的意见》，充分考虑未成年被害人身心发育尚未成熟、易受伤害等特点，贯彻特殊、优先保护原则，切实保障未成年人的合法权益。对于未成年人实施性侵害未成年人犯罪的，应当坚持双向保护原则，在依法保护未成年被害人的合法权益的同时，依法保护未成年犯罪嫌疑人、未成年被告人的合法权益。

第二节　有配偶者与他人同居

一、有配偶者与他人同居的概念

对于有配偶者与他人同居的概念，有婚姻家庭法学者认为，这种表述不严谨、不符合语法规范，因为我国婚姻家庭法律规范并未对同居作出界定，如果同居指"同在一处居住"，那么有配偶者与他人同居表现是多方面的，如有配偶者与子女、长辈等家庭成员的同居，尽管司法解释将同性之间的同居排除在外，但是它不能将有配偶者与异性家庭成员之间的同居排除在外，因为有配偶者与异性家庭成员之间就是不以夫妻名义，持续、稳定地共同居住。如果同居仅指夫妻共同生活，那么有配偶者与他人同居与重婚有何实质不同？若区分在于是否以夫妻名义，那么不以夫妻名义是否可以称之为夫妻共同生活？如果同居仅指夫妻共同生活，那么同居即合法行为，不存在违法行为？因此，应当使用违法同居和违法同居关系的概念。因为从法律保护角度来说，生活中的同居有三种情形：一是法律保护的同居，如夫妻同居；二是法律既不保护也不禁止的同居，如未婚同居；三是法律禁止的同居，如有配偶者与婚外异性，不以夫妻名义，持续、稳定地共同居住。《同居案件的意见》中曾经使用非法同居这一概念，但是，"非法"一词在公法与私法的意义上是不同的，公法上非法即违法，而私法上非法不一定违法。因此，建议有配偶者与他人同居表述为"有配偶者与他人违法同居"。[①] 我们认为，这一学者的观点有一定的道理，用"有配偶者与他人违法同居"似乎更为准确。也正是因为上述原因，我国婚姻家庭法学界对于有配偶者与他人同居给出的概念五花八门。有学者指出，有配偶者与他人同居是指男女一方或者双方有配偶，而又与婚外异性不以夫妻名义，持续、稳定地共同居住。这种行为又称为姘居。[②] 这一定义对主体的表述有语义重复的问题，并将此行为与姘居这一非法律概念混为一谈。还有学者认为，有配偶者与他人同居最典型的是"包二奶"，所谓"包二奶"是指以金钱等物质利益或者其他利益供养婚外异性的行为，或者是指有配偶的男人以金钱等物质利益，如提供汽车、住房、高收入等供养婚外异性并与其保持长期的异性性关系的行为。[③] 将此行为等同于"包二奶"。目前，我国法律并没有对有配偶者与他人同居的概念予以定义，仅有最高人民法院的相关司法解释对此作了界定，《婚姻家庭编解释一》第2条承续了《婚姻法解释一》的精神规定："民法典第一千零四十二条、第一千零七十九条、第一千零九十一条规定的'与他人同居'的情形，是指有配偶者与婚外异性，不以夫妻名义，持续、稳定地共同居住。"据此，我们认为，有配偶者与他人同居的概念，是指有配偶者与婚外异性，不以夫妻名义，持续、稳定地共同居住的行为。这样一来，有配偶者与他人同居的概念就界定清楚了，不包括重婚行为、姘居行为、通奸行为、卖淫嫖娼行为和陌生人或

---

① 韩志才：《对"禁止有配偶者与他人同居"的认识》，载《池州师专学报》2011年第4期。
② 陈坚：《婚姻法原理精释与适用》，南方出版社2012年版，第16~17页。
③ 吴高盛主编：《中华人民共和国婚姻法释义》，中国民主法制出版社2001年版，第12~13页。贺小电、周利民：《婚姻继承适用新论》，中国政法大学出版社2001年版，第69页。

者网友之间偶尔的"一夜情"行为。关键是有配偶者与他人同居时既不办理婚姻登记手续，也不以夫妻名义共同居住。

二、有配偶者与他人同居的特征

在早期基督教教义看来，妻子是她丈夫的私人财产，男子与他人的妻子发生性关系，是要受罚的，因为他犯了侵犯那位妻子的丈夫财产的罪。因此，就基督教的观念而言，一切婚姻以外的性交都是不道德的，甚至是犯罪行为。

自文明历史以来，古今中外对有配偶者与他人同居都认为是违法行为，至少是不道德的行为。有配偶者与他人同居破坏了家庭关系中最基本的亲属关系——夫妻关系，使得原有的家庭关系遭受损害，配偶的合法权益受到侵害，有的甚至造成家庭破裂，夫妻离异，严重影响了家庭和睦，有悖于社会主义核心价值观，影响社会安定。如果允许这种现象存在，那么婚姻也就没有存在的必要了。

结合有配偶者与他人同居的概念，我们认为，有配偶者与他人同居的基本特征包括以下几个方面：

1. 有配偶者与他人同居的主体必须是具有民事行为能力的有配偶者，这里的有配偶者是对具有合法婚姻关系的当事人在婚姻关系存续期间的称谓，简单地说就是已婚者。所谓婚姻关系存续期间，我们应当理解为法律认可的婚姻关系成立到婚姻关系依法解除或者自然终止的期间。因此，未结婚者、离异未再婚者、丧偶未再婚者均不能成为有配偶者与他人同居的主体。如果同居的双方都是未婚者，则是非婚同居。对有配偶者包括合法的登记婚姻关系当事人，理论界与实务界是没有异议的，但是，是否包括了我国法律上承认的具有婚姻效力的事实婚姻关系中的当事人还是有些争议，有的人认为我国法律已经不承认事实婚姻了，因此，有配偶者不应当包括事实婚姻关系当事人。但是，我们认为，根据《婚姻家庭编解释一》第 7 条第 1 项的规定，未办理结婚登记而以夫妻名义共同生活的男女，应当区别对待，"1994 年 2 月 1 日民政部《婚姻登记管理条例》公布实施以前，男女双方已经符合结婚实质要件的，按事实婚姻处理"。说明我国是有条件地承认事实婚姻的，即承认 1994 年 2 月 1 日前形成的事实婚姻的法律效力，视为有效婚姻。因此，对于

1994 年 2 月 1 日前形成的事实婚姻的当事人，应当视为有配偶者，如果这些事实婚姻的当事人有与他人同居，也应当认定为有配偶者与他人同居。

2. 有配偶者与他人同居的主观方面是出于故意，有配偶者对于自己是有配偶的事实是无误地了解的，有配偶者明知自己是有配偶的人仍然与他人同居，这种明知就体现了行为人的主观过错，是一种故意行为，至于同居对象是否知道行为人有无配偶在所不论。

3. 有配偶者与他人同居的行为人必须要有与婚外异性，不以夫妻名义，持续、稳定地共同居住的行为。对于有配偶者与他人同居的界定非常重要，是划清与重婚、姘居、通奸、非婚同居等行为界限的必然要求。如何准确地认定有配偶者与他人同居，我们认为应当从几个方面的因素着重考量：

首先，有配偶者与他人同居中的他人，应当是指有配偶者的婚外异性。这种婚外异性既包括已婚者，即双方都是有配偶者，也包括未婚者即一方是有配偶者而另一方是未婚者；既包括男性，也包括女性。显然不包括有配偶者的家庭异性成员，也不包括同性，更不包括配偶。

其次，与他人同居必须是不以夫妻名义。如果双方对外是以夫妻名义，或者社会上、周边的人都认为有配偶者与他人同居双方是夫妻关系，则不是有配偶者与他人同居，可能构成重婚行为。

最后，与他人同居必须是持续、稳定地共同居住。如果仅仅只是偶尔发生性关系而没有持续、稳定地共同居住，则是通奸行为。如何判断持续、稳定地共同居住？我们认为，第一，在认定构成同居关系时，应当从有配偶者与他人共同生活的时间长短、双方关系的稳定程度等方面进行把握。所谓双方关系，应当既包括双方的同居关系，又包括双方在同居前不正当的两性关系。一般而言，双方在同居前会发生不正当两性关系，不会突然发展为同居关系，这种不正当的两性关系是发展到双方同居的情感基础。这种不正当的两性关系的稳定程度如何，可以用来分析判断双方后来的同居是否有持续、稳定地共同居住的主观要素。同居前不正当的两性关系持续的时间越长、越稳定，越能表明双方的同居是他们在主观上有这种追求。如果某人与婚外某异性在固定的场所共同生活了一个多月，还有证据表明双方在同居的两年前就建立了不正当的关系。这就表明双方的同居是在同居前已有较稳定的不正当关系的基础，他们是积极追求持续、稳定地共同居住，基于这一事实，即便他们实际同居的时间并不特别长，也理应认定他们已经构成持续、稳定地共同居住。第二，判断有配偶者与他人同居是否达到与婚外异性持续、稳定地共同居住的程度，还存在一个如何选择比较对象的问题。如果与合法婚姻关系中的持续、稳定的夫妻生活相比，这种同居持续了一年都不能算长；反之，与那些偶然的、无固定场所的男女双方的通奸关系相比，这种同居即便不到一个月也不为短。第三，不能仅以时间的长短来判断是否构成持续、稳定地共同居住，如果仅以时间长短来判断是没有法律依据的，不利于具体案件的审理，不完全符合实际。可见同居的持续性、稳定性这种规定在实践中存在一定的模糊性。有婚姻家庭法学者认为，这种模糊性体现在：一是时间的不确定性。多长时间才算持续、稳定？是以十天半个月来计算，还是以年计算；在一起又分开又在一起，断断续续的算不算同居？二是对象上的不确定性。是对固定对象的持续还是不固定对象同居行为的持续？与同一对象长期在一起，当然具有持续性，但是，如果有配偶者走马灯式地更换同居对象具不具有持续性、稳定性？三是空间上的不确定性。固定在一个地方持续、稳定地共同居住是持续、稳定地共同居住，如果与他人没有固定的居所，是否具有持续性、稳定性？[①] 这些问题需要我们在司法实践中就具体个案进行研判。曾经有人建议就同居问题规定出一个明确的期限，双方持续、稳定地共同居住达到规定期限，即可认定持续、稳定地共同居住，目前尚无相关规定就此作出时间上的界定。

有配偶者与他人同居可能产生一系列的法律后果，这就要求有相应的证据证明。而配偶要指控有配偶者与他人同居的事实，也存在取证难的问题。依据司法解释，双方共同居住的行为必须具有持续性、稳定性。有婚姻家庭法学者指出，审判实践中，共同居住的行为本身就难以举证，何况要证明这种行为的持续、稳定性，证明难度可想而知。[②] 然而，即便如此，司法实务中，仍然需要坚持"谁主张、谁举证"的诉讼证据原则，这是民事诉讼的基本原则。

4. 有配偶者与他人同居侵害了我国婚姻家庭法律规范中有关一夫一妻制

---

① 徐秋平：《我国离婚损害赔偿制度研究》，载《魅力中国》2009 年第 4 期。
② 张华贵：《典型婚姻家庭案件诉讼证据运用》，中国检察出版社 2004 年版，第 256 页。

度。婚姻之外的两性关系都是与婚姻的本质相冲突的，更不必说有配偶者与他人同居。

《民法典》第 1041 条规定，婚姻家庭受国家保护，实行一夫一妻的婚姻制度。一夫一妻的婚姻制度是我国婚姻家庭法律规范中最基本的制度，这种制度体现了一个男子只能拥有一个妻子，一个女子只能拥有一个丈夫，一个人不得同时拥有两个以上的配偶或者同居者。《民法典》第 1042 条第 2 款还规定，禁止有配偶者与他人同居。因此，有配偶者与他人同居违反了我国婚姻家庭法律规范的禁止性规定，是婚姻家庭中的违法行为。一夫一妻制要求任何人无论他的性别、财富和社会地位如何，都不能同时拥有两个或者两个以上的配偶。有配偶者在配偶死亡前、离婚前，不得与他人结婚、同居。在中国，一夫一妻的制度对任何适婚人士都具有平等的约束力，不允许有例外，否则就要受到法律的制裁。

《民法典》第 1043 条第 2 款规定，夫妻应当互相忠实。这是我国婚姻家庭法律规范对夫妻忠实义务的规定，这种义务既包括夫妻之间性生活的专一性，也包括夫妻之间的情感交流与彼此的尊重。因此，夫妻互相履行忠实义务是法律赋予夫妻之间有要求配偶对自己忠实的权利，要求配偶不做有违忠实义务的行为，夫妻忠实义务的基本内涵是指夫妻双方互守贞操、夫妻生活的专一义务。婚姻家庭法理论一般认为，要求夫妻互相履行忠实义务具有一般人格权性质，在夫妻一方违反忠实义务，有婚外性行为的时候，侵害的是夫妻对方人格尊严。夫妻忠实义务的产生是基于夫妻之间的配偶权，配偶权是人身权利的集合，包含有种种权利，其中最为重要的一种就是要求夫妻互相履行忠实义务。要求夫妻互相履行忠实义务也是一种人格权，人格权的客体是人格利益，通常包括人格的平等、独立、自由和尊严四个方面。人在社会交往过程中，都有获得来自他人尊重的需求或者欲望，当夫妻一方发生婚外情等违反忠实义务的行为时，受害方的人格尊严往往受到比较大的侵害。但是，如果单纯将要求夫妻互相履行忠实义务的法律性质认定为身份权，也不能准确地界定忠实义务的法益。只有确认要求夫妻互相履行忠实义务兼具身份权和人格权的双重属性，才能科学认定忠实义务的法律性质。因此，要求夫妻互相履行忠实义务是人格尊严权、配偶权的核心内容，它指的是专一的夫妻生活义务，实质上就是夫妻双方进行性生活的对象只能是自己的配偶，双方的性权利应当受到婚姻家庭法律规范的限制，与配偶之外的他人有任何形式的性行为都不允许，更不要说有配偶者与他人同居。配偶权，在英美普通法上的术语——配偶权利（consortium），指夫妻有相伴、相爱、相助、性交等权利。我们认为，所谓配偶权，是指夫妻间在配偶身份状态下一种互相具有的身份权，同时也是要求配偶不得与婚外异性有性行为的义务。我国法律规定身份权的权利主体和义务主体都是平等的，权利人在享受权利的同时也要承担相应的义务。违背夫妻之间的忠诚义务的行为多种多样，其中有配偶者与他人同居是一种表现形式，这种行为严重伤害了夫妻感情，损害了配偶的人格尊严权。因此，在现有的婚姻家庭制度下，如果出现因为配偶的一方违背了夫妻忠实义务，与婚外异性同居，也就侵害了另一方的配偶权，那就必然给另一方造成了精神损害，后果是非常严重的，就需要承担相应的法律责任。

三、认定有配偶者与他人同居应当注意的问题

1.应当注意有配偶者与他人同居和重婚的区别。有配偶者与他人登记结婚的，是法律上的重婚；有配偶者没有进行婚姻登记但是确实与他人以夫妻名义，持续、稳定地共同居住，是事实上的重婚。在现在互联网时代，法律上的重婚并不多见，这是因为在办理结婚登记手续时，必须受到婚姻登记部门的审查，如果没有虚构未婚事实、隐瞒已婚事实一般难以形成法律上的重婚，较多的是事实上的重婚。在目前情况下，人民法院在审理案件时，要特别注意事实上的重婚与有配偶者与他人同居之间的区别，二者判断的标准就是双方是否以夫妻名义，持续、稳定地共同居住，如果有配偶者与他人以夫妻名义，持续、稳定地共同居住，就是重婚，否则就是有配偶者与他人同居。有配偶者与他人同居与重婚的相同点在于行为主体至少有一方已经缔结了一个婚姻关系，包括法律上的婚姻和事实上的婚姻。二者存在本质性区别，有婚姻家庭法学者认为这种区别在于行为性质或者属性不同，有配偶者与婚外异性是否以夫妻名义或者夫妻关系同居，以夫妻名义或者夫妻关系同居的就属于重婚，不以夫妻名义或者夫妻关系的同居，则属于有配偶者与他人同居，

如包二奶、养情妇等。[①] 此外，我们认为，在法律责任上，二者存在着重要区别，有配偶者与他人同居具有民事违法的属性，适用婚姻家庭法律规范调整，承担相应的民事责任；重婚则具有刑事犯罪和民事违法的双重属性，对刑事犯罪，应当适用刑事法律规范，承担相应的刑事责任，同时还要承担相应的民事责任。

2. 注意区别有配偶者与他人同居和姘居、通奸的区别。有配偶者与他人同居是指有配偶者与婚外异性，不以夫妻名义，持续、稳定地共同居住。对于姘居的概念，有婚姻家庭法学者认为，姘居是指已婚男女双方或者一方为非法的，缺乏长久共同生活目的的或长或短的临时性公开同居。[②] 婚姻家庭法实务界人士则认为，姘居是指双方或者一方有配偶的男女非法的、缺乏长久共同生活目的的临时性公开同居的行为。[③] 对于通奸的概念，婚姻家庭法实务界人士认为，所谓通奸，是指一方或者双方有配偶的男女秘密地、自愿地发生两性关系的行为。[④] 我们认为，姘居、通奸虽然也是破坏一夫一妻的行为，但是，姘居、通奸不是一个法律概念，姘居介于有配偶者与他人同居和通奸之间。三者不同之处就于是否持续、稳定地共同居住。有配偶者与他人同居是持续、稳定地共同居住；姘居则是缺乏长久共同生活目的的或长或短的临时性共同居住；通奸则没有共同居住，只是偶尔秘密发生性关系。三者在行为主体上、不以夫妻名义上是相同的，违反的都是婚姻家庭法律规范，有配偶者与他人同居是民事违法行为，应当承担相应的民事责任。同时，三者也是可以转化的，如果长期通奸，形成公开共同居住，则构成姘居；如果长期姘居，则构成有配偶者与他人同居；如果有配偶者与他人长期同居，并对外以夫妻名义，持续、稳定地共同居住，则构成重婚。有配偶者与他人同居是民事违法行为，为法律所禁止，应当承担民事责任。姘居、通奸则属于道德问题，不承担民事责任，只能道德谴责、批评教育、纪律处分，最多只是有配偶者在离婚案件中属于有过错的一方，在离婚损害赔偿上承担赔偿责任。

---

① 付海龙：《"非法同居"的理论澄清》，载《十堰职业技术学院学报》2003年第1期。
② 杨遂全：《第三人侵害婚姻家庭的认定与处理》，法律出版社2001年版，第70页。
③ 马原主编：《新婚姻法条文释义》，人民法院出版社2002年版，第22页。
④ 陈坚：《婚姻法原理精释与适用》，南方出版社2012年版，第17页。

四、对有配偶者与他人同居的处理

有配偶者与他人同居是违反婚姻家庭法律规范的行为，会产生一系列的法律后果，应当承担相应的民事责任。

1. 关于有配偶者与他人同居当事人的人身关系问题。在《民法典》颁布之前，《婚姻法解释二》第 1 条规定："当事人起诉请求解除同居关系的，人民法院不予受理。但当事人请求解除的同居关系，属于婚姻法第三条、第三十二条、第四十六条规定的'有配偶者与他人同居'的，人民法院应当受理并依法予以解除。"但是，《民法典》颁布后，《婚姻家庭编解释一》第 3 条第 1 款规定："当事人提起诉讼仅请求解除同居关系的，人民法院不予受理；已经受理的，裁定驳回起诉。"没有再提及有配偶者与他人同居的当事人仅请求解除同居关系人民法院应当受理的规定。两相对比，我们是不是可以得出一个结论，那就是《婚姻家庭编解释一》中至少没有再规定，当事人请求解除的同居关系，属于有配偶者与他人同居的，人民法院应当受理并依法予以解除。在逻辑上也就意味着《婚姻家庭编解释一》第 3 条第 1 款所规定的同居关系包含了非婚同居和有配偶者与他人同居两种情形。也就是说，有配偶者与他人同居的，如果当事人提起诉讼仅请求解除同居关系的，人民法院也不予受理；已经受理的，裁定驳回起诉。当然，如果有新的司法解释出台规定，"有配偶者与他人同居的，人民法院应当受理并依法予以解除"，那就按规定办。如果没有，则应当不予受理，已经受理的应当裁定驳回起诉。

2. 关于有配偶者与他人同居在同居期间发生赠与纠纷的问题。近年来，一些法院受理了不少有配偶者与他人同居，有配偶者赠与同居对象财产而与配偶发生纠纷的案件。对此，我们认为，如果赠与的财产是夫妻共同财产，赠与无效，赠与者或者配偶可以申请撤销赠与。第一，《民法典》第 153 条规定："违反法律、行政法规的强制性规定的民事法律行为无效。但是，该强制性规定不导致该民事法律行为无效的除外。""违背公序良俗的民事法律行为无效。"有配偶者与他人同居既是违反法律规定的民事行为，又是违背公序良俗的民事行为，由此而产生的有配偶者赠与同居对象财产的行为应当无效。第二，有配偶者与他人同居时发生的赠与行为实质上是同居行为的附随行为，主行为违法，附随行为当然也就违法，违法的赠与行为也就无效。第三，夫妻关系存续期间所获得的财产为夫妻共同财产，虽然夫妻双方均对夫妻共同财产有平等的处理权，但是，由于夫妻共同财产是共同共有，不是按份共有，按照共同共有的一般原理，婚姻关系存续期间夫妻共同财产是一个不可分的整体，对共同财产的处分必须经夫妻双方共同同意，对财产的处分才能够发生法律效力。因此，夫妻一方擅自将夫妻共有财产赠与婚外异性同居者，显然侵害了夫妻另一方的财产权利，这种赠与无效，而且是全部无效。根据《民法典》第 155 条的规定，无效的法律行为自始没有法律约束力。《民法典》第 157 条规定，民事法律行为无效后，行为人因该行为取得的财产，如果财产受到侵害者提起诉讼要求返还财产，受赠者应当予以返还；不能返还或者没有必要返还的，应当折价补偿。例如湖南省嘉禾县人民法院审理的周某平赠与婚外异性同居者王某财产无效案。原告周某秀与被告周某平系夫妻，双方于 1993 年登记结婚。2018 年 4 月，周某平与被告王某相识后建立情人同居关系，周某平包养被告王某，周某平有空即到王某居住的娘家与王某同居生活。二人同居关系期间，周某平通过向王某的多个微信账号转账、支付宝转账、支付购房首付款等方式赠与王某 28.3 万余元的财物。期间，王某也先后多次通过微信向周某平转账 2300 余元。2019 年 10 月，二被告的有配偶者与他人同居关系被周某秀发现，2020 年 4 月，二被告分手。周某秀认为丈夫擅自处分夫妻共同财产的行为侵犯自己的合法权益，故起诉至嘉禾法院，申请王某返还丈夫向王某赠与的财产 36 万余元。法院审理认为，被告周某平与被告王某双方均明知对方有配偶，但是，双方仍然同居，属于有配偶者与他人同居的行为，周某平包养王某，双方的行为违背了公序良俗，损害了社会公德。且婚姻法律规范赋予了夫妻任何一方对非因日常生活需要的重要共同财产处理的知情权和共同处分权，因此，被告周某平单方的赠与行为侵犯了妻子周某秀的合法权益，属无效民事行为，作为妻子周某秀有权请求王某返还周某平赠与的财物。最终，嘉禾法院在充分考虑原被告三方利益平衡的基础上依法作出判决：确认被告周某平赠与被告王某财产的行为无效，由被告王某在本判决生效后十五日内返还原告周某秀 223189 元。[①] 这是一件典型的有配偶者赠与同居对象而被法院判决赠与无效的案例。哪些财产是夫妻共同财产?《民法典》第 1062 条第 1 款规定:"夫妻在婚姻关系存续期间所得的下列财产,为夫妻的共同财产,归夫妻共同所有:(一)工资、奖金、劳务报酬;(二)生产、经营、投资的收益;(三)知识产权的收益;(四)继承或者受赠的财产,但是本法第一千零六十三条第三项规定的除外;(五)其他应当归共同所有的财产。"这是确定财产属性为夫妻共同财产的法律依据。

有配偶者赠与同居对象的财产如果是夫妻共同财产当然无效。但是,如果有配偶者赠与同居对象的财产是有配偶者一方的个人财产时,赠与是否有效?我们认为,由于当事人处置的不是夫妻共同财产,这一赠与行为法律上没有禁止性规定,虽然因为这种同居行为违法而导致赠与无效,但是,如果赠与人没有提出诉讼请求要求返还,配偶提出请求返还并没有法律上的依据,应当不予支持。而且作为有配偶者的赠与人是否可以要求返还也值得研究。哪些是夫妻一方的个人财产?《民法典》第 1063 条规定:"下列财产为夫妻一方的个人财产:(一)一方的婚前财产;(二)一方因受到人身损害获得的赔偿或者补偿;(三)遗嘱或者赠与合同中确定只归一方的财产;(四)一方专用的生活用品;(五)其他应当归一方的财产。"这是确定财产属性为夫妻一方个人财产的法律依据。

3. 有配偶者与他人同居可以作为离婚案件中准予离婚的情形。我国婚姻家庭法律规范历来将感情确已破裂作为判断是否准许离婚的基本标准。夫妻感情是否和谐是婚姻关系的基础,当夫妻感情确已破裂,离婚就可能是最好的选择了,离婚争议的产生,最根本的就是感情发生了变化并导致感情确已破裂。如果感情确已破裂,婚姻也就名存实亡了,如果一方提出离婚,依法应当予以解除。人民法院在审理离婚案件时,准予或者不准予离婚应当以夫妻感情是否确已破裂作为标准,而判断夫妻感情是否确已破裂,应当从婚姻基础、婚后感情、离婚原因、夫妻关系现状以及有无和好的可能等方面综合

---

① 雷丰利:《丈夫赠与小三巨额财产 妻子诉至法院要求返还》,载湖南省高级人民法院网,http://hunanfy.chinacourt.gov.cn/article/detail/2020/11/id/5610661.shtml,最后访问时间:2020年11月18日。

分析。《最高人民法院关于人民法院审理离婚案件如何认定夫妻感情确已破裂的若干具体意见》（以下简称《夫妻感情的意见》）提出了 14 个标准，其中第 8 项指出，"一方与他人通奸、非法同居，经教育仍无悔改表现，无过错一方起诉离婚，或者过错方起诉离婚，对方不同意离婚，经批评教育、处分，或在人民法院判决不准离婚后，过错方又起诉离婚，确无和好可能的"作为夫妻感情确已破裂的标准之一。而《婚姻法》在第 32 条第 3 款第 1 项将有配偶者与他人同居作为调解无效的，应当准予离婚的情形之一。也就是说，除了感情确已破裂外，离婚诉讼的原告还可以以被告有"有配偶者与他人同居"所情形为由提起离婚诉讼，这是准予离婚的一个客观情形。《民法典》第 1079 条第 3 款第 1 项仍然将有配偶者与他人同居作为调解无效的，应当准予离婚的情形之一。这是是否准予离婚的客观标准，而不再是判断感情确已破裂的标准，只要存在有配偶者与他人同居的情形，经调解无效的就应当准予离婚。有配偶者与他人同居从性质上来说，是属于违背夫妻忠诚义务的行为，破坏我国婚姻家庭法律规范中的一夫一妻制度，严重伤害夫妻感情，因此，只要配偶提出离婚，在调解无效的情况下，法院应当判决离婚。人民法院在审理以有配偶者与他人同居作为离婚理由的案件时，应当对是否存在有配偶者与他人同居的情形予以查明，如果经审理查明确实存在有配偶者与他人同居的情形，应当在判决书中予以确认并作为判决离婚的事实依据。

《婚姻家庭编解释一》第 63 条规定："人民法院审理离婚案件，符合民法典第一千零七十九条第三款规定'应当准予离婚'情形的，不应当因当事人有过错而判决不准离婚。"这一规定表明，在有配偶者与他人同居的情形下，有过错的当事人即有配偶者提出离婚，如果调解无效，应当判决离婚。由此是否会使有过错者逃避对家庭所应当承担的责任？我们认为，《民法典》已经在相应的条款中对离婚案件中有过错的一方规定了相应的惩罚性措施，规定了离婚过错赔偿制度。我们不应当将实体正义和法律公平对立起来。如果有过错一方提出离婚而无过错一方不同意离婚的，人民法院在审理时应当进行调解，调解无效的，应当判决离婚，对无过错一方可以通过离婚过错赔偿制度来保护无过错一方的利益。

4. 有配偶者与他人同居可以作为离婚案件中无过错方请求损害赔偿的法定理由之一。有配偶者负有与配偶共同生活的义务，这是法律的规定，即使因某种正当理由免除同居，有配偶者在婚姻关系被依法解除之前，不得另外再与他人有两性关系更不必说同居。因此，有配偶者与他人同居是对婚姻关系忠诚义务的违反，依照婚姻家庭法律规范的规定，有配偶者与他人同居构成违法，应当承担相应的损害赔偿责任。《民法典》第 1091 条第 2 项规定，有配偶者与他人同居导致离婚而提起离婚诉讼的，无过错方有权请求损害赔偿。这就是所谓的离婚损害赔偿制度。离婚损害赔偿，是指因夫妻一方的重大过错致使婚姻关系破裂，过错方应当对无过错方的损失予以赔偿的法律制度。[①] 因此，我们认为，有配偶者与他人同居而导致离婚的，有过错方损害了夫妻互相忠诚义务，无过错方有权请求损害赔偿，承担损害赔偿是对因违背夫妻忠实义务遭受损害一方的救济措施。

《婚姻家庭编解释一》第 86 条规定："民法典第一千零九十一条规定的'损害赔偿'，离婚损害赔偿包括物质损害赔偿和精神损害赔偿。物质赔偿应当以全部赔偿为原则，人民法院应当根据过错方的过错程度、造成的损失大小等因素确定赔偿数额。涉及精神损害赔偿的，适用《最高人民法院关于确定民事侵权精神损害赔偿责任若干问题的解释》的有关规定。"此外，过错方应当以自己的个人财产和离婚时经财产分割后所分得的财产支付离婚损害赔偿金。离婚损害赔偿制度，既是世界大陆法系国家的主流制度，也是我国离婚诉讼中三大救济制度之一，是侵权责任在婚姻家庭法律领域的延伸。

有配偶者与他人同居是违背夫妻忠诚义务的行为，实质上侵害了无过错方的人格尊严权。当人格尊严权受到侵害，受害人可以向侵权人提出精神损害赔偿，这种精神损害赔偿体现为一定数量的精神抚慰金。有配偶者与他人同居导致离婚，之所以要设置离婚损害赔偿制度，是因为有配偶者与他人同居的当事人存在过错，这种过错体现在两个方面：一是有配偶者与他人同居的当事人主观上存在过错；二是这种过错是导致离婚的原因。认为有配偶者与他人同居的行为是侵权行为最主要的原因是这种行为侵害了人格尊严权，侵犯了一夫一妻制度，进而侵害了配偶权。从理论上讲，人格尊严权包含了所谓的配偶权。

根据《婚姻家庭编解释一》第 87 条第 1 款规定，有配偶者与他人同居而

---

① 陈苇主编：《婚姻家庭继承法学（第 2 版）》，中国政法大学出版社 2015 年版，第 228 页。

引起离婚损害赔偿的，承担损害赔偿责任的主体是离婚诉讼当事人中无过错方的配偶。也有婚姻家庭法学者认为，应当将"他人"认定为共同侵权人，科以共同侵权民事责任——连带责任。[①] 我们认为，这一观点是正确的，前提是无过错方起诉了"他人"，同时，"他人"还要有过错，即知晓与之同居的人是配偶者。但是，在法律和司法解释没有将"他人"列为赔偿主体之前，还是不宜将"他人"列为赔偿主体，特别是在这个"他人"不知道与之同居的人是有配偶的情形下，就更不应当承担损害赔偿责任。

根据《婚姻家庭编解释一》第87条第2款的规定，人民法院判决不准离婚的案件，对于当事人基于有配偶者与他人同居提出的损害赔偿请求，不予支持。也就是说，人民法院支持离婚损害赔偿诉讼请求的前提是判决夫妻双方离婚，如果判决不准予离婚，则不存在离婚损害赔偿问题。

根据《婚姻家庭编解释一》第87条第3款的规定，在婚姻关系存续期间，当事人不起诉离婚而单独依据有配偶者与他人同居提起损害赔偿请求的，人民法院不予受理。即无过错方不提起离婚诉讼而单独提出损害赔偿的诉讼，人民法院不予受理。

上述两种情形的道理是明显的，那就是没有离婚，夫妻仍然在一起共同生活，所谓损害赔偿没有任何意义，相当于将丈夫的财产给妻子、将妻子的财产给丈夫，而这些财产又是共同财产。同时，这种损害赔偿的性质是离婚损害赔偿而不是其他什么损害赔偿，必须是在判决离婚的情形下才存在离婚损害赔偿的问题。

根据《婚姻家庭编解释一》第88条的规定，人民法院受理以"有配偶者与他人同居"为由的离婚案件时，应当将《民法典》第1091条第2项规定中当事人的有关权利义务（因有配偶者与他人同居导致离婚的，无过错方有权请求离婚损害赔偿），书面告知当事人。在适用《民法典》第1091条第2项时，应当区分以下不同情况：一是符合因有配偶者与他人同居导致离婚的，无过错方有权请求离婚损害赔偿的规定，无过错方作为原告基于该规定向人民法院提起损害赔偿请求的，必须在离婚诉讼的同时提出。二是符合因有配偶者与他人同居导致离婚的，无过错方有权请求离婚损害赔偿的规定，无过

---

① 黄彤：《"他人"之责》，载《浙江师范大学学报（社会科学版）》2004年第6期。

错方作为被告的离婚诉讼案件，如果被告不同意离婚也不基于该规定提起损害赔偿请求的，可以就此单独提起诉讼。三是无过错方作为被告的离婚诉讼案件，一审时被告未基于因有配偶者与他人同居导致离婚的，无过错方有权请求离婚损害赔偿的规定提出损害赔偿请求，二审期间提出的，人民法院应当进行调解；调解不成的，告知当事人另行起诉。双方当事人同意由第二审人民法院一并审理的，第二审人民法院可以一并裁判。

根据《婚姻家庭编解释一》第89条的规定，当事人在婚姻登记机关办理离婚登记手续后，以《民法典》第1091条第2项规定为由向人民法院提出损害赔偿请求的，人民法院应当受理。但是当事人在协议离婚时已经明确表示放弃该项请求的，人民法院不予支持。

此外，《婚姻家庭编解释一》第90条还规定，夫妻双方均有《民法典》第1091条规定的过错情形，一方或者双方向对方提出离婚损害赔偿请求的，人民法院不予支持。也就是说，在审理离婚损害赔偿案件时，人民法院必须注意只有无过错方有权请求损害赔偿，如果夫妻双方都存在有配偶者与他人同居的行为，或者一方存在有配偶者与他人同居的情形，另一方存在重婚、家庭暴力、虐待、遗弃的过错行为，一方或者双方向对方提出离婚损害赔偿请求的，人民法院不予支持。

5. 关于解除有配偶者与他人同居关系而涉及同居期间的财产分割或者子女抚养纠纷的问题。《婚姻家庭编解释一》第3条第2款规定："当事人因同居期间财产分割或者子女抚养纠纷提起诉讼的，人民法院应当受理。"

有配偶者与他人同居，在同居期间可能形成某些财产收益，因此，在解除同居关系时，可能会因财产分割问题产生纠纷。如果当事人因同居期间财产分割纠纷提起诉讼的，人民法院应当受理。处理的原则是参照离婚案件处理，适当照顾无过错一方、照顾弱势一方。

有配偶者与他人同居，在同居期间生育有子女，在解除同居关系时，涉及子女抚养纠纷问题，如果一方当事人提起诉讼，人民法院应当受理。没有婚姻关系的男女双方所生的子女为非婚生子女，虽然我国社会对非婚生子女的法律保护已经有了较为成熟的规定，但是，我们也不能不看到，有配偶者与他人同居的有配偶方往往将非婚生子女看作一种精神上的负担，由于社会上人们普遍存在认为非婚生子女不会给母亲或者父亲的亲属带来什么好处的观念，加上有配偶者与他人同居不受法律保护，无婚姻关系的父母的亲属究竟会对非婚生子女承担什么义务没有法律上的保障，母亲和孩子从父亲的亲属那儿难以合法地得到财物，原因就是子女的父母没有婚姻关系。人类之所以要对非婚姻关系下的男女同居加以控制，按照古德的说法，就是"任何社会对于谁同谁结婚都是有所控制的，也有一些规定用来反对随心所欲的生育态度，换句话说，社会对婚姻所采取的控制主要不是由于担心人们的性行为，而是由于担心人们生孩子。即使有好些成年人不结婚而同居也是如此"①。如果非婚生子女要求父母支付抚养费或者要求继承父母的遗产提起诉讼，在处理此类纠纷案件时，人民法院应当依照《民法典》第1068第、第1070条、第1071条的规定处理，有配偶者与他人同居所生非婚生子女可以要求父母支付抚养费和继承遗产。如果生父对非婚生子女的亲子关系存在异议或者非婚生子女请求确认与生父的亲子关系提起诉讼，在处理此类纠纷案件时，人民法院应当依照《民法典》第1073条"对亲子关系有异议且有正当理由的，父或者母可以向人民法院提起诉讼，请求确认或者否认亲子关系"，"对亲子关系有异议且有正当理由的，成年子女可以向人民法院提起诉讼，请求确认亲子关系"的规定处理。这些规定在处理有配偶者与他人同居涉及非婚生子女纠纷的问题上尤为重要。

6. 有配偶者与他人同居的双方当事人之间互相没有法定继承权。《民法典》规定，自然人依法享有继承权。被继承人死亡后，即会产生相应的继承问题。继承权必须具备相应的法律身份，就法定继承而言，如果没有相应的人身关系，如配偶、子女、父母、兄弟姐妹、祖父母、外祖父母等身份就不能按法定继承的规则来继承被继承人的遗产。《民法典》第1061条规定："夫妻有相互继承遗产的权利。"由于我国婚姻家庭法律规范以及继承法律规范对有配偶者与他人同居关系不予保护，因此，有配偶者与他人同居的双方当事人之间没有合法的法律身份，不具有可以相互继承的夫妻关系，因而互不享有继承权。当有配偶者与他人同居关系的一方当事人死亡后，有配偶者与他人同居当事人另一方不发生法定继承的效力。如果有配偶者与他人同居的一方当事人有遗嘱让有配偶者与他人同居的另一方当事人"继承"，因为当

---

① ［美］威廉·J.古德：《家庭》，魏章玲译，社会科学文献出版社1986年版，第48页。

事人不属于法定继承人，也就不存在遗嘱继承的问题，而是遗嘱赠与。对于遗赠行为，《民法典》第153条规定："违反法律、行政法规的强制性规定的民事法律行为无效。但是，该强制性规定不导致该民事法律行为无效的除外。""违背公序良俗的民事法律行为无效。"有配偶者与他人同居是违反法律强制性规定的民事法律行为，也是违背公序良俗的民事法律行为，侵害了其他法定继承人、遗嘱继承人的继承权，由此而产生的遗赠无效，当法定继承人、遗嘱继承人提出异议时，遗嘱无效，遗赠不能发生法律效力。关于有配偶者与他人同居当事人之间是否具有扶养请求权的问题。依照《民法典》第1059条的规定，只有夫妻之间因双方的身份关系而享有相互扶养的请求权，有配偶者与他人同居不产生夫妻身份，因而不享有法定的扶养请求权。

第四章
借婚姻索取财物的行为

第一节　婚姻家庭的经济因素

从人类学家的研究成果我们可以了解到，当人类处于蒙昧时代时，人们的物质生产是以狩猎采集现成的天然产物（包括动物和植物）作为食物的主要来源，这一时期人类的制造品则主要是用于食物采集的辅助工具，以打制石器作为主要生产工具，对于这个时代，考古学家一般称之为旧石器时代。而当人类进入野蛮时代后，开始从事种植业和畜牧业，采集野生植物的果实加以播种，圈养野生动物驯服以供食用，不再仅仅依赖大自然提供天然食物，这样一来，人类食物的来源变得相对稳定。同时由于人类已经能够使用火烧制日用陶器、砖等生活用品，也使人类从逐水草而居的生活方式逐渐变为固定居住的生活方式，特别是在农耕文明地区更是这样。这一时期的人类通过种植和养殖的生产活动来获取人类日常生活所必需的生活物质，以磨制石器作为主要生产工具，对于这个时代，考古学家一般称之为新石器时代。在这一时代，生产、生活资料均不丰富，没有私有财产。

就人类进化的情况来看，大约在 250 万年前，人类从南方古猿进化为"完全形成的人"，他们的后裔在恶劣的自然环境中生存下来，经过一百多万年的演化，最终进化为人属，从树上栖息并双足行走转变为陆地生活并双足行走。考古学家的研究认为，在人类进化史上，经历了南方古猿、早期猿人

（大约生活在约 150 万年到 250 万年前，考古学家称之为"能人"，如肯尼亚的 1470 号人、坦桑尼亚峡谷的"能人"）、晚期猿人（大约生活在 20 万年到 200 万年前，考古学家称之为"直立人"，如印尼"爪哇人"、德国"海德堡人"、中国"元谋人"和"北京人"）、早期智人（大约生活在 3 万年到 25 万年前，如德国"尼安德特人"、中国"丁村人"）、晚期智人（大约生活在 5 万年至 1 万年前，如法国"克罗马农人"、中国"山顶洞人"）五个阶段。1 万年前的人类称为"现代人"，但是也仍然属于晚期智人的一种，也就是所谓当今人类的直系祖先。大约到新石器时代晚期、青铜器时代，人类才基本进化到真正意义上的现代人。人类的婚姻状态则是由群婚制向对偶婚制，再向一夫一妻制发展。在群婚制、对偶婚制的情形下，人类两性的结合主要是基于心灵与肉体的结合，基于繁衍下一代的需要；在原始社会早期，母权制的世系制度是最初的婚姻家庭制度，人们通过生产所获得的物质生活财富一律归全体氏族共同所有，共同分配，因此，那个时代的两性结合是完全排除经济因素的，不会因为经济的因素而选择与谁进行两性结合。

随着金属工具的使用，人类生产力不断进步发展，物质越来越丰富，逐渐有了剩余产品。同时，人类婚姻家庭制度也在逐渐进步，最终形成一夫一妻的婚姻家庭制度。按照恩格斯的观点："原始时代家庭的发展，就在于不断缩小最初包括整个部落并盛行两性共同婚姻的那个范围。由于次第排斥亲属通婚——起初是血统较近的，后来血统愈来愈远的亲属，最后是仅有姻亲关系的，任何群婚形式终于在实际上成为不可能的了，结果，只剩下一对结合得还不牢固的配偶，即一旦解体就无所谓婚姻的分子。从这一点就已经可以看出，个体婚制的发生同现代意义上的个人性爱是多么没有关系了。"[①] 由于对偶婚的缘故，氏族部落逐渐形成。在原始社会，氏族成员组成的不仅仅是一个血缘群体，同样也是一个经济群体。一般而言，一个男子与一个女子共同生活，由于经济不发达的原因，即使在原始社会晚期也很少有实行一夫多妻制，此时，缔结婚姻并不是当事人本人的事情，而是两个氏族之间的事务，是他们的母亲之间的事情了。这样一来，订婚的往往是两个彼此完全不认识

---

① ［德］弗里德里希·恩格斯：《家庭、私有制和国家的起源》，中共中央马克思恩格斯列宁斯大林著作编译局译，载《马克思恩格斯全集（第 21 卷）》，人民出版社 1965 年版，第 59 页。

的人，在婚礼前，新郎将赠送礼物给新娘氏族亲属，礼物貌似就成为被出让女儿的赎金，婚姻从此掺杂了经济的因素。

人类学家的研究还发现，在原始共产制家庭经济中，有着血缘关系的全体或者大多数妇女都属于同一氏族而成年男子则不属于母亲的氏族，未成年男子则在母亲的氏族，这是母系社会的基本社会结构。男子（父亲）去世后，他如果有剩余的财产则归他所在的氏族，而因为子女与他不在一个氏族，这些"遗产"无法归这位父亲的亲生子女所有，只能归他的兄弟姐妹和姐妹的子女所有，或者转归他母亲的姐妹的子女所有。当动物驯养成功、畜群繁殖数量的增加，植物的种植成功并且产量相对稳固时，人类创造了前所未有的财富来源，这些财富最初仍然归氏族所有。随着财富的进一步增长，家庭逐渐可以分得一些新增的财富，这些新的财富一旦转归各个家庭所有并且迅速增加起来的时候，人们就可以用剩余产品去交换他们所需要而自己又没有的物品，氏族也允许氏族成员将食物在个人消费后用于交换，这样一来，私有制也就在人类历史上诞生了，产生了全新的社会关系。历史学家研究指出："在甘肃各遗址的墓葬中，发现磨制的玉片、玉瑗和海贝，据推测，玉可能是从新疆来的，贝是从沿海地区来的，想见甘肃居民对沿海地区已经有了交换关系。"[1] 人们猜测，最早的交换大概来自男女对偶之间的食物交换，后来又发展为交换其他物品，这种交换当然不具备我们现在所谓商品交换的性质，但这却是婚姻关系中最初的经济往来，也就为婚姻交换奠定了物质基础，从而形成一种全新的与经济生活有关的婚姻关系，而这一切对于以母权制氏族为基础的社会是一个猛烈的冲击。对此，《礼记·礼运篇》有深刻的描述："今大道既隐，天下为家，各亲其亲，各子其子，货力为己，大人世及以为礼。城郭沟池以为固，礼义以为纪；以正君臣，以笃父子，以睦兄弟，以和夫妇，以设制度，以立田里，以贤勇知，以功为己。故谋用是作，而兵由此起。禹、汤、文、武、成王、周公，由此其选也。"[2] 此时，对偶婚给家庭

---

① 范文澜：《中国通史简编（修订本第一编）》，人民出版社 1949 年版，第 85 页。

② （汉）戴圣，（汉）郑玄注，（唐）孔颖达疏：《礼记正义》，载《十三经注疏（下）》，中华书局 1980 年版，第 1414 页。所谓"大道既隐"，是指原始公社社会制度解体。所谓"天下为家"，是指社会从公有制转变为私有制。所谓"货力为己"，是指财产私有。所谓"大人世及以为礼"，是指子孙继承爵位是理所当然的制度。所谓"以立田里"，是指划分疆界，土地私有。

增添了一个新的变数，除了生身母亲之外，人类渴望并且可以确认自己的生身父亲，而且父亲在家庭中的地位越发重要，父亲将自己多余的财富交由亲生子女继承的愿望也越来越强，冲破母权制社会制度就成为一种社会趋势。于是，子女就留在父亲所在的氏族，跟随父亲一起生活，人类社会从而确立了以父系计算世系的办法和父系的身份与财产继承制度，继承制度得以产生。至少在商代，它的王室谱系全部保存无缺，完全是按父系计算，或兄终弟及、偶有父死子继的，说明商代已经是父系社会了。① 列宁在批判"人民之友"尼·米海洛夫斯基的遗产观时指出："遗产制度以私有制为前提，而私有制则是随着交换的出现而产生的，已经处在萌芽状态的社会劳动的专业化和产品在市场上的转让是私有制的基础。"② 还有婚姻史学者研究指出，在对偶制婚姻的后期，结婚后丈夫便迁入了妻子的氏族，使丈夫和妻子、父亲和儿女有了经济上的联系，对偶家庭开始产生，并萌芽了经济意义。公社的公有制经济虽然占主体，但是在分配食物时，往往是先分给对偶家庭，再由对偶家庭分给个人。还允许对偶家庭饲养家禽、家畜，有少许的多余产品或者说财产，并且父母死后，可将财产传授给子女。对偶家庭产生了经济意义，这种经济意义一经产生，便开始支配婚姻关系。此后，无论是订立婚约或者是结成婚姻关系，都萌芽了经济上的价值。在一些部落里，婚约由母亲订立，子女则心安理得地服从。给子女订立婚约是母亲的职责，履行母亲给自己订立的婚约是一种义务。母亲在给子女订立婚约时，并不与子女商量，也无须征求他们的同意，只是在到了婚期临近之时，才告诉他们业已订婚，由母亲及其氏族给他们准备结婚的事。对偶婚姻使婚姻关系由自然结合开始转变成索取财物。婚姻关系中的自然道德逐渐为经济法则所代替。订立婚约时须赠送财物，可以送给衣物、装饰品、牲畜、工具。经济上的交易一旦谈妥，便把婚约订立。③ 最终，开始了妇女出嫁从夫居的家庭生活方式，一夫一妻制家庭替代了对偶制家庭，这是现代文明时代开始的标志之一。

---

① 参见黄仁宇：《中国大历史》，生活·读书·新知三联书店 2007 年版，第 6~7 页。

② ［俄］弗拉基米尔·伊里奇·列宁：《什么是"人民之友"以及他们如何攻击社会民主党人？》，中共中央马克思恩格斯列宁斯大林著作编译局译，载《列宁全集（第 1 卷）》，人民出版社 1984 年版，第 123 页。

③ 刘发岑：《婚姻通史》，辽宁人民出版社 1991 年版，第 20 页。

在一夫一妻的婚姻制度成为主流婚姻制度时，一夫多妻、一妻多夫家庭只能是例外，正如恩格斯所言那样，"可以说是历史的奢侈品"，它是经济发展的结果，只有经济上有足够的实力，才有可能一夫多妻；也只有经济上十分不足，才有可能一妻多夫，而这种多夫，往往是兄弟共一妻。在恩格斯看来，一夫一妻制家庭"是建立在丈夫的统治之上的，其明显的目的就是生育确凿无疑的出自一定父亲的子女；而确定出生自一定的父亲之所以必要，是因为子女将来要以亲生的继承人的资格继承他们父亲的财产"①。人类社会进入奴隶社会以后，私有制生产方式占了统治地位，由此而形成的一夫一妻制家庭本质上并不是个人性爱的结果。恩格斯深刻地指出："一夫一妻制的产生是由于，大量财富集中于一人之手，并且是男子之手，而且这种财富必须传给这一男子的子女，而不是传给其他任何人的子女。""一夫一妻制是不以自然条件为基础，而以经济条件为基础，即以私有制对原始的自然长成的公有制的胜利为基础的第一个家庭形式。"② 因此，择偶实质上成为一种经济行为，而这种经济行为一般而言都存在着一个投入—产出（也称成本—收益）问题。根据经济学中的投入—产出的理论，在市场经济条件下，任何一个理性的经济主体在进行经济活动时，都要考虑具体经济行为在经济价值上的得失，以便对投入与产出关系有一个尽可能科学的估计，理性人在社会中实施某种选择行为时，都会按效益最优化的原则去做。择偶同样也与其他经济行为一样存在机会成本，在一夫一妻制度下，当一个男子选择甲女作为自己的配偶时，就不得再选择乙女作为自己的配偶，此时乙女就成为甲女的机会成本，当选择甲女作为自己的配偶时，如果机会成本大于选择乙女作为自己的配偶的机会成本，那么，作为理性人的该男子就会自然选择乙女作为自己的配偶。同时，选择也是双向的，该男子选择甲女或者乙女不是单向地选择，甲女、乙女也会就是否接受该男子作出选择。有经济学学者指出，主流的婚姻形式是一夫一妻，而不是一夫多妻，其中的道理很简单：一个男人拥有的妻子越多，每个妻子从这个家庭得到的收益就越少，这就是收益递减规律。因此，一夫

---

① ［德］弗里德里希·恩格斯：《家庭、私有制和国家的起源》，中共中央马克思恩格斯列宁斯大林著作编译局译，载《马克思恩格斯全集（第21卷）》，人民出版社1965年版，第74页。

② ［德］弗里德里希·恩格斯：《家庭、私有制和国家的起源》，中共中央马克思恩格斯列宁斯大林著作编译局译，载《马克思恩格斯全集（第21卷）》，人民出版社1965年版，第88、77页。

一妻制是最有效率的婚姻形式，因而获得了婚姻形式中的支配地位。[1] 在社会主义社会之前的各种社会形态中，一夫一妻制产生的根本动因是生产资料的私有制，它表明经济对婚姻的决定作用，经济因素是人类婚姻家庭中十分重要的因素，在婚姻家庭生活中所谓纯粹的爱情是不存在的，鲁迅先生在小说《伤逝》中指出："只为了爱，——盲目的爱，——而将别的人生的要义全盘疏忽了。第一，便是生活。人必生活着，爱才有所附丽。"[2]

在阶级社会中，妇女在一夫一妻制家庭里的地位直线下降，"母权制的被推翻，乃是女性的具有世界历史意义的失败"[3]。父权制的胜利是文明时代开始的标志之一，从那时起，家庭在很大程度上、在很长的时间里都是人类非常重要的生活单元，因为家庭可以在经济方面帮助家庭成员防御生活中的不确定性。父权制对母权制冲击的结果，表现在婚姻关系上，就是以经济条件为基础的交换，并且这种交换由最初的物质性交换发展成男子以物质换取对女子人身权利的占有。在父权制下，婚姻家庭集中表现在家长对女性的占有，把女性视为私有财产的一部分，从而使女性成为被男性供养的人，女性被完全排斥在社会经济关系的体系之外。早在奴隶社会初期，结为婚姻关系的双方家庭的馈赠实际上就已经存在，当初馈赠的主要目的之一就是让自己的子女婚后在遇到天灾人祸时，生活仍然有所保障；同时，赠与嫁妆是为女儿嫁到夫家后，在丈夫病故或者离异后生活仍然有所保障。一个家族就有如一个微型"保险公司"，对家庭成员的生活进行着某种意义的"保险"，使得自己的血脉得以延续。那种儿孙自有儿孙福的观点其实并不符合人性，家族的兴盛和保持这种兴盛是需要几代人的努力才有可能实现的。正因为如此，在经济还不是十分发达、特别是女性没有参与社会经济生活的情况下，女性为了使自己在物质生活上得到安全保障，往往会在缔结婚姻前提出一些经济上的要求。人类完全进入父系社会以后，婚姻家庭实行的是一种出嫁妇女从夫居制度，一般是女方嫁到男方，成为男方的家庭成员，夫妻所生后代也是冠以男方姓氏，甚至妻子都冠以夫姓。因此，如果一个家庭生的是女孩，要将女

① 万捷：《婚姻与生儿育女的经济学》，载《大科技（百科新说）》2011年第11期。
② 鲁迅：《伤逝》，载《彷徨》，人民文学出版社1973年版，第127页。
③ ［德］弗里德里希·恩格斯：《家庭、私有制和国家的起源》，中共中央马克思恩格斯列宁斯大林著作编译局译，载《马克思恩格斯全集（第21卷）》，人民出版社1965年版，第69页。

孩养大，所花费的养育成本巨大，长大后出嫁到男方，女方家庭在送女出嫁时会面临劳动力的损失和与家人分离的精神痛苦，这也是为什么那个年代家庭对女孩都不愿意投入更多的教育成本，有"女子无才便是德"说法的原因。这样的习俗或者说是制度对女方家庭是不公平的，女孩长大了不能不嫁。不嫁，女孩子可能被抢掠；嫁，女方经济成本如何弥补？女方的家长觉得，家庭对自己的女儿有养育之恩，而养育是有经济上的花费的，当女儿出嫁到男方时，女儿所在的家庭有权利提出在物质上进行补偿的要求。由此，社会必然生成一种习俗或者制度，要求男方家庭给女方家庭进行某种经济上的补偿，这样才能维持社会的平衡，彩礼制度就是作为从夫居的必要补充而存在的，后者是前者存在的基础。同样，有些富裕的家庭在女儿出嫁时，担心女儿在婆家受欺负，就在女儿出嫁时附上大量的嫁妆，以保证女儿在婆家生活不致拮据，不被欺负。因此，男女缔结婚姻关系实质上体现了婚姻具有交换性质。有研究婚姻家庭经济学的学者认为，在生产资料私人占有关系下的婚姻，表现在经济方面，就是妇女在婚姻中具有财产性、妇女对男子的经济依附和要求以及在婚姻中对经济的选择性。[①] 在传统社会，男方如果经济上富裕，足以保障多名女性的生活时，就可能在一夫一妻的基础上纳妾，形成事实上的一夫多妻，以保证子嗣绵延。

在 16 世纪至 19 世纪，英国社会各阶级特别是中产阶级以上，在择偶时都会将对方的财富、地位、年龄、宗教信仰等因素进行全面权衡，感情不可或缺，但是，经济因素却占很重的比例。英国作家简·奥斯丁在小说《傲慢与偏见》开篇就指出："凡是有钱的单身汉，总想要娶位太太，这已经成了一条举世公认的真理。"[②] 表明当时社会普遍心理认为，物质财富是婚姻的基础，没有物质财富的男人可能就没有女子愿意嫁给他。有文学评论家从婚姻家庭经济学角度对《傲慢与偏见》研究发现，透过小说中一个个社交场所的表象，可以看到一个由经济基础决定一切生存竞争的世界。奥斯丁始终把婚姻问题放在各种社会关系特别是经济关系中去考察，使整个故事扎根于现实生活的土壤，用戏剧化的手法和反讽的语调向人们揭示了资产阶级婚姻中的"经济

---

① 谭仁杰：《婚姻经济学》，河南人民出版社 1992 版，第 49 页。
② ［英］简·奥斯丁：《傲慢与偏见》，王科一译，上海译文出版社 1986 年版，第 1 页。

学"原理——金钱交易和经济利益的结合。① 还有文学评论家指出，在奥斯丁所处的 18 世纪至 19 世纪的英国社会里，公众的婚姻观既简单、直接，又很现实，财富被看作是影响、决定婚姻的唯一因素。婚姻也成为赤裸裸的金钱交易。在这样的传统婚姻观念里，财富决定了一切。男人越富有，愿意嫁给他的女子就越多。而奥斯丁的婚姻观则认为，恋爱、婚姻与财产和社会地位相关联，但是恋爱婚姻不能仅仅取决于财产和社会地位，它还应当建立在彼此相互爱慕、尊重的基础之上，爱情与财富兼具的婚姻才是真正幸福的。她既反对为钱而结婚，也反对轻率结婚，强调感情因素在婚姻中的重要性。此外，奥斯丁还强调仅仅为钱结婚是错误的，但是没有钱作为保障的婚姻也是不可取的。在奥斯丁看来，婚姻源于爱情，财富保障婚姻，没有爱情的婚姻是不幸福的，没有财富作保障的婚姻是不现实的。理想的婚姻是财富与爱情兼备。② 没有良好的经济基础，就可能出现贫贱夫妻百事哀的现象。

人类的婚姻由群婚向一夫一妻发展，在不同的时期人们的择偶标准有所不同，内容越来越多，越来越复杂，对婚姻的期望值也越来越高。人们在择偶时，往往会考虑对方的政治、阶层、宗教、门第、经济、文化、职业、贞操、性格、品质、爱好、情趣、心理等诸多因素，财富则是择偶的重要标准。因此，有婚姻家庭经济学者指出，人们对婚姻的价值取向是复合的，而不是单一的，但是取向的程度是有差别的。当经济发展水平和实际经济状况还不足以形成婚姻稳固的物质基础的时候，对婚姻直接的经济性追求或者通过对婚姻的社会期望间接地达到对经济的追求就成了婚姻重要的或者主要的价值取向；当经济发展水平和实际经济状况足以形成婚姻的稳固的物质基础的时候，对婚姻的社会性需求和性爱需求就成为婚姻重要的或者根本的价值取向。③ 在现实生活中，我们可以看到，那些收入相对较高的男性，在择偶时可能会比其他收入相对较低的男性获得更多的选择，可以吸引众多的女性或者素质较高的女性青睐，他们往往结婚较早，即使丧偶或者离异后也能很快再婚，甚至与女性年龄相差很大也可以轻而易举地结婚，男女相差十几二十岁

---

① 徐凤英：《〈傲慢与偏见〉中的婚姻的"经济学"》，载《中国科技信息》2005 年第 13 期。

② 罗依娜：《从〈傲慢与偏见〉透视简·奥斯丁的婚姻观——基于经济学理论的分析》，载《湖南科技学院学报》2008 年第 9 期。

③ 谭仁杰：《婚姻经济学》，河南人民出版社 1992 版，第 56 页。

的夫妻并不少见。与此相反的是，收入相对较高的女性在婚姻中付出的成本较高，获得的收益则明显要低于收入较低的女性，她们因为在家庭中往往是强势的一方，加之收入高，在家庭内部付出就相对少，削弱了家庭生活中的性别优势，所以，她们的离婚倾向也较高。高收入女性离婚率一般较高，很明显，这就是经济因素在婚姻关系中的体现。这些研究和我们的观察说明，适婚男女在择偶时，没有谁会忽视感情基础，爱情当然而且仍然是恋爱婚姻家庭中十分重要的因素，但是，我们也不得不指出，人们的婚姻家庭观念总体上还是强调经济地位和社会地位上的门当户对。古今中外，人们对门当户对的评价基本上是正面的，主要原因就是这种评价依据充满了经济因素。从前面的论述我们可以看到，在人类婚姻的历史上存在过不同方式的婚姻形式，如抢掠婚、交换婚、买卖婚等，有的纯粹是一种直接的经济交换。法学界的主流观点认为，婚姻从本质上来说是一种契约。而有契约，就有交换，就存在市场，当然，这种市场与纯粹的物资经济市场肯定是不同的，我们称之为婚姻市场。所谓婚姻市场，一般是指达到适婚年龄的男性与女性形成择偶关系的总和。婚姻市场本质上属于社会领域的范畴，而不是严格经济学意义上的市场，表现在一定时空内，人们对配偶的供给—需求关系。达到适婚年龄的男女会自觉或者不自觉地将自己置身于这个无形的婚姻市场，纳入婚姻市场的供给—需求关系体系中，他们在这个既定的婚姻市场供给—需求关系中反复地进行比较、选择和匹配，也就是我们所说的择偶，互相有了好感后还有一个交往了解的过程，也就是通常所谓的谈恋爱。因此，婚姻市场实质上就是相互择偶的男女聚合在一起，互相商讨缔结婚约的可能性，以至缔结婚姻关系的"场所"。从爱情婚恋心理学的角度来看，男女置身于婚姻市场，在择偶时基本上是首先遵循基本等价或者对等原则，这种情形就是所谓的门当户对，在西方国家一般称之为"同类联姻"或者"同质婚姻"。同质婚姻，一般是指人们更愿意和那些与自身条件基本相当的人结婚——尤其是年龄、智力、教育和社会背景具有高度的相似性，这是针对个人而言。"同类联姻"，是指缔结婚姻关系的男女双方，他们的家庭在社会阶层和社会地位上大致相当，这是针对家庭而言。而所谓门当户对则是中国人对婚姻家庭的一种认识，这种观念认为，欲缔结婚姻关系的男女双方的个人综合素质、家庭社会地位和总体经济状况基本相当，这种各方面条件基本相当的双方缔结的婚姻被视为最合适。如果结婚的男女双方自身的条件或者家庭的经济地位、社会地位相差很大，则可能被认为是不匹配的婚姻，这种匹配性的判断标准就是高攀还是下嫁。即使是当今社会，婚姻的门当户对表现形式虽然有所变化，但是，人们在择偶时仍然会考量对方的自身条件和家庭条件，对方家庭经济状况、人口数量及文化程度、城乡住房条件都在择偶时考察的范围之内。一般而言，在共同工作、学习过程中建立起来的感情，可能不大注重对方的经济条件。但是，如果是相亲，往往会直截了当地问对方是否有房、有车、有存款。在婚姻这一神圣的殿堂中，人们似乎都不愿意谈论经济，认为是对纯洁爱情的亵渎。但是，从投入—产出理论的角度来分析婚姻背后的经济关系，我们就不难看出，门当户对可以基本做到投入—产出的平衡，两个经济状况基本相当的家庭联姻，双方的付出与回报彼此相当，做到彩礼—嫁妆相当，两家付出差不太多，双方都接受对方，包括个人和家庭。更重要的是双方情趣基本相同，沟通交流没有障碍，感情更容易融洽。

　　韦斯特马克指出，婚姻不单纯是两性关系，而且也是一种经济制度，或多或少地必然要受到生存资料的影响。[①]他坚持认为，婚姻不仅仅规定了男女之间的性交关系，它还是一种从各方面影响双方财产权的经济制度。[②]因此，人类的婚姻问题从来都不仅仅是一个社会学问题或者法律问题，也不仅仅是心理学问题，它同样也是一个经济学问题。正如前面所指出的，人类社会物质资料的生产和再生产以及人口本身的生产和再生产制约着人类的婚姻关系。人类婚姻的历史也表明，相对而言，婚姻中的经济因素对于婚姻关系的影响更为重要，特别是在以私有制为基础的社会里，婚姻制度完全受到当时的所有制性质的支配。而且实质上，经济基础决定上层建筑，婚姻在今天也仍然受到生产资料所有制形式和财产占有关系的双重制约。[③]婚姻关系一方面是开放的社会关系，另一方面又是封闭的夫妻关系。而就婚姻的实质来

---

　　① ［芬兰］E.A.韦斯特马克：《人类婚姻史（第一卷）》，李彬、李毅夫、欧阳觉亚、刘宇、李坚尚译，商务印书馆2015年版，第32页。

　　② ［芬兰］E.A.韦斯特马克：《人类婚姻史（第一卷）》，李彬、李毅夫、欧阳觉亚、刘宇、李坚尚译，商务印书馆2015年版，第35页。

　　③ 谭仁杰：《婚姻经济学》，河南人民出版社1992版，第4~5页。

说，婚姻是性与经济的统一体。[①]丽莎·冈斯茨尼、约翰·冈斯茨尼认为，丈夫所受教育的程度影响他的职业地位，而职业地位直接影响他的工资收入，工资收入又影响他妻子对经济的满意程度，妻子对经济的满意程度最终影响配偶双方在婚姻精神方面的满足。[②]实际上，经济只对于收入十分有限的夫妇来说，才具有头等重大的意义。贝克尔经过他的数学模型研究得出一个定理，这个定理表明"当男女质量互补时，较高质量的男女彼此结婚，而不选择低质量的配偶：一个上等妇女提高了一个上等男人的生产率；反之亦然。当男女特征互补或可替代时，同类人或不同类人的婚姻是最优的，因为上等人的特征互补时，他（她）们相得益彰；其特征可替代时，他（她）们扬长避短"。该定理还说明，"相对于一个上等男人来说，当男女的特征互补时，一个既定质量的妇女从结婚中得到的收益更大，而相对于一个下等男人而言，当男女的特征可替代时，她从结婚中得到的收益更大"。[③]因此，有时女性在择偶时更在乎择偶对象的经济状况，对择偶对象自身的条件相反考虑得较少，因为经济状况可能决定她们将来的家庭的经济生活和社会地位，而女性在家庭生活中要保持人格独立则往往受经济状况的影响，较多参与社会经济活动的女性，独立性相对来说就大些，较少或者没有参与社会经济活动的女性，独立性相对较少或者没有。在贝克尔看来，从找对象到结婚的过程就是一个寻找目标市场、考察双方需求、认同商品交换条件直到签订交换契约的过程。婚姻也是人们为了满足于本性并降低交易费用而实现效用最大化的一种组合形式，类似于企业的存在是为了要比市场交易节约交易成本。婚姻的自然选择总是在社会经济的选择过程中进行的，它是一种社会经济过程中的自然变化，婚姻的社会和经济的选择才是婚姻的本质的选择。婚姻的自然变化除受自然和生理的因素制约和影响外，还受社会经济、政治文化、宗教习俗等多方面因素的制约，而经济因素则是决定婚姻自然变化的根本因素。[④]

---

① 谭仁杰：《婚姻经济学》，河南人民出版社 1992 版，第 39 页。

② ［美］丽莎·冈斯茨尼、约翰·冈斯茨尼：《角色变迁中的男性与女性》，潘建国、潘邦顺、王晴波译，浙江人民出版社 1988 年版，第 307 页。

③ ［美］加里·斯坦利·贝克尔：《家庭论》，王献生、王宇译，商务印书馆 1998 年版，第 119 页。

④ 谭仁杰：《婚姻经济学》，河南人民出版社 1992 版，第 52 页。

婚姻中的男女双方能够走到一起，说明双方各自对对方一定是有一种心理预期，或者说男女双方结婚的预期收益要大于单身收益。所以，从经济学的角度来看，婚姻是社会所认可的男女为了更大收益的结合。婚姻当事人（包括父母）在当事人步入婚姻前也往往会对自己的投入—产出进行必要的"核算"，尽管这种趋利避害的心态往往是潜意识的，也未必都计算得很精确。[①]市场经济理论立足于两个重要的假设上：一是人都是理性人，正常人的行为都是理性的行为；二是人是自私的，人的行为都是为了满足自身利益。从这两个假设出发，人的所有行为或者理性选择都蕴含着利益最大化的经济动机，即力图以最小的成本换取最大的利益，人们婚姻行为的目的也是希望能以最小投入获得最大收益。边际效用递减则是经济学的另一条基本原理，是指人们在消费同一种商品时，利益随着消费单位数量的增加而逐步递减，投入—产出分析工具是从经济学角度考察婚姻的最基本的工具。婚姻家庭经济学学者研究发现，当前成为结婚障碍的成本因素主要是结婚成本，在几十万元的结婚成本中，购房成本约占 2/3，房价的步步攀升，致使一些婚龄青年恋而不婚。[②] 有房者更容易找到合适的结婚对象。此外，人类自身的生产和再生产是一种需要支付经济成本的投资行为，男女双方结婚后，如果要生育和抚养孩子，就需要对孩子的生育、抚养给予经济上的投入和感情上的投入。经济上的付出分为直接成本和间接成本两部分，直接成本是指父母给孩子在日常生活、成长学习中付出的直接费用。间接成本又称机会成本，是指因生养孩子而造成父母失去某种机会或者失去利用某种机会所带来的收益，比如养育孩子会占用父母的休闲时间、怀孕或者抚养孩子可能会影响母亲的升迁甚至丧失就业机会。婚姻家庭经济学学者研究指出，父母在作出是否养育孩子以及养育几个孩子的决定时，都要遵循成本—效益分析。[③] 总的来说，由于生育成本，穷人生育了更多无法得到很好教育的孩子，而富裕的家庭则生育了得到较好教育但是数量相对较少的孩子。这也是经济发展以后，生育率反而下降的原因，因为在孩子身上的成本投入越来越大。所以，富裕家庭孩子少，穷

---

① 许红缨、刘俊、李明：《婚姻家庭关系的经济学思考》，载《江西社会科学》2003 年第 12 期。

② 赖晓凡、刘晓、向月波：《婚姻的经济学解析》，载《前沿》2011 年第 4 期。

③ 万捷：《婚姻与生儿育女的经济学》，载《大科技（百科新说）》2011 年第 11 期。

人家孩子反而多；越是发达的国家，生育率越低；收入越高的女性，生育率越低。[1] 另有婚姻家庭经济学学者则从三个方面指出了婚姻中有哪些物质的投入，在这位学者看来，婚姻的本质是一种经济均衡，但是人们是否结婚，不仅仅取决于收入因素，而是取决于婚姻的总收益与总成本的比较，这里收益与成本包括的范围也是多方面的。其中物质方面的成本主要有：一是找对象时期的物质投入，二是在婚姻期间为维持婚姻所需要的物质投入，三是由生育孩子带来的物质投入。[2] 因此，我国虽然放开了一对夫妇生育三胎的政策，但是，我国的生育率并没有得到迅速增长，经济因素的影响是最为重要的原因。

婚姻中的经济因素对婚姻的影响是巨大的，至今还无法消除。因此，借婚姻索取财物的行为（又称借婚姻索取财物）虽然一直为我国婚姻家庭法律规范所禁止，但是仍然禁而不绝。

第二节　借婚姻索取财物的概念

结婚前男方或者男方家庭支付给女方或者女方家庭的财物叫聘礼，有时也称之为彩礼。所谓彩礼，一般是指男方或者男方家庭给予女方或者女方家庭的财产，是民间通行的男方或者男方家庭对女方家庭抚育女方成长的一种报答或者补充，这种聘礼自古以来在婚姻市场中都存在着。女方家长在嫁女时陪送的财物则称之为嫁妆，有时也称之为嫁奁。所谓嫁妆，是指女性结婚时带往夫家的财产，原来是对妇女出嫁后丧失父宗财产继承权的一种补偿，后来逐渐演变成女方为婚后家庭费用的补助和分担。[3] 这种情形往往存在于家境富裕的家庭中，但是，也有些地方的风俗是女方出嫁妆，嫁妆的多少决定女方今后在婆家的地位。还有的地方的习俗是男方家庭出彩礼，赠与女方家庭；女方家庭再将彩礼转化为嫁妆，再随女儿陪嫁过去成为新婚夫妻的共同

---

① 万捷：《婚姻与生儿育女的经济学》，载《大科技（百科新说）》2011 年第 11 期。
② 田开友：《婚姻的法经济学分析》，载《中南大学学报（社会科学版）》2008 年第 1 期。田开友：《婚姻的法经济学机理》，载《制度经济研究》2008 年第 1 期。
③ 郭丽红：《冲突与平衡：婚姻法实践性问题研究》，人民法院出版社 2005 年版，第 103 页。

财产，这一习俗在许多民族都存在过。

借婚姻索取财物往往是以彩礼的面目出现。对于彩礼、嫁妆，相对富裕的家庭收了之后，父母一般都会转送给新婚夫妇作为结婚的费用或者用于婚后家庭生活；相对困难一点的家庭收了之后，父母则一般会留下来一部分贴补家用，另一部分给新婚夫妇作为结婚的费用或者用于婚后家庭生活。

对于借婚姻索取财物的概念，有婚姻家庭法实务界人士认为，所谓借婚姻索取财物，是指买卖婚姻以外其他借婚姻索取财物的行为。持这种观点的人指出，这种行为的特点在于婚姻建立在双方自愿的基础上，但是一方或者一方父母，以向对方索取财物，作为成立婚姻关系的附加条件，与婚姻的本质相违背，也是对婚姻自主权的滥用。在他们看来，男女结婚，以感情为基础，以自愿为原则。爱情是婚姻赖以存在的基础，借婚姻索取财物，是将婚姻建立在金钱的基础之上，是法律不允许的。[①] 还有婚姻家庭法实务界人士认为，所谓借婚姻索取财物，是指当事人自愿结婚时一方以索取一定财物作为结婚必要条件的行为。持这种观点的人指出，这种婚姻基本上是自愿的，但是一方以索取财物为结婚的先决条件，有时女方的父母也从中索取一部分财物，不满足就不同意或者不允许结婚。[②] 还有的观点认为，借婚姻索取财物，是指以索取财物为结婚条件的违法行为。[③] 直接将借婚姻索取财物评判为违法行为。婚姻法理论界有学者认为，所谓借婚姻索取财物，是指虽然男女结婚是双方自愿的，但是一方却向对方，特别是女方向男方索要财物，有的数额还很巨大，不给财物就不让结婚。[④] 这些观点均有可取之处，也有不足之处。我们认为，所谓借婚姻索取财物，是指婚姻关系当事人一方在双方自愿结婚的前提下，向婚姻关系当事人另一方以索取财物作为结婚的前提条件的行为。

---

① 马原主编：《新婚姻法条文释义》，人民法院出版社 2002 年版，第 38~39 页。

② 陈坚：《婚姻法原理精释与适用》，南方出版社 2012 年版，第 13 页。

③ 最高人民法院民法典贯彻实施工作领导小组主编：《中华人民共和国民法典婚姻家庭编继承编理解与知用》，人民法院出版社 2020 年版，第 28 页。

④ 吴高盛主编：《中华人民共和国婚姻法释义》，人民法院出版社 2001 年版，第 11 页。

第三节　借婚姻索取财物的特征

1.借婚姻索取财物的主体是婚姻关系当事人一方。男女双方都有自愿结婚的意愿，这是确定是否构成借婚姻索取财物的前提。现实生活中，一些婚姻关系当事人一方出于种种原因，往往向婚姻关系当事人另一方提出财物要求，索取超出结婚所需开支的财物。这里的主体既包括婚姻关系当事人本人，也包括婚姻关系当事人的父母。有研究表明，16世纪至19世纪期间英国都盛行嫁妆制，一个没有土地继承权的新娘在结婚时要给新郎家带去一笔丰厚的现金，称之为嫁妆，在16世纪和17世纪初，这笔钱直接给新郎的父亲，以此来作为嫁女时的陪嫁；反过来新郎的父亲则保证给新娘一笔养老金，即她成为寡妇时所能得到的财产。因此，那个时代的婚姻总是伴随着包括新娘家与新郎家的财产的转移。这种制度使得在贵族阶层中，"婚姻并不是为了满足个人心理和生理的需要的私人的结合，而是一种确保家庭和其财产永存的制度性策略"。也就是说，贵族的婚姻很大程度上要服从家庭的利益，因此他们注重的是婚姻的经济方面的利益，即使在17世纪初把孩子的想法也考虑到配偶的选择中时，财富仍然是最重要的考虑。而且对于许多处于经济困境的贵族来说，经济方面的重要性有增无减。[①]

2.借婚姻索取财物的主观方面存在两个方面的问题：一是从婚姻自主的角度来看，婚姻关系当事人双方是自由恋爱，自愿结婚，不存在第三方干涉问题，如果有第三方的干涉就是买卖婚姻了。因此，我们认为，借婚姻索取财物不是干涉婚姻自由的行为。二是婚姻关系当事人一方向另一方索取。索取，就意味着另一方并非心甘情愿的，是一方将自己的意志强加给另一方，如果是一方自愿给付另一方，当然就谈不上所谓的索取。

虽然用经济学的原理来分析婚姻中的经济因素似乎显得有些冰冷、自私，但是，我们也不能不看到，现实生活中，在众多婚姻家庭的爱恨情仇中无不存在财物的影响。人们结婚的目的主要是获得情感的满足和生育的需要，但

---

① 傅新球：《英国转型时期的家庭研究》，安徽人民出版社2008年版，第91页。

是，如果仅仅是为了获得情感的满足和生育的需要，不婚同样可以满足这些需求。因此，在财产私人占有没有彻底消除之前，人们结婚的目的有时还希望从婚姻中获得经济利益最大化，理性的人作出如果婚姻收入超过单身收入的判断，那么他（她）就可能选择结婚，否则宁愿独身。最简单的计算就可以发现，两个人单独生活要两套住房和相应的生活用品，但是，结婚后就只需要一套住房和相应的生活用品，一个人生活是各用一套，夫妻二人生活则也只用一套，夫妻共进晚餐，同枕共眠，家庭生活中其他方面的消费也大致如此，结婚会导致经济学中所谓的规模效应。婚姻就好像是耐用消费品，是一个逐渐积累增值的过程，在规模效应的推动下，婚姻的某些独特效用会逐步显现出来，比如情感寄托、家庭福利、生育子女等。结婚后，通过男女资源的互补，资源被充分利用，规模经济效应得以实现。特别是夫妻如果具有不同专业优势、在能力与收入方面存在差别的男女，通过婚姻的形式可以使双方的收益达到最大，优势互补，优化组合，不出意外的话，财富一般也会逐渐增加，这也是核心家庭的经济状况一般会好于单身贵族的原因之一，单身贵族过于注重自身消费，没有财富积累意识，当然也没有必要过多地积累，因为他们没有直系血亲来继承他们的遗产。现实生活中，单身者甚至丁克家庭的经济动力与核心家庭相比明显不足，一般仅满足于自身基本生活。贝克尔的分析表明："当结婚者使所有婚姻的总商品产出最大化时，同类人（或者不同类人）的婚配就会发生，而不管这种（婚配）性质是财政方面的（工资率、财产收入）、生理方面的（身高、种族、年龄、体格），抑或是心理方面的（进攻、顺从）。"因此，在既定的"婚姻市场"男女素质、数量不均衡的情况下，结婚时一般男方会"给一个妇女一笔资本或者一次性总付的财产转让，以此作为结婚的定金。由于提供更多定金的男人更容易娶到妻子，所以，男人们争夺稀缺妻子的竞争会抬高定金的数额。直到所有的男人在结婚和保持单身之间没有什么差别以前，这种竞争会一直进行下去"[①]。虽然说婚姻是夫妻两个当事人之间的事，但是，确实也涉及双方的家庭，关乎复杂的亲属关系或者社会关系。因此，一般而言，青年男女在进入婚姻生活之前，双方

---

① ［美］加里·斯坦利·贝克尔：《家庭论》，王献生、王宇译，商务印书馆 1998 年版，第 117 页、第 134 页。

当事人及他们背后的家庭总是会对今后新婚夫妇可能的家庭生活深思熟虑。

从法律的观点来看，婚姻是一种法律行为；从社会学观点来看，婚姻则是一种社会行为；而从经济学的观点来看，婚姻更多的时候却是一种经济行为。自然界的选择使得人类分为男人和女人，而男女之间在生理上存在需求关系，原始社会混乱的两性关系已经被历史淘汰，这种淘汰本身也是经济发展的结果。在经济学的眼光下，男人和女人分别成为对方最为需要的消费品和客户。因此，在男女双方都拥有婚姻自主权的情况下，互相进行对比、选择也就成为理所当然，爱情不会平白无故地产生，爱情其实是在对男女的性别差异、物质金钱、权力名声、容貌才气进行比较之后产生的。丽莎·冈斯茨尼、约翰·冈斯茨尼的研究发现，婚姻结构存在着两个主要部分——工具性方面（挣得家庭收入、履行家庭义务）和表达性方面（爱情、性生活、情感交流、友谊）。[①] 人的自然属性是婚姻关系的自然基础，体现了人的自然需求对婚姻的选择；家庭生活的经济属性则是婚姻关系的经济基础，体现了经济状况对婚姻关系的决定作用。我国婚姻家庭法律规范从来没有主张人们要忽略婚姻的经济因素，因为即使是最简单的婚姻家庭，基本的衣食住行也是要有保障的。因此，对于婚姻关系当事人双方为组成家庭而共同筹集资金、互相赠与财物等行为，我国的婚姻家庭法律规范虽然不鼓励，但是也不禁止，我国婚姻家庭法律规范禁止的是借婚姻索取财物的行为。如果婚姻关系一方当事人在经济相对富裕的情况下，结婚时自愿赠与一些财物给婚姻关系另一方当事人和家庭，婚姻关系当事人另一方接受了，当然不能称之为借婚姻索取财物的行为。

3. 借婚姻索取财物的客观方面。前面已经说了，借婚姻索取财物的前提是婚姻关系当事人是自愿结婚的。因此，借婚姻索取财物的客观方面是指婚姻关系当事人一方向婚姻关系当事人另一方以索取财物作为结婚前提条件的行为。

首先，要有索取的行为。所谓索取，按普通语义学的解释是指主动"向

---

① ［美］丽莎·冈斯茨尼、约翰·冈斯茨尼：《角色变迁中的男性与女性》，潘建国、潘邦顺、王晴波译，浙江人民出版社 1988 年版，第 230 页。

人要"（钱或东西）的意思。[1] 行为上就体现为婚姻关系当事人一方向另一方要求给付财物才与之结婚。

其次，索取的财物超出了新婚夫妇婚姻家庭生活基本标准。婚姻关系当事人一方向另一方提出结婚所需要的基本生活条件不应当认定为借婚姻索取财物，比如女方提出结婚要有婚房，即使是租房，这是最基本的生活条件。如果结婚的基本物质已经有所准备，婚姻关系当事人一方再向婚姻关系另一方提出额外的财物要求就是借婚姻索取财物了，比如，要求男方还要为自己的弟弟准备一套婚房或者彩礼，或者还要给自己的父母买房，或者额外还给父母彩礼等。

彩礼也好，嫁妆也好，体现的是社会舆论对婚姻关系当事人双方社会地位的评价。只要存在着聘礼、嫁妆的习俗或者说制度性安排，婚姻关系一方当事人在向另一方索取财物时，就会进行所谓的讨价还价。只要交换行为还存在于婚姻之中，取消彩礼、嫁妆的习俗恐怕就不现实。

用历史唯物主义的观点来看，婚姻关系是人们在一定的经济基础之上体现生产资料所有制和社会分配关系的社会关系。婚姻关系说到底就是一种社会关系，总是在一定的经济基础之上缔结的。婚姻关系表现为婚姻双方对生产资料所有制的关系，财产的个人占有或者继承，表面上看是彩礼和嫁妆，实质上是婚姻的经济基础。同时，婚姻中的两性关系，是一定社会规范下男女结合的重要内容，它是生物的、社会的、精神的和经济的因素的综合产物。

4. 借婚姻索取财物侵害的客体。从目前法律规定的情形来看，借婚姻索取财物所侵害的客体并不明确。我们分析一下《民法典》第 1042 条的规定，第一，第 1042 条第 1 款将禁止包办、买卖婚姻和其他干涉婚姻自由的行为与借婚姻索取财物并列，同时，我们知道，干涉婚姻自由的行为妨害的是婚姻自由制度。很显然，在这里，干涉婚姻自由的行为与借婚姻索取财物不是包含关系而是并列关系。因此，借婚姻索取财物应当不属于妨害婚姻自由制度的行为。第二，第 1042 条第 2 款规定的是"禁止重婚。禁止有配偶者与他人同居"。很显然，第 2 款禁止的是重婚和有配偶者与他人同居，这两种行为都

---

① 中国社会科学院语言研究所词典编辑室编：《现代汉语词典》，商务印书馆 2016 年版，第 1257 页。

是妨害一夫一妻婚姻制度的行为。因此，借婚姻索取财物应当不属于妨害一夫一妻制度的行为。第 1042 条第 3 款规定的是"禁止家庭暴力。禁止家庭成员间的虐待和遗弃"。很显然，第 3 款禁止的是家庭暴力、家庭成员间的虐待和遗弃，这三种行为都是侵害家庭成员人身权利的行为，是妨害男女平等婚姻制度和侵害老人、妇女、儿童合法权益的行为。因此，借婚姻索取财物也不属于妨害男女平等婚姻制度和侵害老人、妇女、儿童合法权益的行为。

我们认为，借婚姻索取财物是违背公序良俗，并且为我国婚姻家庭法律规范所禁止的行为。公序良俗理论起源于罗马法，我国法律界一般认为，公序良俗包含两层意思：一是指公共秩序，包括社会公共秩序和社会生活秩序；二是指善良风俗，即由全体社会成员所普遍认可、遵循的道德准则。善良风俗实质上就是社会道德。这是我国婚姻家庭法律规范禁止借婚姻索取财物的法理基础，也是解决借婚姻索取财物的法律责任的法理基础。

经济基础是婚姻的必要条件，但是，经济基础却不是婚姻的充分条件。婚姻当事人婚后的家庭生活必然需要有基本的经济条件作为基础，夫妻双方的爱情维系也不可能完全脱离经济的支撑。我们固然不能认为爱情与金钱等值、婚姻与物质同价，却不能奢望婚姻能够普遍地建立在重感情轻物质甚至只有爱情无物质的基础上。[①] 人们在择偶时，心目中对选择配偶的对象都会有一个基本的社会心理预期，择偶的基本标准大致有三个方面的要素：身体要素、社会关系和物质财富，三个方面的综合评价越高，就越能成为优质的被选择的对象，在其他要素大致相当的情形下，物质财富就是重要的因素。反之，如果双方经济条件都好，经济都比较富裕，人们在择偶时，直接地考虑经济因素的成分就相对少些，这是因为富裕的物质生活水平和良好的经济条件已经保障了婚姻家庭生活的物质基础。而一方经济状况不佳，或者双方经济状况都不佳，人们在择偶时，直接地考虑经济因素的成分就相对多些，这是因为此种情形下的当事人需要借助婚姻当事人另一方的财力来保障今后婚姻家庭生活的物质基础。有婚姻家庭法学者研究认为，彩礼之所以能够成为被社会广泛接受的习俗，还因为它本身具有促进社会平衡与发展的作用，是

[①] 宗沐均：《从经济学角度看婚姻——读〈Marriage Contracts〉》，载《青年科学（教师版）》2013 年第 4 期。

对养育女儿成本的补偿和女儿出嫁从夫居后的生活保证。从物质层面来看，彩礼是对女方家庭劳动力丧失的一种补偿，也是一种财产保证，还是履行婚约的保证。从精神层面来看，彩礼是对女方家庭的精神补偿，女方家庭在嫁女时难免会为女儿出嫁以后的生活和幸福担忧，对此彩礼也可提供一定的保证。[①] 经济因素在婚姻诸多因素中占有很大的比例，但是，随着社会的进步，借婚姻索取财物给婚姻造成了一方当事人及其家庭的经济负担，影响双方家庭关系，也与社会主义婚姻制度格格不入。1950 年《婚姻法》第 2 条提出："禁止任何人藉婚姻关系问题索取财物。"此后颁布、修改的婚姻法律规范也一再禁止借婚姻索取财物。然而，借婚姻索取财物的现象仍然屡禁不止，有违社会主义婚姻家庭道德。要让借婚姻索取财物这一社会现象完全消失，就必须从根本上废除私有制。恩格斯指出："两性间的关系将成为仅仅和当事人有关而社会无须干涉的私事。这一点之所以能实现，是由于废除私有制和社会负责教育儿童的结果，因此，由私有制所产生的现代婚姻的两种基础，即妻子依赖丈夫、孩子依赖父母，也会消失。"[②]

第四节　认定借婚姻索取财物应当注意的问题

1. 要注意借婚姻索取财物与买卖婚姻的区别。两种行为的对象有相同之处，都涉及婚姻中的财物问题。但是，两者也是有重大区别的。首先，从主体上来看，借婚姻索取财物的主体是婚姻关系人一方，包括婚姻关系当事人及其家长，而买卖婚姻行为的主体不包括婚姻关系当事人，一般是第三方，包括婚姻关系当事人的家长或者拐卖人口者（将拐带来的妇女卖与他人为妻）。其次，从主观方面来看，借婚姻索取财物中的婚姻当事人在婚姻问题上是自愿的，在财物问题上一方是索取，另一方是不情愿的。买卖婚姻中的婚姻当事人被卖的一方是不自愿的，在财物问题上，买卖者都是自愿的。再次，

---

① 孙善侠、史清华：《我国农村婚姻市场中彩礼现象的经济学分析》，载《江西农业学报》2009 年第 6 期。

② ［德］弗里德里希·恩格斯：《共产主义原理》，中共中央马克思恩格斯列宁斯大林著作编译局译，载《马克思恩格斯全集（第 4 卷）》，人民出版社 1965 年版，第 371 页。

从两种行为特征来看，借婚姻索取财物特征是索取财物，买卖婚姻的行为特征是将婚姻当商品进行"买卖"。最后，从两种行为所侵害的法益来看，借婚姻索取财物侵害的是公序良俗，买卖婚姻侵害的是婚姻自由的婚姻制度。

2. 要注意借婚姻索取的财物与彩礼、嫁妆的区别。1993 年 11 月 3 日，《最高人民法院关于审理离婚案件处理财产分割问题的若干意见》将婚前财产分为两类：第一类是赠与的财物，该意见第 5 条规定："已登记结婚，尚未共同生活，一方或双方受赠的礼金、礼物应认定为夫妻共同财产，具体处理时应考虑财产来源、数量等情况合理分割。各自出资购置、各自使用的财物，原则上归各自所有。"第二类是借婚姻索取的财物，第 19 条规定："借婚姻关系索取的财物，离婚时，如结婚时间不长，或者因索要财物造成对方生活困难的，可酌情返还。对取得财物的性质是索取还是赠与难以认定的，可按赠与处理。"没有提及"彩礼"。这种方法只是从"出资方"是否自愿的角度来区分，自愿的为赠与，被迫的是索取，没有考虑"接受方"的情况。《婚姻法解释二》则只在第 10 条规定："当事人请求返还按照习俗给付的彩礼的，如果查明属于以下情形，人民法院应当予以支持：（一）双方未办理结婚登记手续；（二）双方办理结婚登记手续但确未共同生活；（三）婚前给付并导致给付人生活困难。""适用前款第（二）、（三）项的规定，应当以双方离婚为条件。"没有涉及赠与的财物和借婚姻索取的财物，明确指明是彩礼，并且在三个《婚姻法》司法解释中都没有提及，《婚姻家庭编解释一》承续了上述规定，实质上是对《最高人民法院关于审理离婚案件处理财产分割问题的若干意见》的修正。我们在这里从"接受方"的角度将婚前财产区分为借婚姻索取的财物与彩礼、嫁妆。借婚姻索取财物与彩礼、嫁妆并不能完全画等号，在法律没有明确界定三者概念的情况下，司法解释应当对三者之间的差别加以明确规定。但是，目前法律、司法解释对这三者都没有进行明确的界定。在此，我们对这三者加以区别，以便使进一步的研究有一个明确的基础，毕竟概念是逻辑的起点。在婚姻当事人结婚是自愿的前提下，借婚姻索取财物是一方向另一方强行索要财物，并以此作为结婚的条件；而彩礼、嫁妆则是在结婚时一方当事人按当地的习俗主动赠与另一方财物。借婚姻索取的财物接受方可以是一方当事人，也可以是一方当事人的家长；彩礼接受方只能是女方当事人家长；嫁妆接受方一般为婚姻关系当事人。"接受方"对婚前借婚姻索取的财物一般有三种处置情形：一是由索取方家长全部占有，或者全部自用，或者部分给自己的儿子准备彩礼；二是全部用于新婚夫妇结婚费用或者婚后家庭生活；三是一部分给一方当事人家长，一部分用于新婚夫妇结婚费用或者婚后家庭生活，而用于新婚夫妇结婚费用或者婚后家庭生活的财物就成了婚后夫妻共同财产。我们从《婚姻家庭编解释一》第5条的规定可以推导出，彩礼只是由一方当事人以结婚为条件给予（赠与）另一方当事人家长并由家长全部占有的情形。否则如果彩礼成了新婚夫妇的共同财产，就不存在返还的问题，只是共同财产进行分割的问题。该条的规定也不符合借婚姻索取财物的情形。

第五节　对借婚姻索取财物的处理

《民法典》第1042条第1款规定，禁止借婚姻索取财物。但是，对于违反这一规定的行为有什么法律后果，应当承担什么样的法律责任并没有明确规定，司法解释也还没有涉及。因此，如果发生借婚姻索取财物的纠纷，法院如何处理还存在法律上的空白，毕竟借婚姻索取的财物纠纷与彩礼、嫁妆纠纷还是有区别的。我们认为，在婚姻家庭法律规范对此没有明确规定的情况下，如果因借婚姻索取财物而发生纠纷，起诉到人民法院，人民法院可以依照《民法典》总则编的相关规定处理。《民法典》第8条规定："民事主体从事民事活动，不得违反法律，不得违背公序良俗。"前面已经说了，我们将借婚姻索取财物界定为违背公序良俗，并且是为法律所禁止的行为。因此，如果一方借婚姻向另一方索取财物，另一方一开始被迫答应，包括口头答应和书面协议，后来又不同意给予的情况下，索取方向人民法院提出诉讼请求，请求人民法院支持索取财物的，人民法院可以依据《民法典》第8条和第1042条第1款的规定，驳回索取方的诉讼请求。同时，《民法典》第153条规定："违背公序良俗的民事法律行为无效。"如果一方借婚姻向另一方索取财物，另一方被迫同意给予，在给予后又反悔，被索取方向人民法院提出诉讼请求，请求人民法院支持返还被索取的财物，在有证据证明这些财物是被索取的前提下，应当根据实际情况具体处理：（1）如果索取者不是婚姻关系一方当事人而是婚姻关系一方当事人的家长，被索取的财物也没有用于新婚夫妻的家庭生活，转化为夫妻共同财产，则可以考虑适用《民法典》第153条第2款的规定，按无效的民事行为处理，被索取的财物应当返还，即使婚姻关系当事人双方已经结婚也是如此。（2）如果双方只存在恋爱关系、非婚同居关系，没有办理结婚登记手续，双方解除恋爱关系、非婚同居关系，同样可以考虑适用《民法典》第153条第2款的规定，按无效的民事行为处理，被索取的财物在除去非婚同居共同生活的花销后应当返还。（3）如果双方已经办理结婚登记手续但是确实没有共同生活，被索取的财物已经转化为夫妻共同财产，如果双方提出离婚，除了已经用于因登记或者举行婚礼的费用外，也可以考虑适用《民法典》第153条第2款的规定，按无效的民事行为处理，被索取的财物应当返还。（4）如果被索取的财物已经用于新婚夫妇的婚礼开销和婚后家庭生活，则因为此财物已经转化为夫妻共同财产，当然就不存在再返还的问题。

对借婚姻索取财物返还之诉的性质，婚姻家庭法理论界有认为请求返还借婚姻被索取的财物之诉应当是不当得利之诉，诸多国家民法对此就是这样认定的。不当得利制度是民法体系中源远流长的制度，起源于罗马法的个别诉权。所谓不当得利，是指受益人、得利人没有法律根据取得不当利益，并因此使他人受损的一种债权债务关系。《民法典》将不当得利作为准合同，按合同之债来处理。借婚姻索取财物是违背公序良俗并且为法律所禁止的行为，实质上是一种违法行为，索取财物者是受益人、得利人，借婚姻索取的财物是没有法律根据而取得的不当利益，这种利益会使他人遭受损失。因此，借婚姻索取财物就是不当得利的行为，既然是不当得利，根据《民法典》第122条、第985条的规定，得利人没有法律根据取得不当利益的，受损失的人可以请求得利人返还取得的利益，即借婚姻索取的财物应当返还。对取得财物的性质是索取还是彩礼、嫁妆（赠与）难以查明时，可以按彩礼、嫁妆（赠与）处理。如果有司法解释明确将借婚姻索取的财物视为彩礼，那就应当按照最高人民法院对彩礼问题的司法解释来处理。总的原则是，在所有请求返还借婚姻索取的财物纠纷诉讼中，索取方家长占有的那部分财物必须返还。

对于因彩礼引发的纠纷，我国古代法律就有所规定。《大明律·户律·婚姻》中规定："若许嫁女已报婚书及有私约（谓先已知夫身残老幼庶养之类），而辄悔者，笞五十。虽无婚书，但曾受聘财者，亦是。若许他人未成婚者，杖七十，已成婚者，杖八十。后定婚者，知情与同罪，财礼入官。不知者不坐，追还财礼，女归前夫。前夫不愿者，倍追财礼给还其女，仍从后夫。男家悔者，罪亦如之，不追财礼。"[1] 清随明律。也就是说，有违反相关规定的，对于财物有没入官家的，有追还男家的，有不追还男家的。《婚姻家庭编解释一》承继《婚姻法解释二》的规定，在第 5 条中规定："当事人请求返还按照习俗给付的彩礼的，如果查明属于以下情形，人民法院应当予以支持：（一）双方未办理结婚登记手续；（二）双方办理结婚登记手续但确未共同生活；（三）婚前给付并导致给付人生活困难。""适用前款第（二）、（三）的规定，应当以双方离婚为条件。"原则是这原则，但是，在处理具体个案时，也要结合案件的具体情况进行分析、判断、处理。江苏省太仓市人民法院审理的高某诉孙某彩礼返还纠纷案就是一起彩礼纠纷案。原告高某（男）与孙某（女）于 2016 年 5 月经人介绍相识，不久确立了恋爱关系。同年 10 月，双方举办了订婚仪式，此后孙某便居住在高某家中。2017 年 1 月，高某突然将孙某的生活用品及衣物等送回孙某家中。不久，高某父亲转告孙某父亲要求解除高某与孙某之间的婚约，并要求孙某父亲退还彩礼 6 万元及首饰等财物。孙某父亲认为，高某与孙某已经订立婚约且高某本人至今未就婚约问题同孙某及家人交换过任何意见，因此婚约尚未解除。此外，孙某父亲坚称自己并未收到高某家的彩礼。双方争执不下，无法就返还财物问题达成协议。高某遂诉至法院，要求孙某返还彩礼。为证明给付孙某彩礼的事实，高某向法庭提供了首饰的购买发票、6 万元现金的银行取款记录以及介绍人和见证人的证言作为证据。太仓市人民法院审理后认为，婚约的解除无须经过法律程序，双方合意或者单方提出均可以解除。高某与孙某已经订立婚约，依据传统风俗习惯分析，高某主张给付孙某彩礼的事实具有较高的可信度。此外，高某提供的证据也可以证明高某给付孙某 6 万元现金及首饰作为彩礼。法院考虑到彩礼数额、双方已经同居生活、高某主动解除婚约以及孙某在婚约解除上没有明显过错等因素，判决孙某返还高某 3.5 万元。[2] 本案的争议点主要有给付

---

[1] （明）刘惟谦详定：《大明律》，明嘉靖年间河南按察使范永鸾重刊本，卷六，户律三。
[2] 江苏省太仓市人民法院（2017）0585 民初 1820 号民事判决书。

彩礼的事实是否存在、已经给付的彩礼能否要求返还以及返还的具体数额等。人民法院在查明相关事实后，在返还请求权的认定方面，人民法院作出的判决符合《婚姻家庭编解释一》第 5 条规定精神，这一规定表明，返还请求权的行使并没有其他条件限制，只要没有登记结婚，均不影响给付方返还请求权的行使，至于返还数额，司法解释中并未涉及，根据语义学的原理，对"给付方可以请求返还"的规定，一般应当理解为全部返还。但是，现实生活中，我们也要从民众的一般观念和传统习俗视角来看，婚约不能履行的过错以及是否同居生活都应当对彩礼是否需要返还、返还多少产生影响。如果法院在审判过程中，不考虑相关的因素，具体案件具体分析，机械地适用司法解释的规定，判决结果可能会与民众的一般价值判断相悖，毕竟天理国法人情都需要兼顾到。因此，太仓市人民法院在判决中一方面支持了给付方的返还请求，但同时也指出："考虑到彩礼数额、双方已经同居生活、高某主动解除婚约以及孙某在婚约解除上没有明显过错等因素，判决孙某返还高某 3.5 万元。"判决没有完全支持原告返还全部彩礼的诉讼请求，根据该案的具体情况，酌情减少了返还数额，这一判决体现了司法与民俗的高度契合。

《婚姻家庭编解释一》第 5 条关于彩礼的规定，显然只是针对男方给予女方的，现实生活中，女方馈赠的财物也有不少。对于嫁妆问题，司法解释并没有加以规定，如果出现了当事人请求返还按照习俗给付的嫁妆的情形时，在出现与彩礼一样的纠纷时应当如何判决？一般而言，嫁妆是女方家长自愿支付的，都会用于新婚夫妇的家庭生活，成为新婚夫妇的共同财产，而不会给予男方家长，不是男方借婚姻索取财物，可以根据《民法典》第 1041 第 2 款关于男女平等的原则，参照《婚姻家庭编解释一》第 5 条规定处理：（1）双方未办理结婚登记手续的，应当返还；（2）双方办理结婚登记手续但是确实没有共同生活的，应当返还，前提是双方办理了离婚手续。（3）双方办理结婚登记手续并且已经开始共同生活的，嫁妆也就成为夫妻共同财产，如果离婚，则按分割夫妻共同财产的原则处理。

对于彩礼返还之诉的性质问题。我们认为，彩礼的性质有两个方面：一方面是一方以结婚为条件赠与另一方，另一方面是全部归女方家长所占有。彩礼具有赠与性，但是，这种赠与是附条件、附义务的赠与，是以男女双方结婚为前提条件，接受方要与赠与方结婚才能使赠与成立。因此，彩礼是民法所谓附义务的赠与合同。赠与附义务的，受赠人应当按照约定履行义务。如果赠与人已经为给付，受赠人不履行其义务，赠与人可以依法提出撤销赠与。《民法典》第 661 条规定："赠与可以附义务。""赠与附义务的，受赠人应当按照约定履行义务。"同时，《民法典》第 663 条第 3 项规定，不履行赠与合同约定的义务的，赠与人可以撤销赠与。《民法典》第 665 条还规定："撤销权人撤销赠与的，可以向受赠人请求返还赠与的财产。"彩礼的附随义务就是赠与方和受赠方结婚，如果没有结婚，受赠方就是没有履行义务，赠与关系自然解除，已经赠与的赠与方当然就有权撤销赠与，请求返还彩礼。综上，彩礼返还之诉的性质可以认定为赠与合同之债。但是，最高人民法院在答复全国人大代表建议时指出，人民法院审理彩礼纠纷案件的案由是"婚约财产纠纷"，据有关统计，全国法院 2014 年一审受理的"婚约财产纠纷"为 23092 件，2015 年为 26088 件，2016 年为 24545 件。在实际生活中，彩礼的给付人和接受人并非仅限于男女双方，还可能包括男女双方的父母和亲属，这些人均可成为返还彩礼诉讼的当事人。而在诉讼中大多数也是由当事人本人或者父母起诉，因此应诉方以起诉人不适格作为抗辩时，法院不予采信，以最大限度地保护公民的财产权利。对于被告的确定问题也是如此，诉讼方通常把对方当事人的父母列为共同被告，要求他们承担连带责任，一般习俗是父母送彩礼，也是父母代收彩礼，故将当事人父母列为共同被告是适当的。[①] 在没有新的司法解释之前，还是应当按最高人民法院的观点审理案件。

现实生活中，双方父母有时为了孩子的幸福生活，出资为孩子购置婚房，对房屋的归属问题有时会发生争议，特别是在离婚时。为此，《婚姻家庭编解释一》第 29 条第 1 款规定："当事人结婚前，父母为双方购置房屋出资的，该出资应当认定为对自己子女个人的赠与，但父母明确表示赠与双方的除外。"根据《民法典》第 1063 条第 1 项的规定，婚前财产是夫妻一方个人财产，不是婚姻关系当事人双方的夫妻共同财产。但是，如果婚姻关系当事人一方父母明确表示是赠与婚姻关系当事人双方的，则为婚姻关系当事人双方夫妻共同财产，这个明确的前提我们认为就是购置的房屋登记在婚姻关系当

---

① 《最高人民法院对十二届全国人大五次会议第 1385 号建议的答复》，载 http: //gtpt. court.gov.cn/#/NewsDetail?type=03000000&id=c9e3474405c542388a1 2d7cc4f3d55da。

事人二人名下或者有明确的书面协议。《婚姻家庭编解释一》第 29 条第 2 款规定："当事人结婚后，父母为双方购置房屋出资的，依照约定处理；没有约定或者约定不明确的，按照民法典第一千零六十二条第一款第四项规定的原则处理。"《民法典》第 1062 条第 1 款第 4 项规定，夫妻在婚姻关系存续期间所得的受赠的财产，为夫妻的共同财产，归夫妻共同所有。但是，《民法典》第 1063 条第 3 项规定的除外。《民法典》第 1063 条第 3 项规定，赠与合同中确定只归一方的财产是夫妻一方个人财产。也就是说，父母在婚姻关系当事人婚后为双方购置房屋而出资的有约定按约定，如赠与合同中约定只归一方的财产是夫妻一方个人财产。无约定或者约定不明确的按夫妻在婚姻关系存续期间所得的受赠的财产处理，应当认定为夫妻的共同财产，为夫妻共同所有。我们认为，总的原则就是一方父母出资为子女购置结婚用房屋，对房屋产权的确定，一是看房屋登记证，二是看书面协议（约定）。

| 第五章 |
无效婚姻——违反法律禁止性规定而结婚的行为

1950 年《婚姻法》经过三十年的实践，当年的一些法律规定已经明显不能适应新的社会经济形势。为此，第五届全国人民代表大会第三次会议通过了 1980 年《婚姻法》。1950 年《婚姻法》和 1980 年《婚姻法》虽然都规定了一夫一妻的婚姻制度、法定结婚年龄和禁止结婚的情形，但是对违反这些禁止性法律规范而结婚所涉及婚姻的法律效力问题没有进行规定，所要承担法律责任也不明确。

随着社会经济的发展，1994 年 2 月 1 日实施的《婚姻登记管理条例》中有了婚姻关系无效的提法，因而我国法律制度有了无效婚姻制度的雏形，这一规定对于规制违法婚姻起到了积极的作用。但是，我们也应当看到，这一规定还没有上升到基本法律，婚姻无效后的法律后果也不明确。因此，在我国婚姻家庭法律立法中，当时还没有建立一套完整的无效婚姻制度，对违法婚姻处理的法律依据不足，不利于对合法婚姻的保护和对违法婚姻的制裁。2000 年 10 月 23 日，在第九届全国人民代表大会常务委员会第十八次会议上，时任全国人民代表大会常务委员会法制工作委员会副主任胡康生在《关于〈中华人民共和国婚姻法修正案（草案）〉的说明》中指出："我国现行的 1980 年《中华人民共和国婚姻法》是在 1950 年颁布的《中华人民共和国婚姻法》的基础上修订的。三十年来的实践证明，婚姻法规定的实行婚姻自由、一夫一妻、男女平等的婚姻制度，保护妇女、儿童和老人的合法权益，禁止重婚，禁止家庭成员间的虐待和遗弃等基本原则是正确的，有关夫妻、家庭成员间的权利义务的规定是基本可行的，对于建立和维护平等、和睦、文明的婚姻家庭关系，维护社会安定，促进社会主义精神文明建设和社会进步，发挥了积极的作用。同时，随着经济、社会的发展，人们的思想观念也发生了变化，在婚姻家庭关系方面出现了一些新问题。为了进一步完善我国的社会主义婚姻家庭制度，有必要总结婚姻法的实施经验，针对存在的问题，对婚姻法作出修改补充。1980年《中华人民共和国婚姻法》规定了婚姻自由、一夫一妻的婚姻制度以及法定婚龄和禁止结婚的条件，《中华人民共和国婚姻法修正案（草案）》对违反这些规定结婚的，增设了无效婚姻制度。"①《婚姻法》修改后，我国婚姻家庭法律制度有了一项全新的制度——无效婚姻制度。无效婚姻制度是对某些违反婚姻家庭法律规范行为的制裁，法律规定，即使婚姻符合法律的形式要件，当事人仍然需要具有结婚的行为能力，如果一方或者双方缺乏结婚的法律行为能力或者存在其他严重的婚姻障碍，这种婚姻是无效的。

根据《婚姻法》第10条规定："有下列情形之一的，婚姻无效：（一）重婚的；（二）有禁止结婚的亲属关系的；（三）婚前患有医学上认为不应当结婚的疾病，婚后尚未治愈的；（四）未到法定婚龄的。"立法机关在编纂《民法典》时，对无效婚姻制度进行了修改，删除了一种情形。保留了重婚、有禁止结婚的亲属关系和未到法定结婚年龄这三种情形而婚姻无效的规定，不再将"婚前患有医学上认为不应当结婚的疾病，婚后尚未治愈的"作为禁止结婚的情形进而规定为婚姻无效。《民法典》第1051条规定："有下列情形之一的，婚姻无效：（一）重婚；（二）有禁止结婚的亲属关系；（三）未到法定婚龄。"

就结婚的基本性质而言，是男女两性肉体和灵魂的结合，婚姻具有基本的自然属性。同时，婚姻制度在人类社会发展的不同阶段则有所不同，从群婚制到对偶婚制、从一妻多夫制到一夫多妻制，再到当今的一夫一妻制，体现了婚姻的社会属性。而在导致婚姻无效的三种情形中，重婚是属于违反婚

---

① 胡康生：《关于〈中华人民共和国婚姻法修正案（草案）〉的说明》，载 http：//www.npc.gov.cn/zgrdw/npc/lfzt/rlys/2014-10/24/content_1882720.htm。

姻社会属性方面的规定，既属于民事违法行为，又属于刑事犯罪行为；其他两种情形则是属于违反婚姻自然属性方面的规定，属于民事违法行为。关于重婚的问题，由于不仅仅导致婚姻无效，更重要的是涉及犯罪的问题，因此，我们对重婚问题在后面单辟一章来研究。本章主要研究有禁止结婚的亲属关系结婚、未到法定结婚年龄结婚而导致婚姻无效的情形，即违反法律关于婚姻自然属性方面的禁止性规定而结婚的行为。

第一节　无效婚姻的概念

无效婚姻是违反法律禁止性规定而结婚的行为。美国家庭法学者认为，从定义上看，无效婚姻是指不存在的、从未存在的、且不需经任何程序来加以解除的婚姻。[①] 在我国婚姻家庭法律规范中没有对无效婚姻的概念进行定义，而婚姻家庭法理论界和实务界有着不同的界定。在婚姻家庭法理论界，有学者认为，无效婚姻是指因存在法定的情形而不具有法律效力的婚姻。[②] 还有学者认为，无效婚姻，是指欠缺婚姻成立的法定条件而不发生法律效力的男女两性的结合。认为无效婚姻有两个特征：一是男女两性结合的时候不符合婚姻法规定的结婚应当符合的实质要件或者程序要件；二是男女当事人以夫妻名义共同生活。[③] 还有学者认为，无效婚姻，是指男女双方登记的因为法律规定的原因而不具有法律效力的婚姻。它是因为违反结婚的某些实质要件而产生的，形式要件则已经符合，即由登记机关进行了结婚登记。[④] 还有学者进一步认为，所谓婚姻无效，是指欠缺婚姻法定条件而不发生法律效力的违法婚姻，也就是法律不予承认和保护的婚姻。婚姻无效，一般认为是指欠缺婚姻的法定实质要件的违法结合，因而不具有法律效力。[⑤] 在婚姻家庭法实务

---

① ［美］哈里·D. 格劳斯、大卫·D. 梅耶：《美国家庭法精要》，陈苇等译，中国政法大学出版社 2010 年版，第 41 页。

② 吴高盛主编：《婚姻法释义》，人民法院出版社 2001 年版，第 34 页。

③ 李建国主编：《最新婚姻法实用问答》，人民法院出版社 2001 年版，第 51 页。

④ 贺小电、周利民：《婚姻继承适用新论》，中国政法大学出版社 2001 年版，第 168~169 页。

⑤ 王礼仁：《婚姻诉讼前沿理论与审判实务》，人民法院出版社 2009 年版，第 473 页。

界，有研究者认为，无效婚姻，是指欠缺婚姻成立的法定条件而不发生法律效力的两性结合。[①] 还有研究者认为，无效婚姻，是指不具备法定结婚实质要件或者形式要件的两性结合，在法律上不具有婚姻效力，应当被宣告无效的婚姻。[②] 上述无效婚姻的概念不尽如人意。我们认为，对无效婚姻概念的定义应当围绕导致婚姻无效的诸要素来界定。因此，根据《民法典》精神，所谓无效婚姻，是指婚姻关系当事人因违反婚姻家庭法律规范禁止性规定的行为，从而导致欠缺婚姻实质要件而自始没有法律约束力的婚姻。这就将婚姻无效的相关诸要素都纳入概念之中，逻辑层次分明。

在美国，无效婚姻包括：同性婚、重婚、多重婚和亲属婚。在大多数州，无效婚姻不需要正式的宣告无效的程序，但是当事人仍然可以向法院申请正式的宣告，以使该婚姻无效具有司法记录。对于无效婚姻，各州的法律没有规定抗辩理由，当事人不可以自行认可和宽恕无效婚姻，它是基于州的公共政策而被视为无效的。[③] 在英国，婚姻无效的法律制度规定在 1973 年婚姻诉讼法中。只有获得最终判决，婚姻才能被宣告无效，双方在结婚后任何时间内都可以请求判决婚姻无效，无效的婚姻自始无效。该法第 11 条规定："一项婚姻在下列情况下无效：（a）依据 1949—1986 年婚姻法的规定，一项婚姻无效的情形即（i）双方属于法律禁止结婚的亲属关系；（ii）任何一方不满 16 岁；或（iii）双方内部通婚，未满足结婚形式的特定要求；（b）结婚时，一方已婚；（c）婚姻当事人互为同性；（d）一方在结婚时住所在英格兰或威尔士之外的国家或地区登记。"[④] 英美两国关于婚姻无效的制度还是存在一定的差别。

对于当事人以伪造、变造、冒用证件等方式骗取结婚登记的情形是否为无效婚姻的问题，在《民法典》编纂过程中，在历次送审稿中均规定为无效婚姻，但是，在最终审议时，立法机关认为，这种情形实质上是登记瑕疵的

---

① 马原主编：《新婚姻法条文释义》，人民法院出版社 2002 年版，第 105 页。陈坚：《婚姻法原理精释与适用》，南方出版社 2012 年版，第 62 页。

② 最高人民法院民法典实施工作领导小组主编：《中华人民共和国民法典婚姻家庭编继承篇理解与适用》，人民法院出版社 2020 年版，第 81 页。

③ 夏吟兰：《美国现代婚姻家庭制度》，中国政法大学出版社 1999 年版，第 48 页。

④ ［美］凯特·斯丹德利：《家庭法》，屈广清译，中国政法大学出版社 2004 年版，第 41~42 页。

问题，而不是婚姻的效力问题。由于婚姻登记是一种行政行为，不是民事行为，因婚姻登记存在瑕疵而引起的纠纷不属于民事纠纷，当事人可以通过依法申请行政复议或者提起行政诉讼的方式，请求撤销错误的婚姻登记。

第二节　无效婚姻的特征

结婚，又称婚姻的成立或者婚姻的缔结，是指男女双方依照法律规定的条件和程序确立夫妻关系的一种民事法律行为。[①] 结婚作为一种民事法律行为具有几个基本特征：一是结婚的主体必须是男女，这是婚姻的自然属性，目前同性之间不能"结婚"在世界各国还是主流制度。二是结婚要求按一定的程序进行登记，没有进行婚姻登记的所谓事实婚姻已经不为我国当下的婚姻家庭法律规范所承认，非婚同居的双方当事人不具备婚姻关系的基本要素，当然也就不存在婚姻的效力问题。三是结婚必须符合法律对婚姻实质性要件的规定，不得违反国家有关婚姻家庭法律规范的禁止性规定。四是结婚的男女都必须达到法定结婚年龄。五是结婚的法律后果是确定婚姻关系当事人男女双方为夫妻关系。

根据《民法典》的规定，结婚有必备条件和禁止条件。所谓必备条件，又称结婚的积极条件，是指《民法典》规定的男女双方登记结婚时所应当具备且不可缺少的条件。这些条件包括结婚必须男女双方完全自愿、必须达到法定结婚年龄、必须符合一夫一妻原则。违反当事人自愿原则而结婚，可能导致婚姻被撤销。违反法定结婚年龄的规定、违反一夫一妻婚姻制度，将导致婚姻无效。所谓禁止条件，又称结婚的消极条件，又称为排除条件，是指《民法典》规定的不允许结婚的情形，这些条件包括直系血亲或者三代以内旁系血亲禁止结婚，违反有禁止结婚的亲属关系而结婚，将导致婚姻无效。根据斯通的研究，英国在"宗教改革后，婚姻无效的宣告只能在以下三种情形上被取得：证明一方与第三者有婚约在先；丈夫和妻子具有圣经旧约利末记律法所订亲等内的血亲关系；丈夫在三年间性无能（最后一项不是件容易证

---

① 贺小电、周利民：《婚姻继承适用新论》，中国政法大学出版社 2001 年版，第 129 页。

明的事情）"①。在美国的法律看来，婚姻是一种合同，因此，合同法有关行为能力和同意有效性的规定适用于婚姻法。美国多数州的法律规定，一方无行为能力或者心智不健全者，如精神病患者、智力低下者，在举行结婚仪式时没有表示同意结婚的能力的，或者在酒精、毒品及其他能致人麻醉的物品作用下没有能力表示同意的，不能缔结婚姻，否则缔结的婚姻无效。② 这些规定从合同缔结者的行为能力和同意的有效性角度作为判断婚姻有效性的依据。美国家庭法学者认为，一般认为无效婚姻包括近亲结婚、重婚或一方未达绝对最低法定婚龄的婚姻。③ 在我国，除重婚导致婚姻无效外，无效婚姻有两种情形。

一、有禁止结婚的亲属关系的无效婚姻

1950 年《婚姻法》第 5 条第 1 项规定，禁止男女为直系血亲或者为同胞的兄弟姊妹和同父异母或同母异父的兄弟姊妹者结婚，其他五代内的旁系血亲间禁止结婚的问题，从习惯。当时的婚姻家庭法律规范并没有禁止男女为表兄弟姊妹、堂兄弟姊妹者结婚，只是从习惯。而那个时候的习惯是男女为堂兄弟姊妹者不得通婚，男女为未出五服的从兄弟姊妹者、族兄弟姊妹者也是不得通婚，甚至还有同姓不婚的习惯。而男女为（姑、姨）表兄弟姊妹者则不在禁止之列。随着时代的发展，科技的进步，人们发现婚姻关系当事人男女双方为表兄弟姊妹者结婚生下的后代，遗传疾病的发生率极高。国家立法机关注意到了这一问题，在 1980 年《婚姻法》第 6 条第 1 项规定，"禁止直系血亲和三代以内的旁系血亲结婚"，将（姑、姨）表兄弟姊妹之间结婚排除在外。《婚姻登记管理条例》第 12 条规定："申请结婚登记的当事人有下列情形之一的，婚姻登记管理机关不予登记：（一）未到法定结婚年龄的；（二）非自愿的；（三）已有配偶的；（四）属于直系血亲或者三代以内旁系血

---

① ［英］劳伦斯·斯通：《英国的家庭、性与婚姻 1500—1800》，刁筱华译，商务印书馆 2011 年版，第 17 页。

② 夏吟兰：《美国现代婚姻家庭制度》，中国政法大学出版社 1999 年版，第 18 页。

③ ［美］哈里·D.格劳斯、大卫·D.梅耶：《美国家庭法精要》，陈苇等译，中国政法大学出版社 2010 年版，第 40 页。

亲的；（五）患有法律规定禁止结婚或者暂缓结婚的疾病的。"第 24 条规定："未到法定结婚年龄的公民以夫妻名义同居的，或者符合结婚条件的当事人未经结婚登记以夫妻名义同居的，其婚姻关系无效，不受法律保护。"第 25 条规定："申请婚姻登记的当事人弄虚作假、骗取婚姻登记的，婚姻登记管理机关应当撤销婚姻登记，对结婚、复婚的当事人宣布其婚姻关系无效并收回结婚证，对离婚的当事人宣布其解除婚姻关系无效并收回离婚证，并对当事人处以 200 元以下的罚款。"立法机关在编纂《民法典》时，在第 1048 条规定，直系血亲或者三代以内旁系血亲禁止结婚。一如之前的法律规定，仍然是以"代"为计算单位来计算亲属之间亲疏远近的方法，没有采用大陆法系国家和地区以"亲等"为计算单位来计算亲属之间的亲疏远近的方法。"代"含己身，"亲等"不含己身。

恩格斯在《家庭、私有制和国家的起源》的研究中发现，人类在早期实行的是群婚制，男女之间的性行为是没有限制的。随着人类智慧的增长，发现杂乱婚对人类繁衍、发展是有害的，人类在家庭组织上逐步排除了直系血亲和较亲的旁系血亲之间的性关系。由此，恩格斯得出一个结论："不容置疑，凡血亲婚配因这一进步而受到限制的部落，其发展一定要比那些依然把兄弟姊妹之间结婚当作惯例和义务的部落更加迅速，更加完全。"[①] 人类发展的自然规律让人类认识到，如果血缘太近的亲属之间相互结婚十分容易将双方生理上、精神上的疾病、缺陷遗传给下一代，直接影响后代的健康，危害民族的发展。在美国，法律禁止亲属婚姻。所谓亲属婚姻有两类：一类是血缘婚姻，即有血缘关系的亲属如父母子女、兄弟姐妹之间的通婚；另一类是姻亲婚姻，即由婚姻关系而产生的亲属之间如公公与儿媳、婆婆与女婿之间的通婚。[②] 人类学家、生理学家的研究均证明，没有血缘亲属关系的人之间结婚有利于人种体质、智力发展。摩尔根研究认为："把没有血缘关系的人带入婚姻关系之中，这种新的做法的影响必然给社会带来巨大的冲击。它有利于创造一种在体力和智力两个方面都更为强健的种族，不同种族的结合所带来

---

① ［德］弗里德里希·恩格斯：《家庭、私有制和国家的起源》，中共中央马克思恩格斯列宁斯大林著作编译局译，载《马克思恩格斯全集（第 21 卷）》，人民出版社 1965 年版，第 4 页。
② 夏吟兰：《美国现代婚姻家庭制度》，中国政法大学出版社 1999 年版，第 38 页。

的利益，给人类的发展带来了巨大的影响，当两个具有强健体力与智力的、处于开化中的部落，因为野蛮生活中的偶然事件而结合在一起并混为一个民族的时候，新生一代的颅骨和脑髓将扩大到相当于两个部落才能的总和。这样的种族当然是以这两个种族为基础的一种改良种族，其优越性可以通过智力与人口的增加而表现出来。"① 禁止直系血亲或者三代以内旁系血亲结婚是人类长期生活经验和生物科学发展知识的积累，也是人类婚姻生活数千年历史教训的总结，各国在禁止有血缘关系的人通婚方面都有这样或者那样的禁止性规定。在美国，禁止结婚的亲属关系，大多数州都规定为：（1）直系血亲或者直系拟制血亲，即有直接血缘联系或者经收养而产生的父母子女之间、（外）祖父母与（外）孙子女之间；（2）兄弟姐妹之间，包括全血缘、半血缘的兄弟姐妹及养兄弟姐妹之间；（3）伯父、叔父、舅父与侄女、外甥女之间或者姑母、姨母与侄子、外甥之间，包括全血源、半血源和因收养关系而产生的此类亲属之间。② 美国家庭法学者指出，结婚另一个重要的先决条件是男女双方不能是近亲属。禁止近亲（直系血亲、同胞兄弟姐妹）结婚是人类共同的法则。③ 从上面的论述中，我们可以知道有禁止结婚的亲属关系而结婚的无效婚姻有这么几方面的特征：

1. 婚姻关系当事人有我国婚姻家庭法律规范或者说《民法典》禁止结婚的亲属关系。亲属关系分为血亲关系与姻亲关系，血亲包括自然血亲和法律拟制的血亲。自然血亲是指同源于同一祖先、具有血缘关系的亲属。自然血亲又分为直系血亲和旁系血亲。拟制血亲是指虽然没有血缘关系，但是因为符合一定的条件，法律给予与自然血亲同等的权利与义务的亲属。如养父母与养子女、继父母与继子女之间就是拟制血亲。拟制血亲同样是直系血亲，受到禁止结婚的限制，也在禁止结婚范围内。

（1）直系血亲。对于直系血亲，婚姻家庭法学界有不同表述，在理论界

① ［美］路易斯·亨利·摩尔根：《古代社会（下册）》，杨东莼、马雍、马巨译，商务印书馆 1977 年版，第 464 页。

② 夏吟兰：《美国现代婚姻家庭制度》，中国政法大学出版社 1999 年版，第 18~19 页。

③ ［美］哈里·D. 格劳斯、大卫·D. 梅耶：《美国家庭法精要》，陈苇等译，中国政法大学出版社 2010 年版，第 33 页。

有学者认为，所谓直系血亲，是指与自己有直接的血统关系的人。[1]在实务界有研究者认为，直系血亲是指生育自己或者自己所生的上下各代血亲，即所谓己身所从出或者从己身所出的血亲。[2]我们认为，直系血亲，是指和自己有直接血缘关系的亲属。依照世代计算法规定，直系血亲的范围，从自己算起，往上为父母、祖父母和外祖父母、曾祖父母和曾外祖父母、高祖父母和高外祖父母，往下为子女、孙子女和外孙子女、曾孙子女和曾外孙子女、玄孙子女和玄外孙子女，上下九代，也称九世。在新中国之前，由于提倡早婚早育的原因，还有不少五世同堂的，新中国成立之后，由于提倡晚婚晚育，五世同堂者就相对少见了，但是，由于平均年龄的提高，高寿者多，四世同堂的现象还有不少。

所谓禁止直系血亲结婚，就是法律上不允许曾祖父母与曾孙子女之间、曾外祖父母与曾外孙子女之间、祖父母与孙子女之间、外祖父母与外孙子女之间、父母与子女之间等有直接血缘关系的人结婚，包括法律拟制的直系血亲。

（2）三代以内旁系血亲。所谓旁系血亲，是指除直系血亲以外在血统上和自己出于同源的人，是具有间接血缘关系的亲属，即非直系血亲而在血缘上与自己同出一源的亲属。包括叔伯姑舅姨、兄弟姐妹等。所谓三代，是指从己身往上数，己身为一代、父母为一代、（外）祖父母为一代，共为三代。因此，所谓三代以内旁系血亲，是指从自己计算为一代的三代，出自同一（外）祖父母的血亲。计算方法是从两个旁系亲属分别往上计数，到同源血亲，己身为一代，如果两边数字相等，则任何一边的数字就是他们的代数；如果两边数字不相等，则以大的数字为代数。范围包括：①自己的兄弟姐妹、自己的同父异母兄弟姐妹或者自己的同母异父兄弟姐妹是自己的旁系血亲，又因为自己与他们同源于父母，以父母为一代，因此，自己与自己的兄弟姐妹、自己的同父异母兄弟姐妹或者自己的同母异父兄弟姐妹为二代以内的旁系血亲；②自己的堂兄弟姐妹、自己的（姑、姨）表兄弟姐妹是自己的旁系血亲，又因为自己与他们同源于（外）祖父母，以（外）祖父母、父母为二

① 吴高盛主编：《婚姻法释义》，人民法院出版社 2001 年版，第 21 页。

② 陈坚：《婚姻法原理精释与适用指南》，南方出版社 2012 年版，第 39 页。

代，因此，自己与自己的堂兄弟姐妹、自己的（姑、姨）表兄弟姐妹为三代以内的旁系血亲；③自己的叔伯姑舅姨是自己的旁系血亲，又因为自己与自己的叔伯姑舅姨同源于（外）祖父母，以（外）祖父母、父母为二代，则自己与自己的叔伯姑舅姨为三代以内旁系血亲；④外甥（女）、侄儿（女）是自己的旁系血亲，又因为自己与自己的外甥（女）、侄儿（女）同源于父母，以父母、兄弟姐妹为二代，因此，自己与自己的外甥（女）、侄儿（女）为三代以内旁系血亲。

所谓禁止三代以内旁系血亲结婚，就是法律上不允许同父母的兄弟与姐妹之间（含同父异母、同母异父）、堂兄弟与堂姐妹之间、（姑、姨）表兄弟与（姑、姨）表姐妹之间，或者叔伯（姑）与侄女（儿）之间、姨舅与外甥（女）之间结婚。在我国，婚姻家庭法律规范主要是禁止堂兄弟姐妹、表兄弟姐妹之间结婚，差着辈分的旁系血亲就更加在禁止通婚的范围之内，即使年龄相差不大也是如此。

2. 婚姻关系当事人是直系血亲或者是三代以内的旁系血亲，这种婚姻关系虽然在程序上没有问题，已经获得婚姻登记并领取了结婚证，但是由于这种婚姻关系是违反法律禁止性规定的婚姻关系，因而该婚姻关系是无效婚姻。这种无效婚姻无须当事人主观上存在什么故意、过失之类的过错责任，也不存在其他第三方的因素，说起来其实是一种严格责任，即只问结果，不问过程，不问原因，只要婚姻关系当事人是直系血亲或者是三代以内的旁系血亲，即使进行了婚姻登记，婚姻仍然无效。

3. 直系血亲或者是三代以内的旁系血亲结婚是违反婚姻家庭法律、行政法规的强制性规定的民事行为。美国法律禁止亲属间通婚主要是基于遗传学、优生学和伦理学的理论，养兄弟姐妹间无任何血缘关系，其生育不影响子代的身体健康。因此，禁止他们通婚实际上是伦理道德的要求，认为这种婚姻关系有可能发生乱伦。[①] 对违反婚姻家庭法律、行政法规的强制性规定的民事行为，《民法典》第 153 条第 1 款规定："违反法律、行政法规的强制性规定的民事法律行为无效。但是该强制性规定不导致该民事法律行为无效的除外。"第 2 款规定："违背公序良俗的民事法律行为无效。"这些规定是无效婚

---

① 夏吟兰：《美国现代婚姻家庭制度》，中国政法大学出版社 1999 年版，第 40 页。

姻的法理基础，在适用法律时当然还是应当适用《民法典》关于婚姻家庭的法律规定。所谓强制性规定，是指法律基于对国家利益、社会公共利益的考量，对私人意思自治领域所施加的一种限制。它要求民事行为主体在实施某一民事法律行为时，必须服从国家这种对民事行为自由的限制，否则所为民事行为就会因对国家利益、社会公共利益等的侵害而被判定为无效。所谓公序良俗，是对公共秩序、善良风俗的简称，对此并不是一个确定的概念，目前在我国民事审判和仲裁当中，已经将公序良俗进行了类型化，一般认为包括但是不限于以下几种类型：（1）危害国家政治、经济、财政、税收、金融、治安等秩序类；（2）危害家庭关系行为类；（3）违反性道德行为类；（4）违反人权和人格尊严的行为类；（5）限制经济自由行为类；（6）违反公平竞争行为类；（7）违反消费者保护行为类；（8）违反劳动者保护行为类等。公序良俗也体现了国家对民事自治领域的一种限制。直系血亲或者三代以内的旁系血亲结婚，就是违反婚姻家庭法律、行政法规的强制性的规定的民事法律行为，同时也是违背公序良俗的民事法律行为。因为《民法典》第1048条明文规定："直系血亲或者三代以内的旁系血亲禁止结婚。"因此，《民法典》第1051条规定，直系血亲或者三代以内旁系血亲之间结婚而形成的婚姻是无效婚姻。

近亲结婚的危害是很大的，据相关的医学统计，近亲结婚的遗传病发病率比非近亲结婚的高150倍以上，婴儿死亡率高3倍，最严重的是造成畸形、痴呆儿童。因此，禁止一定范围内的血亲结婚是基于优生学和遗传规律作出的自然选择，已经成为世界各国婚姻制度的通例了。此外，从维护传统伦理道德和亲属秩序上来说，当今社会，血缘太近的人之间结婚，通常难以被民间善良风俗和人伦秩序所接受，容易造成亲属身份和继承上的紊乱，特别是在我国这样注重长幼有序、昭穆之序传统的国度，会被认为是严重违反人伦的。拟制血亲之间通婚也是如此，禁止拟制血亲之间结婚主要就是从人伦的角度考虑而不是从自然因素考虑。古德指出，社会最不赞成的违法行为是乱伦，因为这违反了乱伦禁忌，这种禁忌是任何一个社会都有的。乱伦禁忌非常复杂，因社会而异，除特殊情况之外，在核心家庭成员之中，只有丈夫和妻子可以发生性关系，而严禁在父女之间、兄弟姐妹之间及母子之间发生性关系。[①]人类婚姻的历史和学者的研究均认为，乱伦禁忌几乎是世界性的制度化规范。它禁止父母亲和他们的孩子之间、兄弟和姐妹之间以及核心家庭的成员和核心家庭之外的亲戚（如姻亲血亲：婶婶、叔叔、堂兄妹等）之间发生性关系。对于乱伦禁忌的原因，这些学者从经济学的角度分析认为，乱伦禁忌最初是用作为保证一种制度化的通过交换而得到收益的模式的手段。在自己家庭内结婚的夫妻，仅仅能共享他们早已具有的东西。这是一个封闭的安排，没有彩礼、没有嫁妆，没有更大的社会联系等。但是，与一个家庭外的人结婚，便能引入其他资源。[②]美国家庭法学者指出，支持禁止乱伦这一观点有一条令人信服的论据：家庭关系一定不能变成性利用的潜在的基础。从人类历史来看，乱伦几乎是人类文明普遍的禁忌。[③]从婚姻家庭法律规范来看，禁止血缘太近的男女之间结婚也是古今中外的婚姻家庭法律规范的通例。《礼记·大传》曰："四世而缌，服之穷也；五世袒免，杀同姓也。六世，亲属竭矣。其庶姓别于上，而戚单于下，昏（婚）姻可以通乎？系之以姓而弗别，缀之以食而弗殊，虽百世而昏（婚）姻不通者，周道然也。"[④]"六世，亲属竭矣"，那么六世以后同宗男女可以通婚吗？陶希圣解释道："不能。依周道，同姓男女是一个姓，祭祀的时候又在一块宴饮，所以，虽百世也不能通婚。"[⑤]规定十分严苛，同姓（宗）不婚，后世以为例。《唐律·户婚》有规定："诸同姓为婚者，各徒二年，缌麻以上以奸论。"[⑥]《大明律·户律》也规定："凡同姓为婚者赂，杖六十，离异。"[⑦]在中国古代的人们看来，同一个男

①　[美] 威廉·J. 古德：《家庭》，魏章玲译，社会科学文献出版社 1986 年版，第 56 页。

②　[美] 丽莎·冈斯茨尼、约翰·冈斯茨尼：《角色变迁中的男性与女性》，潘建国、潘邦顺、王晴波译，浙江人民出版社 1988 年版，第 136~137 页。

③　[美] 哈里·D. 格劳斯、大卫·D. 梅耶：《美国家庭法精要》，陈苇等译，中国政法大学出版社 2010 年版，第 34 页。

④　（汉）戴圣，（汉）郑玄注，（唐）孔颖达疏：《礼记正义》，载《十三经注疏（下）》，中华书局 1980 年版，第 1507 页。

⑤　陶希圣：《婚姻与家族》，商务印书馆 1931 年版，第 31 页。

⑥　（唐）长孙无忌等撰：《唐律疏议》，中华书局 1985 年北京新一版，第 297 页。缌麻，古代丧服名。五服中之最轻者，孝服用细麻布制成，服期三月。凡本宗为高祖父母，曾伯叔祖父母，族伯叔父母，族兄弟及未嫁族姊妹，外姓中为表兄弟，岳父母等，均服之。即缌麻以上五服以内的亲戚。

⑦　（明）刘惟谦详定：《大明律》，明嘉靖年间河南按察使范永鸾重刊本，卷六，户律三。

系之血系分出的男女之间的肉体的交合为不吉不伦的观念才是同姓不婚的根基，这不外乎是近亲相奸的不吉不伦感的一种样式。法律规定了禁止一定范围内的亲族间的婚姻，对违反禁条的责任者科以刑罚、视婚姻为无效、强令夫妇离异等内容。[①] 在新民主主义革命时期，《中华苏维埃共和国婚姻条例》第 5 条规定："禁止男女五代以内亲族血统的结婚。"《晋察鲁冀边区婚姻暂行条例》第 13 条规定："直系血亲，直系姻亲及八亲等以内之旁系血亲不得结婚。"[②] 限制结婚的亲属范围更大。罗马法对有亲属关系的人之间通婚有明确的范围限制：尊卑亲属相互不得通婚，旁系亲属之间如兄弟姐妹包括同父异母、同母异父兄弟姐妹和法律拟制（收养）的兄弟姐妹之间不得通婚，不得娶兄弟姐妹的女儿、孙女为妻，不准与姑母、姨母（即使是收养形成）结婚，禁止与岳母、继母结婚，等等。[③] 各大陆法系国家和地区也都在民法中对禁止近亲结婚的问题进行了规定。

关于姑（姨）表亲婚姻的效力问题。1950 年《婚姻法》对禁止结婚的情形进行了规定，其中规定，下列情形禁止结婚："为同胞的兄弟姊妹和同父异母或同母异父的兄弟姊妹者；其他五代内的旁系血亲间禁止结婚的问题，从习惯。"而当时姑（姨）表亲之间结婚是习惯，不为法律所禁止。到了 1980 年《婚姻法》，始禁止三代以内旁系血亲结婚，但是并没有规定此类婚姻为无效婚姻。《婚姻法》将三代以内旁系血亲结婚而形成的婚姻视为无效婚姻，这一规定为《民法典》沿袭。因此，自 1980 年《婚姻法》实施以后，禁止姑（姨）表亲之间结婚已经为民众广泛认可，姑（姨）表亲之间结婚的现象已经极为少见。由于姑（姨）表亲之间结婚是属于法律规定的禁止三代以内

---

① ［日］滋贺秀三：《中国家族法原理》，张建国、李力译，商务印书馆 2013 年版，第 39、40 页。

② 亲等，罗马法旁系血亲亲等计算法。是先要找出同源直系血亲，即从己身上数至双方共同的直系血亲（同源人），每经一代为一亲等；再从所指的亲属往上数至同源人，也是每经一代为一亲等，再将两边所有亲等数相加所得之和，即为己身与所指亲属的亲等数。如：计算自己与堂兄弟姐妹的亲等，先找到自己与兄弟姐妹的血缘同源人即祖父母，分别从自己和堂兄弟姐妹这两边往上数至祖父母，两边分别为二，再将两边的亲等数相加（即 2+2=4），那么，自己与堂兄弟姐妹之间为四亲等旁系血亲。八亲等，即我们常说的未出五服。

③ ［罗马］查士丁尼：《法学总论——法学阶梯》，张企泰译，商务印书馆 1989 年版，第 19~23 页。

旁系血亲结婚的情形，应当视为无效婚姻。但是，人民法院在审理此类案件时，应当按照法不溯及既往的原则处理，对于1980年《婚姻法》实施之前姑（姨）表亲之间结婚而形成的婚姻不宜认定为无效婚姻，如果双方要求离婚，应当按有效婚姻的离婚案由来审理。

关于拟制血亲之间的婚姻效力问题。（1）拟制直系血亲。因收养、再婚而形成的养父母与养子女、继父母与继子女之间的父母子女关系是法律拟制的直系血亲关系。从生物学的角度来看，拟制的直系血亲之间可能没有生理上的血缘关系，如果他们之间结婚，并不会增加遗传疾病或者生理缺陷的几率。但是，从伦理学的角度来看，这种拟制的直系血亲仍然属于直系血亲，他们之间结婚会扰乱家庭辈分秩序，有违人伦，属于法律规定的禁止结婚的直系血亲，应当禁止养父母与养子女之间、继父母与继子女之间结婚，如果结婚应当视为无效婚姻。此外，依照《民法典》关于收养的规定，收养成立后，养子女与亲生父母之间的亲子关系当然消灭。但是，养子女与亲生父母之间的血缘关系并不当然消灭，消灭的仅为亲子关系。养子女与亲生父母之间的血缘关系并不会因送养后而切断，养子女与亲生父母之间因血缘形成的仍然是直系自然血亲，属于应当禁止结婚的范围。同时，《民法典》规定，收养关系解除后，养子女与养父母之间的亲子关系即行消灭，与生父母之间的亲子关系自行恢复。同样，继父母与亲生父母离婚后，继子女与继父母的亲子关系也即行消灭。解除收养关系、再婚后离婚，致使因收养、再婚形成的拟制血亲关系不复存在。此时，原养父母、原继父母是否可以与原养子女、原继子女结婚法律上并没有禁止性的规定，考虑到民法上法无明文禁止即允许的理论，加之他们之间结婚在血缘问题上无虞，不会带来生物学上的遗传疾病和生理缺陷，也不会造成亲属关系的紊乱。因此，原养父母与原养子女、原继父母与原继子女之间结婚不在法律禁止的范围内，如果结婚不应当认为是无效婚姻，只是社会舆论或许难以接受。（2）拟制旁系血亲。目前我国法律没有禁止拟制的旁系血亲结婚，从生物学的角度来看，拟制的旁系血亲只要没有血缘关系，如果他们之间结婚，并不会增加遗传疾病或者生理缺陷的几率。从伦理学的角度来看，拟制的旁系血亲是建立在收养、再婚基础上的，收养、再婚前，养子女、继子女与拟制的旁系血亲并没有建立在血缘基础上的亲属关系，养子女、继子女与拟制的旁系血亲之间没有血缘关系，只要他们之间没有基于血缘而形成的三代以内旁系血亲，如果他们之间结婚，如继父母带来的继子女之间结婚、养子女与拟制的旁系兄弟姐妹结婚并不违背传统的家庭伦理关系，也不违背公序良俗，并为广大民众所接受，同时可以保障公民的婚姻自由，不能按无效婚姻处理。

关于姻亲之间的婚姻效力问题。目前我国法律禁止的是有相关血亲关系的亲属之间结婚，并没有禁止有相关的姻亲关系的亲属之间结婚。直系姻亲之间，如公公与儿媳妇、岳母与女婿之间；旁系姻亲之间，如女方丧偶或者离婚后与（大伯子）小叔子之间、男方丧偶或者离婚后与（大姨姐）小姨子之间；男女亲家之间结婚不在法律禁止的范围之内，只要当事人双方已经满足结婚要件，申请结婚的，婚姻登记机关应当予以登记，已经登记结婚的，人民法院不得否认该婚姻的法律效力，不得认定为无效婚姻。旁系姻亲之间的婚姻相对而言能为民众所接受。

二、未达到法定结婚年龄的无效婚姻

1950年《婚姻法》第4条规定："男二十岁，女十八岁，始得结婚。"规定了法定结婚年龄。1980年《婚姻法》对法定结婚年龄进行修改，法定结婚年龄有所提高，第6条规定："结婚年龄，男不得早于二十二周岁，女不得早于二十周岁。晚婚晚育应予鼓励。"《婚姻法》第5条规定："结婚年龄，男不得早于二十二周岁，女不得早于二十周岁。晚婚晚育应予鼓励。"《民法典》第1047条规定："结婚年龄，男不得早于二十二周岁，女不得早于二十周岁。"保持了原有法定结婚年龄的规定。这一规定要求，结婚年龄，男不得早于22周岁，女不得早于20周岁。所谓法定结婚年龄，就是指法律规定的允许结婚的最低年龄。未到法定结婚年龄而结婚的无效婚姻有这么几方面的特征：

1. 婚姻关系当事人一方或者双方没有达到法定结婚年龄。婚姻具有自然属性和社会属性两重性，自人类社会有法律以来，对结婚年龄都有所规定，结婚年龄的确定，无非就是考虑两个方面的要素，一是自然因素，二是社会因素。就自然因素而言，自然是指男女双方的生理、心理发育情况。根据人类生长的规律，男女只有达到一定的年龄，他们的性生理、性心理才会趋于成熟，如果过早结婚，开始性生活，会对当事人带来不利的后果，过早结婚，当事人还不能够完全具备判断和处理家庭、社会事务的能力，甚至生活能力都不一定够，难以承担起婚后对家庭、子女和社会应尽的责任，还可能会影响下一代的健康成长，早婚早育容易造成新生儿早夭。同时，设定法定结婚年龄也是考虑国家控制人口政策的需要。在美国早期，相关的婚姻法律规定对未达到16周岁而结婚并没有完全禁止，后来发现童婚（未满16周岁而结婚）是有害的，遂对童婚持反对态度，婚姻法学者们也坚持认为童婚是有害的，16周岁应当为最低适婚年龄。[①] 而对于男女一方或者双方没有达到法定结婚年龄的无效婚姻是否需要宣布无效，在美国有两种不同的规定：一种认为应当无条件宣布婚姻无效，另一种则认为宣布婚姻无效应当建立在不容反悔或者不知情的基础上。[②] 为了保证婚姻当事人双方的身心健康，各国婚姻家庭法律规范都规定了可以结婚的最低年龄，这就是法定结婚年龄，男女一方或者双方没有达到这一规定的年龄，就不能登记结婚，只有达到或者高于这个法定结婚年龄才可以结婚。法定结婚年龄是强制性规定，婚姻关系当事人双方必须遵守，双方或者一方没有达到法定结婚年龄而结婚，即使进行了婚姻登记，婚姻仍然无效，不具有婚姻的法律约束力，婚姻关系当事人及其利害关系人可以向人民法院申请宣告婚姻无效。

2. 婚姻关系当事人一方或者双方未达到法定结婚年龄，这种婚姻关系虽然在程序上没有问题，已经获得婚姻登记并且领取了结婚证，但是由于这种婚姻关系是违反法律禁止性规定的婚姻关系，因而该婚姻关系是无效婚姻。这种无效婚姻无须当事人主观上存在什么故意、过失之类的过错责任，也不存在其他第三方的过错因素，说起来其实是一种严格责任，即只问结果，不问过程、不问原因，只要婚姻关系当事人一方或者双方没有达到法定结婚年龄，这种婚姻就是无效婚姻。但是，在现实生活中仍然存在没有达到法定结婚年龄的男女登记结婚的情形，这种婚姻之所以能够被登记，往往是当事人采用了欺瞒的手段骗取婚姻登记机关予以登记结婚，还有的则是婚姻登记机

---

① 参见〔美〕Mary E.Richmond、〔美〕Fred S.Hall：《婚姻与国家：基于美国婚姻法实施的田野调查》，朱姝主译，华东理工大学出版社2018年版，第五章。

② 夏吟兰：《美国现代婚姻家庭制度》，中国政法大学出版社1999年版，第40页。

关的工作人员在当事人或者当事人亲属的要求下，为了某种情面或者利益，明知前来登记当事人一方或者双方没有达到法定婚龄而为他们进行登记结婚，或者是婚姻登记机关的工作人员审查把关不严而予以登记结婚。

3.《民法典》第 153 条第 1 款规定："违反法律、行政法规的强制性规定的民事法律行为无效。但是该强制性规定不导致该民事法律行为无效的除外。"这一规定是我国关于无效婚姻的法理基础，在适用法律时当然还是应当适用《民法典》关于婚姻家庭的法律规定。未达到法定结婚年龄而结婚的，就是一种违反法律、行政法规的强制性规定的民事法律行为。因为《民法典》第 1047 条明文规定："结婚年龄，男不得早于二十二周岁，女不得早于二十周岁。"这是我国婚姻家庭法律规范中关于法定结婚年龄的规定的强制性规定，婚姻关系当事人必须遵行。因此，《民法典》第 1051 条规定，未达到法定结婚年龄而结婚的婚姻是无效婚姻。

第三节　宣告婚姻无效的程序

在美国法律看来，无效婚姻不具有法律效力，也无须通过任何程序宣告其无效（尽管宣告无效对避免模糊不清有所帮助）。[1] 在我国民法理论上，无效的民事行为当然自始没有法律约束力，一般而言，无须进行宣告，但是，在婚姻家庭法理论上，对于无效婚姻一贯存在当然无效和宣告无效的争论。无论是之前的《婚姻法》也好，还是现在的《民法典》也好，都认为无效的婚姻自始无效或者没有法律约束力。但是，我国的司法实践对婚姻无效持宣告无效的观点，认为婚姻自始无效或者自始没有法律约束力，这种无效或者没有法律约束力是指无效婚姻在被依法宣告无效时才确定该婚姻自始不受法律保护，是无效或者是无法律约束力。因此，至少在司法实践中，我国对无效婚姻实施的是宣告无效制度，应当由司法机关依相应的法律程序进行。

1.关于申请宣告婚姻无效的主体。根据《婚姻家庭编解释一》第 9 条的

---

① ［美］哈里·D.格劳斯、大卫·D.梅耶：《美国家庭法精要》，陈苇等译，中国政法大学出版社 2010 年版，第 40 页。

规定："有权依据民法典第一千零五十一条规定向人民法院就已办理结婚登记的婚姻请求确认婚姻无效的主体，包括婚姻当事人及利害关系人。"据此，申请宣告婚姻无效的主体，首先是婚姻关系当事人，其次是利害关系人。婚姻关系当事人自然是指婚姻关系男女双方。对于利害关系人作为申请主体行使请求权的，我们认为，向人民法院就已经办理婚姻登记的婚姻请求确认婚姻无效的利害关系人的范围应当适度，既不宜过窄，亦不宜过宽，过窄则不利于预防和治理违法婚姻，过宽则不利于婚姻的稳定。对此，《婚姻家庭编解释一》第9条有规定，即利害关系人包括：（1）以重婚为由的，为婚姻关系当事人的近亲属及基层组织；（2）以未到法定婚龄为由的，为未到法定婚龄者的近亲属；（3）以有禁止结婚的亲属关系为由的，为婚姻关系当事人的近亲属。其他人和单位不能成为申请宣告婚姻无效的主体。

2. 关于宣告婚姻无效的有权机关。宣告婚姻无效的有权机关，我国婚姻家庭法律规范对此有一个从可以通过行政程序宣告与司法程序宣告并行到只能通过司法程序宣告的变化过程。《婚姻登记管理条例》第25条规定："申请婚姻登记的当事人弄虚作假、骗取婚姻登记的，婚姻登记管理机关应当撤销婚姻登记，对结婚、复婚的当事人宣布其婚姻关系无效并收回结婚证，对离婚的当事人宣布其解除婚姻关系无效并收回离婚证，并对当事人处以200元以下的罚款。"从这一规定来看，婚姻登记机关是有权按照行政程序宣告婚姻无效的。因此，一般学者都认为，有权宣告婚姻无效的机关有两个，即婚姻登记机关和人民法院。《婚姻登记条例》则取消了这一规定，因此，婚姻登记机关不再有宣告婚姻无效的职权，根据《婚姻法》《民法典》的规定，有权宣告婚姻无效的机关只有人民法院。

3. 根据《婚姻家庭编解释一》第10条规定："当事人依据民法典第一千零五十一条规定向人民法院请求确认婚姻无效，法定的无效婚姻情形在提起诉讼时已经消失的，人民法院不予支持。"在美国，婚姻瑕疵在消除以后，无效婚姻自动生效，但是不具有溯及力。例如，根据《美国统一结婚离婚法》第207条（b）项的规定，前夫死后，其配偶与第三人的重婚即合法有效。同样，对于未达法定婚龄的婚姻，在结婚时为无效婚姻，在达到法定婚龄时即为合法婚姻。[①] 这种情形，在我国一般来说是针对结婚时没有达到法定结婚年龄的婚姻，如没有达到法定婚龄而结婚，在提起婚姻无效诉讼时，双方均已达到法定婚龄，此时再向人民法院请求确认婚姻无效，人民法院不予支持，因为这一法定无效的婚姻情形已经消失，再提出确认婚姻无效的诉讼请求已经没有法律依据，也没有意义了，如果要解除夫妻关系，只能提起离婚诉讼。这种情形属于婚姻效力的转化，由于无效婚姻的情形已经不复存在，无效婚姻就转化为有效婚姻。这与一般的无效民事法律行为不同，一般民事法律行为无效后不能转化为有效。对于无效婚姻转化为有效婚姻的，该婚姻的效力应当从什么时候起算的问题，法律上也没有规定，可以考虑按从双方均符合婚姻家庭法律规范所规定的结婚的实质要件时起算。对于因重婚而无效的婚姻，如果有配偶当事人的原配偶已经死亡，原来的无效婚姻是否转化为有效婚姻，法律上没有规定，我们认为，可以考虑参照上述规定，转化为有效婚姻，理由就是婚姻无效的情形已经消失，一如美国法律所规定的那样。当然，实践中应当以最高人民法院的司法解释为准。

4. 根据《婚姻家庭编解释一》第 11 条第 1 款的规定："人民法院受理请求确认婚姻无效案件后，原告申请撤诉的，不予准许。"也就是说，人民法院在受理申请宣告婚姻无效案件后，经过审理发现该婚姻关系确实存在无效情形，属于无效婚姻的，应当依法作出宣告婚姻无效的判决。如果原告在起诉后又提出申请撤诉的，人民法院应当裁定不予准许。这是因为人民法院对于婚姻的法律约束力问题依法享有审查决定权，是特殊的强制性法律规范，有关婚姻无效案件是不适用《民事诉讼法》关于撤诉的规定的。

5. 人民法院审理宣告婚姻无效的案件，对婚姻效力的审理不适用调解程序，应当依法作出婚姻是否无效的判决。《婚姻家庭编解释一》第 11 条第 2 条、第 3 款规定："对婚姻效力的审理不适用调解，应当依法作出判决。""涉及财产分割和子女抚养的，可以调解。调解达成协议的，另行制作调解书；未达成调解协议的，应当一并作出判决。"婚姻是否有效不以婚姻关系当事人的意志为转移，判决具有终局性，有关婚姻效力的判决一经作出即发生法律

---

① ［美］哈里·D.格劳斯、大卫·D.梅耶：《美国家庭法精要》，陈苇等译，中国政法大学出版社 2010 年版，第 41 页。

效力，是一审终审制，对此上诉或者申诉，人民法院不予受理，这也是特殊的强制性法律规范。但是，人民法院在审理此类案件时，如果在宣告婚姻无效时还涉及财产分割和子女抚养的，可以调解，调解达成协议的，应当另行制作民事调解书。未达成调解协议的，人民法院应当一并作出判决，对财产分割和子女抚养纠纷的判决不服的，当事人可以上诉。如果是由利害关系人提起宣告婚姻无效申请的，只能够就婚姻无效提出申请或者诉讼请求，无权对财产、子女抚养问题提出处理请求。人民法院在审理涉及婚姻无效案件时，如果婚姻关系当事人提出财产分割和子女抚养问题的主张，法院可以一并审理作出调解或者判决，婚姻关系当事人也可以就财产分割和子女抚养问题另行提起诉讼。

6. 根据《婚姻家庭编解释一》第 12 条规定："人民法院受理离婚案件后，经审理确属无效婚姻的，应当将婚姻无效的情形告知当事人，并依法作出确认婚姻无效的判决。"第 13 条规定："人民法院就同一婚姻关系分别受理了离婚和请求确认婚姻无效案件的，对于离婚案件的审理，应当待请求确认婚姻无效案件作出判决后进行。"也就是说，人民法院在审理离婚案件时，如果经审理发现该婚姻关系确属无效婚姻的，应当将婚姻无效的情形告知婚姻关系当事人，并且依法作出婚姻无效的判决，宣告婚姻无效，而不能作出是否准予离婚的判决。而人民法院就同一婚姻关系分别受理了离婚诉讼和申请宣告婚姻无效诉讼案件的，应当首先审理申请宣告婚姻无效诉讼案件，确认该婚姻关系是否无效，对离婚案件待申请宣告婚姻无效案件作出判决后进行，如果存在无效婚姻的情形，则应当判决宣告该婚姻无效，对离婚诉讼则不再审理或者判决驳回离婚请求；如果该婚姻有效，则应当判决婚姻有效，并继续审理离婚案件，作出是否准予离婚的判决。上述婚姻关系被宣告无效后，涉及财产分割和子女抚养的，应当继续审理。人民法院在审理婚姻无效案件时，涉及财产分割和子女抚养的，应当对婚姻效力的认定和其他纠纷的处理分别制作裁判文书。这是因为宣告婚姻无效的裁判文书具有终局性，一经作出，不得上诉。而涉及财产分割、子女抚养的则属于普通程序，属于二审终审的案件，一审判决后，可以提出上诉，如果裁判文书将婚姻效力认定的其他纠纷混在一起处理，在程序上会出现冲突。

7. 关于婚姻无效案件中婚姻关系当事人的诉讼地位问题。根据《婚姻家庭编解释一》第 14 条的规定："夫妻一方或者双方死亡后，生存一方或者利害关系人依据《民法典》第 1051 条的规定请求确认婚姻无效的，人民法院应当受理。"在这里并没有涉及生存一方的诉讼地位的问题，如果说是原告，则因另一方已经死亡而无法成为被告，因此，恐怕只能认为生存一方是申请人了。第 15 条规定："利害关系人依据民法典第一千零五十一条的规定，请求人民法院确认婚姻无效的，利害关系人为原告，婚姻关系当事人双方为被告。""夫妻一方死亡的，生存一方为被告。"这里明确了在利害关系人提起婚姻无效诉讼时，利害关系人是原告、婚姻关系当事人双方或者是生存一方为被告的诉讼地位。

8. 根据《婚姻家庭编解释一》第 17 条第 1 款规定，婚姻关系"当事人以民法典第一千零五十一条规定的三种无效婚姻以外的情形请求确认婚姻无效的，人民法院应当判决驳回当事人的诉讼请求"。也就是说，提起无效婚姻诉讼请求的情形，只能是重婚、有禁止结婚的亲属关系、未到法定结婚年龄这三种情形，除此之外而以其他情形提出请求确认婚姻无效的，人民法院应当判决驳回起诉或者驳回诉讼请求。婚姻关系当事人以结婚登记程序存在瑕疵为由提起民事诉讼，主张撤销结婚登记的，《婚姻家庭编解释一》第 17 条第 2 款规定，人民法院应当告知当事人可以依法申请行政复议或者提起行政诉讼。对此，人民法院应当裁定不予受理，即使受理了也应当裁定驳回诉讼请求。这一规定与第 1 款的规定是一个问题的两个方面。

第四节　对无效婚姻的处理

在美国，婚姻无效是法律上的无效，不产生任何法律上的效力，不需经过法院宣告。因此，该婚姻永远不会得到认可。即使是在一方配偶死亡以后，任何一方当事人、有利害关系的第三人或者是州都有权提出婚姻无效。根据美国家庭法所谓关系回溯理论——当婚姻被宣告无效以后，所有因该婚姻而产生的一切行为均为无效。[①] 在美国家庭法学者看来，宣告婚姻无效是一种司

---

① 　夏吟兰：《美国现代婚姻家庭制度》，中国政法大学出版社 1999 年版，第 33 页。

法宣告，由于从婚姻开始就有瑕疵，所宣称的婚姻关系不存在，也从来没有存在过。[①]

在我国，婚姻被宣告无效后，会产生一系列的法律后果，无效婚姻关系当事人要承担相应的法律责任。对此，《民法典》和相关司法解释有明确的规定。《民法典》第1054条规定，无效的婚姻自始没有法律约束力，无效婚姻关系当事人不具有夫妻的权利和义务。同居期间所得的财产，由无效婚姻关系当事人协议处理；协议不成的，由人民法院根据照顾无过错方的原则判决。对重婚导致的无效婚姻的财产处理，不得侵害合法婚姻关系当事人的财产权益。无效婚姻关系当事人所生的子女，适用《民法典》关于父母子女关系的规定。婚姻无效的，无过错方有权请求损害赔偿。

1. 无效的婚姻自始没有法律约束力。《婚姻家庭编解释一》第20条规定，《民法典》第1054条所规定的自始没有法律约束力，是指无效婚姻在依法被确认无效时，才确定该婚姻自始不受法律保护。这一规定说明，婚姻无效的效力溯及既往，从婚姻开始时起就不具有婚姻约束力，与《民法典》第155条关于"无效的民事法律行为自始没有法律约束力"的规定相一致。之前的《婚姻法》第12条规定的是，无效的婚姻自始无效，立法机关在编纂《民法典》时，将"自始无效"修改为"自始没有法律约束力"。我们认为修改为"自始没有法律约束力"的法律意义更加明确，这种修改是有意义的，是对无效的后果进行解释，将"无效"解释为"没有法律效力"，否则"无效的婚姻自始无效"就有语义重复之嫌。所谓没有法律约束力，是指无效婚姻关系当事人双方均不受婚姻家庭法律规范中有关"婚姻关系"的规定的约束，无效婚姻关系当事人双方不具有夫妻的权利义务。无效婚姻除了自始没有法律约束力的意义以外，还具有当然没有法律约束力、绝对没有法律约束力的意义。所谓当然没有法律约束力，是指只要在婚姻关系中存在或者说具备法律规定的婚姻无效的情形，这种婚姻关系就当然产生没有法律约束力的法律后果，无须经过特定程序确认才没有法律效力，法律规定只需要查明具备无效的情形就可以宣告，宣告不是确认。所谓绝对没有法律约束力，是指无效婚姻没

---

① ［美］哈里·D. 格劳斯、大卫·D. 梅耶：《美国家庭法精要》，陈苇等译，中国政法大学出版社2010年版，第180页。

有法律约束力是绝对的而非相对的，对包括无效婚姻关系当事人在内的其他任何人而言都是没有法律约束力的。所谓自始，是指没有法律约束力这一法律后果具有溯及力，即民事法律行为一旦被宣告无效后，民事行为双方当事人的权利和义务应当恢复到这一行为实施之前的状态，无效婚姻关系当事人也就是恢复到婚前状态，相互不具有配偶权，并且自始不享有配偶权。

对于婚姻无效的法律效力的问题，一些国家和地区法律规定是不具有溯及力的。以瑞士民法为例，《瑞士民法典》第 132 条规定："（1）婚姻被法官宣告无效后，始发生无效的效力。（2）在前述宣告之前，即使有充分理由认为其存在婚姻无效的原因，婚姻仍为有效。"第 133 条规定："（1）婚姻被宣告无效，即使当事人双方均为恶意，丈夫也同样被视为婚生子女的父亲。（2）前款情形，其父母子女关系，适用与离婚父母子女关系有关的相同规定。"我国台湾地区则认为，婚姻无效之效力具有溯及力，婚姻无效"为自始无效，于当事人间不发生身份关系，亦不成立夫妻财产关系，其所生子女为非婚生子女"[1]。我国也有部分学者认为婚姻无效之效力不溯及既往。他们认为，《民法典》总则编关于民事行为撤销之效力的规定，对于身份行为不应当予以适用，主要理由是身份关系与财产契约有所不同，认为基于婚姻关系产生的身份关系是无法恢复原状的，直接将无效婚姻规定自始没有法律约束力，会有悖人伦关系，并且可能造成一些无效婚姻关系当事人的利益无法得到相应的保障。立法机关在编纂《民法典》时没有采纳这一观点，规定无效婚姻的效力具有溯及力，即自始没有法律约束力，以与《民法典》的相关规定统一起来。由于我国立法对婚姻无效采宣告无效主义，即婚姻无效必须经人民法院宣告无效，而不是自然无效，只有在人民法院宣告确认婚姻无效后，无效婚姻才不受法律的保护，在人民法院还没有宣告确认婚姻无效前，即使存在无效的法定事由，这一婚姻仍然是具有婚姻法律效力的。

对于婚姻无效制度溯及力问题。由于婚姻无效制度是 2001 年 4 月 28 日在《婚姻法》中新设置的一种婚姻家庭制度，因此，在 2001 年 4 月 28 日之前，1950 年《婚姻法》和 1980 年《婚姻法》并没有对婚姻无效事由作出规定，仍然存在禁止结婚的亲属关系而结婚的情形，如表兄妹结婚的。如果在

---

① 史尚宽：《亲属法论》，中国台湾地区自刊 1980 年版，第 182 页。

2001 年 4 月 28 日之前结婚的，婚姻关系当事人已经共同生活生儿育女并且形成了相应的人身关系和财产关系，也没有提出离婚的意愿，这时就没有必要对此类婚姻宣告无效，以稳定婚姻家庭，防止引起不良的社会效应。法不溯及既往是法学理论的一项基本原理，也是法律的基本原则。对于 2001 年 4 月 28 日前结婚，又有《民法典》规定的婚姻无效的情形，如果以此提出宣告婚姻无效的诉讼，人民法院应当按结婚时的法律对婚姻的效力进行认定，不应当适用《民法典》关于婚姻无效的规定。

2. 无效婚姻关系当事人不具有夫妻的权利和义务。由于该婚姻被宣告无效，无效婚姻关系当事人之间自始没有婚姻关系的法律约束力。

就人身关系方面，无效婚姻关系当事人之间不适用《民法典》第 5 编第 3 章第 1 节有关夫妻人身关系的规定，无效婚姻关系当事人之间不具有夫妻的身份和称谓，婚姻关系被宣告无效后，无效婚姻关系当事人之间也不能称为"前夫""前妻"，一方与另一方的近亲属之间也不形成姻亲关系。《婚姻家庭编解释一》第 21 条规定，人民法院根据当事人的请求，依法确认婚姻无效的，应当收缴双方的结婚证书并将生效的判决书寄送当地婚姻登记管理机关。这一规定说明，婚姻登记管理机关在收到生效的判决书后，无须再发给无效婚姻关系当事人离婚证书，无效婚姻关系当事人双方被视为从未结过婚，另行与他人婚姻登记时无须出示、上缴所谓离婚证书。

就财产关系方面，无效婚姻关系当事人不适用《民法典》第 5 编第 3 章第 1 节有关夫妻财产关系的相关规定，无效婚姻关系当事人之间不再具有相互扶养义务，也不享有相互间的继承权等。

3. 无效婚姻关系当事人共同生活期间所得的财产的处理。由于无效婚姻不具有法律约束力，因而在财产的处理问题上，不能适用处理夫妻财产制的有关法律规定，因为夫妻财产制是以夫妻身份为基础的。《民法典》第 1054 条规定，同居期间所得的财产，由当事人协议处理，协议不成的，由人民法院根据照顾无过错方的原则判决。对此，《婚姻家庭编解释一》第 22 条规定，被确认无效的婚姻，当事人同居期间所得的财产，除有证据证明为当事人一方所有的以外，按共同共有处理。[①] 根据这一规定，无效婚姻关系当事人在共同生活期间所得的财产，除有证据证明为当事人一方个人所有的以外，按共同共有处理。在财产分割时，如果无效婚姻关系当事人达不成协议，起诉到人民法院，人民法院依法进行判决。在判决时，依照有约定的按照约定、无约定的按照共同共有，照顾无过错方的原则处理。

根据民法的基本原理，共有权，是指两个以上的民事主体对同一项财产共同享有的所有权。按照《民法典》的相关规定，共有可分为共同共有和按份共有。司法解释将无效婚姻关系当事人在共同生活期间所得的财产规定为共同共有。所谓共同共有，是指两个或者两个以上的民事主体，根据某种共同关系对同一项财产不按份额地共同享有权利、承担义务。它的主要特征有：（1）共同共有根据共同关系而产生，以共同关系为前提，如无效婚姻中的共同是以无效婚姻关系的存在为前提。（2）在共同共有关系存续期间，共有财产不分份额，当事人对该财产享有同样的权利和义务。（3）在共同共有中，各共有人平等地对共有物享受权利和承担义务，共同共有人的权利及于整个共有财产，行使全部的共有权。（4）共同共有人对共有物享有连带权利，承担连带义务。当人民法院对无效婚姻宣告无效后，必然涉及对上述共有财产的分割问题。对共有物的分割规则、方式，《民法典》第 303 条、第 304 条都有明确的规定。第 303 条规定，共同共有人在共有的基础丧失或者有重大理由需要分割时可以请求分割。因分割造成其他共有人损害的，应当给予赔偿。在处理无效婚姻的财产问题时，共同共有的基础丧失或者有重大理由就是婚姻被宣告无效，因此，当事人可以请求分割。第 304 条规定，共有人可以协商确定分割方式。达不成协议，共有的不动产或者动产可以分割且不会因分割减损价值的，应当对实物予以分割；难以分割或者因分割会减损价值的，应当对折价或者拍卖、变卖取得的价款予以分割。共有人分割所得的不动产

---

① 最高人民法院司法解释使用的是"同居期间"的概念，在最高人民法院的法官们看来："双方共同生活期间为同居期间，相关权利义务比照同居法律关系予以处理。"（参见最高人民法院民法典贯彻实施工作领导小组主编：《中华人民共和国民法典婚姻家庭继承编理解与适用》，人民法院出版社 2020 年版，第 105 页。）我们认为，虽然无效婚姻导致当事人貌似非婚同居，但是，无效婚姻毕竟与非婚同居是不同的法律概念，是经过婚姻登记的。为了与婚姻家庭法律规范中的同居概念有所区别，我们在此使用了"共同生活期间"的概念。

或者动产有瑕疵的，其他共有人应当分担损失。这两条规定是人民法院审理无效婚姻财产处理重要的基础性法律依据。而法律规定人民法院在处理财产分割问题时要根据照顾无过错方的原则判决，是因为在无效婚姻中存在一方不知情，以为是合法婚姻并由此付出了代价，根据公平原则，对无过错一方应当予以照顾。

对于因重婚导致婚姻无效时的财产处理，将在论述重婚行为时加以论述，在此不讨论。

4.无效婚姻关系当事人所生子女的问题。由于婚姻被宣告无效，无效婚姻关系当事人之间的婚姻自始没有法律约束力，他们之间的婚姻不被法律承认，相当于他们之间不存在婚姻关系，无效婚姻关系当事人所生的子女被视为非婚生子女。在美国，根据普通法，无效婚姻子女推定为非婚生子女，由于父母的婚姻违反了法律规定，被宣布无效，将过错结果归之于子女，剥夺子女的法律权利。在现代，绝大多数的州都推翻了普通法的这一严酷规定并赋予无效婚姻的子女以婚生子女的法律地位。给无效婚姻子女以婚生子女法律地位的规定具有补偿性功能，适用于根据普通法无效婚姻的子女，重婚的子女、因一方的精神错乱而导致婚姻无效的子女也视为婚生子女。[①] 对于非婚生子女，我国婚姻家庭法律规范规定具有与婚生子女同等的法律地位。这是因为父母子女关系是基于血缘关系，这种血缘关系是客观存在，不会因为父母婚姻无效导致父母子女关系消失。《民法典》第 1054 条规定，无效婚姻关系当事人所生的子女，适用关于父母子女的规定。

根据《民法典》第 1071 条规定："非婚生子女享有与婚生子女同等的权利，任何组织或者个人不得加以危害和歧视。""不直接抚养非婚生子女的生父或者生母，应当负担未成年子女或者不能独立生活的成年子女的抚养费。"因此，无效婚姻关系当事人与子女的关系，适用《民法典》第 1067 条、第 1068 条、第 1069 条、第 1070 条关于父母子女关系的规定，包括父母与子女间的抚养赡养义务、父母对未成年子女的教育和保护义务、子女尊重父母的婚姻权利及赡养义务、父母子女间的遗产继承权。如果父母不履行抚养义务的，未成年子女或者不能独立生活的成年子女，有要求父母给付抚养费的权

---

① 夏吟兰：《美国现代婚姻家庭制度》，中国政法大学出版社 1999 年版，第 94 页。

利。在法律看来，一旦父权被确认，父亲就有抚养非婚生子女的义务。这些规定明确，如果成年子女不履行赡养义务的，缺乏劳动能力或者生活困难的父母，有要求成年子女给付赡养费的权利。父母有教育、保护未成年子女的权利和义务。未成年子女造成他人损害的，父母应当依法承担民事责任。子女应当尊重父母的婚姻权利，不得干涉父母离婚、再婚以及婚后的生活。子女对父母的赡养义务，不因父母的婚姻关系变化而终止。父母和子女有相互继承遗产的权利。无效婚姻所生子女有兄弟姐妹的，兄弟姐妹间的扶养义务也同样适用《民法典》第1075条的规定，即有负担能力的兄、姐，对于父母已经死亡或者父母无力抚养的未成年弟、妹，有扶养的义务。由兄、姐扶养长大的有负担能力的弟、妹，对于缺乏劳动能力又缺乏生活来源的兄、姐，有扶养的义务。在婚姻宣告无效后，无效婚姻关系当事人应当妥善协商解决子女的抚养和教育问题，如果不能就子女抚养和教育达成协议，起诉到人民法院后，人民法院应当受理并作出判决。

5. 婚姻被宣告无效的，无过错方有权请求损害赔偿。《婚姻法》对婚姻被宣告无效后，没有无过错方有权请求损害赔偿的规定，仅对离婚纠纷中无过错方有权请求损害赔偿有所规定。立法机关在编纂《民法典》时，在第1054条增加了婚姻被宣告无效的无过错方有权请求损害赔偿的规定，提出请求损害赔偿的申请人为无效婚姻当事人中的无过错方。就婚姻无效而言，有过错的一方，如未到法定婚龄者是过错损害赔偿责任的主体，应当承担损害赔偿责任。婚姻被宣告无效，无过错方有权请求损害赔偿的规定并不是因为法律从根本上否定违法婚姻的法律约束力，主要是要通过规定法律责任的方式使用经济手段来惩罚有过错方，以达到保护无错方利益的目的，更是为了以法律责任阻却违法婚姻的发生。在无效婚姻关系中，无过错方在婚姻没有被人民法院宣告为无效婚姻前，已经对婚姻有所投入，婚姻被宣告无效，必然会给无过错方造成经济上的损失和精神上的损害，根据民法的公平原则，无过错方理应拥有对有过错方提出损害赔偿的权利。对于有禁止结婚的亲属关系而导致婚姻无效的，恐怕很难说哪一方为有过错方，当然，不排除个案存在一方确实不明知与另一方有禁止结婚的亲属关系的情形。就损害赔偿而言，民法理论一般均认为，包括物质损害和精神损害赔偿。涉及精神损害赔偿的，适用《精神损害赔偿意见》的相关规定。当然，无过错方提出损害赔偿应当举证证明自己是无过错方，应当举证证明因无效婚姻与损害之间的因果关系、赔偿数额的依据。无效婚姻损害赔偿权主体仅限于无过错方，有过错方不享有无效婚姻损害赔偿权；双方都有过错，则双方均不享有无效婚姻损害赔偿权。

关于何时提起无效婚姻损害赔偿的问题。无过错方申请婚姻无效时，可以同时提起请求无效婚姻有过错方损害赔偿，也可以在无效婚姻被宣告无效后另行提起请求无效婚姻有过错方损害赔偿。无论哪种形式，都应当在诉争婚姻的性质已经由生效判决确定为无效婚姻，并且判决宣告婚姻无效之后才能提起请求无效婚姻有过错方损害赔偿。也只有在婚姻被宣告无效后，才能进一步判断，哪一方当事人是有过错方的当事人，哪一方是无过错方的当事人，以确定由谁来承担过错损害赔偿责任。因此，婚姻虽然具有无效的法定事由，如果人民法院没有宣告婚姻无效，一方当事人单独提出请求损害赔偿，人民法院不应当予以受理，已经受理的，应当驳回诉讼请求。婚姻被宣告无效后，无过错方当事人如果要提起无效婚姻过错损害赔偿请求的，应当根据《民法典》第 188 条第 1 款"向人民法院请求保护民事权利的诉讼时效期间为三年"的规定，至迟在自人民法院作出宣告婚姻无效的判决生效后三年之内提出。

| 第六章 |
可撤销婚姻——违反一方
当事人意志而结婚的行为

　　1950 年《婚姻法》和 1980 年《婚姻法》虽然都规定了实行婚姻自由的婚姻制度，禁止包办、买卖婚姻和其他干涉他人婚姻自由的行为，并且规定，结婚必须男女双方完全自愿，不许任何一方对他方加以强迫或者任何第三者加以干涉。但是，1950 年《婚姻法》和 1980 年《婚姻法》对于违反这些禁止性法律规范婚姻的法律效力以及应当承担怎么样的法律后果却都没有进行规制。在修改 1980 年《婚姻法》时，胡康生在《关于〈中华人民共和国婚姻法修正案〉（草案）的说明》中指出："1980 年《中华人民共和国婚姻法》规定了婚姻自由制度，对违反这些规定结婚的，《中华人民共和国婚姻法修正案（草案）》增设了可撤销婚姻制度。"① 修改后的《婚姻法》规定："因胁迫结婚的，受胁迫的一方可以向婚姻登记机关或人民法院请求撤销该婚姻。"至此，我国婚姻家庭法律规范就确立了一项新的婚姻制度——可撤销婚姻制度。立法机关在编纂《民法典》时，对可撤销婚姻制度再次进行了规制，并增加了新的内容，将一方患有重大疾病而在结婚登记前不如实告知另一方的，作为可撤销婚姻的情形之一。可撤销婚姻是对某些违法婚姻家庭法律规范行为的纠正，即使婚姻符合法律的形式要件，婚姻当事人仍然需要具有自愿结婚的意愿，如果一方缺乏结婚所需的法律规定的个人意愿，这种婚姻是可以被撤销的。

---

　　① 胡康生：《关于〈中华人民共和国婚姻法修正案（草案）〉的说明》，载中国人大网 http://www.npc.gov.cn/zgrdw/npc/lfzt/rlys/2014–10/24/content_1882720.htm。

第一节　可撤销婚姻的概念

可撤销婚姻是违反婚姻关系一方当事人意志而结婚的行为。在我国婚姻家庭法律规范中并没有对可撤销婚姻的概念进行定义，在婚姻家庭法学界对可撤销婚姻的概念有着不同的界定。在婚姻家庭法理论界，有学者认为，可撤销的婚姻是指由于存在某种法定的原因，法律赋予一定的当事人以撤销婚姻的请求权，该当事人可以通过行使撤销婚姻的请求权，而使该婚姻无效的婚姻。[1] 还有学者认为，可撤销婚姻，是指当事人因为意思表示不真实而成立的婚姻关系，或者当事人成立的婚姻关系在结婚的实质要件或者程序要件上欠缺，通过有撤销权的当事人行使撤销权，使已经发生法律效力的婚姻关系失去法律效力。[2] 还有学者认为，可撤销婚姻，是指经过登记的婚姻因为法定原因而可以予以解除、取消，使其丧失原有效力的婚姻。[3] 在婚姻家庭法实务界，有研究者认为，可撤销婚姻，是指婚姻成立时有违反法律规定的婚姻要件，法律赋予当事人可以申请撤销的婚姻。[4] 还有学者认为，可撤销婚姻，是指婚姻成立时有违反法律规定的婚姻要件，法律赋予当事人可以申请撤销的婚姻。[5] 还有学者认为，所谓可撤销婚姻，是指当事人因意思表示不真实而成立的婚姻，或者当事人成立的婚姻在结婚要件上有欠缺，通过有撤销权的当事人行使撤销权，使已经发生法律效力的婚姻关系失去法律效力。[6] 综合分析上述观点，这些概念均有不尽如人意的地方。根据《民法典》精神，我们认为，所谓可撤销婚姻，是指违反婚姻关系一方当事人意志而结婚的，虽然已经成立婚姻关系，但是因欠缺婚姻合意的法定事由，婚姻关系当事人一方可以在法定期限内向人民法院请求撤销，从而使已经登记的婚姻自始没有法律

---

[1] 吴高盛主编：《婚姻法释义》，人民法院出版社 2001 年版，第 36 页。

[2] 李建国主编：《最新婚姻法实用问答》，人民法院出版社 2001 年版，第 54 页。

[3] 贺小电、周利民：《婚姻继承适用新论》，中国政法大学出版社 2001 年版，第 177 页。

[4] 马原主编：《新婚姻法条文释义》，人民法院出版社 2002 年版，第 109 页。

[5] 王礼仁：《婚姻诉讼前沿理论与审判实务》，人民法院出版社 2009 年版，第 503 页。

[6] 陈坚：《婚姻法原理精释与适用指南》，南方出版社 2012 年版，第 77 页。

约束力的婚姻。这是我们对《民法典》相关规定的理解后作出的，主要基于以下几个原因：一是可撤销婚姻的法定事由在《民法典》中有所规定，《民法典》第 1052 条第 1 款规定："因胁迫结婚的，受胁迫的一方可以向人民法院请求撤销婚姻。"第 1053 条第 1 款规定："一方患有重大疾病的，应当在结婚登记前如实告知另一方；不如实告知的，另一方可以向人民法院请求撤销婚姻。"因此，可撤销婚姻的法定事由有两种，第一种是"因胁迫结婚的"，第二种是"一方患有重大疾病而在结婚登记前不如实告知另一方的"。只要出现了这两种法律规定的事由，婚姻关系当事人一方就可以请求撤销婚姻。因此，前述观点中所谓违反法律规定的婚姻要件等都是不明确的，而且无效婚姻也是一种违反法律规定的婚姻要件的情形。二是指明了可撤销婚姻请求撤销的主体，即受胁迫的一方和被隐瞒的一方。三是明确了受理可撤销婚姻的主体，即人民法院。四是指明了提出请求的法定期间和法律后果，其中法律后果是自始没有法律约束力，此前的《婚姻法》规定的则是自始无效。

在美国，可撤销婚姻包括：未达法定婚龄、有精神或身体缺陷、欺骗、胁迫、虚假及玩笑婚姻。可撤销婚姻在被宣告之前在一切方面都是有效的。因此，可撤销婚姻必须经过法定的宣告程序。对可撤销婚姻法律规定了抗辩理由，如果当事人在任何一方生存期间或在合理的时间内没有提出宣告婚姻可撤销的申请，他们就被认为认可或宽恕了该不完全婚姻，该婚姻被视为合法有效。[①] 在英国，可撤销婚姻的法律制度规定在 1973 年婚姻诉讼法中。英国家庭法理论认为，可撤销婚姻在被宣告无效之前是有效存续的婚姻。该法第 12 条规定："（a）双方并未完婚，因一方欠缺结婚能力；（b）双方并未完婚，因被告故意拒绝完婚；（c）一方因受胁迫，或因错误、误解和其他原因导致的同意结婚；（d）结婚时，一方即便有能力作出有效同意，却患有 1983 年精神健康法所确认的精神疾病（持续的或间歇的），此种疾病本身或在一定程度上不宜结婚；（e）结婚时，被告患有可传染的性病；（f）结婚时，被告怀有与请求撤销人之外的第三人的孩子。"[②] 对于不符合结婚实质条件的婚姻是统一规定为无效婚姻还是分别规定为无效婚姻和可撤销婚姻的问题，在 2001

---

① 夏吟兰：《美国现代婚姻家庭制度》，中国政法大学出版社 1999 年版，第 48 页。
② ［美］凯特·斯丹德利：《家庭法》，屈广清译，中国政法大学出版社 2004 年版，第 43 页。

年修改《婚姻法》时就存在争议。

第一种意见认为,《婚姻法》应当分别规定无效婚姻和可撤销婚姻。持这种观点人士的理由是:(1)从民法理论而言,无效婚姻和可撤销婚姻是有区别的。可撤销婚姻的撤销申请必须由具有可撤销权的婚姻关系当事人一方提出;无效婚姻的无效申请除了婚姻关系当事人一方提出之外,国家有关部门或者利害关系人也可以依职权或者依法律规定提出申请。(2)无效婚姻主要是违反社会公德、违反社会公共利益或者违反人伦道德的婚姻,对于此类情形,作为国家公权力部门具有主动干预的权力,国家可以强行宣告某个婚姻关系无效。而可撤销婚姻则侵害的主要是私人利益,对于此类情形,是否撤销已经建立起来的婚姻关系,应当赋予利益受到侵害的当事人自我处置权,如果婚后建立起了感情,家庭也比较和睦,当事人不申请撤销此婚姻,有利于社会和谐,此婚姻就不当然必须被撤销。如果婚姻感情不和,在规定的期限内,当事人提出撤销申请,是当事人对私权的处置,国家对可撤销婚姻不应当主动予以干预。(3)申请宣告婚姻无效和婚姻可撤销的期限不同。申请或者宣告婚姻无效一般没有期限限制,只要客观存在法定无效的情形,就可以申请或者决定宣告婚姻无效。而申请撤销婚姻则有一定的期限,婚姻法规定,申请撤销民事法律行为或者说婚姻都必须在法律赋予权利人行使撤销权的期间内提出,超过这个期限则会导致请求权消灭。

第二种意见则认为,《婚姻法》不应当将不符合条件的婚姻分为无效婚姻和可撤销婚姻两种情形,应当统一规定为无效婚姻。持这一观点人士的理由是:(1)由于我国结婚制度实行的是登记结婚制度,这种制度明确规定,要求男女应当持有效身份证明亲自到婚姻登记管理机关履行结婚登记手续,而婚姻登记机关一般会对当事人提出的结婚申请进行实质上和程序上的审查,对符合我国《婚姻法》规定的,就会予以登记,并发给结婚证书,由此而确立法律意义上的夫妻关系,发生法律效力。因此,如果在结婚登记时,虽然因为婚姻关系当事人弄虚作假、欺骗婚姻登记机关或者婚姻关系当事人受胁迫致使结婚的实质要件缺失,但是由于男女双方办理了结婚登记手续,事实已经成为法律上的夫妻,这时要否定这种法律效力,就必须由国家来行使否定、撤销婚姻法律关系的效力。所以,不存在可撤销婚姻的问题,只存在婚姻无效的问题。(2)可撤销婚姻与基本的法理相悖。结婚相对于当事人而言,自由恋爱、自由结婚是一种民事法律行为，行使的是婚姻自主权这一私权。而登记结婚则是一种行政法律行为，是一种公权，行政行为不能像民事行为中有无效和可撤销之分，只能对行政行为的结果认定有效和无效，而不能套用民事法律行为的相关规则。

上述两种观点，经过婚姻法学者、立法者反复研究论证，《婚姻法》在最后修改成文时，采纳了第一种意见，在《婚姻法》第10条、第11条分别设置了无效婚姻制度和可撤销婚姻制度。这种分设两种制度的立法应当说是正确的，胁迫他人结婚的行为当然是违反了结婚必须男女双方完全自愿的婚姻自由的婚姻制度，虽然是违反《婚姻法》的规定，但是并非必然无效。首先，婚姻关系当事人违反结婚禁止性规定的，婚姻关系当然无效，而胁迫他人结婚的行为并不违反结婚的禁止性规定。其次，立法必须考虑婚姻当事人的婚姻自主权。受胁迫一方的婚姻关系当事人在结婚时可能因受到胁迫产生某种恐惧心理而被迫违背自己的自由意志与他人结婚，但是，我们也应当看到，受胁迫一方的婚姻关系当事人在和他人结婚后，组成了家庭，甚至生了孩子，经过一段时间的生活，与婚姻关系的另一方当事人建立起了一定的感情，婚姻关系也较为稳定，可能产生与婚姻关系的另一方当事人、孩子产生难以割舍的关系、情感，如果将此情形规定为无效婚姻的话，可能产生国家权力强行解除婚姻关系，在某种程度上并不是受胁迫一方的婚姻关系当事人愿意的，也不一定是合适的，而且即使宣告了无效之后，二人还可以再行登记结婚。而《婚姻法》设置可撤销婚姻制度，就可以将是否承认因胁迫而缔结的婚姻之法律效力的请求权利交给受胁迫一方的婚姻关系当事人，体现了民事权利的意志自治原则。如果受胁迫一方的婚姻关系当事人不想保持因胁迫而缔结的婚姻关系，可以在规定的期限内向婚姻登记机关或者人民法院请求撤销此婚姻关系。当婚姻登记机关或者人民法院审查核实确实存在胁迫的情形时，婚姻登记机关或者人民法院就应当宣告因胁迫而缔结的婚姻关系无效，依法解除婚姻关系。如果受胁迫一方的婚姻关系当事人开始因胁迫而与他人缔结婚姻关系，但是后来受胁迫一方的婚姻关系当事人愿意与婚姻关系另一方当事人继续生活，没有在法定期限内请求撤销婚姻关系效力或者放弃申请撤销婚姻效力的请求权，婚姻登记机关或者人民法院不能主动行使职权去撤销婚姻关系，更不能主动行使以宣告该婚姻关系无效。当然，现在《民法典》规定，一方当事人只能向人民法院申请撤销可撤销婚姻。《民法典》承续了设立可撤销婚姻制度的法律规定。

对于因欺诈而缔结婚姻的法律效力问题，在《婚姻法》修改时也有人提出应当规定为可撤销婚姻。持这一观点的人认为，如果行为人以欺诈的手段骗取他人与之结婚，比如吹嘘自己是"富 N 代""高学历""华侨"或者隐瞒自己的前科、子女、婚史等，影响了另一方当事人的判断，实质上是违背了另一方当事人的意志，应当认定为可撤销婚姻。有学者认为，目前，学术界多认为我国可撤销婚姻的范围过窄，需要进一步完善。在他们看来，存在意思表示瑕疵也不仅限于胁迫婚姻，受欺诈而缔结的婚姻、出于某种目的而缔结的虚假婚姻等也是属于意思表示瑕疵的情形。对此，在《婚姻法》修改时，立法机关并没有采纳这一意见，没有将欺诈行为列入可撤销婚姻的范围。在立法者看来，婚姻中欺诈的情形十分复杂，而为了规制隐瞒法律上禁止结婚的疾病、已婚史、未到法定婚龄的情形，《婚姻法》已经设置了无效婚姻制度，其他的因欺诈行为而缔结婚姻关系如果导致夫妻感情破裂的，可以通过离婚解除婚姻关系。[①]《民法典》承续了这一观点，没有将欺诈作为可撤销婚姻的法定事由。

立法机关在编纂《民法典》时，在《婚姻法》的基础上，对可撤销婚姻制度进行了调整、完善，形成了完整的可撤销婚姻制度：一是将受胁迫一方请求撤销婚姻的期间起算点由"自结婚登记之日起"修改为"自胁迫行为终止之日起"；二是不再将"患有医学上认为不应当结婚的疾病"作为禁止结婚的情形，从而是无效婚姻，并相应增加规定"一方患有重大疾病的，应当在结婚登记前如实告知另一方；不如实告知的，另一方可以向人民法院请求撤销婚姻"；三是增加规定婚姻被撤销的，无过错方有权请求损害赔偿。上述修改实质上是增加了一种可撤销婚姻的情形。

---

① 参见王礼仁：《婚姻诉讼前沿理论与审判实务》，人民法院出版社 2009 年版，第 505 页。

第二节　可撤销婚姻的特征

在民法理论中，可撤销的民事法律行为主要发生在民事法律行为当事人的意思表示不真实、违背了民事法律行为当事人的意志的情形下。根据《民法典》第 150 条的规定："一方或者第三方以胁迫手段，使对方在违背真实意思的情况下实施的民事法律行为，受胁迫的一方有权请求人民法院或者仲裁机构予以撤销。"第 148 条规定："一方以欺诈手段，使对方在违背真实意思的情况下实施的民事法律行为，受欺诈方有权请求人民法院或者仲裁机构予以撤销。"因此，一方当事人因受到胁迫、欺诈而作出的某一民事法律行为，是有权向人民法院或者仲裁机构请求予以撤销的。这是《民法典》关于因胁迫、欺诈而作出民事行为法律效力问题的一般规定，也是可撤销婚姻的法理基础之一。可撤销婚姻是因胁迫而结婚，是属于《民法典》对此类婚姻有关法律效力的特别规定。

在《民法典》的规定中，目前可撤销婚姻的情形有两种："因胁迫他人结婚，受胁迫的一方可以向人民法院请求撤销婚姻"和"一方患有重大疾病的，应当在结婚登记前如实告知另一方；不如实告知的，另一方可以向人民法院请求撤销婚姻"。

一、因胁迫结婚而形成的可撤销婚姻

结婚必须是由双方当事人一致同意才能进行，因此，同意是结婚的主观要素，不允许一方将自己的意志强加于对方。《民法典》第 1052 条第 1 款规定："因胁迫结婚的，受胁迫的一方可以向人民法院请求撤销婚姻。"也就是说，婚姻可以撤销的法定事由之一就是婚姻关系中存在胁迫的行为。就胁迫的构成要件，一般而言，有以下几个方面：第一，胁迫者有主观上的故意。第二，胁迫者客观上实施了胁迫的行为。第三，胁迫必须具有不法性，包括手段的不法性或者目的的不法性。第四，被胁迫者是基于胁迫而产生的恐惧心理作出意思表示并作出结婚登记的行为，简而言之，意思表示的作出与受

到胁迫存在因果关系。从上面的论述，我们可以知道因胁迫结婚而形成可撤销婚姻有以下几方面的特征：

1.行为人即胁迫者是自然人和组织。就自然人而言，一般是具有民事责任能力且具有民事行为能力的自然人，在日常生活中一般处于比受胁迫一方的婚姻关系当事人更强势的地位。胁迫行为的实施者可以是婚姻关系一方当事人，也可以是受胁迫一方的婚姻关系当事人的亲友，还可以是婚姻关系当事人和亲友之外的其他人。只要行为人具有民事责任能力且具有民事行为能力即可，一般精神病人、未成年人等因为不具有民事责任能力和民事行为能力所以不能真正产生所谓的要挟的情势，当然也就不成立所谓的胁迫。就组织而言，根据《民法典》第1046条规定："结婚应当男女双方完全自愿，禁止任何一方对另一方加以强迫，禁止任何组织或者个人加以干涉。"这就说明，组织也可以对个人的婚姻进行干涉，这里的组织就可能是胁迫者，是指婚姻关系一方当事人或者双方当事人所在的单位或者其他组织，一般是单位负责人以组织的名义具体实施胁迫行为。

2.行为人的胁迫必须出于故意，即行为人主观上希望受胁迫一方的婚姻关系当事人因为行为人的胁迫行为而与他人结婚，过失或者开玩笑之类的行为不存在所谓胁迫的问题。这种主观故意使得受胁迫一方的婚姻关系当事人产生恐惧，并且因为这种恐惧而产生与他人结婚的意思表示。至于动机，无论是否有获得经济上的利益或者让别人在经济上受到损害，抑或是因为其他原因诸如门当户对等都在所不问，但是，胁迫结婚一般都会涉及某种经济上的利益。

3.缔结的婚姻关系是因为受到胁迫而形成的。从实体上来说，婚姻可撤销的原因之一是存在胁迫的情形。什么是胁迫？所谓胁迫，一般而言，是指行为人通过威胁、恐吓等不法手段对他人思想上施加强制，由此使他人产生恐惧心理，并且作出意思表示的行为。胁迫其实属于意思表示不自由的情形。受胁迫的当事人因胁迫而作出的意思表示并没有产生错误，而且受胁迫的当事人作出符合胁迫者要求的意思表示时，清楚地知道自己所作出的意思表示可能产生的法律后果，只是这种意思表示的作出没有体现受胁迫的当事人的自由意志。这种胁迫行为违反了民事活动应当遵循的自愿原则，也就是《民法典》第5条的规定："民事主体从事民事活动，应当遵循自愿原则，按照自己的意思设立、变更、终止民事法律关系。"对于胁迫的定义，1988 年《最高人民法院关于贯彻〈中华人民共和国民法通则〉若干问题的意见（试行）》第 69 条规定："以给公民及其亲友的生命健康、荣誉、名誉、财产等造成损害，或者以给法人的荣誉、名誉、财产等造成损害为要挟，迫使对方作出不真实的意思表示，可以认定为胁迫行为。"这是首次对胁迫这个概念从民法的角度所作的具有法律意义上的定义。对于可撤销婚姻中的胁迫，《婚姻法解释一》第 10 条规定："婚姻法第十一条所称的'胁迫'，是指行为人以给另一方当事人或者其近亲属的生命、身体健康、名誉、财产等方面造成损害为要挟，迫使另一方当事人违背真实意愿结婚的情况。"这一解释对可撤销婚姻中关于胁迫的概念给予了明确的界定。也就是说，可撤销婚姻的缔结是因为受到他人胁迫而形成的，受胁迫一方的婚姻关系当事人因为担心自己或者其近亲属的生命、身体健康、名誉、财产等方面受到损害而被迫与他人结婚。史尚宽在论及胁迫的概念时指出："胁迫，与刑法上之威吓相当，谓不当的预告他人以引起祸害或使其继续而影响其意思之决定。被胁迫人关于结婚之自由意思决定，须因而有全部或一部之阻丧。"并且认为："祸害之威胁，不必限于配偶之本人，亦得及于其近亲至友之危险。"[1] 在婚姻家庭法理论界，有学者认为，司法解释对胁迫的定义过窄。现实生活中，胁迫成婚的并不限于结婚当事人一方对另一方的胁迫，也有双方均受第三方的胁迫而结婚的情形。[2] 我们认为，这些学者的观点存在对司法解释理解的偏差，从胁迫的主体来说，该司法解释并没有限于婚姻关系当事人一方的意思，而是包括所有胁迫者。《民法典》实施后，《婚姻家庭编解释一》第 18 条规定："行为人以给另一方当事人或者其近亲属的生命、身体、健康、名誉、财产等方面造成损害为要挟，迫使另一方当事人违背真实意愿结婚的，可以认定为民法典第一千零五十二条所称的'胁迫'。"对胁迫再次作出解释，强调的是行为人给另一方当事人或者其近亲属的要挟，该司法解释应当作为认定胁迫的法律依据。

就胁迫的性质而言，民法理论认为，胁迫行为具有不法性，并且构成了

---

[1]　史尚宽：《亲属法论》，中国台湾地区自刊 1980 年版，第 238 页。

[2]　参见许莉主编：《婚姻家庭继承法学》，北京大学出版社 2019 年版，第 72 页。杨大文主编：《亲属法》，法律出版社 2012 年版，第 95 页。

对受胁迫一方的婚姻关系当事人民事利益的侵害。对因胁迫而实施的民事法律行为应当认定是无效的。但是，立法者考虑到民事法律活动的复杂性兼具考虑意思自治这一民事法律的基本原则，受胁迫者在他的民事权益受到损害时，有权基于自身的利益考虑，对该民事法律行为的法律效力作出自己的判断、选择。因此，《民法典》将因胁迫实施的民事法律行为的法律效力，如因胁迫而结婚的法律效力规定为可撤销的民事法律行为，同时并且赋予受胁迫一方当事人以撤销权。

从胁迫的手段来看，就是行为人以给另一方当事人或者其近亲属的生命、身体、健康、名誉、财产等方面造成损害为要挟，并不一定要实质性地达成某种现实的损害。

可撤销婚姻的胁迫的构成应当是：（1）存在胁迫的行为。胁迫的行为所威胁的客体既可以是他人的人身权利，如威胁要伤害他人的生命、身体健康，损害他人的名誉等人身权利，也可以是他人的财产权利，比如威胁要损害他人的财产。胁迫中的损害，可以是现实发生的损害，比如以对受胁迫一方的婚姻关系当事人进行殴打、折磨、拘禁等暴力手段损害他人的身体，也可以是以将来给予他人造成损害来要挟，比如受胁迫的一方不同意就威胁给他人造成损害。胁迫的对象不限于婚姻关系一方当事人本人，既可以是婚姻关系的相对人本人，也可以是婚姻关系相对人的近亲属。胁迫的手段都要达到足以令当事人产生恐惧为原则，也就是说，因胁迫而产生的恐惧不仅主观上被认为是重大的，客观上也应当是重大的。（2）受胁迫一方的婚姻关系当事人产生了恐惧。行为人胁迫的目的当然是受胁迫一方与之不愿意结婚的人结婚，而要达成这样的目的，必须要使受胁迫一方的婚姻关系当事人产生恐惧，否则就不存在受胁迫一方的婚姻关系当事人因胁迫而结婚的情形，而胁迫的认定需要受胁迫一方的婚姻关系当事人举证证明其当时实际的恐惧。关于在受胁迫一方的婚姻关系当事人向有关机关证明受胁迫状态如何认定的问题，我们认为，受胁迫一方能够即时举证证明当时实际恐惧的，以当事人当时所处的实际状态为准；不能举证证明实际恐惧状态的，由有权作出撤销婚姻决定的机关按照一般人置身于行为人用于要挟的危害事实之下是否会产生恐惧来认定。（3）受胁迫一方的婚姻关系当事人因为胁迫行为产生某种恐惧情绪而违背自己的真实意志而与他人结婚。也就是说，受胁迫一方的婚姻关系当事人违背自己的自由意志而和他人结婚与受到胁迫之间存在因果关系，受胁迫一方的婚姻关系当事人是在受到胁迫后产生的恐惧心理支配下和他人结婚，这就违背了婚姻家庭法律规范规定的婚姻自由的婚姻制度。

4.胁迫他人结婚的行为是违反婚姻自由的婚姻制度的行为。婚姻自由是反对封建婚姻制度的产物。费希特指出："婚姻必须用绝对自由的方式加以缔结，国家根据其保护每个人，特别是保护女性的职责，有权利和义务保护婚姻关系的这种自由。"[①] 美国家庭法学者指出，在评定"同意"对于婚姻缔结的效力时，法院一般只审理在结婚时双方是否理解该婚姻的真实性质。[②] 也就是说，如果结婚时没有受到胁迫，结婚是出于双方同意的，也就不存在让婚姻无效的主观因素。在美国大多数州，因对方胁迫而表示同意结婚可以认定为结婚当事人一方对结婚所作的意思表示有瑕疵，故该婚姻是可撤销的婚姻。胁迫必须在进行意思表示时就已经存在，受胁迫方因他方的恐吓和强迫而缔结婚姻。对胁迫的界定是对主观认识上的界定，它是以一个有理智的人通常的心理承受能力为标准的。最典型的胁迫是使用暴力强迫对方与自己结婚，受强迫的一方有权要求撤销该婚姻。如果第三方以威胁利诱、恐吓、强迫的手段迫使当事人结婚的，也构成胁迫婚姻，当事人也可以申请撤销该婚姻。[③] 婚姻自由是《中华人民共和国宪法》（以下简称《宪法》）、《民法典》赋予中华人民共和国公民的基本权利，这一权利的基本要义就是公民拥有婚姻自主权，就结婚自由而言，是否结婚、和谁结婚、什么时候结婚，在不违反法律禁止性规定的前提下，都必须由婚姻当事人自主决定，任何人不得干涉，更不能胁迫。如果婚姻关系当事人因受到胁迫而结婚，因而缔结的婚姻关系就不是出自受胁迫一方的婚姻关系当事人的真实的意思表示，当一个人结婚不是出于自己真实的意思表示时，这就违反了《民法典》关于婚姻自由的婚姻制度。对这种因胁迫而结婚的，《民法典》赋予了受胁迫一方以撤销婚姻的请求权，使被胁迫一方可以根据自己的自由意志来选择是否愿意继续与对方保

---

① ［德］约翰·戈特利布·费希特：《自然法权利基础》，谢地坤、程志民译，商务印书馆2004年版，第320页。

② ［美］哈里·D.格劳斯、大卫·D.梅耶：《美国家庭法精要》，陈苇等译，中国政法大学出版社2010年版，第36页。

③ 夏吟兰：《美国现代婚姻家庭制度》，中国政法大学出版社1999年版，第45页。

持婚姻关系，婚姻是否继续有效。如果受胁迫一方与对方没有感情，不愿意与对方继续保持婚姻关系，受胁迫一方就可以依据法律所赋予的撤销婚姻请求权行使权利，申请撤销因胁迫缔结的婚姻关系；如果受胁迫一方不行使婚姻撤销请求权或者婚姻撤销请求权时效已经超过，受胁迫一方就可以不行使或者不能行使婚姻撤销请求权了，婚姻关系就转为合法、有效的。超过时效后，如果一定要解除婚姻关系，则只能采取离婚的方式解除。

二、因隐瞒重大疾病而形成的可撤销婚姻

婚姻关系是男女双方基于两性相吸、确立夫妻关系以满足男女个体在精神上和肉体上的需求而建立的一种人身关系、身份关系。就婚姻的自然属性而言，当然是个人行为，体现了个人意志。但是，婚姻关系的建立，也是因应种族的繁衍、人类社会健康生存发展的需求。就婚姻社会属性而言，又是一种社会行为，作为社会行为，就要体现社会的集体意志，受社会的法律规范所规制。

随着人类对医学研究的深入和人类生育经验教训的总结，人类发现有一些遗传性、传染性疾病难以治愈，如果病人与他人结婚后，就会将这些疾病遗传给下一代或者传染给配偶，这就是一个严重的社会问题。在美国，各州相关的婚姻法律规定也是将重大疾病特别是将性病、精神疾病、智障等挡在婚姻之外的；在早期的欧洲，还有结婚意向预告的习惯，为的是进一步明确辨别婚姻障碍的因素，这一习惯后来也传到了美国。[1] 而在美国，大多数州都将性病作为禁止结婚的疾病，许多州还规定须进行婚前检查以防止性病传染，特别是对艾滋病要进行检查。如犹他州规定，患有艾滋病、梅毒、淋病者禁止结婚，已结婚者婚姻无效。[2] 由此可知，从立法上禁止患有医学上认为不应当结婚的疾病的人结婚为世界各国的通例。为此，我国婚姻法律规范历来对此均有规定，《婚姻法》第 7 条第 2 项规定，禁止患有医学上认为不应当结婚

① 参见［美］Mary E.Richmond、［美］Fred S.Hall：《婚姻与国家：基于美国婚姻法实施的田野调查》，朱姝主译，华东理工大学出版社 2018 年版。

② 夏吟兰：《美国现代婚姻家庭制度》，中国政法大学出版社 1999 年版，第 19 页。

的疾病的人结婚。

《婚姻法》对医学上认为不应当结婚疾病的范围并没有明确规定。而 1950 年《婚姻法》则在第 5 条第 2 项、第 3 项规定，男女有生理缺陷不能发生性行为者，患花柳病或者精神失常未经治愈，患麻风或者其他在医学上认为不应当结婚的疾病者禁止结婚。采取的是列举加兜底式，包括男女有生理缺陷不能发生性行为、花柳病（即梅毒）、精神失常和麻风病以及其他在医学上认为不应当结婚的疾病。在制定 1980 年《婚姻法》时，立法机关认为当时的社会已经没有了花柳病，且原来规定的禁止结婚的疾病并不那么科学，即对上述规定进行了修改。

对于男女有生理缺陷不能发生性行为的人能否结婚的问题，在 1950 年《婚姻法》规定是属于禁止结婚的范围。有生理缺陷不能发生性行为，亦称为性功能障碍，是指男女身体性机能发生异化导致不能正常性交。这种生理缺陷包括原发性和继发性两种。在当时的条件下，立法机关认为婚姻关系是以男女两性生理上的差别作为婚姻关系的自然条件，如果不能发生性行为，结婚的意义也就不存在了。特别是如果有生理缺陷不能发生性关系的人隐瞒这一缺陷则更是有违社会道德。一般来说，生理正常的人也不会同意与不能正常过性生活的人结婚，但是，现实生活中也存在双方都有性生理缺陷或者一方有性生理缺陷，由于年老、疾病等原因，在双方了解并同意的情况下，结为夫妻，以便互相照顾生活，这种情形对个人、社会均无危害。因此，立法机关将 1950 年《婚姻法》有关禁止男女有生理缺陷不能发生性行为、花柳病（即梅毒）、精神失常的人结婚的规定予以删除，在 1980 年《婚姻法》第 6 条第 2 项规定，禁止患麻风病未经治愈或者患其他在医学上认为不应当结婚的疾病的人结婚。胡康生在《关于〈中华人民共和国婚姻法修正案（草案）〉的说明》中指出："有关部门和医学专家提出，麻风病是一种普通的慢性传染病，现在对麻风病已有较好的治疗方案，可防可治不可怕，我国近年来已经基本消灭麻风病。因此，《中华人民共和国婚姻法修正案（草案）》在禁止结婚的条件中保留了患有医学上认为不应当结婚的疾病，删去了有关麻风病的规定。"① 立法机关只在《婚姻法》第 7 条第 2 项原则性地规定禁止医学上认为不应当结婚的疾病。

立法机关在编纂《民法典》时，一些专家学者认为《婚姻法》确立了可撤销婚姻制度后，一些患有重大疾病的人，为了下一代的健康，或许不能生育，但是他们的婚姻权不应当受到限制，在一方当事人知晓另一方患有重大疾病的情况下，仍然愿意与之结婚，法律应当予以准许，前提是婚姻关系当事人一方知晓另一方患有重大疾病。因此，立法机关在编纂《民法典》时，不再将"患有医学上认为不应当结婚的疾病"作为禁止结婚的情形，并在《民法典》第 1053 条第 1 款规定："一方患有重大疾病的，应当在结婚登记前如实告知另一方；不如实告知的，另一方可以向人民法院请求撤销婚姻。"也就是说，婚姻可以撤销的第二种法定事由就是一方患有重大疾病在结婚登记前不如实告知另一方，我们将这种情形简称为"隐瞒重大疾病"的情形。因此，关于隐瞒重大疾病而形成的可撤销婚姻，是从《婚姻法》关于"婚前患有医学上认为不应当结婚的疾病婚后尚未治愈的"无效婚姻的情形发展过来的。从上面的论述中，我们可以知道因隐瞒重大疾病而形成的可撤销婚姻有这么几方面的特征：

1.行为人是患有重大疾病的自然人，是婚姻关系一方当事人。行为人必须是具有民事责任能力且具有民事行为能力，达到法定结婚年龄的自然人，特指婚姻关系中患有重大疾病的一方当事人，理论上还存在双方都对对方进行隐瞒的情形，对于无民事行为能力人而言，他自己并不了解自己本身患有重大疾病，因此，不能成为隐瞒重大疾病的行为人。

2.行为人隐瞒重大疾病的行为必须是出于故意，即行为人明知自己患有重大疾病而故意不如实告知要与之结婚的对象。隐瞒实质上是一种欺诈，从语言的逻辑上来看，包含着隐瞒人对隐瞒的内容是明知的意思。欺诈，从主观上来看，就是故意。美国大多数州都明确规定因欺骗而导致的婚姻是无效婚姻。问题在于什么样的欺骗构成婚姻无效。早期的判例确立了两条原则：其一，欺骗必须是实质性的。所谓实质性的欺骗是指，如果不是基于欺骗，

① 胡康生：《关于〈中华人民共和国婚姻法修正案（草案）〉的说明》，载中国人大网 http://www.npc.gov.cn/zgrdw/npc/lfzt/rlys/2014-10/24/content_1882720.htm。

婚姻根本不可能成立。其二，欺骗必须影响现存婚姻的实质。对现存婚姻的实质很难定义，因为欺骗必须是对正常婚姻关系的可能性起了相反的作用。实质性的欺骗并影响婚姻实质的行为主要包括：在婚姻关系存续期间拒绝发生性关系、拒绝生育、性无能或者有性病、与他人已经怀孕以及不同信仰的欺骗。当事人的行为是实质性的欺骗，但是不影响其婚姻实质的不构成欺骗，主要包括：个性、贞洁、年龄、健康、财富、身份、祖先及前婚的数量。[①] 受隐瞒一方因为行为人的隐瞒行为陷入错误判断，也就是说隐瞒的行为与错误判断并结婚存在着法律上的因果关系，受隐瞒人基于错误判断作出了与患有重大疾病的人结婚的意思表示并进行了结婚登记。从不如实告知的内容来看，是指行为人患有重大疾病，是重大疾病而不是一般疾病。从不如实告知的时间节点来看，是指行为人在结婚登记前没有如实告知，而不是婚后告知。如果结婚登记前已经如实告知，另一方当事人仍然与之结婚，则不存在婚姻被撤销问题，如果感情确已破裂，只能按离婚来处理；如果是结婚登记后再患有重大疾病的，同样也不存在婚姻被撤销的问题。美国法学界认为，婚姻开始后出现的问题，不能溯及既往。[②] 如果出现感情确已破裂，也是只能按离婚来处理。从不如实告知的对象来看，行为人应当将自己患有重大疾病的情形如实告知与自己结婚的另一方。如果本人都不知道患有重大疾病而与他人结婚，就谈不上不如实告知的问题。

3. 缔结的婚姻是因婚姻关系一方当事人对另一方当事人隐瞒重大疾病而形成的。男女在缔结婚姻关系之前，双方均会将对方各方面条件进行评估，一般而言，一方当事人如果患有重大疾病，另一方当事人是不会与患有重大疾病的当事人结婚的，当然，也不排除因双方感情深而有例外。一方当事人对另一方当事人隐瞒重大疾病，必然影响受隐瞒人的判断，剥夺了受隐瞒人的知情权，致使受隐瞒人不了解隐瞒人患有重大疾病而与之结婚。因此，《民法典》第1053条规定这种情形是可撤销婚姻。

首先，一方当事人患有重大疾病。对于什么是可撤销婚姻中的重大疾病，

---

① 夏吟兰：《美国现代婚姻家庭制度》，中国政法大学出版社1999年版，第44页。

② ［美］哈里·D.格劳斯、大卫·D.梅耶：《美国家庭法精要》，陈苇等译，中国政法大学出版社2010年版，第180页。

目前法律上还没有给出明确的范围。我们认为，重大疾病一般是指医治花费巨大且在较长一段时间内严重影响患者及其家庭的正常工作和生活的疾病。在法律明确规定什么是重大疾病之前，可以参照医学上认为不应当结婚的疾病来判断。而从《民法典》颁布之前婚姻家庭的法律规范和司法解释的情况来看，对于医学上认为不应当结婚的疾病包括哪些，都没有作出明确的规定。《中华人民共和国母婴保健法》（以下简称《母婴保健法》）第8条规定："婚前医学检查包括对下列疾病的检查：（1）严重遗传性疾病；（2）指定传染病；（3）有关精神病。经婚前医学检查，医疗保健机构应当出具婚前检查证明。"第9条规定："经婚前医学检查，对患指定传染病在传染期内或者有关精神病在发病期内的，医师应当提出医学意见，准备结婚的男女双方应当暂缓结婚。"虽然目前婚姻登记机关已经不再强制要求进行婚前检查了，但是上述规定仍然可以作为我们鉴别医学上认为不应当结婚的疾病的重要参考依据。据此，医学上认为不应当结婚的疾病包括下面几种情形：（1）严重遗传性疾病。根据《母婴保健法》第38条第2款的规定："严重遗传性疾病，是指由于遗传因素先天形成，患者全部或者部分丧失自主生活能力，后代再现风险高，医学上认为不宜生育的遗传性疾病。"（2）指定传染病。根据《母婴保健法》第38条第1款的规定："指定传染病，是指《中华人民共和国传染病防治法》中规定的艾滋病、淋病、梅毒、麻风病以及医学上认为影响结婚和生育的其他传染病。"从上述列举的几种传染病来看，艾滋病、淋病、梅毒是通过性传播的，不仅对夫妻之间有传染，甚至会通过母婴传染，是不适宜结婚、生育的传染病。麻风病则是由麻风杆菌引起的一种慢性传染病，主要病变在皮肤和周围神经，临床表现为麻木性皮肤损害，神经粗大，严重者甚至肢端残废。这种传染病是通过含有麻风杆菌的皮肤或者黏膜损害与有破损的健康人皮肤或者黏膜的接触所致，接触的密切程度与感染发病有关。医学研究还认为，带菌者咳嗽以及喷嚏时的飞沫和悬滴通过健康人的上呼吸道黏膜进入人体，也是麻风杆菌传播的主要途径。另外，麻风病还可以通过间接接触传染，这种传染方式是健康者与传染性麻风患者经过一定的传播媒介而受到传染，例如接触传染患者用过的衣物、被褥、手巾、食具等。一旦染上麻风病，对人体的伤害是巨大的，所以，医学上认为患有此类传染病的病人未经治愈是不宜结婚的。至于其他医学上认为影响结婚和生育的其他传染病则应当以医学检查为准。（3）有关精神疾病。根据《母婴保健法》第 38 条第 3 款的规定，有关精神病，是指精神分裂症、躁狂抑郁型精神病以及其他重型精神病。在美国，根据普通法，精神不健全将导致婚姻无效。婚姻作为一种契约，当事人必须具有缔约能力，能够表达自己的意思。而精神不健全者不可能认识和理解婚姻的实质，也无法承担因婚姻关系所带来的责任和义务。对于在结婚时进行意思表示的行为能力，一些州定义为：能够理解结婚合同的性质并有能力理解结婚所带来的权利与义务。[①] 此外，我们认为，严重性功能障碍等性无能疾病，足以影响夫妻生活者，也应当视为重大疾病。在美国，身体不健全是指自然的、不可医治的性无能。一方当事人性无能，他方在结婚时确实不知情的，由此而形成的婚姻无效。[②] 对于被检出患有上述疾病的患者申请结婚如何处理的问题，根据《母婴保健法》第 9 条规定："经婚前医学检查，对患指定传染病在传染期内或者有关精神病在发病期内的，医师应当提出医学意见，准备结婚的男女双方应当暂缓结婚。"第 10 条规定："经婚前医学检查，对诊断患医学上认为不宜生育的严重遗传性疾病的，医师应当向男女双方说明情况，提出医学意见；经男女双方同意，采取长效避孕措施或者施行结扎手术后不生育的，可以结婚。但《婚姻法》规定禁止结婚的除外。"除严重传染性疾病、指定遗传性疾病和有关精神病参照医学上认为不应当结婚的疾病外，我们认为，其他重大疾病一般包括：恶性肿瘤、严重心脑血管疾病、需要进行重大器官移植的手术、有可能造成终身残疾的伤病、晚期慢性病、严重脑损伤、严重帕金森病等。重大疾病的范围最终应当以最高人民法院的司法解释或者国家卫生行政管理部门的规定为准。

其次，行为人有不如实告知的行为。在缔结婚姻时，一方当事人违反如实告知义务，不如实告知其实就是民事法律行为中的欺诈行为的一种形式——故意隐瞒应当告知的真实情况。所谓不如实告知，是指不告知或者虚假告知，一种情形是一方患有重大疾病而不告知另一方；另一种情形是一方患有重大疾病而告知另一方的并不是真实的疾病信息，使得另一方错误判断这不是重大疾病。

---

① 夏吟兰：《美国现代婚姻家庭制度》，中国政法大学出版社 1999 年版，第 43 页。
② 夏吟兰：《美国现代婚姻家庭制度》，中国政法大学出版社 1999 年版，第 44 页。

最后，不如实告知的时间节点是结婚登记前。行为人虽然告知了另一方当事人自己患有重大疾病，却是在结婚登记后告知另一方，也构成不如实告知；如果一方是在结婚登记后才患有重大疾病，则不构成不如实告知，不存在违反告知的义务。告知的前提当然是行为人知道自己患有重大疾病。

4.隐瞒重大疾病的行为是违反婚姻自由的婚姻制度的行为。婚姻自由是《宪法》《民法典》赋予中华人民共和国公民的基本权利，这一权利的基本要义就是公民拥有婚姻自主权，结婚自由的核心要义就是在不违反法律禁止性规定的前提下，都必须由婚姻当事人自主决定。在缔结婚姻关系时，如果婚姻关系一方当事人在结婚登记前患有重大疾病，另一方可能会作出不与之结婚的决定。但是，如果婚姻关系一方当事人在结婚登记前患有重大疾病，他如实地告知另一方，对方当事人在得知这一情形后仍然同意，当然可以缔结婚姻关系，因为这反映了对方当事人真实的意思表示。而如果患有重大疾病的婚姻关系一方当事人不如实告知另一当事人，就会影响婚姻关系另一方当事人的意思表示，作出结婚的这种表示就是不真实的，缔结婚姻就存在实质上的欺诈与被欺诈的情形。在美国，婚姻如果存在欺骗和欺诈将被宣判为无效婚姻。[①] 在我国，如果一个人结婚不是出于自己真实的意思表示时，这就违反了《宪法》《民法典》关于婚姻自由的婚姻制度。根据民法的基本理论和规定，因受欺诈而作出的民事法律行为是可以申请撤销的。《民法典》第148条规定："一方以欺诈手段，使对方在违背真实意思的情况下实施的民事法律行为，受欺诈方有权请求人民法院或者仲裁机构予以撤销。"这是可撤销婚姻的法理基础之一，可撤销婚姻是因欺诈而结婚，是属于《民法典》对此类婚姻有关法律效力的特别规定。对这种因不如实告知自己患有重大疾病而结婚的，《民法典》就赋予了受隐瞒人以撤销婚姻的请求权，使受隐瞒人可以根据自己的自由意志来选择是否愿意继续与对方保持婚姻关系，婚姻是否继续有效。如果受隐瞒人不愿意与对方继续保持婚姻关系，受隐瞒人就可以依据法律所赋予的撤销婚姻请求权行使权利，申请撤销因隐瞒重大疾病而缔结的婚姻关系；如果受隐瞒人不行使婚姻撤销请求权或者婚姻撤销请求权时效已经

---

① ［美］Mary E.Richmond、Fred S.Hall：《婚姻与国家：基于美国婚姻法实施的田野调查》，朱姝主译，华东理工大学出版社2018年版，第147页。

超过，受隐瞒人就可以不行使或者不再能行使婚姻撤销请求权了，婚姻关系便转为合法、有效的。超过时效后，如果一定要解除婚姻关系，则只能采取离婚的方式解除。

《民法典》明确了无效婚姻的三种情形和可撤销婚姻的两种情形。对于结婚登记程序存在瑕疵的问题，《婚姻家庭编解释一》第 17 条第 2 款规定："当事人以结婚登记程序存在瑕疵为由提起民事诉讼，主张撤销结婚登记的，告知其可以依法申请行政复议或者提起行政诉讼。"结婚登记程序存在瑕疵虽然也涉及婚姻效力问题，却不是主张婚姻无效或者可撤销的事由，对此已经不属于民事案件的范围，人民法院应当告知当事人可以依法提起行政复议或者行政诉讼，当然，行政复议并非前置程序。这种撤销与可撤销婚姻无论是在主体上、撤销机关上、程序上本质上有很大的不同，最根本的是它是具体的行政行为。江苏省灌南县人民法院审理的左某平诉灌南县民政局婚姻登记纠纷案就是一起行政诉讼案件。原告左某平的妹妹左某艳与第三人周某成（聋哑人）的弟弟周某没有达到法定婚龄，于 2004 年 4 月 7 日分别持照片为左某艳和周某本人，但是身份证号为左某平与周某成的身份证到被告灌南县民政局申请结婚登记，领取了第 401×××号结婚证。2008 年 5 月，左某平自己到婚姻登记处申请登记时，被告知她已经登记结婚，无法再对她进行婚姻登记。经左某平交涉，左某艳与周某于 2008 年 5 月 28 日以左某艳、周某本人的身份证重新进行了婚姻登记。左某平遂要求灌南县民政局撤销左某平与周某成的婚姻登记。而灌南县民政局以左某平的请求不符合法律规定，不能撤销为由予以拒绝。左某平于 2008 年 5 月 26 日向灌南县人民法院提起行政诉讼，请求人民法院判令被告撤销左某平与周某成的婚姻登记。在案件审理过程中，灌南县民政局主动撤销了 2004 年 4 月 7 日第 401×××号结婚登记，原告左某平撤诉。该案形成的裁判规则是"使用他人身份证申请结婚登记导致他人无法申请结婚登记的，他人有权申请撤销该结婚登记"。裁判者在对该案进行评析时认为，本案是因持他人身份证件办理结婚登记而引发的行政纠纷，也就是人们通常所说的冒名结婚登记纠纷。无论是《婚姻法》还是《婚姻登记条例》的相关规定，均要求缔结婚姻关系的双方当事人持本人身份证件亲自到婚姻登记机关办理结婚登记手续。然而，现实生活中，仍然存在一些当事人持他人身份证件或者虚假身份证件办理结婚登记手续，而婚姻登记机关有时并不能完全识别出来，这些就引发了冒名登记结婚行为的法律效力纠纷。众所周知，婚姻登记行为是一种具体的行政行为，对结婚登记有瑕疵的问题应当如何解决，依据《婚姻法解释三》第1条的规定："当事人以婚姻法第十条规定以外的情形申请宣告婚姻无效的，人民法院应当判决驳回当事人的申请。""当事人以结婚登记程序存在瑕疵为由提起民事诉讼，主张撤销结婚登记的，告知其可以依法申请行政复议或者提起行政诉讼。"是否予以撤销，要根据瑕疵的具体情形来考量，如果瑕疵足以影响婚姻关系，则应当予以撤销，一般由婚姻登记机关来撤销，人民法院也可以作出行政判决撤销。该案是当事人冒用他人身份证件结婚登记，被冒用的当事人没有结婚的意思，也没有亲自办理结婚登记，所谓的"婚姻关系"并不成立，而且还妨碍了被冒用当事人结婚。婚姻登记机关没有能够审查出申请人所持身份证件非其本人所有，在登记程序上存在重大瑕疵，而且该瑕疵已经影响了婚姻关系的成立，因此，婚姻登记机关应当将该婚姻登记行为予以撤销。① 这种婚姻关系因程序上存在重大瑕疵的撤销与可撤销婚姻存在根本的不同，因登记程序上存在重大瑕疵而撤销的法定事由是婚姻登记程序上存在重大瑕疵，而可撤销婚姻的法定事由是实体上存在"因胁迫结婚""因隐瞒重大疾病结婚"，而且行使撤销权的机关和程序也不尽相同。

第三节　撤销可撤销婚姻的程序

可撤销婚姻是因为这种婚姻是因胁迫、因隐瞒重大疾病而形成的婚姻关系，同时，这种婚姻在被撤销前是具有法律效力的。因此，要撤销可撤销婚姻是有一套严格的法律程序的。

1. 对于撤销可撤销婚姻适用程序的问题。《婚姻法解释一》第11条规定："人民法院审理婚姻当事人因受胁迫而请求撤销婚姻的案件，应当适用简易程序或者普通程序。"说明可撤销婚姻的审理程序既可以适用简易程序，也可以适用普通程序。然而，该司法解释已经作废。《民法典》实施后，对请求撤销

---

① 江苏省灌南县人民法院（2008）南行初字第0015号民事判决书。

婚姻的诉讼适用什么样的程序,最高人民法院尚没有出台新的司法解释。但是,根据《民事诉讼法》关于简易程序的相关规定,对此类案件如果是"事实清楚、权利义务关系明确、争议不大的简单的"以及当事人双方约定适用简易程序的,似乎也可以适用简易程序。当然,在没有出台新的司法解释之前,为慎重起见,我们建议还是适用普通程序为妥,如果有了新的司法解释则以司法解释为准。

2. 关于请求撤销可撤销婚姻的主体。请求撤销可撤销婚姻的主体也可以称之为请求撤销可撤销婚姻的请求权人。在美国,就可撤销婚姻而言,法律一直规定,只有当事人双方和极少数其他人可质疑婚姻的有效性,在宣告婚姻无效前一直合法有效。而对无效婚姻,宣告其无效只是一种对其无效的再次确认:即婚姻不存在,且自始不存在。[①] 根据《民法典》第 1052 条规定,因胁迫结婚的,请求撤销可撤销婚姻的主体是受胁迫一方的婚姻关系当事人本人。《婚姻家庭编解释一》第 18 条第 2 款也规定:"因受胁迫而请求撤销婚姻的,只能是受胁迫一方的婚姻关系当事人本人。"这是因为这种可撤销婚姻是因胁迫而结婚,因此,只能是受胁迫一方的婚姻关系当事人本人提出,胁迫行为的实施方不得以当初自己这一方有胁迫行为而请求撤销婚姻。而受胁迫一方的婚姻关系当事人是否行使撤销婚姻请求权应当由受胁迫一方的婚姻关系当事人自行决定,任何人都不能代替受胁迫一方的婚姻关系当事人行使,也不得阻碍受胁迫一方的婚姻关系当事人行使。因胁迫结婚的,虽然婚姻关系的缔结最初并不是受胁迫一方的婚姻关系当事人的真实意思表示,但是这种婚姻并不当然无法律效力。这主要是考虑到,虽然因胁迫而结婚是因为受胁迫一方的婚姻关系当事人缺乏婚姻的合意,违背了受胁迫一方的婚姻关系当事人婚姻自由意志,但是如果双方结婚后,受胁迫一方的婚姻关系当事人已经愿意保持这种婚姻关系,在这种情况下,双方的婚姻关系已经产生了质的变化,合意、意思表示的缺乏得到了修复,原来受胁迫一方的婚姻关系当事人对于继续保持这段婚姻已经建立在自愿的基础之上了,当然也就不违反婚姻自由的原则了,自然也就转为合法有效的婚姻了。

---

① [美]哈里·D.格劳斯、大卫·D.梅耶:《美国家庭法精要》,陈苇等译,中国政法大学出版社 2010 年版,第 182~183 页。

　　根据《民法典》第 1053 条第 1 款的规定，因隐瞒重大疾病而形成的可撤销婚姻，请求撤销可撤销婚姻的主体是受隐瞒一方的婚姻关系当事人。这是因为这种可撤销婚姻是因隐瞒重大疾病而结婚，因此，只能是受隐瞒一方的婚姻关系当事人本人提出，隐瞒重大疾病行为的实施方也不得以当初自己有隐瞒重大疾病的行为而请求撤销婚姻。而受隐瞒一方的婚姻关系当事人是否行使撤销婚姻请求权应当由受隐瞒一方的婚姻关系当事人自行决定，任何人都不能代替受隐瞒一方的婚姻关系当事人行使，也不得阻碍受隐瞒一方的婚姻关系当事人行使。因隐瞒重大疾病而结婚的，虽然婚姻关系的缔结不是受隐瞒一方的婚姻关系当事人的真实意思表示，但是这种婚姻并不当然无法律效力。这主要是考虑到，虽然因隐瞒重大疾病而结婚是因为受隐瞒的一方缺乏真实的婚姻合意，违背了受隐瞒一方的婚姻关系当事人婚姻自由意志，但是如果双方结婚后，受隐瞒一方的婚姻关系当事人已经愿意保持这种婚姻关系，在这种情况下，双方的婚姻关系已经发生了质的变化，这一缺乏的合意、这种意思表示的瑕疵就得到了修复，原来受隐瞒一方的婚姻关系当事人对于继续保持这段婚姻已经建立在自愿的基础之上了，当然也就不违反婚姻自由的原则了，自然也就转为合法有效的婚姻了。

　　这些关于请求撤销可撤销婚姻的主体的规定表明，除了受胁迫一方的婚姻关系当事人和受隐瞒一方的婚姻关系当事人外，其他单位和个人均无权行使或者替代行使请求撤销婚姻的请求权。其中意味着胁迫方和欺瞒方也不能提出撤销婚姻的请求。这一点与美国家庭法的规定是相似的，美国家庭法学者认为，以欺诈的方式引诱对方结婚的一方当事人不能以欺诈为由而质疑婚姻的有效性，这是禁反言，但被欺骗的另一方他的"牺牲者"在知晓该欺诈行为后依然愿意保持婚姻姿态，可视为修正好了这一婚姻。当然，如果婚姻瑕疵属于社会非常关心的内容——如重婚，或对同性婚姻的禁止——双方当事人就无权通过修正补正这一婚姻的有效性。[①]

---

　　① ［美］哈里·D. 格劳斯、大卫·D. 梅耶：《美国家庭法精要》，陈苇等译，中国政法大学出版社 2010 年版，第 181 页。"禁反言"，就是指不允许允诺人对已使受诺人产生信赖的诺言进行反悔。"允诺禁反言"原则要求一方作出某项允诺，主要是无过错归责原则。允诺禁反言制度只要求许诺人对受诺人的信赖已经预料到或应当预料到，并不要求许诺人在撤销允诺时主观上有过错。

3. 可撤销婚姻的撤销请求权的期限。对于可撤销婚姻而言，可撤销婚姻并非当然被撤销，可撤销婚姻的撤销必须经受胁迫一方的婚姻关系当事人和受隐瞒一方的婚姻关系当事人行使可撤销婚姻的撤销请求权，可撤销婚姻才能被撤销。可撤销婚姻的撤销请求权的行使并不是没有时间上的期限，如果受胁迫一方的婚姻关系当事人和受隐瞒一方的婚姻关系当事人长期不行使可撤销婚姻的撤销请求权，而受胁迫一方的婚姻关系当事人和受隐瞒一方的婚姻关系当事人又可以随时提出撤销申请，可撤销婚姻就会长期处于一种不稳定的状态，这对于家庭、社会的稳定是不利的，也不利于人们的生产、生活。对于可撤销婚姻行使撤销请求权的期限问题，存在两种情形：

一是因胁迫而结婚的。之前，根据《婚姻法》第11条的规定："因胁迫结婚的，受胁迫的一方可以向婚姻登记机关或人民法院请求撤销该婚姻。受胁迫的一方撤销婚姻的请求，应当自结婚登记之日起一年内提出。被非法限制人身自由的当事人请求撤销婚姻的，应当自恢复人身自由之日起一年内提出。"立法机关在编纂《民法典》时，对因胁迫而结婚形成的可撤销婚姻的期限进行了重大修改，《民法典》第1052条第2款、第3款规定："请求撤销婚姻的，应当自胁迫行为终止之日起一年内提出。""被非法限制人身自由的当事人请求撤销婚姻的，应当自恢复人身自由之日起一年内提出。"将"自结婚登记之日起"修改为"自胁迫行为终止之日起""自人身自由恢复之日起"。这一规定明确对可撤销婚姻的撤销请求权行使的时限规定了两种情形：第一种情形是一般情况。在因胁迫结婚的情况下，如果按《婚姻法》第11条的规定，行使撤销权的时限自结婚登记之日起一年内提出的话，对受胁迫一方的婚姻关系当事人并不算太公平，因为只要胁迫的行为没有终止，受胁迫一方的婚姻关系当事人就处于受胁迫状态，受胁迫一方的婚姻关系当事人的意思表示就不可能真实，在胁迫行为没有终止之前，受胁迫一方的婚姻关系当事人可能因为胁迫的行为或者情形没有终止而可能在自结婚登记之日起一年内仍然不敢行使撤销权。为了保障受胁迫一方的婚姻关系当事人撤销权的行使，《民法典》规定，撤销权的行使自胁迫行为终止之日起一年内为限，自胁迫行为终止之日起，经过一年没有行使撤销权的，请求权消灭。此后，受胁迫一方的婚姻关系当事人不得再以因为受胁迫结婚为由，请求人民法院撤销该婚姻，即使提出，也应当予以驳回起诉。第二种情形是例外情况。如果受胁迫的一方因人身自由被非法限制，则法律规定可撤销婚姻的婚姻撤销请求权的时间期限为自人身自由恢复之日起计算。所谓非法限制人身自由，是指人的活动范围受到他人的限制，而这种限制是没有法律上的依据的，是非法的。之所以要从恢复人身自由开始起算，是因为受胁迫一方的婚姻关系当事人被非法限制人身自由，行使可撤销婚姻的婚姻撤销请求权受到了限制而无法行使，只有等人身自由恢复后，才有条件行使可撤销婚姻的婚姻撤销请求权。同样，受胁迫一方的婚姻关系当事人被非法限制人身自由后，撤销婚姻的婚姻撤销请求权的时间期限为自人身自由恢复之日起计算，经过一年没有行使的，请求权消灭。此后，受胁迫一方的婚姻关系当事人不得再以因胁迫结婚为由，请求人民法院撤销该婚姻，即使提出，也应当予以驳回起诉。这些规定表明，《民法典》充分保障了受胁迫一方的婚姻关系当事人撤销权的行使。根据《婚姻家庭编解释一》第 19 条第 1 款的规定："民法典第一千零五十二条规定的'一年'，不适用诉讼时效中止、中断或者延长的规定。"这里的一年，是指不适用《民法典》规定的诉讼时效中止、中断或者延长的规定，是对诉讼时效的限制适用。因此，一年应当作为除斥期间理解，是法定期间。①

二是隐瞒重大疾病而结婚的。立法机关在编纂《民法典》时，新增加了一种可撤销婚姻的情形。对于因隐瞒重大疾病而结婚形成的可撤销婚姻行使撤销请求权的期限的问题，《民法典》第 1053 条第 2 款规定，因隐瞒重大疾病而形成可撤销婚姻的，"请求撤销婚姻的，应当自知道或者应当知道撤销事由之日起一年内提出"。受隐瞒一方的婚姻关系当事人提出婚姻请求的撤销权，是受到除斥期间限制的，这种情形的可撤销婚姻的除斥期间为一年，要求行使撤销权的权利人自知道或者应当知道撤销事由之日起一年内提出。知道或者应当知道是民法的法律术语，在刑法中，知道或者应当知道一般理解为明知。这里的撤销事由就是患有重大疾病的一方当事人，在结婚登记前没有如实告知受隐瞒一方的婚姻关系当事人，即隐瞒重大疾病。对于知道或者应当知道的认定，则应当根据当事人提供的证据进行判断。

---

① 除斥期间，也称不变期间，是指法律对某种权利规定的存续期间。其法律意义在于，督促权利人尽快行使权利，超过除斥期间怠于行使该权利的，则该权利消灭。它主要适用于形成权。

对于民事行为的撤销，《民法典》第152条规定："有下列情形之一的，撤销权消灭：（一）当事人自知道或者应当知道撤销事由之日起一年内、重大误解的当事人自知道或者应当知道撤销事由之日起九十日内没有行使撤销权；（二）当事人受胁迫，自胁迫行为终止之日起一年内没有行使撤销权；（三）当事人知道撤销事由后明确表示或者以自己的行为表明放弃撤销权。""当事人自民事法律行为发生之日起五年内没有行使撤销权的，撤销权消灭。"由于《民法典》第152条是一般规定，第1052条、第1053条是特别规定，在涉及可撤销婚姻的撤销请求权行使的期限问题上，应当适用特别规定，即《民法典》第1052条、第1053条的规定。对于因胁迫而结婚的，《婚姻家庭编解释一》第19条第2款还规定："受胁迫或者被非法限制人身自由的当事人请求撤销婚姻的，不适用民法典第一百五十二条第二款的规定。"也就是说，因胁迫结婚的，只要受胁迫一方的婚姻关系当事人"受胁迫或者被非法限制人身自由"的情形没有消失，撤销权就不会消失，不受《民法典》第152条第2款规定的五年的限制。对因隐瞒重大疾病而形成的可撤销婚姻则没有这样要求，我们可以理解为因隐瞒重大疾病而结婚的，自结婚之日起五年内没有行使撤销权的，撤销权消灭。

如果可撤销婚姻申请人超过了法定的除斥期间，可撤销婚姻就转化为合法有效的婚姻，婚姻关系的效力具有溯及力，自双方结婚登记之时起计算。如果双方感情确已破裂，只能提起离婚诉讼而不能提起撤销婚姻诉讼，如果提起撤销婚姻的诉讼，应当予以驳回起诉。

4. 关于有权撤销可撤销婚姻的机关。对于可撤销婚姻，不是任何国家机关都可以决定撤销的。《婚姻法》第11条规定，受胁迫的一方可以向婚姻登记机关或者人民法院请求撤销因胁迫结婚而形成的婚姻关系。这就明确了有权撤销可撤销婚姻的机关是婚姻登记机关或者是人民法院。至于请求权利人具体是向婚姻登记机关还是向人民法院提出请求，应当由受胁迫一方自行决定，目的就是使受胁迫一方的婚姻关系当事人的权利能够得到充分地行使、保障。由于《婚姻登记条例》第9条规定："因胁迫结婚的，受胁迫的当事人依据婚姻法第十一条的规定向婚姻登记机关请求撤销其婚姻的，应当出具下列证明材料：（一）本人的身份证、结婚证；（二）能够证明受胁迫结婚的证明材料。""婚姻登记机关经审查认为受胁迫结婚的情况属实且不涉及子女抚养、财产及债务问题的，应当撤销该婚姻，宣告结婚证作废。"这一规定指出，婚姻登记机关只受理并解决婚姻是否撤销的问题，对于涉及子女抚养、财产及债务问题的，婚姻登记机关不予解决，如果当事人请求撤销婚姻涉及子女抚养、财产及债务问题的，当事人应当通过诉讼程序来解决纠纷。立法机关在编纂《民法典》时，对哪些机关是有权撤销可撤销婚姻的机关进行了修改，从"可以向婚姻登记机关或人民法院请求撤销该婚姻"修改为"可以向人民法院请求撤销婚姻"。《民法典》实施后，有权撤销可撤销婚姻的机关只能是人民法院而不能是其他任何机关，这样可以一并解决财产和子女抚养纠纷问题。

5.关于可撤销婚姻的举证责任。可撤销婚姻的法定事由一个是因胁迫结婚，一个是因隐瞒重大疾病结婚。对婚姻中是否存在这两个法定事由、结婚与法定事由之间存在因果关系、是否超过了法律规定的除斥期间等均应当由申请撤销婚姻的撤销权人承担举证责任。而对于反证，则由被告一方承担举证责任。

第四节　对可撤销婚姻的处理

在美国，可撤销婚姻必须经过法院宣告，不具有追溯力，自宣告之日起婚姻无效。可撤销婚姻的缺陷可以被当事人宥恕或者认可。当配偶一方死亡时，就不可再宣告该婚姻可撤销。除一方当事人外，有利害关系的第三人和州一般是可撤销婚姻的请求权人。在大多数州可撤销婚姻包括：未达法定婚龄、欺骗、胁迫成婚，一方精神耗弱，虚假婚姻，玩笑婚姻。在一些州，下列婚姻也可视为可撤销婚姻：自然的不治的性无能、一方是妓女或有重婚行为、一方与他人通奸并导致怀孕。可撤销婚姻一经宣告即转化为无效婚姻。这一传统的区别对当事人来讲是至关重要的。因为，无效婚姻没有任何婚姻权利，可撤销婚姻的当事人在没有正式宣告之前仍保有因婚姻而产生的财产权利和受扶养权利。[1] 根据《婚姻法》第12条的规定，无效或者被撤销的婚

---

① 夏吟兰：《美国现代婚姻家庭制度》，中国政法大学出版社1999年版，第34页。

姻自始无效。当事人不具有夫妻的权利和义务。同居期间所得的财产，由当事人协商处理；协议不成时，由人民法院根据照顾无过错方的原则判决。当事人所生的子女，适用《婚姻法》有关父母子女的规定。

从上面的法律规定来看，婚姻被撤销的法律后果与婚姻无效的后果是一样的，均导致婚姻最终无效，这也是在婚姻法修改时，一些婚姻法学者坚持只设置无效婚姻制度而无须设置可撤销婚姻制度的缘故之一。立法机关在编纂《民法典》时，对可撤销婚姻的法律后果进行了修改。

婚姻被撤销后，会产生一系列的法律后果，对此，《民法典》有明确的规定。《民法典》第 1054 条第 1 款规定，被撤销的婚姻自始没有法律约束力，当事人不具有夫妻的权利和义务。同居期间所得的财产，由当事人协议处理；协议不成的，由人民法院根据照顾无过错方的原则判决。当事人所生的子女，适用《民法典》关于父母子女的规定。婚姻被撤销的，无过错方有权请求损害赔偿。

1. 可撤销婚姻自始没有法律约束力。在美国家庭法学者看来，可撤销婚姻与无效婚姻有所不同，在被正式宣告无效（常通过法院颁布法令的方式）前，可撤销婚姻具有婚姻效力。不过，一旦婚姻被宣告无效，通常具有溯及力，其后果与无效婚姻完全一样，即该婚姻自始无效。[①] 在我国，可撤销婚姻撤销的效力溯及既往，从婚姻开始时起就不具有婚姻效力，即没有法律约束力，与《民法典》第 155 条关于"被撤销的民事法律行为自始没有法律约束力"的规定相一致。之前的《婚姻法》第 12 条规定的是，可撤销婚姻自始无效，立法机关在编纂《民法典》时，将"自始无效"修改为"自始没有法律约束力"。我们认为修改为自始没有法律约束力的法律意义更加明确，这种修改是有意义的，是对可撤销婚姻的法律后果进行解释，如果还用"自始无效"的表述，容易与无效婚姻的概念相混淆。所谓没有法律约束力，是指可撤销婚姻关系当事人双方均不受婚姻家庭法律规范中有关"婚姻关系"相关规定的约束，当事人双方不具有夫妻的权利与义务。所谓自始，是指没有法律约束力这一法律后果具有溯及力，即民事法律行为一旦被宣告撤销后，民

---

① ［美］哈里·D. 格劳斯、大卫·D. 梅耶：《美国家庭法精要》，陈苇等译，中国政法大学出版社 2010 年版，第 41 页。

事行为双方当事人的权利和义务应当恢复到这一行为实施之前的状态，在这里也就是恢复到婚前状态，相互不具有配偶权，并且自始不享有配偶权。根据《婚姻家庭编解释一》第 20 条的规定，《民法典》第 1054 条所规定的自始没有法律约束力，是指可撤销婚姻在依法被撤销时，才确定该婚姻自始不受法律保护。也就是说，可撤销婚姻只有在被撤销时，才确定该婚姻关系自始没有法律约束力，不受法律保护。可撤销婚姻被撤销后无须发放类似"离婚证"一样的证明文书，属于自由之身，可以与他人再行结婚。对于可撤销婚姻撤销的效力问题，一些国家和地区认为撤销的效力不具有溯及力。瑞士民法、日本民法有婚姻撤销的效力不溯及既往的规定，当代英美法国家也逐渐取消了传统的一律溯及既往原则，代之以可撤销婚姻的判决没有溯及力。[①] 在我国台湾学者王泽鉴看来："撤销的效力具溯及效力，乃一般原则，但法律有特别规定的，依其规定，如'民法'第 998 条规定：'结婚撤销之效力，不溯及既往。'以顾及身份关系的安全，俾免所生子女成为非婚生子女。"[②] 受此类观点的影响，我国部分婚姻法学者也是持此观点的，他们认为，《民法典》关于民事行为撤销之效力的规定，对于身份行为不应当予以适用。在他们看来，婚姻关系是身份关系，是男女两性结合的持续性关系，它不同于合同关系（财产契约），因为就财产关系而言，如果有意思表示瑕疵或者不符合法律规定被撤销后，当事人之间可以就财产进行法律关系上的恢复，比如返还原物、恢复原状、损害赔偿等，而男女身心的结合，特别是婚姻持续期间所生子女，这些身份事实是不可能恢复原状的。同时，可撤销婚姻在被依法撤销前是实际存在的，对被撤销前所发生的事实，如果按照婚姻效力溯及既往的一般原则，显然会造成非常不公平的后果，不利于当事人，特别是女方及其子女利益的保护。在此基础上，还有学者提出，可撤销婚姻与无效婚姻的溯及力应当有所区别，无效婚姻由于违背社会公序良俗，违反了结婚要件中的公益要件，效力问题应当具有溯及力。而可撤销婚姻应当从判决之日起或者作出决定之日起没有法律约束力，效力问题不应当具有溯及力。[③] 立法机关在

---

① 薛宁兰：《中国民法亲属编立法若干问题探讨》，载梁慧星主编：《民商法论丛（第 28 卷）》，法律出版社 2003 年版，第 199 页。

② 王泽鉴：《民法总则（增订版）》，中国台湾地区三民书局 2000 年版，第 532 页。

③ 王仁礼：《婚姻诉讼前沿理论与审判实务》，人民法院出版社 2009 年版，第 135~136 页。

编纂《民法典》时，没有采纳上述学者的观点，规定可撤销婚姻的效力具有溯及力，即自始没有法律约束力，以与《民法典》的相关规定统一起来。

2. 可撤销婚姻关系当事人不具有夫妻的权利和义务。由于该婚姻被撤销，婚姻关系当事人之间自始没有法律约束力，就人身关系而言，婚姻关系当事人之间不适用《民法典》有关夫妻关系的规定，可撤销婚姻关系当事人之间不具有夫妻的身份和称谓。可撤销婚姻被撤销后，由于当事人不具有夫妻的法律身份和称谓，因此，一方当事人与另一方当事人的近亲属之间也就不成立姻亲关系，比如不存在翁婿关系、婆媳关系等。在可撤销婚姻被撤销后，可撤销婚姻关系当事人之间也不能互相称为"前夫""前妻"。根据《婚姻家庭编解释一》第 21 条的规定，人民法院根据当事人的请求，依法撤销婚姻的，应当收缴双方的结婚证书并将生效的判决书寄送当地婚姻登记管理机关。当事人双方被视为从未结过婚，另行与他人婚姻登记时无须出示、上缴所谓的离婚证书，因为婚姻登记管理机关无须发给当事人离婚证书。就财产关系方面，不适用《民法典》规定的夫妻财产关系的相关规定，可撤销婚姻关系当事人之间不具有相互扶养义务，不享有相互间的继承权等。

3. 可撤销婚姻关系当事人共同生活期间所获得的财产的处理。虽然是因胁迫、隐瞒重大疾病结婚而形成婚姻关系，最终导致婚姻不具有法律约束力，但是毕竟双方进行了婚姻登记、取得了结婚证，这就使得婚姻关系当事人之间存在共同生活的期间。在此期间，双方可能会共同获得有一定的财产，对于这些财产，由于可撤销婚姻不具有婚姻的法律约束力，因而在财产的处理问题上，原则上不能适用夫妻财产处理制度的有关法律规定。根据《民法典》第 1054 条的规定，当事人共同生活（条文用的是同居）期间所得的财产，由当事人协议处理；协议不成的，由人民法院根据照顾无过错方的原则判决。这种处理的原则不是均分财产，而是必须考虑双方在可撤销婚姻的形成及存续期间有没有过错或者错误，如果一方有过错而另一方没有过错，则应当根据有过错一方的过错程度，将所得财产全部分给或者多分给无过错一方，如果双方均有过错，则应当根据过错的大小，将财产少分给过错大一些的一方，目的就是为了更好地保护无过错或者过错较小的一方。一般而言，胁迫人或者隐瞒人是有过错的一方。根据《婚姻家庭编解释一》第 22 条的规定，被撤销的婚姻，当事人共同生活（条文用的是同居）期间所得的财产，除有证据证明为当事人一方个人所有的以外，按共同共有处理。可撤销婚姻的当事人共同生活期间所获得的财产，原则上按共有的一般规则处理，但是有证据证明为当事人一方个人所有的除外。没有形成共有的，则按各自的财产归个人所有的原则处理。无法确认财产所有的性质时，应当按共有处理。也就是说，可撤销婚姻的当事人在共同生活期间所获得的财产除了归个人所有的以外，全部都是共有财产，依照有约定的按约定，无约定的按共同共有处理，如果在此基础上当事人达不成协议，起诉到人民法院的，人民法院应当受理并且依法判决，根据照顾无过错一方利益的原则处理。但是有证据证明为当事人一方个人所有的除外。对于哪些是同居期间所得的财产以及与婚姻存续期间所得的财产有没有区别、有什么区别，如何界定哪些财产可以被认定为有证据证明为当事人一方个人所有的财产，还有待司法解释予以更进一步的明确。根据民法的基本原理，共有权，是指两个以上的民事主体对同一项财产共同享有的所有权。按照《民法典》的相关规定，共有可以分为共同共有和按份共有。可撤销婚姻当事人在他们共同生活期间所获得的财产一般认为是共同共有。所谓共同共有，是指两个或者两个以上的民事主体，根据某种共同关系对同一项财产不按份额地共同享有权利、承担义务。它的特征主要有：（1）共同共有根据共同关系而产生，以共同关系为前提，如可撤销婚姻中的共同共有是以可撤销婚姻关系的存在为前提。（2）在共同共有关系存续期间，共有财产不分份额，当事人对该财产享有同样的权利和义务。（3）在共同共有中，各共有人平等地对共有物享受权利和承担义务，共同共有人的权利及于整个共有财产，行使全部的共有权。（4）共同共有人对共有物享有连带权利，承担连带义务。当人民法院判决撤销可撤销婚姻后，必然涉及对上述共有财产的分割问题。对共有物的分割规则、方式，《民法典》第303条、第304条都有规定，是人民法院审理可撤销婚姻财产处理的重要法律依据。

4.关于可撤销婚姻的当事人所生子女的问题。由于婚姻被撤销，可撤销婚姻当事人之间的婚姻自始没有法律约束力，也就是说，他们之间的婚姻不被法律承认，相当于他们之间不存在婚姻关系。但是，当事人与子女的关系并不因为可撤销婚姻被撤销而消灭。如果可撤销婚姻在被撤销前，婚姻关系当事人已经生育有子女，当事人与子女的关系不因为可撤销婚姻被撤销而消灭。可撤销婚姻虽然被撤销，但是子女是无辜的，他们不应当为父母的行为承担责任，因为子女并不能决定当事人结婚与否，更不能决定当事人生育子女。此时，可撤销婚姻关系当事人所生的子女被视为非婚生子女。根据《民法典》第 1054 条的规定，可撤销婚姻关系当事人的子女，适用《民法典》关于父母子女的规定。

关于父母子女关系的问题。我国法律关于亲子关系的规定，主要体现在《民法典》第 5 编（婚姻家庭）第 3 章（家庭关系）第 2 节（父母子女关系和其他近亲属关系）当中。《民法典》第 1071 条规定："非婚生子女享有与婚生子女同等的权利，任何组织或者个人不得加以危害和歧视。""不直接抚养非婚生子女的生父或者生母，应当负担未成年子女或者不能独立生活的成年子女的抚养费。"父母对子女有扶养的义务，子女对父母有赡养的义务。可撤销婚姻关系当事人与子女的关系，虽然是非婚生子女，但是仍然适用《民法典》第 1067 条、第 1068 条、第 1069 条、第 1070 条的规定，如果父母不履行抚养义务的，未成年子女或者不能独立生活的成年子女，有要求父母给付抚养费的权利。如果成年子女不履行赡养义务的，缺乏劳动能力或者生活困难的父母，有要求成年子女给付赡养费的权利。父母有教育、保护未成年子女的权利和义务。未成年子女造成他人损害的，父母应当依法承担民事责任。可撤销婚姻被撤销后，当事人不得有溺婴、弃婴和其他残害婴儿的行为，这里的婴儿主要是指当事人所生的婴儿。可撤销婚姻被撤销后，子女既可随父姓，也可随母姓，他人不得干涉。同时，父母与子女有互相继承的权利，等等。子女应当尊重父母的婚姻权利，不得干涉父母再婚以及再婚后的生活。子女对父母的赡养义务，不因父母的婚姻关系变化而终止。父母和子女有相互继承遗产的权利。可撤销婚姻所生子女有兄弟姐妹的，兄弟姐妹间的扶养义务适用《民法典》第 1075 条的规定，即有负担能力的兄、姐，对于父母已经死亡或者父母无力抚养的未成年弟、妹，有扶养的义务。由兄、姐扶养长大的有负担能力的弟、妹，对于缺乏劳动能力又缺乏生活来源的兄、姐，有扶养的义务。

5. 婚姻被撤销的，无过错方有权请求损害赔偿。《婚姻法》没有对婚姻被撤销后无过错一方有权请求损害赔偿的规定，立法机关在编纂《民法典》时，充分考虑社会习俗，在第 1054 条第 2 款增加了婚姻被撤销的，无过错方有权请求损害赔偿的规定，提出请求损害赔偿的申请人为可撤销婚姻的当事人中无过错的一方。对可撤销婚姻有过错的，不享有赔偿请求权；如果双方均有过错的，双方均不享有赔偿请求权，这里的过错是指对形成可撤销婚姻的过错，不是一般日常生活中的其他过错。如果在婚姻存续期间，一方对另一方有其他侵权行为，或者其他违法行为，则应当适用《民法典》关于侵权行为责任的规定或者其他法律规定处理。对于过错以及过错方的认定，要根据具体的个案予以分析认定，不能一概而言。就可撤销婚姻而言，一般而言，有过错的一方是胁迫一方、隐瞒患有重大疾病一方，他们是过错损害赔偿的责任主体，应当承担损害赔偿责任。这一规定不仅从根本上否定了可撤销婚姻的法律效力，还要通过追究相应的法律责任的方式，运用经济手段惩罚有过错的行为人，以达到保护无过错方利益的立法目的。就损害赔偿而言，民法理论一般均认为，包括物质损害赔偿和精神损害赔偿。涉及精神损害赔偿的，适用《精神损害赔偿意见》的相关规定。这里要指出的是，被撤销婚姻中的过错损害赔偿与离婚中的过错损害赔偿存在着本质上的区别，二者在损害的事由和适用的法律上是不同的。

关于何时提起可撤销婚姻损害赔偿的问题。无过错方申请撤销可撤销婚姻时，可以同时提起请求有过错方损害赔偿，也可以在可撤销婚姻被撤销后另行提起请求有过错方损害赔偿。无论哪种形式，都应当在诉争婚姻的性质已经由生效判决确定为可撤销婚姻，并且判决宣告婚姻撤销之后才能审理有过错方损害赔偿的诉争。也只有在婚姻被撤销后，才能进一步判断是否存在过错方，哪一方当事人是有过错方的当事人，以确定由谁来承担过错损害赔偿责任。婚姻虽然具有可撤销的法定事由，但是如果无过错方没有申请请求人民法院宣告撤销婚姻，而是单独提出请求损害赔偿的，人民法院不应当予以受理，已经受理的，也应当驳回诉讼请求。婚姻被撤销后，无过错方当事人如果要提起过错损害赔偿请求的，应当根据《民法典》第 188 条第 1 款"向人民法院请求保护民事权利的诉讼时效期间为三年"的规定，至迟在自人民法院作出宣告婚姻被撤销的判决生效后三年之内提出。

| 第七章 |
无效收养——违反法律规定而收养的行为

当今世界通行的收养制度最早起源于古巴比伦的汉谟拉比时代，在《汉谟拉比法典》中就有自由民可以收养被遗弃幼儿的内容。到了古罗马时代，罗马法设置了完备的收养制度，这一制度最初的目的是形成拟制血亲关系，以保证家族血脉、家族财产得以传承，这就是所谓"为家的收养"，收养制度是罗马法的基本制度之一。当然，这并不意味着在此之前没有收养行为，据人类学家考察，早在原始氏族时代各氏族就存在收养行为，只是还没有形成法律制度而已。摩尔根在研究易洛魁氏族日常生活时发现了"为族的收养"现象，"氏族的另一个奇特的权利就是收养外人为本氏族的成员"，认为一个人口日益减少的氏族可以通过收养的办法来补充成员。[1] 近现代以后，宗法制度衰落，个人利益超越了家族利益，养儿防老的观念替代了传宗接代的观念，收养方面的立法也以保护养父母利益为主，形成了"为亲的收养"。进入 20 世纪以后，由于战乱和性生活的开放，孤儿、流浪儿和非婚生子女增多，各国收养制度的立法也由保护养父母为主转而以保护养子女为主，形成了"为子女的收养"，构建起现代收养制度。[2] 英国家庭法理论认为，儿童的收养会因名叫收养令的法院令而产生，它使孩子生身父母的父母责任消灭，并将其

---

① ［美］路易斯·亨利·摩尔根：《古代社会（上）》，杨东莼、马雍、马巨译，商务印书馆 1977 年版，第 78 页。

② 关于"为族的收养""为家的收养""为亲的收养""为子女的收养"的论述，参见许莉主编：《婚姻家庭继承法学》，北京大学出版社 2019 年版，第 203 页。

赋予收养人。[1]《民法典》第 1044 条第 1 款规定："收养应当遵循最有利于被收养人的原则,保障被收养人和收养人的合法权益。"说明我国现行的收养制度实行的是遵循最有利于被收养人的原则,兼顾保障被收养人和收养人的合法权益。1976 年《英国收养法》规定:"作有关儿童收养的任何决定时,法院或收养机构应当考虑所有情况,首先考虑保护和提高整个童年期间儿童幸福的必要性;只要实际可行,应当查明儿童本人对决定的意愿和感受,并在顾及其年龄和理解力的基础上,对其给予充分的考虑。"这一规定表明,在英国实行的是"儿童幸福原则"。[2]我国 1950 年《婚姻法》没有设置收养制度,只是在第 13 条规定:"父母对于子女有抚养教育的义务;子女对于父母有赡养扶助的义务;双方均不得虐待或遗弃。""养父母与养子女相互间的关系,适用前项规定。"在法律上和事实上都对因收养形成的拟制血亲关系给予承认和保护。但是,在相当长的一个时期内,我国立法机关对于收养制度本身并没有进行更多的制度性构建,我国民众的收养行为主要是依当时当地的习惯,同时,现实中因收养产生的纠纷也比较少。随着社会经济的发展,因收养关系而产生的纠纷日渐增多,迫切需要一部规范收养行为的法律出台,以规制收养行为和收养关系。

为了保护合法的收养关系,维护收养关系当事人的权利,1991 年 12 月 29 日,第七届全国人民代表大会常务委员会第二十三次会议通过并公布了《收养法》,自 1992 年 4 月 1 日起施行。1998 年 11 月 4 日,第九届全国人民代表大会常务委员会第五次会议以《全国人民代表大会常务委员会关于修改〈中华人民共和国收养法〉的决定》对《收养法》进行了修改并公布,自 1999 年 4 月 1 日起施行。《收养法》与其他婚姻家庭法律规范一同建立起了一套完整的收养制度,其中包括无效收养制度。立法机关在编纂《民法典》时,吸收了《收养法》中大部分的合理成分,对部分条款进行了修改、调整,将包括无效收养在内的收养制度纳入"婚姻家庭编",成为婚姻家庭法律规范的重要组成部分,《收养法》同时废止。

---

[1] [美] 凯特·斯丹德利:《家庭法》,屈广清译,中国政法大学出版社 2004 年版,第 415 页。

[2] [美] 凯特·斯丹德利:《家庭法》,屈广清译,中国政法大学出版社 2004 年版,第 417 页。

第一节　无效收养的概念

所谓收养，有亲属法学者指出，在亲属法中，往往从两种意义上使用收养一词：一是指收养行为，这是就拟制血亲的亲子关系藉以发生的法律事实而言的；二是指收养关系，这是就拟制血亲的亲子关系本身而言的。因此，收养，是公民（自然人）领养他人的子女为己之子女，依法创设拟制血亲的亲子关系的民事法律行为。[①] 还有的婚姻家庭法学者认为，收养是指自然人依照法律规定的条件和程序，领养他人的子女为自己的子女，从而发生父母子女间权利义务关系的民事法律行为。[②] 民政部婚姻司在《民政部婚姻司对〈收养法〉的解答》第 1 条对收养作出了定义："收养，是领养他人子女为自己子女的民事法律行为，使原来没有父母子女关系的人们之间产生法律拟制的父母子女关系，收养人为养父和养母，被收养人为养子或养女。收养必须符合一定的条件和程序才能成立。"这可能是我国关于收养概念最具权威性的官方定义。

无效收养是违反法律规定而收养的行为。对于无效收养的概念，在我国婚姻家庭法律规范中没有进行定义。在亲属法理论界，有学者认为，无效收养行为是欠缺收养成立的法定要件的收养行为，这里所说的要件，包括实质要件和形式要件；这种行为不具有收养的法律效力，是一种无效民事行为。[③] 还有婚姻家庭法学者认为，收养行为的无效是指收养行为因欠缺法定的条件或者程序，不能产生当事人所追求的收养的效果。[④] 上述学者所提出的无效收养的概念不尽如人意。我们认为，无效收养的概念应当围绕导致收养无效的诸要素来界定。因此，根据《民法典》的精神，所谓无效收养，是指收养行为当事人因违反婚姻家庭法律相关规定导致欠缺收养实质要件和形式要件而自始没有法律约束力的收养行为。

[①] 杨大文主编：《亲属法》，法律出版社 2012 年版，第 244 页。
[②] 许莉主编：《婚姻家庭继承法学》，北京大学出版社 2019 年版，第 201 页。
[③] 杨大文主编：《亲属法》，法律出版社 2012 年版，第 260 页。
[④] 许莉主编：《婚姻家庭继承法学》，北京大学出版社 2019 年版，第 217 页。

第二节　无效收养的特征

无效收养的行为特征包括以下几方面：

一、无效收养的当事人

有效收养也好，无效收养也好，收养关系的当事人包括被收养人、送养人和收养人。

收养行为事关被收养人的身份地位，因收养形成和解除的亲属关系是亲属关系的重要组成部分。收养的问题涉及收养关系的三方当事人的权利义务，收养关系一旦成立，被收养人一方面与生父母解除了父母子女关系，消除旧的亲属关系，被收养人与生父母之间解除了父母子女权利义务；另一方面与养父母形成了新的拟制父母子女关系，形成新的亲属关系，被收养人与养父母之间产生了父母子女权利义务。因此，为了保障收养关系的稳定性和收养关系当事人的利益，一般不得轻易宣告收养无效，如果确实出现了法律所规定的收养无效之情形，应当由主张收养无效的当事人提起确认收养无效之诉，由人民法院审理后，判决宣告收养关系是否无效，国家一般不主动干涉。

1. 被收养人。对于哪些人可以成为被收养人，或者说被收养人的范围，《收养法》第 4 条规定，"下列不满十四周岁的未成年人可以被收养：（一）丧失父母的孤儿；（二）查找不到生父母的弃婴和儿童；（三）生父母有特殊困难无力抚养的子女。"立法机关在编纂《民法典》时，对被收养人的条件进行了修改，《民法典》第 1093 条规定："下列未成年人，可以被收养：（一）丧失父母的孤儿；（二）查找不到生父母的未成年人；（三）生父母有特殊困难无力抚养的子女。"根据《民法典》第 17 条的规定，未满 18 周岁的自然人为未成年人。因此，《收养法》与《民法典》两相比较，有关被收养人的规定有两处重大修改：一是将被收养人的年龄范围由未满 14 周岁扩大到未满 18 周岁；二是将"查找不到生父母的弃婴和儿童"修改为"查找不到生父母的未成年人"，查找不到生父母的原因不再限于生父母主动遗弃未成年人的情形，还包括未成年人被拐卖导致脱离生父母监护的情形。这两处修改，从实质意义上来说扩大了被收养人的范围，充分体现了立法机关对未成年人利益最大化原则的立法功能。据此，所谓被收养人，是指被具备条件满足健康成长需要和教育能力的人收为养子女的丧失父母的孤儿，或者查找不到生父母的未成年人以及生父母有特殊困难无力抚养的未成年子女。[①]养子女就是指被人收养的子女，也就是被收养人。

对被收养人条件的理解在认定收养无效时有以下几方面的问题应当注意，如果被收养人不符合《民法典》规定的条件，则可能导致收养无效。

首先，关于丧失父母的孤儿的问题。孤儿因为父母已经死亡，孤儿被他人收养已经不存在亲权上的法律障碍，更不存在生父母与养父母之间产生收养纠纷的问题。在世界范围内，孤儿一直是被收养的主要群体，因此，准确认定被收养人的孤儿身份对于稳定收养关系十分重要。第一，要准确认定何为丧失生父母。所谓丧失生父母就是指生父母已经死亡，这种死亡包括自然死亡和宣告死亡两种情形。宣告死亡，是指自然人下落不明达到法定期限，经该自然人的利害关系人申请，人民法院依照法定程序在法律上推定失踪人死亡的一项民事法律制度。宣告死亡是对自然人死亡在法律上的推定，一旦宣告，就法律效力而言，与自然死亡相同。宣告失踪，是指自然人离开自己的住所下落不明达到法定期限，经该自然人的利害关系人申请，人民法院依照法定程序宣告其为失踪人的民事法律制度。宣告死亡与宣告失踪是两种不同的民事法律制度，设置宣告死亡制度的目的在于终结失踪人的整体社会关系，侧重于保护失踪人的利害关系人利益；而设置宣告失踪制度的目的在于保护和代管失踪人的财产，侧重于保护失踪人利益。由于宣告失踪制度没有改变失踪人的身份关系，因此，被宣告失踪人的子女不应当视为丧失生父母。第二，要准确认定何为孤儿。2010年11月16日，《国务院办公厅关于加强孤儿保障工作的意见》规定："孤儿是指失去父母、查找不到生父母的未满18周岁的未成年人，由地方县级以上民政部门依据有关规定和条件认定。"将查找不到生父母的未满18周岁的未成年人也列入孤儿的范畴，很显然这是对孤

[①] 孤儿本身就具有未成年人的含义。参见李行健主编：《现代汉语规范词典》，外语教学与研究出版社、语文出版社2004年版，第464页。

儿从普通语义学角度的理解。但是,《民法典》第 1093 条将丧失父母的孤儿与查找不到生父母的未成年人并列,说明孤儿的范围不包括查找不到生父母的未成年人,因为这些查找不到生父母的未成年人的生父母可能没有死亡。因此,在《民法典》的语境中,成为被收养人条件之一的失去父母的孤儿范围只能理解为生父母已经死亡(包括自然死亡或者被宣告死亡)的未成年人。

其次,关于查找不到生父母的未成年人问题。1999 年 5 月 12 日国务院批准,1999 年 5 月 25 日民政部令第 14 号发布,根据 2019 年 3 月 2 日《国务院关于修改部分行政法规的决定》修订的《中国公民收养子女登记办法》第 5 条规定,收养非社会福利机构抚养的查找不到生父母的弃婴、儿童的,收养人应当提交公安机关出具的捡拾弃婴、儿童报案的证明。这一规定说明,查找不到生父母的弃婴、儿童是指被父母主动遗弃的婴儿、儿童或者走失的儿童。《民法典》规定的查找不到生父母的未成年人的范围就明显扩大,将一切查找不到生父母的未成年人纳入被收养人的范围,特别是包括经解救后仍然查找不到生父母的被拐卖未成年人。对此,最高司法机关的实务研究者认为,被拐获救未成年人的生父母主观上并没有放弃对子女监护权的意愿,只是因为犯罪分子的拐卖行为导致父母与子女分离,生父母虽然在事实上无法行使监护权,但是在法律意义上仍然享有对子女的监护权。对被拐获救的未成年人的收养需要解决与生父母的监护权冲突问题。在对生父母的亲权与未成年人利益的衡量之下,允许对确实查找不到生父母的被拐获救未成年人进行收养是未成年人利益最大化原则的要求。[①] 这样一来,对查找不到生父母的未成年人可以由民政部门委托儿童福利机构作为送养人予以送养。如果解救机关为被拐获救未成年人寻找到了生父母,解救机关就应当将被拐获救未成年人送还给生父母,不得送民政部门委托儿童福利机构送养。因此,查找不到生父母的未成年人可以成为被收养人,被儿童福利机构送养。

最后,关于生父母有特殊困难无力抚养的未成年人问题。对此,《民政部婚姻司对〈收养法〉的解答》第 5 条指出:"有特殊困难无力抚养的子女,是指有生父母或生父母一方死亡,但其生父母或生父、生母有特殊困难不能抚

---

① 最高人民法院民法典贯彻实施工作领导小组主编:《中华人民共和国民法典婚姻家庭编继承编理解与适用》,人民法院出版社 2020 年版,第 348~349 页。

养教育的未满 14 周岁的子女。如生父母重病、重残，无力抚养教育的子女或由于自然灾害等原因造成其生父母无力抚养的子女，以及非婚生子女等。"这应当是官方最为权威的解释了，至少在目前尚没有改变的动向，仍然可以作为认定生父母有特殊困难无力抚养的未成年人的依据，只是年龄限制应当扩大到《民法典》规定的未满 18 周岁。这里指出了三种情形：一是生父母均生存，但是，却因重病、重残，无力抚养的未成年子女或者由于自然灾害等原因不能抚养的未成年子女；二是生父母一方死亡（包括宣告死亡），生存一方却因重病、重残，无力抚养的未成年子女或者由于自然灾害等原因不能抚养的未成年子女；三是非婚生子女，对非婚生子女，不以因重病、重残无力抚养的未成年子女或者由于自然灾害等原因不能抚养的未成年子女为前提条件，只要是未成年非婚生子女，即表明未成年非婚生子女是属于生父母有特殊困难无力抚养的未成年人。因此，生父母有特殊困难无力抚养的未成年人可以成为被收养人，被生父母送养。

2. 送养人。对于哪些主体可以成为送养人，或者说送养人的范围，《收养法》第 5 条规定："下列公民、组织可以作送养人：（一）孤儿的监护人；（二）社会福利机构；（三）有特殊困难无力抚养子女的生父母。"立法机关在编纂《民法典》时对此进行了修改，《民法典》第 1094 条规定："下列个人、组织可以作送养人：（一）孤儿的监护人；（二）儿童福利机构；（三）有特殊困难无力抚养子女的生父母。"《收养法》与《民法典》两相比较，有关送养人的规定只在两处文字上进行了调整，没有进行实质性的修改：一是将"公民"修改为"个人"，因为，"公民"与"组织"不是相互对应的概念，而"个人"则是与"组织"相对应的概念，自然人与组织机构都可以成为送养人；二是将"社会福利机构"修改为"儿童福利机构"，因为有一些社会福利机构没有儿童福利部门，不具有承担民政部门履行监护未成年人的职能，应当将这些社会福利机构排除在送养人之外，就组织而言，只有儿童福利机构才能成为送养人。据此，所谓送养人，是指依法将被收养人送养的人。

送养人条件直接涉及送养决定权的行使，即哪些主体有权送养被送养人，直接关系到被送养人的切身利益，影响重大。对送养人的主体资格的理解在认定收养无效时有以下几方面的问题应当注意，如果送养人不符合《民法典》规定的条件，则可能导致收养无效。

首先，关于孤儿的监护人作为送养人的问题。孤儿可以成为被收养人，在前面的论述中已经涉及。决定是否将未成年人送交收养的权利，在现代收养法理论中被称之为收养同意权。毫无疑问，未成年人的生父母是享有当然的收养同意权，这一权利的来源是因血缘关系产生的监护权。但是，如果未成年人的生父母已经死亡，对未成年人的监护权就发生了转移，根据《民法典》有关监护制度的规定，未成年人生父母死亡的，由有监护资格和监护能力的未成年人的其他监护人行使监护权。然而，设置监护制度的目的只是对未成年人进行监督和保护，并不能保证从根本上解决对孤儿的抚养、教育和保护的问题，也不能代替家庭的亲情关系，因此，法律允许监护人在最有利于孤儿成长、审慎选择收养人的情况下，将监护人所监护的孤儿送交给收养人进行收养，以形成拟制血亲关系，让孤儿融入新的家庭，形成新的亲子关系，以利健康成长。因此，孤儿的监护人可以作为送养人，将他所监护的孤儿送养给他人收养。

虽然孤儿的监护人可以作为送养人送养，但是，在送养时，应当符合《民法典》的相关规定。《民法典》第1096条规定："监护人送养孤儿的，应当征得有抚养义务的人同意。有抚养义务的人不同意送养、监护人不愿意继续履行监护职责的，应当依照本法第一编的规定另行确定监护人。"这是属于孤儿的监护人与有抚养义务的人共同行使收养同意权的情形。所谓有抚养义务的人，根据《民法典》第1074条第1款的规定，是指有负担能力的孤儿的祖父母、外祖父母。设置这一制度的目的毫无疑问是保护孤儿和法定抚养义务人的利益，这一制度的意义在于：一是可以防范某些监护人推卸监护职责，对收养人不加选择地任意将孤儿送养给他人。二是抚养义务人具有抚养孤儿的现实可能性。现实中，一些生父母去世后，有抚养能力的祖父母、外祖父母是孤儿的法定抚养人，由他们抚养比送养给他人收养更有利于孤儿的生活和成长。如果不经抚养人同意而将孤儿送养给他人收养，则可能损害抚养人和被送养人的利益。三是保护抚养义务人的合法权益。生父母死亡后，祖父母、外祖父母与孤儿（孙子女、外孙子女）之间形成了新的抚养、赡养关系，如果孤儿被送养给他人收养，将使得孤儿与祖父母、外祖父母之间的近亲属关系会基于收养关系消除，可能造成将来祖父母、外祖父母无人赡养的状态。因此，监护人对孤儿进行送养，必须征得抚养义务人同意，否则收养无效。

对上述收养同意权的行使，需要注意两个问题。一是孤儿的兄、姐不享有收养同意权。根据《民法典》第1075条第1款的规定："有负担能力的兄、姐，对于父母已经死亡或者父母无力抚养的未成年弟、妹，有扶养的义务。"说明有负担能力的兄、姐对未成年弟、妹是扶养义务而不是抚养义务。而《民法典》第1096条规定的是"征得有抚养义务的人同意"，扶养与抚养是不同的概念，扶养一般适用于平辈之间，抚养一般适用于长辈对晚辈，因此，孤儿的监护人作为送养人送养孤儿时，无须征得有负担能力的兄、姐同意，当然，兄、姐不同意则可以通过申请改变监护权的方式接过监护权。二是孤儿的有抚养义务的人均享有同等的收养同意权。只要孤儿的祖父母、外祖父母均有抚养能力，则均为有抚养义务的人并均享有收养同意权，必须全体同意，孤儿的监护人才能将孤儿送养，只要有一位不同意，孤儿的监护人就不能将孤儿送养。

其次，关于儿童福利机构作为送养人的问题。对于儿童福利机构的性质和范围，根据自2019年1月1日起施行的《儿童福利机构管理办法》第2条的规定："本办法所称儿童福利机构是指民政部门设立的，主要收留抚养由民政部门担任监护人的未满18周岁儿童的机构。""儿童福利机构包括按照事业单位法人登记的儿童福利院、设有儿童部的社会福利院等。"而儿童福利机构收留抚养的范围，《儿童福利机构管理办法》第9条规定："儿童福利机构应当收留抚养下列儿童：（一）无法查明父母或者其他监护人的儿童；（二）父母死亡或者宣告失踪且没有其他依法具有监护资格的人的儿童；（三）父母没有监护能力且没有其他依法具有监护资格的人的儿童；（四）人民法院指定由民政部门担任监护人的儿童；（五）法律规定应当由民政部门担任监护人的其他儿童。"从儿童福利机构的性质和履行的职责来看，它是民政部门设立的事业单位法人，代替民政部门行使对被收留在儿童福利机构的未成年人的监护职责，因而也有权在有利于被收留在儿童福利机构的未成年人保护和利益最大化的前提下，为被收留在儿童福利机构的未成年人寻找合适的家庭予以送养。当然，并不是所有的被收留在儿童福利机构的未成年人都可以被送养，被送养的被收留在儿童福利机构的未成年人仍然必须符合《民法典》第1093条规定的被收养人条件，不符合被收养人条件的同样不能送养，儿童福利机构有权送养的只能是法定监护缺失的未成年人，即一是丧失生父母（包括自然死亡和宣告死亡）的未成年人，二是确实无法查明生父母或者其他监护人的未成年人。其他有生父母或者其他监护人的被收留在儿童福利机构的未成年人，儿童福利机构不能作为送养人将他们送养给收养人。因此，儿童福利机构可以作为送养人，将该机构收留并且置于监护之下，符合被送养人条件的未成年人送养给他人收养。

最后，关于有特殊困难而无力抚养子女的生父母作为送养人的问题。根据《民法典》第 1067 条、第 1068 条的规定，父母对未成年子女有抚养、教育和保护的义务，这是法定的义务，不得任意推诿，更不能对未成年子女遗弃。但是，现实生活中，确有生父母因为种种原因致使有特殊困难而无力抚养未成年子女的情形，在这种情况下，如果强行要求生父母继续履行上述义务，则可能对生父母造成较大的负担，同样，未成年子女也可能得不到应有的照抚。因此，法律设定制度，允许有特殊困难无力抚养未成年子女的父母作为送养人将自己无力抚养的未成年子女送交收养人收养，一方面可以保障被送养人的切身利益，另一方面可以纾解生父母的生存困境。至于什么是特殊困难，法律和司法解释都没有给予明确的解释，司法实务界一般理解认为，特殊困难包括身体的疾病或者残疾、经济的困顿等不利于其履行抚养义务的情况。[①] 因此，有特殊困难无力抚养未成年子女的生父母可以作为送养人，将自己亲生未成年子女送养给他人收养。

根据《民法典》第 1097 条的规定："生父母送养子女，应当双方共同送养。生父母一方不明或者查找不到的，可以单方送养。"这是因为生父母双方享有平等的送养同意权，这与《妇女权益保障法》第 49 条第 1 款关于父母双方对未成年子女享有平等的监护权的规定相符合。因此，送养与否必须经生父母协商达成一致意见，否则单方送养就可能导致送养无效。只有在生父母一方不明或者查找不到的，才可以单方决定送养。法律还规定，送养关系成立后，生父母不明的一方或者查找不到的一方重新出现，不得以未经本人同意为由主张收养无效。

这种父母共同送养的情形并不限于送养时生父母为夫妻关系存续期间。

---

① 最高人民法院民法典贯彻实施工作领导小组主编：《中华人民共和国民法典婚姻家庭编继承编理解与适用》，人民法院出版社 2020 年版，第 355 页。

当生父母是非夫妻时，即子女为非婚生子女，送养仍然需要生父母双方共同同意。同时，生父母离异后，无论是否再婚，对子女送养仍然需要双方共同同意。从条文的规定也可以看出，这里只涉及生父母，不涉及继父母、养父母是否有同意权的问题。

作为送养人之一，只能是有特殊困难无力抚养未成年子女的生父母，养父母、继父母即使出现有特殊困难无力抚养未成年养子女、继子女的情形时，也不得作为送养人将养子女、继子女送养给他人收养。只能养父母与生父母协商解除收养关系，由生父母继续抚养或者再行送养。如果生父母已经死亡，继父母应当以监护人的身份与继子女的生父母及其他亲属协商解决，如果仍然无法解决，可以考虑送儿童福利机构收留，由儿童福利机构作为送养人再行送养他人。当然，继父母自身也可以收养继子女为养子女。

此外，还有一种监护人作为送养人的情形，那就是《民法典》第1095条规定的情形。《民法典》第1095条规定："未成年人的父母均不具备完全民事行为能力且可能严重危害该未成年人的，该未成年人的监护人可以将其送养。"这一规定，与前述送养人的情形不同，被送养人既不是丧失父母的孤儿，也不是查找不到生父母的未成年人，更不是生父母有特殊困难无力抚养的子女。这种监护人作为送养人的情形与孤儿的监护人作为送养人的性质也不同，需要满足三个条件：一是未成年人的父母均不具备完全民事行为能力，如果一方具备完全民事行为能力，一方不具备完全民事行为能力，此条件不成立；二是可能严重危害该未成年人，这种危害不一定是现实的危害，只要具有可能性就可以；三是未成年人有明确的监护人，这个监护人首先应当是不具备完全民事行为能力父母的监护人，其次也是未成年人的监护人，否则此条件不成立。三个条件要同时存在，缺一不可。这一规定免除了生父母收养同意权，因为他们不具备完全民事行为能力，所以不能作出真实的意思表示，即使作出同意或者不同意的意思表示也没有法律效力；因为可能严重危害未成年人，所以要剥夺不具备完全民事行为能力的父母对未成年子女的亲权，以保护未成年子女的人身安全。体现了在亲权与子女利益发生冲突时，侧重保护未成年人的立法价值取向。

3.收养人。对于哪些人可以成为收养人，或者说收养人的范围，《收养法》第6条规定："收养人应当同时具备下列条件：（一）无子女；（二）有抚养教育被收养人的能力；（三）未患有在医学上认为不应当收养子女的疾病；（四）年满三十周岁。"立法机关在编纂《民法典》时对此进行了修改，《民法典》第1098条规定："收养人应当同时具备下列条件：（一）无子女或者只有一名子女；（二）有抚养、教育和保护被收养人的能力；（三）未患有在医学上认为不应当收养子女的疾病；（四）无不利于被收养人健康成长的违法犯罪记录；（五）年满三十周岁。"《收养法》与《民法典》两相比较，有三个方面的修改：一是《民法典》增加了一项，即"无不利于被收养人健康成长的违法犯罪记录"，以保证收养人的人格品行以及遵纪守法方面不至于对被收养人的健康成长不利，目的在于强化保障被收养人的利益。二是为因应国家计划生育政策的调整，将收养人必须是"无子女"修改为收养人"无子女或者只有一名子女"。三是在第2项中，除了规定收养人有抚养、教育被收养人的能力外，还增加规定了收养人要有"保护"被收养人的能力，与《民法典》关于亲子关系的规定相一致。所有这些修改，无不是为了保护被收养人的权益，保障被收养人利益最大化。据此，所谓收养人，是指依法收养他人的子女为自己子女的人。即所谓的养父母。

收养人的条件直接涉及哪些人可以收养被送养人，也直接关系到被送养人的切身利益，影响重大。对收养人主体资格的理解，在认定收养无效时有以下几方面的问题应当注意，如果收养人不符合《民法典》规定的条件，则可能导致收养无效。

第一，关于无子女或者只有一名子女的问题。计划生育是我国关于人口问题的基本国策，曾经规定一对夫妇只能生育一个子女。1982年12月，计划生育政策成为《宪法》的规定，"夫妻双方有实行计划生育的义务"。2001年12月29日第九届全国人民代表大会常务委员会第二十五次会议通过的《中华人民共和国人口与计划生育法》规定，一对夫妇只能生育一个子女。因此，《收养法》在制定时就规定，必须是无子女的夫妻才可以收养他人子女作为自己的养子女。《民政部婚姻司对〈收养法〉的解答》第9条规定，收养人只能收养一名子女，"这是因为实行收养，不能违背'一对夫妇只能生育一个孩子'的计划生育原则。另外，收养人只收养一名子女，也有利于被收养人的健康成长。"随着我国经济社会和人口结构的发展变化，中国社会进入老年化社会，独生子女政策已经不能适应未来社会的发展趋势。为此，立法机关根据 2015 年 12 月 27 日第十二届全国人民代表大会常务委员会第十八次会议《关于修改〈中华人民共和国人口与计划生育法〉的决定》；根据 2021 年 8 月 20 日第十三届全国人民代表大会常务委员会第三十次会议《关于修改〈中华人民共和国人口与计划生育法〉的决定》，对《中华人民共和国人口与计划生育法》进行了两次修改，第一次将"国家提倡一对夫妻生育一个子女"修改为"国家提倡一对夫妻生育两个子女""符合法律、法规规定条件的，可以要求安排再生育子女。具体办法由省、自治区、直辖市人民代表大会或者其常务委员会规定"。第二次再修改为"国家提倡适龄婚育、优生优育。一对夫妻可以生育三个子女"。立法机关在编纂《民法典》时，也相应放宽了收养人的条件，将《收养法》中规定的"无子女"修改为"无子女或者只有一名子女"，有利于更多的人收养可以收养的未成年人。

第二，关于有抚养、教育和保护被收养人能力的问题。收养关系成立后，必然产生一系列的亲属关系的变化。收养生效后，同时产生拟制血亲成立和自然血亲消解的法律效力，生父母不再承担对亲生子女的抚养、教育和保护的义务，从法律规定的权利与义务角度而言，亲生子女就无法从生父母那里得到相应的照顾以及基本的生活来源。收养人作为养父母与养子女形成拟制的父母子女关系，成为未成年养子女的监护人和抚养义务人，承担起法律规定的对子女的权利与义务。因此，这就要求收养人也就是养父母必须要有抚养、教育和保护被收养人能力，否则收养无任何意义，反而可能使养子女陷于困顿，不利于被收养人的健康成长，违反了收养对于被收养人利益最大化的原则。对这种抚养、教育能力，《民政部婚姻司对〈收养法〉的解答》第 7 条指出："有抚养教育被收养人的能力主要指收养人有抚养和教育被收养人的经济条件、健康条件和教育能力等。经济条件是指有足够而稳定的经济来源；健康条件是指必须没有影响被收养人成长的精神病或其他严重疾病；教育能力是指收养人有引导教育被收养人健康成长的能力。当然，收养人首先要有正确的收养目的和良好的道德品质。"

第三，关于"未患有在医学上认为不应当收养子女的疾病"的问题。何为不应当收养子女的疾病，法律及司法解释都没有作出具体的规定，这就要求办理收养登记的机关以及审理收养无效的人民法院根据具体情况具体分析，基本原则就是从被收养人利益最大化原则出发。一般而言，严重精神疾病或者严重传染疾病是不能成为收养人的。《中国公民收养子女登记办法》第5条第2项规定，收养人应当向收养登记机关提交县级以上医疗机构出具的未患有在医学上认为不应当收养子女的疾病的身体健康检查证明。上述规定，毫无疑问就是为了保障被收养人有一个健康成长的生活环境，如果收养人患有在医学上认为不应当收养子女的疾病，显然是不利于被收养人健康成长的，如果强行收养，可能导致收养无效。我们认为，对于不应当收养子女的疾病应当在行政法规或者司法解释上予以明确为宜。

第四，关于无不利于被收养人健康成长的违法犯罪记录的问题。作为《民法典》对收养人新增加的一项条件，无疑是对收养人条件的提高。有过违法犯罪记录的人，一般而言，都是法律意识淡漠，存在潜在的对被收养人成长不利因素，特别是有过暴力犯罪、性侵犯罪记录的人，如果他们成为收养人，显然是不利于被收养人健康成长，使被收养人处于巨大的风险之中，也违反了被收养人利益最大化原则。虽然有犯罪记录并不一定不利于被收养人健康成长，但是哪怕是有潜在的风险也应当尽量避免。因此，收养人应当尽量没有犯罪记录，如果确实有犯罪记录，收养登记机关就必须要审慎审查，判断这种犯罪记录是否存在不利于被收养人健康成长风险。这里还应当注意的就是不能将任何犯罪记录都作为适用本情形的扩大适用，与抚养、教育和保护能力无关的轻微、过失犯罪记录，不应当一律视为不利于被收养人健康成长，视为收养人不适格的情形。

第五，关于年满30周岁的问题。《民法典》要求收养人必须是年满30周岁，是综合考虑了我国的婚姻家庭制度、人类生育规律和收养效果而确定的。这一规定除了无配偶者收养异性有年龄相差40周岁的要求外，没有考虑收养人与被收养人的年龄差距，仅规定了收养人最低年龄。早在1992年《收养法》中规定，收养人应当年满35周岁，这一规定的目的是将收养人限制在没有生育子女的人。我国婚姻法律规范规定，法定结婚年龄男22周岁，女20周岁，这样看来，1992年《收养法》规定的收养人最低年龄的设定偏高，造成一些无法生育的夫妻要在婚后十多年才能收养子女，而35周岁的人收养子女，在时间精力上有所不足。为此，1998年修改《收养法》时，将收养人最低年龄限制下调到30周岁，符合人类生育规律和社会需要。30周岁以上的人，结婚也有几年了，如果不能生育子女，则会有收养的意愿，加上身心也基本成熟，经济条件也有一定的基础，收养有利于被收养人的健康成长。因此，立法机关在编纂《民法典》时，承续了收养人最低年龄限制为 30 周岁的规定。这里应当注意的是，30 周岁，是指收养人夫妻双方均年满 30 周岁，而不是一方年满 30 周岁另一方不满 30 周岁。对收养人年龄上的限制，《民法典》还另有特别规定，即《民法典》第 1102 条的规定："无配偶者收养异性子女的，收养人与被收养人的年龄应当相差四十周岁以上。"这一规定与《收养法》制定时有所不同，《收养法》第 9 条规定："无配偶的男性收养女性的，收养人与被收养人的年龄应当相差四十周岁以上。"按当时制定《收养法》时人们的基本观念是养父性侵养女的概率性相对较高，设置这一限制的目的也就是保护养女的身心健康和利益。这一规定后来被法律界人士诟病有性别歧视之虞，加之养母性侵养子的事件也偶有发生，为此，立法机关在编纂《民法典》时，取消了无配偶者是男性的规定，明确凡是无配偶者收养异性子女的，收养人与被收养人的年龄应当相差 40 周岁以上。

关于外国人作为收养人的问题。根据《民法典》第 1109 条第 1 款的规定："外国人依法可以在中华人民共和国收养子女。"同时，第 2 款规定："外国人在中华人民共和国收养子女，应当经其所在国主管机关依照该国法律审查同意。收养人应当提供由其所在国有权机构出具的有关其年龄、婚姻、职业、财产、健康、有无受过刑事处罚等状况的证明材料，并与送养人签订书面协议，亲自向省、自治区、直辖市人民政府民政部门登记。"第 3 款还要求："前款规定的证明材料应当经收养人所在国外交机关或者外交机关授权的机构认证，并经中华人民共和国驻该国使领馆认证，但是国家另有规定的除外。"这些规定是对外国人作为收养人作出的制度性安排，如果违反这些规定，可能导致收养无效。

收养人必须同时具备上述条件，收养行为才符合法律的规定，由此成立的收养关系才具有法律效力，否则可能面临收养无效之虞。

以上是《民法典》对被送养人、送养人、收养人的基本条件或者说基本情形的规定，但是，法律也给出了例外情形。《民法典》第 1099 条规定："收养三代以内旁系同辈血亲的子女，可以不受本法第一千零九十三条第三项、第一千零九十四条第三项和第一千一百零二条规定的限制。""华侨收养三代以内旁系同辈血亲的子女，还可以不受本法第一千零九十八条第一项规定的限制。"第 1103 条规定："继父或者继母经继子女的生父母同意,可以收养继子女,并可以不受本法第一千零九十三条第三项、第一千零九十四条第三项、第一千零九十八条和第一千一百条第一款规定的限制。"这是对亲属之间的收养适当放宽条件,排除了非亲属之间收养的某些限制,是收养限制的例外。《民法典》将《收养法》中规定的"同辈旁系血亲"修改为"旁系同辈血亲",强调的是对血缘关系应当首先区分直系与旁系,其次再区分辈分。这是因为三代以内旁系血亲之间血缘关系较近,建立起收养关系比较容易,也符合民间普遍存在的过继、嗣子的习俗,因此,《民法典》对三代以内旁系同辈血亲子女的收养放宽了收养的限制:一是无论收养人三代以内旁系同辈血亲是否具有特殊困难无力抚养子女的情形,该血亲的未成年子女都可以作为被送养人成为收养人的养子女;二是无论收养人三代以内旁系同辈血亲是否具有特殊困难无力抚养子女的情形,该血亲都可以作为送养人将自己的未成年子女送养给收养人成为收养人的养子女;三是无配偶者收养三代以内旁系同辈血亲的异性子女,收养人与被收养人的年龄不受相差 40 周岁以上限制。设置收养人与被收养人年龄相差 40 周岁以上的限制,目的是为防止性侵的可能性,而具有血亲关系被收养,这种性侵的可能性大大下降,同时,由于收养人与送养人之间有比较密切的血缘关系,联系相对也比较紧密,送养人可以保持对被送养人的相对关注。四是华侨收养三代以内旁系同辈血亲的子女,不受收养人"无子女或者只有一名子女"的限制。[①] 对于收养人收养子女的数量的问题。《民法典》对此作出了规定,《民法典》第 1100 条规定:"无子女的收养人可以收养两名子女;有子女的收养人只能收养一名子女。""收养孤儿、残疾未成年人或者儿童福利机构抚养的查找不到生父母的未成年人,可以不受前款和本法第一千零九十八条第一项规定的限制。"一方面设置了原则性的收养数量的限制,另一方面也规定了不受限制的例外。

我国法律没有对非婚同居者收养他人子女的情形进行规定。在英国,根据其 1976 年《英国收养法》,同居者"夫妇"和已婚夫妇适用不同的待遇,

---

① 华侨是指在国外定居的且具有中国国籍的自然人。如果已经加入了外国国籍,则不能称之为华侨,只能称之为外籍华人,不适用《民法典》第 1099 条第 2 款的规定,而只能按外国人收养中国人的情形处理。

因而，他们不能共同申请收养孩子。而是他们中的一个人必须申请收养孩子，而另一个人（或他们两个人）必须申请一个单独的或共同的居住判决。如果被认定，将给他们中的一个或两个对孩子的父母责任（尽管收养的事实本身就能够赋予收养者父母责任）。就同意或不同意而言，没有父母责任的父亲没有这方面的权利。[①] 对这个问题，我国婚姻家庭法律规范应当予以充分地考虑，加以规制。

二、无效收养的主观方面

收养关系的成立，要求收养行为涉及的各方当事人在主观方面，应当遵循自愿原则。《民法典》第 1104 条规定："收养人收养与送养人送养，应当双方自愿。收养八周岁以上未成年人的，应当征得被收养人的同意。"这是《民法典》第 5 条关于"民事主体从事民事活动，应当遵循自愿原则，按照自己的意思设立、变更、终止民事法律关系"的规定在收养行为中的具体体现，体现了民法关于平等自愿、意思自治原则。这一规定一方面体现了送养人与收养人之间的自愿原则，另一方面也体现了被收养人的收养同意权。这一规定同时暗含了送养人与收养人对收养的同意，要收养他人的孩子，必须得到孩子生父母的同意。《民法典》没有规定免除父母同意的情形，而英国家庭法则规定了免除父母同意的理由。1976 年《英国收养法》认为："父母或相关监护人（见第 16 条第 2 款）有以下理由之一的，法院在收养令（第 16 条第 2 款）或准许令（第 18 条第 1 款）的诉讼中，可以免除父母或监护人的同意：（a）找不到他们或他们没有能力作出同意；（b）无理由地拒不同意；（c）无理由地一直不履行对孩子的父母责任；（d）遗弃或抛弃孩子；（e）一直行虐待孩子；（f）严重虐待孩子。"[②] 收养行为成立是送养人、收养人以及被送养人之间达成的收养契约，是有关身份关系变化的契约，既然是契约，各方当事人就必须遵循平等自愿原则。这一原则要求送养人、收养人以及被送养人在

---

① ［美］凯特·斯丹德利：《家庭法》，屈广清译，中国政法大学出版社 2004 年版，第 56 页、第 426 页。

② ［美］凯特·斯丹德利：《家庭法》，屈广清译，中国政法大学出版社 2004 年版，第 429 页。

收养过程中他们的法律地位是平等的，任何一方都不得将自己的意志强加给其他方。

为了尊重被收养人的意愿，《民法典》第 1104 条规定，收养 8 岁以上未成年人的，应当征得被收养人的同意。这是因为《民法典》规定，年满 8 周岁的人是限制民事行为能力人，可以独立实施纯获利益的民事法律行为或者与他年龄、智力相适应的民事法律行为，因此，对于收养这样引起身份关系、亲属关系发生重大变化的民事法律行为，年满 8 周岁的被收养人已经能够对是否同意送养作出自己的意思表示，收养应当获得被收养人的同意，以尊重被收养人的意思表示。在英国，收养无须得到孩子的同意，然而法院和收养机构必须依据孩子的年龄和理解程度，尽量实际地查明其愿望和想法，并且给予适当的考虑。[①] 没有对被收养人同意的年限及意思表示进行规定。

此外，《民法典》第 1101 条还规定："有配偶者收养子女，应当夫妻共同收养。"这就要求在收养子女的问题上，夫妻双方必须达成一致，因为，一旦收养关系成立，被收养人就成为夫妻的养子女，作为收养人，夫妻就成为被收养人的养父母，共同抚养、教育和保护被收养人，夫妻一方不同意的，不利于被收养人的抚养、教育和保护，因此法律规定不得收养。这种同意包括两个方面的问题：一是是否同意收养，二是是否同意收养特定的某人。在美国，制定法规定任何人——至少，任何"声誉好的"或"合适"的人——均可申请收养，唯一的要求是如果其已结婚，其配偶也应与其一起申请。[②] 这一条的规定，在法律上还蕴含着非夫妻不得共同收养未成年人，民法中对当事人作出的违背民法自愿原则的民事法律行为，或者规定为无效，或者规定为可以撤销。就收养行为而言，如果出现违背当事人自愿原则的情形，就可能导致收养无效，对收养行为而言，没有规定收养可撤销的情形。

---

① ［美］凯特·斯丹德利：《家庭法》，屈广清译，中国政法大学出版社 2004 年版，第 428~429 页。

② ［美］哈里·D.格劳斯、大卫·D.梅耶：《美国家庭法精要》，陈苇等译，中国政法大学出版社 2010 年版，第 95 页。

三、无效收养的客观方面

收养关系当事人是否适格，主观上是否出于自愿是收养关系成立的实质要件，而是否进行收养登记则是收养关系成立的形式要件。《民法典》第1105条第1款规定："收养应当向县级以上人民政府民政部门登记。收养关系自登记之日起成立。"如果收养关系当事人各方适格、收养没有违反自愿原则，经县级以上人民政府民政部门登记，收养关系自登记之日起成立，发生收养的法律效力。《民法典》第1109第2款还规定，外国人在中华人民共和国收养子女，要亲自到省、自治区或直辖市民政部门登记。如果出现法律规定收养无效的情形，则导致收养无效。

无效收养，是指收养行为当事人因违反婚姻家庭法律相关规定导致欠缺收养实质要件和形式要件而自始没有法律约束力的收养行为。为此，对于无效收养，《民法典》第1113条第1款规定："有本法第一编关于民事法律行为无效规定情形或者违反本编规定的收养行为无效。"这一规定将收养无效的情形分为两种：第一种是有《民法典》第1编即总则编关于民事行为无效规定情形的收养行为；第二种是违反《民法典》第5编即婚姻家庭编规定的收养行为。

1.有《民法典》第1编即总则编关于民事行为无效规定情形的收养行为，这是违反包括收养在内的民事法律行为一般生效要件的情形。我国关于民事行为效力的问题，体现在《民法典》第1编即总则编第6章"民事法律行为"的相关规定中。一个民事行为是否有效，取决于一个行为是否具备相应的条件，《民法典》第143条规定："具备下列条件的民事法律行为有效：（一）行为人具有相应的民事行为能力；（二）意思表示真实；（三）不违反法律、行政法规的强制性规定，不违背公序良俗。"具备这三个条件而实施的民事法律行为，该民事法律行为有效。同时，《民法典》还规定了民事法律行为在什么情形下是无效的，综合起来看，有这么几种情形：

（1）根据《民法典》第144条的规定："无民事行为能力人实施的民事法律行为无效。"这是从当事人是否具有民事行为能力的角度规定民事法律行为是否具有法律效力。具体到收养行为而言，因为收养关系涉及的当事人包括送养人、收养人和被收养人，其中送养人和收养人是收养民事行为的实施者，他们必须均具备完全民事行为能力，否则收养无效。也就是说，如果送养人或者收养人一方或者双方都是无民事行为能力人，他们的"收养"行为是无效的行为，即使在民政部门进行了登记也是如此。除非经无民事行为能力人的监护人同意，否则收养无效。

（2）根据《民法典》第146条的规定："行为人与相对人以虚假的意思表示实施的民事法律行为无效。""以虚假的意思表示隐藏的民事法律行为的效力，依照有关法律规定处理。"这是从当事人意思表示是否真实的角度规定民事行为是否具有法律效力。所谓虚假意思，一般也称为虚伪表示，是指民事行为人与相对人都知道自己所表示的意思是虚假的、不是真实意思，仍然通谋作出与真实意思不一致的意思表示。虚假意思表示的基本特征是当事人双方都知道自己的意思表示并非真实的意思，双方所为的民事法律行为欠缺效果意思，与一方虚假意思表示不同，一方虚假意思表示可能是欺诈。虚假意思表示往往是为了隐藏某种隐藏行为，而这种隐藏行为的意思才是真实的意思表示。具体到收养行为而言，《民法典》第1044条第2款规定的借收养名义买卖未成年人就是一个以虚假意思表示隐藏的民事行为，收养是虚假意思表示，买卖未成年人是隐藏行为，这种收养是无效的收养行为，作为隐藏的买卖未成年人的行为显然更是无效的行为。因此，送养人决定送养时应当出于真实的意思表示，任何人不得强迫送养人，否则收养无效。收养人决定收养时应当具备真实的收养的意思表示，收养的动机应当纯正，如收养的目的是使被收养人成为童养媳，这种收养就是收养无效。

（3）根据《民法典》第153条的规定："违反法律、行政法规的强制性规定的民事法律行为无效。但是，该强制性规定不导致该民事法律行为无效的除外。""违背公序良俗的民事法律行为无效。"这是从民事法律行为是否具有合法性和是否违背公序良俗的角度规定民事行为是否具有法律效力。特别是在以人身、人格作为交易对象时，所谓的民事行为是无效的。具体到收养行为，所谓违反法律、行政法规的强制性规定，主要是指拐卖儿童、拐骗儿童后送养以及违反收养登记行政法规的强制性规定等。行为人通过犯罪手段致未成年人脱离生父母的监护后再"送养"，这种收养显然是无效的。所谓违背公序良俗，主要是指涉及伦理道德的行为，如收养旁系同辈未成年血亲为养子女的等，扰乱了人伦秩序，在这种情形下，收养显然是无效的。

（4）根据《民法典》第 154 条的规定："行为人与相对人恶意串通，损害他人合法权益的民事法律行为无效。"这是从民事法律行为的行为人是否恶意串通损害他人利益的角度规定民事法律是否具有法律效力。具体到收养行为，就是送养人与收养人恶意串通，在实施收养行为时，损害了包括被收养人在内的其他人的利益，在这种情形下，收养显然是无效的。

2. 有违反《民法典》第 5 编即婚姻家庭编规定的收养行为，这是违反收养特别生效要件的情形。《民法典》对于收养成立规定了一些特别生效的要件，这些要件是不得违反的，否则收养无效。这些特别生效要件包括以下要件：

（1）收养关系各方当事人应当是适格的当事人。关于收养关系当事人的条件以及例外在前面已经予以论述。总的原则就是收养关系各当事人如果不符合法律规定的条件，不是适格的收养关系当事人，将导致收养无效。

（2）收养关系的成立必须进行必要的登记程序。《收养法》第 15 条第 1 款规定："收养应当向县级以上人民政府民政部门登记。收养关系自登记之日起成立。"立法机关在编纂《民法典》时，完全接纳了这一规定，在《民法典》第 1105 条第 1 款再次规定："收养应当向县级以上人民政府民政部门登记。收养关系自登记之日起成立。"外国人在中华人民共和国收养子女，还要亲自到省、自治区和直辖市民政部门登记。我国台湾地区亲属法学者认为，收养为要式行为。[①]《民法典》也规定，收养是要式行为，即必须履行必要的登记程序。既然是要式行为，当然就应当按照《民法典》的相关规定进行收养登记，只有履行了法定的收养登记手续和程序，收养才能够成立并产生法律效力。如果收养没有登记，则收养不成立，并且不发生收养的法律效力，是事实收养，这种没有进行登记的"收养"行为，实质是收养没有成立，这种收养关系并不受法律保护。

（3）以买卖儿童方式来收养的行为，收养无效。《收养法》第 20 条规定："严禁买卖儿童或者借收养名义买卖儿童。"并且在第 31 条规定："借收养名义拐卖儿童的，依法追究刑事责任。"立法机关在编纂《民法典》时，吸收并

---

① 史尚宽：《亲属法论》，中国台湾地区自刊 1980 年版，第 541 页。

修改了《收养法》第 20 条的规定，在《民法典》第 1044 条第 2 款规定："禁止借收养名义买卖未成年人。"这是禁止性法律规范，违反禁止性法律规范而形成的民事法律关系当然无效。现实生活中，一些人借收养名义买卖未成年人，送养人向收养人收取一大笔财产，相当于将自己的孩子卖给收养人；还有一些人不愿意收养熟人的孩子，而拐骗儿童作为自己的养子女；更有一些人收养从外地被拐卖的孩子，向拐卖儿童的犯罪分子收买被拐卖的儿童为"养子女"。如果违反上述规定，无论是否向县级以上人民政府民政部门登记，都将导致两个方面的后果：一方面导致收养无效，另一方面还要追究买卖、拐卖、拐骗儿童行为人、收买被拐卖儿童行为人的刑事责任。

此外，《中国公民收养子女登记办法》第 12 条规定："收养关系当事人弄虚作假骗取收养登记的，收养关系无效，由收养登记机关撤销登记，收缴收养登记证。"这种弄虚作假的行为，必然或者是因为当事人不适格，或者是有违反法律关于收养禁止性规定的行为，否则无须弄虚作假。既然是当事人不适格或者有违禁止性规定，收养关系当然无效。

四、无效收养侵害的法益

在人类社会的早期，由于社会生产力低下的缘故，人类的婚姻实行的是群婚制度，人们只知其母不知其父，即使到了对偶婚制时，家庭形态也只是普路那亚制家庭，兄弟姐妹的孩子也都是自己的孩子。人们共同抚养共同的孩子，共同赡养共同的老人。因此，当人死亡后，即使有多余的生产资料和生活资料作为"遗产"也都是留在氏族内部的，为氏族共同继承，没有后顾之忧。最初的收养只存在将外氏族的成员"归化"为本氏族的成员，目的是壮大氏族的人口，往往是在部族冲突时，战胜方将掳掠来的战败方的成年人杀掉，将未成年人收为本氏族成员。

随着生产力的不断提升，男子在生产活动中的作用越来越大，他们拥有生产资料、生活资料的能力也越来越强，所拥有的生产资料、生活资料也越来越多，就迫切地想让自己的亲生子女继承自己的财产，而这样的前提就是必须准确地确认谁是孩子的父亲，而这只有在一夫一妻的婚姻家庭制度下才能做到。就遗产而言，贝克尔指出："在富裕家庭中，孩子继承的遗产像一种缓冲剂，它抵消了孩子收入向平均值的任何回归。和比较富裕的家庭相比，富裕的家庭只要充分增加遗产来抵消其子女在收入上的较强的负向回归，那么，它在长期内就能保持自己的消费水平。"① 这就是遗产在血脉延续过程中的作用。同时，在部族冲突中，战胜方开始将掳掠来的战败方人口作为奴隶使用，形成了最初的阶级分化。

在中国，社会形态进入宗法社会后，形成了一套完整的宗法制度，其中祭祀制度是重要的组成部分。在当时人们思想中形成了一种观念，在他们看来，人的血脉是由父亲传给儿子的，不论这种血统经过多少世代也不丧失血缘的同一性；而且这种血缘是生命的本源或生命本身，每个人的本性由此决定。② 对这些制度和观念，孔子在《论语·为政》中有所论述："孟懿子问孝。子曰：无违。"孔子对给他驾车的学生樊迟解释，"无违"就是"生，事之以礼；死，葬之以礼，祭之以礼"。③ 所谓"无违"就是不悖于理、不悖于礼，将对父母的祭祀与对父母生前的奉养、对父母死后的安葬作为同样重要的事情。

然而，人生不可能十全十美，生活中一些人没有后代特别是没有男性后代的现象并不少见。无后，在宗法制度下特指没有男性后代，而导致无后的原因不外乎四种情况：一是成年未婚，二是婚而未生，三是生而早夭，四是只生女儿。没有后代的问题，对社会和家庭就产生了某些结果：一是死者的财产无直系血亲继承，二是死者及其祖宗没有后人祭祀。

没有后人给自己祭祀在古代中国人看来是万万不可的。《左传·宣公四年》记载了一则故事，楚国令尹子文担心族灭而无后人祭祀，对族人言："鬼犹求食，若敖氏之鬼，不其馁而？"④ 那个时代的人们认为，人死后成为不祀之鬼，或是人生最大的悲哀。同时，当时的人们认为，祭祀不仅是在自己死后要有人祭祀，而且还包括对自己祖上的祭祀，自己的祖先也要托付给自己

---

① ［美］加里·斯坦利·贝克尔：《家庭论》，王献生、王宇译，商务印书馆1989年版，第271页。

② ［日］滋贺秀三：《中国家族法原理》，张建国、李力译，商务印书馆2013年版，第42页。

③ （宋）朱熹：《四书集注》，岳麓书社1986年版，第78~79页。

④ （晋）杜预：《春秋左传集解》，上海人民出版社1977年版，第554页。

的后人祭祀。那时的理念就是，如果从己身之后没有了男性后代，则不仅自己死后得不到祭祀，自己的祖先同样也得不到祭祀，这种情形在当时是最大的不孝。因此，《孝经》有言："五刑之属三千，罪莫大于不孝。"[1] 对于不孝，《孟子·离娄（上）》指出："不孝有三，无后为大。"[2] 陶渊明在《命子·其七》表示，"三千之罪，无后为急。"[3] 不孝中又以无后为大事，为急事。《礼记·祭统》认为："祭者，所以追养继孝也。"[4] 在中国传统文化中，子嗣观念早已深入骨髓，断子绝孙是人生最大的不幸，也是对祖宗最大的不孝，骂人也切不可骂别人家断子绝孙。因此，无后之人通过选定同宗昭穆相当的男性后代为嗣子，以传宗接代、承继祖业的现象，民间称之为过继或者立嗣，这是中国古代收养制度的形式。世界其他各民族也有类似的观念。

　　早在我国先秦时期，周代宗法制度秉持"大宗不可绝"的承继原则，立嗣的目的是保证大宗得以传承和祖先得以血食，因为"大宗百世不迁"。《仪礼·丧服》指出："大宗者，尊之统也；大宗者，收族者也，不可以绝，故族人以支子后大宗也。嫡子不得后大宗。""何如而可为之后？同宗则可为之后。何如而可为人后？支子可也。"[5] 因此，从家族的角度而言，当承担祭祀责任的大宗在没有子嗣的情况下才可以立嗣，选择立嗣的对象只能是同宗的小宗之子，而且小宗的嫡子不能被选择。对于小宗而言，是可以任其绝后还是不可以绝后，在古时就有争议。[6] 春秋时期还有"国立异姓曰灭，家立异姓曰亡"的说法，最经典的就是《春秋·襄公六年》所记"秋，莒人灭鄫

① （晋）皮锡瑞撰，吴仰湘点校：《孝经郑注疏》，中华书局2016年版，第95~98页。
② （宋）朱熹：《四书集注》，岳麓书社1986年版，第359页。
③ 王瑶编注：《陶渊明集》，作家出版社1956年版，第12页。
④ （汉）戴圣，（汉）郑玄注，（唐）孔颖达疏：《礼记正义》，载《十三经注疏（上）》，中华书局1980年版，第1062页。
⑤ （汉）郑玄注，（唐）贾公彦疏：《仪礼注疏》，载《十三经注疏（上）》，中华书局1980年版，第1106页、第1101页。
⑥ 《通典》引《石渠礼议》云："大宗无后，族无庶子，已有一嫡子，当绝父祀以后大宗否？戴圣曰：'大宗不可绝，言嫡子不为后者，不得先庶耳。族无庶子，则当绝父以后大宗。'"戴圣认为大宗不可绝，小宗可以绝。汉宣帝明确支持戴圣的观点。《通典》引范宁的论点："支子有出后之义，而无废嫡之文，故嫡子不得后大宗，《传》云：'嫡子不得继大宗'，此乃小宗不可绝之明文也。"范宁认为小宗也不可绝。以上争议见（东汉）班固，（清）陈立撰：《白虎通疏证》，中华书局1994年版，第151页。

（繒）"。鄫国与莒国之间是姻亲关系，鄫国国君养外孙莒国公子为后并立为国君。孔子认为，鄫国这就算是灭亡了，因为它立了异姓之人为国君。"己姓之子，代弋姓宗庙，鬼神非族不享，不谓之灭，得乎？"鬼神不接受非同一族人的祭祀。无论是《春秋公羊传》还是《春秋谷梁传》都认为鄫国之"灭"不是因刀兵而"灭"，而是因为立异姓而"灭"。[①] 秦汉以降至唐代，立嗣仍然是以男性为中心的宗祧继承制度。而立嗣主要靠传统礼法约束，以"异姓不养"为基本原则，即立嗣必须立同宗，嗣子的选择范围被严格限制在"同宗"和"昭穆相当"的范围内。特别是在晋代，据《晋书·殷仲堪传》记载："以异姓相养，礼律所不许，子孙继亲族无后者，唯令主其蒸尝，不听别籍以避役也。"[②] 范宁与谢安书中言："称无子而养人子者，自谓同族之亲，岂施于异姓。今世行之甚众，是谓逆人伦昭穆之序，违经典绍继之义也。"[③] 因此，嗣子一旦被确定，与亲生子权利义务完全等同，与一般的其他收养是不同的，嗣子取得完全继承宗祧和家族财产的权利，同时需要承担对养父母养老送终以及祭祀的义务。但是到了唐代，"异姓不养"的原则有所松动，嗣子的来源主要还是遵从传统礼法立嗣必须为同宗的原则，但是社会上也已经普遍存在着收养异姓的现象，实质上渐渐将立嗣与收养分开来看待。在《唐律》中规定，立嗣顺序一般遵从先同宗昭穆相当、次同宗昭穆不相当、再次异姓有血亲关系、最后异姓无血亲关系来考虑、选择。在嗣子的选定上，不是由单个家庭自行决定，而是必须由家族共同确认及同意，嗣子的身份地位才能得到认可。为防止家族财产外流，如果在同宗中也没有昭穆相当的人可以立为嗣子时，便会跨过昭穆相当这一原则，以弟为嗣、以孙为嗣。虽然唐代官方律令对于收养异姓为后有严苛的限制，如果收养异姓，特别是立为嗣子，收养之家与出养之家均要受到惩罚。随着时代的变迁，唐代后期立异姓为后的情况并不少见，一般是立异姓有血亲关系的人为后主要集中在外甥外孙，这种

---

① 关于"莒人灭鄫"的引文，见（清）钟文烝撰：《春秋谷梁经传补注》，中华书局1996年版，第533~535页。（清）陈立撰：《公羊义疏》，中华书局1996年版，第2133~2136页。"己"为莒国之姓，"弋"为鄫国之姓。

② （唐）房玄龄等撰：《晋书》，中华书局1974年版，第2195页。

③ （唐）杜佑，金士松详校：《异姓为后议》，载《摛藻堂钦定四库全书荟要·史部·通典》第69卷。

情况实际上是让女儿或者亲姐妹的儿子回娘家继承财产和继立门户。对于收养异姓且无血亲关系的人，这里主要是指孤儿，《唐律》中允许对孤儿进行收养，但是对收养时孤儿的年龄有限制。收养异姓且无血缘关系的人，根据传统礼法来说是不允许的，但是《唐律》准许收养三岁以下的孤儿，主要是作为前三种情况下仍然无合适嗣子来源的补充，同时将年龄加以限制，一方面可以从小培养感情，另一方面可以防止异姓之人谋夺产业。唐朝灭亡后，社会进入五代时期，战乱频仍，之前所确立的立嗣规范遭到一定程度的破坏，皇室收养异姓养子的现象十分突出。后梁太祖朱温因欲立养子为嗣而被亲子所杀。后晋出帝石重贵在叔父石敬瑭有子的情况下依然得以继承帝位，后周太祖郭威传位于内侄兼养子柴荣。因此，在民间原来的立嗣原则就更无法遵守，立嗣与收养同流了。我国现代收养制度实质上在唐代后期和五代时期就已经初步形成。

赵宋王朝建立后，朝廷制定的《宋刑统》沿袭了《唐律》确定的立嗣原则。因此，有宋一代，尽管多位皇帝无子，但是均立宗室后代为嗣，并且遵循了立嗣的根本原则，除了宋高宗传位于宋孝宗属血缘较远之外，都是立同宗昭穆相当、血缘相近者为嗣。据《宋史·本纪三十二·孝宗一》记载："及元懿太子薨，高宗未有后，而昭慈圣献皇后亦自江西还行在，后尝感异梦，密为高宗言之，高宗大寤。会右仆射范宗尹亦造膝以请，高宗曰：'太祖（赵匡胤）以神武定天下，子孙不得享之，遭时多艰，零落可悯。朕若不法仁宗，为天下计，何以慰在天之灵！'于是诏选太祖之后。同知枢密院事李回曰：'艺祖（即开国皇帝，指赵匡胤）不以大位私其子，发于至诚。陛下为天下远虑，合于艺祖，可以昭格天命。'参知政事张守曰：'艺祖诸子，不闻失德，而传位太宗，过尧、舜远甚。'高宗曰：'此事不难行，朕于"伯"字行中选择，庶几昭穆顺序。'而上虞丞娄寅亮亦上书言：'昌陵（赵匡胤陵墓，指赵匡胤）之后，寂寥无闻，仅同民庶。艺祖在上，莫肯顾歆，此金人所以未悔祸也。望陛下于"伯"字行内选太祖诸孙有贤德者。'高宗读之，大感叹。绍兴二年五月，选帝（宋孝宗赵昚）育于禁中。"[①]宋高宗赵构无子嗣，欲在宗室中选嗣。他认为，宋太祖赵匡胤夺得天下，子孙却没有享有天下，传位给

---

① （元）脱脱等撰：《宋史》，中华书局 1985 年版，第 615~616 页。

了弟弟宋太宗赵光义，并由太宗一脉传国，觉得太祖一脉"零落可悯"，加上太宗一脉子孙在靖康之难中也是凋零殆尽，于是决定在太祖七世孙的"伯"字辈中选了赵伯琮（后改名赵昚）为太子，并内禅给赵昚，自己去当太上皇了。到了明清两代，明代在嫡长子继承制的基础上加入了"兄终弟及"的原则。明代嘉靖皇帝朱厚熜就是在正德皇帝朱厚照无子嗣驾崩后，根据《皇明祖训》确定的皇位继承规则，依"兄终弟及"的原则，以血统最近、堂弟的身份入纂大统，继承皇位的，保证了明朝皇位继承的连续性。清朝末年溥仪过继给同治为嗣，后立为皇帝，溥仪兼祧同治与光绪，实质也是这种原则的延续和发展。

罗马法上之养子制度，并无收养亲属之限制，即收养路人，亦无不可，现代收养制度均采此原则。依罗马古代法律，有子者，不得收养他人之子为养子，此亦古代法律共同之原则，殆收养之目的，在承祭祀、继宗祧，人既有子，不特无收养之必要，且于继承等问题，亦将损害生子之利益，故法律禁止之也。[①] 收养成立同样需要符合法律规定的条件。

我国现行的收养制度是在 20 世纪 90 年代初《收养法》中得以正式确立，在此之前革命根据地的法律以及中华人民共和国成立后的法律，都没有正式建立收养制度，只是对民间的收养行为以及收养关系是予以承认和保护的。

我国的收养制度经《收养法》确立，并经修改补充，再经《民法典》完善，加上其他有关收养的行政法规，我国已经建立起了一套完整、完善的收养法律制度。这一收养制度所确立的基本原则、具体规范是我国关于收养问题的基本法律规范，在收养活动中必须予以遵守，如果收养行为有《民法典》总则编关于民事法律行为无效规定情形或者违反《民法典》婚姻家庭编规定的，是违反国家收养法律制度的行为，收养无效。因此，无效收养的行为所侵害的法益是我国确立的收养法律制度。侵害的对象主要是被送养人。

[①] 陈朝璧：《罗马法原理》，中国台湾地区商务印书馆 1979 年版，第 485~485 页。

第三节　认定无效收养应当注意的问题

1.根据《民法典》第52条的规定："被宣告死亡的人在被宣告死亡期间，其子女被他人依法收养的，在死亡宣告被撤销后，不得以未经本人同意为由主张收养行为无效。"《民法典》在对被收养人规定的条件中，其中可能存在被收养人父母双方或者一方被宣告死亡的情形，在此情形下，被收养人被送养、被收养是符合法律规定的。过去，对于父母被宣告死亡后，被宣告死亡的未成年子女被人收养后，生父母重新出现，是否可以申请收养无效产生过争议。现在《民法典》对此予以明确规定，在此情形下，即使收养人与被收养人同意，也不能改变原收养关系的法律效力，更不得以未经本人同意为由主张收养行为无效。如果生父母想重新建立与被收养人的亲子关系，在符合解除收养关系的情形下，可以通过解除收养的方式解决。收养关系的解除，是指依法终止原有的收养关系以及权利义务关系，恢复到收养前的亲属关系和权利义务关系。但是，解除收养关系和收养无效的法律后果是不相同的。

2.关于历史遗留的事实收养问题。《收养法》颁布实施后，收养就成为要式行为，必须经县级以上民政部门登记才能生效，否则为事实收养。所谓事实收养，是指没有办理收养登记手续而以父母子女身份共同生活，成为事实上的养父母与养子女关系。对于事实收养，法律是不承认收养具有法律效力的，《民法典》承续了这一规定。对于《收养法》实施之前已经收养而没有办理登记手续的收养行为如何认定收养的法律效力问题，根据法不溯及既往原则，对于历史遗留的未办理收养登记的事实收养，应当按照当时法律法规来办理，不得以没有办理登记手续为由任意宣告收养无效。对此，《民政部、公安部、司法部、卫生部、人口计生委关于解决国内公民私自收养子女有关问题的通知》规定："（一）1999年4月1日，《收养法》修改决定施行前国内公民私自收养子女的，依据司法部《关于办理收养法实施前建立的事实收养关系公证的通知》（司发通〔1993〕125号）、《关于贯彻执行〈中华人民共和国收养法〉若干问题的意见》（司发通〔2000〕33号）和公安部《关于国内公民收养弃婴等落户问题的通知》（公通字〔1997〕54号）的有关规定办理。依据司法部《关于贯彻执行〈中华人民共和国收养法〉若干问题的意见》（司发通〔2000〕33 号）的规定，对当事人之间抚养的事实已办理公证的，抚养人可持公证书、本人的合法有效身份证件及相关证明材料，向其常住户口所在地的户口登记机关提出落户申请，经县、市公安机关审批同意后，办理落户手续。

（二）1999 年 4 月 1 日，《收养法》修改决定施行后国内公民私自收养子女的，按照下列情况办理：1. 收养人符合《收养法》规定的条件，私自收养非社会福利机构抚养的查找不到生父母的弃婴和儿童，捡拾证明不齐全的，由收养人提出申请，到弃婴和儿童发现地的县（市）人民政府民政部门领取并填写《捡拾弃婴（儿童）情况证明》，经收养人常住户口所在地的村（居）民委员会确认，乡（镇）人民政府、街道办事处审核并出具《子女情况证明》，发现地公安部门对捡拾人进行询问并出具《捡拾弃婴（儿童）报案证明》，收养人持上述证明及《登记办法》规定的其他证明材料到弃婴和儿童发现地的县（市）人民政府民政部门办理收养登记。2. 收养人具备抚养教育能力，身体健康，年满 30 周岁，先有子女，后又私自收养非社会福利机构抚养的查找不到生父母的弃婴和儿童，或者先私自收养非社会福利机构抚养的查找不到生父母的弃婴和儿童，后又生育子女的，由收养人提出申请，到弃婴和儿童发现地的县（市）人民政府民政部门领取并填写《捡拾弃婴（儿童）情况证明》，发现地公安部门出具《捡拾弃婴（儿童）报案证明》。弃婴和儿童发现地的县（市）人民政府民政部门应公告查找其生父母，并由发现地的社会福利机构办理入院登记手续，登记集体户口。对于查找不到生父母的弃婴、儿童，按照收养社会福利机构抚养的弃婴和儿童予以办理收养手续。由收养人常住户口所在地的村（居）民委员会确认，乡（镇）人民政府、街道办事处负责审核并出具收养前当事人《子女情况证明》。在公告期内或收养后有检举收养人政策外生育的，由人口计生部门予以调查处理。确属政策外生育的，由人口计生部门按有关规定处理。捡拾地没有社会福利机构的，可到由上一级人民政府民政部门指定的机构办理。3. 收养人不满 30 周岁，但符合收养人的其他条件，私自收养非社会福利机构抚养的查找不到生父母的弃婴和儿童且愿意继续抚养的，可向弃婴和儿童发现地的县（市）人民政府民政部门或社会福利机构提出助养申请，登记集体户口后签订义务助养协议，监护责任由民政部门或社会福利机构承担。待收养人年满 30 周岁后，仍符合收养人条件的，可以办理收养登记。4.单身男性私自收养非社会福利机构抚养的查找不到生父母的女性弃婴和儿童，年龄相差不到40周岁的，由当事人常住户口所在地的乡（镇）人民政府、街道办事处，动员其将弃婴和儿童送交当地县（市）人民政府民政部门指定的社会福利机构抚养。夫妻双方在婚姻关系存续期间私自收养女性弃婴和儿童，后因离婚或者丧偶，女婴由男方抚养，年龄相差不到40周岁，抚养事实满一年的，可凭公证机构出具的抚养事实公证书，以及人民法院离婚判决书、离婚调解书、离婚证或者其妻死亡证明等相关证明材料，到县（市）人民政府民政部门申请办理收养登记。5.私自收养生父母有特殊困难无力抚养的子女、由监护人送养的孤儿，或者私自收养三代以内同辈旁系血亲的子女，符合《收养法》规定条件的，应当依法办理登记手续；不符合条件的，应当将私自收养的子女交由生父母或者监护人抚养。”

3.无效收养应当通过诉讼的方式予以确认，并且收养无效之诉应当针对收养行为生效、收养关系已经成立提起。众所周知，收养行为事关被收养人的亲属身份地位问题，涉及送养人、收养人和被收养人三方当事人的利益，是亲属关系中重要的关系，是身份行为中重要的行为，在没有违反法律规定的情形时，应当维护收养关系的稳定性，不得任意宣告收养无效。只有在收养行为确实违反了收养成立的一般生效要件或者特别生效要件时，才能由主张收养无效的当事人提起收养无效的确认之诉，由人民法院依法宣告收养无效。而作为一项法律行为、法律关系的收养行为、收养关系，必须首先要收养成立才可能涉及是否生效的问题，如果收养行为和收养关系没有成立，当然也就不存在生效与否的问题，更不存在无效的问题。因此，只有经过登记的收养行为、收养关系才能成为可诉的内容。对于事实收养是否可以提起无效收养之诉或者解除收养之诉，法律没有规定。

第四节　对无效收养的处理

在主张无效收养的当事人提起收养无效的确认之诉后，人民法院经审理后认为该收养关系确实违反法律规定，可以宣告收养无效。在确认收养无效后，会导致包括收养人、送养人等在内的当事人不能达到他们预期的收养目的，这恰是无效收养这一法律后果在亲属法领域的集中体现。无效收养的法律后果，因不同的情形还有可能发生并不是当事人所预期并且可能要追究法律责任的法律后果，包括行政法律上、民事法律上和刑事法律上的后果。前提是导致无效收养的行为人或者说责任主体存在违法行为或者犯罪的情形下。

1. 根据《民法典》第1111条规定："自收养关系成立之日起，养父母与养子女间的权利义务关系，适用本法关于父母子女关系的规定；养子女与养父母的近亲属间的权利义务关系，适用本法关于子女与父母的近亲属关系的规定。""养子女与生父母以及其他近亲属间的权利义务关系，因收养关系的成立而消除。"这是法律规定的收养成立后的法律效力，即收养一旦成立，就形成了拟制的血亲关系，养子女与养父母及其近亲属之间的权利义务与父母子女、近亲属之间的权利义务完全相同，并且养子女与生父母以及其他近亲属之间的权利义务消除。而根据《民法典》第1113条第2款的规定："无效的收养行为自始没有法律效力。"对于无效收养的法律后果，《收养法》第25条第2款规定："收养行为被人民法院确认无效的，从行为开始时起就没有法律效力。"立法机关在编纂《民法典》时，将《收养法》第25条第2款的规定修改为现在的规定，前后规定在意思上并没有太大的差别。但是，按照法律语言学家的说法："法律是用语言制定的，那些用来构成法律的概念只能通过语言才能为人们所理解。"[1] 立法机关的修改，使得有关无效收养的法律规定在语言上更为简洁，在意思上更为明确。所谓"无效的收养行为自始没有法律效力"，是指收养无效的后果具有法律溯及力，并且应当溯及收养登记时不发生法律效力。这种溯及力使得收养的拟制效力和解销效力均视为自一开始就没有发生。人民法院判决收养无效后，收养人与被收养人之间的法律拟制的（父母子女）血亲关系被视为自始没有发生，收养人与被收养人所谓父母子女关系不成立，收养人与被收养人之间的权利义务也不存在，收养人不再有抚养未成年被收养人的义务，被抚养人也不再承担赡养收养人的义务。收养人与被收养人之间也没有互相继承的权利。被收养人与收养人之间没有成立父母子女关系，或者说亲子关系不成立；被收养人与亲生父母之间的子

---

① ［澳大利亚］约翰·吉本斯：《法律语言学导论》，程朝阳、毛凤凡、秦明译，法律出版社2007年版，第2页。

女关系，或者说亲子关系也没有消除，一切亲属关系均回到收养登记之前的状态，上述《民法典》第1111条所规定的情形就不再存在，视养父母、养子女身份从未存在过。在美国，收养关系一经撤销则产生该被收养子女与其生父母及家庭或相关儿童福利机构关系的恢复效力。^① 由于无效收养往往是因为收养人存在违法行为而导致收养无效，因此，收养被判决为无效后，经收养人抚养的成年被收养人不必承担如《民法典》第1118条规定的应当赡养收养人或者补偿抚养费的责任。

2.关于借收养名义买卖未成年人的问题。借收养名义买卖未成年人，即使进行了收养登记（一般而言是欺骗民政部门或者是民政部门的个别人帮助登记），在查明收养人是借收养名义买卖未成年人，仍然会导致收养无效。如果收养人收买被拐卖儿童进行收养的，除了导致收养无效外，构成犯罪的，应当按收买被拐卖儿童罪定罪处罚。根据《刑法》第241条第1款的规定，收买被拐卖的儿童的，处三年以下有期徒刑、拘役或者管制。在此，不问收买的目的。《刑法》第241条第5款还规定，收买被拐卖的儿童，对被收买儿童没有虐待行为，不阻碍对其进行解救的，可以从轻处罚。立法机关考虑到收买被拐卖儿童的人，往往是出于收养的目的，只要收买人（收养人）对被收买儿童（被收养人）没有虐待行为，不阻碍公安机关对被拐卖儿童进行解救，在处以刑罚时，可以从轻处罚，这一规定充分考虑了天理国法人情的统一。

3.关于拐骗儿童而收养未成年人的问题。犯罪分子拐骗不满14周岁的未成年人，脱离家庭或者监护人，然后收养为自己的"养子女"，这种收养行为是因犯罪行为"获利"，是违反法律强制性规定的行为，应当导致收养无效。对拐骗儿童的行为，根据《刑法》第262条的规定："拐骗不满十四周岁的未成年人，脱离家庭或者监护人的，处五年以下有期徒刑或者拘役。"应当追究刑事责任，在此，不问拐骗的目的。

---

① ［美］哈里·D.格劳斯、大卫·D.梅耶：《美国家庭法精要》，陈苇等译，中国政法大学出版社2010年版，第99页。

| 第八章 |
重婚的行为

　　《宪法》第49条第1款规定，婚姻、家庭受国家的保护。《婚姻法》依据《宪法》在第2条第1款中规定，实行一夫一妻的婚姻制度。在第3条第2款中还规定，禁止重婚。《婚姻法》将《宪法》的规定具体化。立法机关在编纂《民法典》时，在第1041条第2款中重申，实行一夫一妻的婚姻制度；在第1042条第2款中重申，禁止重婚。对于重婚的行为，行为人要承担相应的民事责任，构成犯罪的，还应当按重婚罪定罪处罚。1979年《刑法》在第180条对重婚罪进行了规定，1997年3月，立法机关在修订《刑法》时，在第258条再次对重婚罪进行了规定，根据《最高人民法院关于执行〈中华人民共和国刑法〉确定罪名的规定》和《最高人民检察院关于适用刑法分则规定的犯罪罪名的意见》的规定，《刑法》第258条规定的罪名是重婚罪。

第一节　重婚罪的概念

　　重婚的行为不仅受到婚姻家庭法律规范的规制，同时也受到刑事法律规范的规制，在追究相关当事人的民事责任的同时，还应当按照重婚罪定罪处罚，追究相关当事人的刑事法律责任。刑法理论界一般认为，所谓重婚罪，

是指有配偶而又与他人结婚，或者明知他人有配偶而与之结婚的行为。[①] 刑法
实务界一般认为，所谓重婚罪，是指自己有配偶而与他人结婚，或者明知他
人有配偶而与之结婚的行为。[②] 这两种观点对法律条文中的有配偶而重婚表述
为有配偶而又与他人结婚，从法律语义学的角度而言，有配偶而又与他人结
婚的表述比有配偶而重婚更准确。目前来说，我们认为，所谓重婚罪，是指
有配偶而重婚的，或者明知他人有配偶而与之结婚的行为。因此，建议今后
在修订刑法时，可以将重婚罪的罪状之一按有配偶而又与他人结婚来表述。
此外，在婚姻家庭法学界，有学者认为，婚姻法上的重婚，只能是有配偶者
又与他人结婚的情形。无配偶者与有配偶者相婚，虽然可以构成刑法上的重
婚（罪），但是不构成婚姻法上的重婚。[③] 这一观点涉及相婚的无配偶者是否
要承担相应的民事责任的问题。

第二节　重婚罪的构成

1. 重婚罪的犯罪主体是一般主体，即年满 16 周岁达到刑事责任年龄并且
具有刑事责任能力的自然人都可能成为重婚罪的犯罪主体。但是，一般而言，
犯重婚罪的是达到法定结婚年龄的人。主要是两种人：一种是已经有配偶的
人；另一种是自己虽然没有配偶，但明知对方是有配偶而仍然与之结婚的人。
犯罪主体既可以是有配偶但尚未解除现存婚姻关系的人，也就是人们所谓的
重婚者，也可以是无配偶明知他人有配偶而仍然与之结婚的人，也就是人们
所谓相婚者。既包括中国人，也包括外国人和无国籍人。最高人民法院编写
的《刑事审判参考（总第 97 集）》第 967 号指导案例就是一起外国人在中
国犯重婚罪的案例。广东省广州市越秀区人民法院经审理查明，被告人法兰
克·巴沙勒·米伦于 1991 年 8 月 24 日在英国与 Josephine Millen 注册结婚成
为夫妻且婚姻关系一直延续至今。2005 年，米伦到广东省广州市做生意期间，

[①] 张明楷：《刑法学》，法律出版社 2011 年版，第 830 页。吴明夏、江绍恒、王亲生主
编：《新刑法通释》，人民出版社 1998 年版，第 904 页。

[②] 周道鸾、张军主编：《刑法罪名精释》，人民法院出版社 2003 年版，第 419 页。

[③] 王礼仁：《婚姻诉讼前沿理论与审判实务》，人民法院出版社 2009 年版，第 304 页。

认识被告人罗敏婷并产生感情。罗敏婷在明知米伦已经注册结婚的情况下，双方仍然以夫妻名义同居于广州市越秀区淘金东路 112 号（即御龙亭 C 座）。2006 年下半年，米伦、罗敏婷举办婚宴，宴请双方亲朋好友，公开他们之间的"夫妻关系"。后米伦和罗敏婷在广州市生育 2 名儿女。2013 年 2 月 26 日，米伦、罗敏婷向公安机关投案。2013 年 3 月，Josephine Millen 向公安机关表示谅解米伦，请求司法机关对米伦从轻处理。法院认为，被告人米伦有配偶仍然与他人以夫妻名义共同生活，被告人罗敏婷明知他人有配偶而与他人以夫妻名义共同生活，他们的行为均构成重婚罪。米伦、罗敏婷犯罪后能自动投案，如实供述自己的罪行，构成自首，依法可以从轻处罚。辩护人关于米伦及罗敏婷的认罪态度、悔罪表现较好以及以米伦已经得到 Josephine Millen 谅解等为由，建议对米伦、罗敏婷从轻处罚的辩护意见，予以采纳。据此，依照《刑法》第 6 条，第 258 条，第 67 条第 1 款，第 72 条第 1 款、第 3 款，第 73 条第 1 款、第 3 款的规定，判决：被告人法兰克·巴沙勒·米伦犯重婚罪，判处拘役六个月，缓刑六个月。被告人罗敏婷犯重婚罪，判处拘役六个月，缓刑六个月。关于外籍被告人与外籍配偶在境外结婚后，在我国境内与他人以夫妻名义同居的，是否构成重婚罪问题，本案在审理过程中，对于米伦与罗敏婷在我国境内以夫妻名义同居的行为是否构成重婚罪，形成两种意见：一种意见认为，米伦与罗敏婷的行为不构成重婚罪。米伦与罗敏婷在我国境内的同居行为仅侵犯了英国的婚姻制度，没有侵犯我国刑法保护的犯罪客体，不具有刑事可罚性。另一种意见认为，米伦与罗敏婷的行为构成重婚罪。米伦有配偶仍然与他人以夫妻名义共同生活，罗敏婷明知他人有配偶而与之以夫妻名义共同生活，符合重婚罪的构成特征，应当构成重婚罪。最终法院采纳了后一种意见。具体理由如下：（1）有配偶的外国人在我国境内与他人以夫妻名义同居的行为是否构成重婚罪的问题，应当适用我国的法律规定。本案中米伦在英国有一个合法的登记婚姻，有合法的妻子和儿女。在该婚姻关系存续期内，米伦在我国境内又和罗敏婷同居。二被告人虽然没有在我国民政部门正式登记结婚，但是他们通过摆婚宴等方式对外宣布并以夫妻名义共同生活，后又共同生育 2 名儿女。根据《刑法》第 6 条第 1 款规定："凡在中华人民共和国领域内犯罪的，除法律有特别规定的以外，都适用本法。"该条第 3 款规定："犯罪的行为或者结果有一项发生在中华人民共和国领域内的，就认为是在中华人民共和国领域内犯罪。"本案中，米伦与罗敏婷的重婚行为发生在我国境内，应当认定为在我国领域内实施的行为，依法应当适用《刑法》的规定。（2）有配偶的外籍被告人在我国境内与他人以夫妻名义同居的行为符合重婚罪的构成特征。米伦在英国的婚姻关系，为我国法律所承认，他在我国境内的重婚行为，客观上已经导致他同时拥有两个"妻子"，他的行为明显侵犯了我国的一夫一妻制度，依法应当纳入我国刑法的规制范围。罗敏婷明知对方有被我国法律所承认的合法婚姻关系，仍然与之以夫妻名义公开同居生活，造成对方一夫两妻客观事实，她的行为亦侵犯了我国刑法所保护的一夫一妻制度，依法亦应当纳入我国刑法的规制范围。本案中，米伦有配偶而与他人以夫妻名义共同生活，罗敏婷明知他人有配偶而与他人以夫妻名义共同生活，符合重婚罪的构成要件。[①] 本案的参考价值体现在有配偶的外国人在中国又与其他人结婚，仍然应当按重婚罪来追究行为人的刑事责任。

对于未达到法定结婚年龄的已婚者，因为涉及无效婚姻的问题，他们是否能成为重婚罪的主体问题。我们认为，他们不能成为重婚罪的主体。因为这种婚姻本身是无效婚姻，自始没有法律约束力。既然自始没有法律约束力，没有法律效力，则"重"字何来？

所谓有配偶，是指男子有妻子、女子有丈夫，而且这种夫妻关系处于合法存续期间，不是所谓前夫或者前妻。如果夫妻关系已经因离婚而解除，或者因配偶一方死亡（包括宣告死亡），夫妻关系自然消失，就不再是有配偶的人。有刑法学者认为，这种夫妻关系既包括经过合法的登记而形成的夫妻关系，也包括事实上形成的夫妻关系。[②] 这种人与他人结婚也构成所谓重婚者，即男子有妻、女子有夫而仍然与其他女子或者男子结婚，是真正意义上的重婚。如果行为人以欺诈手段，骗取人民法院对配偶宣告死亡，再与他人结婚，行为人在实质上仍然是有配偶的人。最高人民法院编写的《中国刑事

---

① 林旭群、潘文杰：《法兰克·巴沙勒·米伦等重婚案［第967号］——外籍被告人与外籍配偶在境外结婚后，在我国境内与他人以夫妻名义同居的，是否构成重婚罪》，载中华人民共和国最高人民法院刑事审判第一、二、三、四、五庭主办：《刑事审判参考（总第97辑）》，法律出版社2014年版，第66~71页。

② 张明楷：《刑法学》，法律出版社2011年版，第830~831页。

审判指导案例（3）》第 419 号指导案例就是一起骗取人民法院宣告配偶死亡
而与他人结婚的重婚案例。北京市石景山区人民法院受理自诉人杨国昌诉被
告人王艳重婚案。经审理查明，1993 年 11 月 1 日，杨国昌与王艳登记结婚。
1994 年 2 月，公司派杨国昌到日本从事劳务工作 2 年。1996 年期满后，杨国
昌非法滞留，2002 年 12 月 20 日被遣返回国。杨国昌滞留日本期间，与妻子
王艳通信至 1997 年 3 月。1996 年 7 月至 2000 年 9 月，杨国昌多次汇款给王
艳。2001 年 11 月 20 日，王艳以 1996 年 5 月起与杨国昌失去通信联系，杨
国昌下落不明已满 4 年为由，向北京市丰台区人民法院申请宣告杨国昌死亡。
丰台法院在公告满一年后，于 2002 年 12 月 10 日判决宣告杨国昌死亡。杨国
昌于 2002 年 12 月 20 日回国后，主动打电话与王艳联系，并到王艳父母家等
王艳。王艳在父母处得知杨国昌回国，仍然不与杨国昌见面和联系。2003 年
3 月 3 日，杨国昌向丰台区人民法院起诉与王艳离婚。2003 年 3 月 10 日，王
艳与他人到婚姻登记处登记结婚。2003 年 3 月 12 日至 19 日，王艳在法院审
理离婚案件的 3 次庭审中，隐瞒了杨国昌已经被宣告死亡及其与他人结婚的
事实。同月 27 日，丰台区人民法院判决杨国昌与王艳离婚，并分割了夫妻共
同财产。王艳不服，提出上诉。在二审期间，王艳披露了杨国昌已经被宣告
死亡以及自己与他人结婚的事实。经杨国昌申请，丰台区人民法院于 2003 年
7 月 7 日撤销了宣告杨国昌死亡的判决。同年 8 月 13 日，北京市第二中级人
民法院裁定撤销了丰台区人民法院作出的杨国昌与王艳的离婚判决。2004 年
4 月 7 日，杨国昌向石景山区人民法院提起自诉。石景山区人民法院经审理
认为，王艳编造虚假事实和理由，恶意申请杨国昌被宣告死亡。在得知杨国
昌回国后并寻找自己的情况下，不顾她与杨国昌的婚姻关系依然存在的客观
事实，在离婚应诉期间又与他人结婚，王艳的行为已经构成重婚罪。根据王
艳的犯罪事实、性质、情节和对社会的危害程度，并考虑王艳尚在哺乳期内，
故对王艳适用缓刑。依照《刑法》第 258 条，第 42 条，第 44 条，第 72 条
第 1 款，第 73 条第 1 款、第 3 款及《婚姻法》第 10 条第 1 项的规定，判决：王
艳犯重婚罪，判处拘役六个月，缓刑一年。王艳与胡某的婚姻无效。一审判
决后，王艳不服，提出上诉。北京市第一中级人民法院认为，王艳在与杨国
昌婚姻存续期间，为达到解除与杨国昌的婚姻和占有共同财产的目的，隐瞒
她至 2000 年 9 月仍然收到杨国昌汇款的事实，编造杨国昌已于 1996 年起下

落不明满 4 年的虚假事实和理由，恶意申请宣告杨国昌死亡。尤其是王艳在得知杨国昌回国并在继续寻找自己的情况下，不顾与杨国昌的婚姻关系依然存在的客观事实，又与他人登记结婚，王艳的行为已经构成重婚罪，裁定：驳回上诉，维持原判。本案在处理时，有两种意见：第一种意见认为，根据《最高人民法院关于贯彻执行〈中华人民共和国民法通则〉若干问题的意见（试行）》第 37 条的规定，被宣告死亡的人与配偶的婚姻关系，自死亡宣告之日起消灭。死亡宣告被人民法院撤销，如果被宣告死亡人的配偶尚未再婚的，夫妻关系从撤销死亡宣告之日起自行恢复；如果被宣告死亡人的配偶再婚又离婚或者再婚后无配偶死亡的，则不得认定夫妻关系自行恢复。王艳与杨国昌的婚姻关系，自杨国昌被宣告死亡之日起即消灭。在死亡宣告判决被撤销以前，王艳有权与他人登记结婚。因此，王艳的行为不构成重婚罪。第二种意见认为，王艳故意隐瞒真相，恶意向法院申请宣告杨国昌死亡的行为，是民法上的欺诈行为，根据《民法通则》的规定，恶意欺诈行为属无效民事行为，通过欺诈行为获得确认的法律关系无效，且无效效力溯及行为开始起。因此，王艳通过欺诈行为而获得法院确认她与杨国昌婚姻消灭的法律关系无效，她与杨国昌的婚姻关系依然存在，因此，王艳又与他人结婚的行为构成重婚罪。法院采纳了第二种意见。本案中，杨国昌看似已经被宣告死亡，杨国昌与王艳的婚姻关系因此而消灭。但是，本案中杨国昌被宣告死亡是因为王艳的恶意申请所致，二人的婚姻关系实质上并没有消灭。在我国，公民的婚姻家庭关系，在宪法之外还受到民法和刑法两大实体法的双重保障。实践中，婚姻家庭纠纷的案件同时又涉及重婚犯罪或者其他婚姻家庭犯罪的现象较为常见，这就意味着同一案件事实的性质存在刑事犯罪和民事纠纷两种可能性。正确界定该事实的性质到底是刑事案件还是民事案件，主要取决于对该行为社会危害性的判断。对于恶意实施侵犯他人或者公共利益情节较轻、社会危害性不大，未触犯刑法的行为，属于民法调整的对象，行为人只需要承担相应的民事责任，如果该行为的社会危害性严重，触犯了刑法，应当根据"先刑后民"的审理原则，先追究行为人的刑事责任，然后再追究行为人的民事责任。① 所谓相婚者，这种人本身没有配偶，包括未婚、离异或者配偶已经死亡（包括宣告死亡），他们明知他人有配偶而之结婚，从表面上看似乎并没有重婚，但是考虑到行为人明知他人已经有配偶而仍然与之结婚，在客观上妨碍了他人的婚姻、家庭关系，侵犯了一夫一妻的婚姻制度，就应当追究行为人重婚罪的刑事责任。如上述广东省广州市越秀区人民法院审理的米伦与罗敏婷重婚案中的罗敏婷就是这里所说的相婚者。重婚犯罪一般属于一种必要的共犯，因此，重婚当事人双方的关系在刑法上称之为犯罪的对合关系，一个人不可能实施重婚行为，而相婚者恰恰构成重婚的另一方，没有相婚者的行为，重婚行为是不可能产生的，因此，对于相婚者将之纳入重婚罪的犯罪主体无疑是很有必要的。有学者进一步认为，对于相婚者而言，从重婚关系的总体来看，这种主体仍然是重婚的一方，在性质上与重婚的行为性质完全相同，因此，我国《刑法》明文规定这种主体构成重婚罪。② 总之，重婚罪的犯罪主体无论已婚未婚，也无论男女，更无论中国人、外国人和无国籍人。

2. 重婚罪在主观方面必须是出于故意。过失是不构成重婚罪的。由于重婚罪存在两种行为方式，这两种不同的行为方式，虽然在主观方面都是出于故意，但是它们在主观方面的内容存在一定的差异。第一种情形是有配偶而重婚的，这种情形在主观故意方面要求行为人明知自己的行为是重婚的行为而仍然希望重婚这种结果的发生；第二种情形是明知他人有配偶而与之结婚的，这种情形要求行为人明知他人有配偶而仍然与该有配偶者结婚。两种明知的内容并不完全一样。

所谓明知，就是明明知道的意思。③ 而在《刑法》的语境中，通过最高司法机关的相关司法解释是将明知解释为知道或者应当知道。知道就是已经了

① 刘京华：《王艳重婚案——恶意申请宣告配偶死亡后与他人结婚的行为构成重婚罪》，载中华人民共和国最高人民法院刑事审判第一、二、三、四、五庭主办：《中国刑事审判指导案例（3）》，法律出版社2012年版，第619~621页。

② 张明楷：《刑法学》，法律出版社2011年版，第831页。

③ 李行健主编：《现代汉语规范词典》，外语教学与研究出版社、语文出版社2004年版，第917页。

解、认识。① 应当知道就是推定已经了解、认识。明知是犯罪的主观构成要件中的重要要素，对于这个要素，在中国大陆刑法学教科书中一般认为明知属于故意犯罪的主观要素之一，是一种认识因素。马克昌认为，认识因素是犯罪故意的前提条件，并且将明知作为犯罪故意的认识因素。② 陈兴良、张明楷也都认为明知是犯罪故意的认识因素。③ 高铭暄、马克昌指出，这种明知的心理属于心理学上所讲的认识方面的因素。④ 因此，明知是犯罪故意的认识因素。我们只要仔细研读《刑法》的条文就会发现，明知这个现代汉语的词汇分别出现在《刑法》总则和分则条文当中，再进一步地深入分析不难发现，其实总则的明知与分则的明知按照德国哲学家 G. 弗雷格的说法可以说是意义相同而所指不同。⑤ 我们首先来分析一下总则当中的明知。《刑法》第 14 条第 1 款规定："明知自己的行为会发生危害社会的结果，并且希望或者放任这种结果发生，因而构成犯罪的，是故意犯罪。"很显然，这里的明知是指行为人对自己的行为所造成的结果的认识，认识的程度是会发生危害社会的结果，这是一切故意犯罪在主观认识方面必须具备的特征。这种认识应当是两个方面的认识，第一是对行为性质的认识。即行为人要对刑法所规定的危害社会行为的性质有所认识，也就是行为人必须认识到自己所要实施或者正在实施的行为具有危害社会的性质，认识到自己行为与危害社会的结果的客观联系。第二是对行为结果的认识。即行为人要对自己的行为会发生危害社会的结果有所认识。这种危害社会的结果并不是专指结果犯那种具体的犯罪结果，如故意伤害致人重伤，而是对刑法所保护的客体或者说法益的危害，如某行为犯，只要实施完了某一具体的犯罪行为，就构成某种犯罪，这种犯罪不一定有具体的犯罪结果。实际上由于具体犯罪中的危害结果就是对直接客体的损

---

① 李行健主编：《现代汉语规范词典》，外语教学与研究出版社、语文出版社 2004 年版，第 1673 页。

② 马克昌主编：《犯罪通论》，武汉大学出版社 1999 年版，第 328 页。

③ 参见陈兴良：《刑法适用总论（上卷）》，法律出版社 1999 年版，第 140 页。张明楷：《刑法学》，法律出版社 2011 年版，第 237 页。

④ 高铭暄、马克昌主编：《刑法学》，北京大学出版社、高等教育出版社 2005 年版，第 112 页。

⑤ 参见［德］戈特洛布·弗雷格：《论意义和所指》，陈启伟译，载陈波、韩林合主编：《逻辑与语言——分析哲学经典文选》，东方出版社 2005 年版，第 115~139 页。

害，因而这种对危害结果的认识，也包含了对犯罪直接客体的认识。因此，凡故意犯罪在行为人的主观构成要件中必须具有这种对行为性质及其对行为结果的认识，也即在《刑法》总则中的明知，是指行为人知道或者应当知道自己的行为具有危害社会的性质和会发生危害社会的结果。因此，储槐植提出有必要将《刑法》第 14 条第 1 款修改为："明知自己的行为会发生法律规定为犯罪的结果或者明知自己的行为就是法律规定为犯罪的行为，并且希望或者放任这种结果或者实施这种行为，因而构成犯罪的，是故意犯罪。"① 根据上面的分析，在《刑法》总则中的明知就是如陈兴良所说的是一般的明知。② 然而，在《刑法》中，除了我们上面分析的总则第 14 条第 1 款规定的对行为人的行为性质、行为结果的明知外，明知这个要素还大量存在于分则条文之中，即如陈兴良所说的"除了一般明知之外，我国刑法分则中还规定了特定之明知"，即与"一般之明知"相对应的"特定之明知"。③ 这些明知的内容包括：一是行为人明知自己行为的对象即犯罪对象；二是明知他人的行为性质和某种状况，如我们现在讨论的重婚罪中的他人有配偶。对于《刑法》总则与分则分别规定的明知之间的关系，陈兴良指出，《刑法》总则在犯罪故意的概念中已经规定了明知这一构成要件，某些《刑法》分则之所以再对明知加以规定，既不是无谓的重复，也不是再次的强调，而是因为总则中的明知与分则中的明知既相互联系又相互区别：前者是对自己的行为会造成危害社会的结果的明知，后者是对客体的某种特定情况（包括犯罪对象和某种状态）的明知。在一般情况下，没有对客体的特定明知，并不影响行为人对自己的行为会造成危害社会的结果的明知。但是在特定情况下，如果没有对客体的特定明知，也就不存在对自己行为会造成危害社会的结果的明知，因而也就不存在犯罪的故意。④ 这一观点明确地说明了总则中的明知要素与分则中的明知要素的区别与联系。那么我们在司法实践中应当如何准确把握《刑法》总则与分则中明知的区别与联系呢？我们认为，应当持严格法条主义原则，即以法条是否明文规定有明知作为依据。凡故意犯罪，必须要求行为人对

---

① 储槐植：《建议修改故意犯罪定义》，载《法制日报》1991 年 1 月 24 日。
② 陈兴良：《刑法适用总论（上卷）》，法律出版社 1999 年版，第 140 页。
③ 陈兴良：《刑法适用总论（上卷）》，法律出版社 1999 年版，第 147 页。
④ 陈兴良：《刑法适用总论（上卷）》，法律出版社 1999 年版，第 147~148 页。

"自己的行为会造成危害社会的结果"有所认识，即明知。这就是说，在一般的故意犯罪中，行为人只要对自己行为的认识因素达到了明知自己的行为会发生危害社会的结果，就可以认定行为人有犯罪的故意。比如盗窃罪，只要行为人知道自己的行为是采取秘密手段窃取他人手提包的行为，所窃得的财物数额达到较大的程度，就构成盗窃罪，并不要求行为人明知手提包内的财物到底是黄金还是现金或者是其他财物。而在需要有特定的明知时，行为人首先要对自己行为的对象或者某种状态明知，其次才是在此基础上还要对自己的行为性质和结果明知，即明知自己的行为会造成危害社会的结果，只有这两个明知结合起来，行为人才构成某种特定的故意犯罪。

明知作为犯罪的主观构成要件的重要因素，在司法实践中是需要对行为人是否具有这一构成要件的重要因素进行证明的，必须通过行为人的客观行为对行为人是否具有明知的主观构成要件要素进行证明。那么我们如何准确地认定行为人的明知呢？即认定明知的证明标准是什么？那就是应当结合被告人的认知能力以及被告人的供述等主、客观因素进行认定。因此，我们认为，对行为人是否明知与之同居或者结婚的对象是他人有配偶，应当坚持《刑法》规范的构成要件，结合行为人的认知能力以及其他证据等主、客观因素来准确认定行为人是否明知他人有配偶。

对于有配偶或者说重婚者一方而言，行为人只要又与他人结婚，就构成重婚罪。如果因种种原因误认为自己的配偶已经死亡或者自认为自己的婚姻关系已经解除而再行结婚的，比如下落不明满4年或者因意外事件下落不明满2年，没有向人民法院申请宣告死亡、宣告失踪；或者以为自己的配偶已经死亡，等等，由于没有重婚的主观故意，也就不构成重婚罪。

对于相婚者而言，行为人明知他人有配偶而仍然决意与之结婚，就构成重婚罪。如果行为人确实不知道与之结婚的人是有配偶的，比如有配偶的一方刻意隐瞒了自己已经有配偶的事实真相，使无配偶一方受骗上当而与之结婚的，这种婚姻虽然也是重婚，但是相婚者由于没有重婚的主观故意，不能以重婚罪论处；或者无从得知对方已经有配偶的，比如双方不是一个地方的人，都在外打工，甚至是境外人士，一方无从了解对方的婚姻状况，相婚者由于没有重婚的主观故意，当然也不构成重婚罪。对于因被欺骗而与有配偶的人结婚者的性质，1992年11月7日，《最高人民法院研究室关于重婚案件中受骗的一方当事人能否作为被害人向法院提起诉讼问题的电话答复》中指出，"重婚案件中的被害人，既包括重婚者在原合法婚姻关系中的配偶，也包括后来受欺骗而与重婚者结婚的人。鉴于受骗一方当事人在主观上不具有重婚的故意"，受骗一方当事人可以以被害人的身份作为自诉人直接向人民法院提起诉讼。受骗的一方当事人因为主观上不具有重婚的故意，就排除了追究受骗的一方当事人刑事责任的可能性，答复已经废止，原则应当坚持。

至于重婚的动机可以是多种多样的，或者为了贪图享受；或者因为羡慕权贵；或者为生儿育女，传宗接代；或者因为喜新厌旧、玩弄妇女；或者为了寻找感情寄托；或者为了逞显本事、炫耀威风，等等，都不会影响重婚罪的成立。

3. 重婚罪在客观方面表现为有配偶而重婚，或者明知他人有配偶而仍然与之结婚的行为。

所谓有配偶而重婚，是指行为人与他人存在合法的夫妻关系而且在这种夫妻关系还没有解除的情况下又与第三人结婚的行为。如果行为人与他人的夫妻关系已经依法结束，比如离婚或者因配偶死亡包括依法宣告死亡而自然解除，这时如果行为人再与第三人结婚的，除非行为人明知第三人已经有配偶，则都不构成重婚罪。与他人结婚中的他人，是指行为人及其配偶以外的第三人，第三人可以是没有结过婚的，也可以是结了婚即有配偶的人，可以是男的，也可以是女的，可以是已婚的，也可以是未婚的。如果第三人是已婚，也有配偶，那么，这个第三人也可以构成重婚罪。如果第三人未婚，没有配偶，但是，这个第三人明知行为人有配偶而仍然与行为人结婚，那么，这个第三人也可以构成重婚罪。如果第三人没有结婚，没有配偶，且确实不知道行为人有配偶，那么，这个第三人则不构成重婚罪。

所谓明知他人有配偶而与之结婚，是指行为人本身没有配偶，但是在行为人知道他人有配偶的情况下，仍然与这个有配偶的人结婚的行为。这里的他人，必须是有配偶的人。

无论是有配偶而重婚还是明知他人有配偶而与之结婚，都要求行为人有与他人结婚的行为。《民法典》第 1049 条规定："要求结婚的男女双方必须亲自到婚姻登记机关进行结婚登记。符合本法规定的，予以登记，发给结婚证。完成结婚登记，即确立夫妻关系。未办理结婚登记的，应当补办登记。"男女双方缔结婚姻关系，即为结婚行为。而婚姻关系的存在有两种形式：第一种为法律婚姻或者称之为登记婚姻，是指办理结婚登记手续而成立的婚姻关系；第二种为事实婚姻。对于事实婚姻，婚姻家庭法学界有三种不同的观点：第一种观点是指那些没有配偶的男女，符合结婚条件而没有进行结婚登记便以夫妻关系公开同居生活的情形；第二种观点是指那些没有配偶的男女，没有进行结婚登记而以夫妻名义公开同居生活的情形；第三种观点是凡是男女违反结婚程序没有办理结婚登记手续而以夫妻名义公开同居生活，群众也认为他们是夫妻的情形。我们持第三种观点。

重婚罪中的重婚，既包括骗取合法手续登记结婚的"合法婚姻"，也包括虽然没有登记结婚，但是已经以夫妻名义共同生活的事实婚姻。对于前者，即骗取合法婚姻登记的情形，大家都比较好理解，对于后者，即所谓事实婚姻为什么也要追究刑事责任存在不好理解的情况。对于后婚为事实婚姻的情形是否构成重婚的问题，在婚姻家庭法学理论界一直有持否定的观点存在，而在刑法学理论界则往往持肯定的观点。持否定的观点认为，由于后一婚姻是所谓的事实婚姻，因此并无配偶权的存在，后一婚姻无论是否有效，都没有侵犯配偶权，当然也不可能侵犯赋予公民配偶权的婚姻家庭制度以及一夫一妻制的婚姻关系，正所谓皮之不存，毛将焉附。[①] 这涉及婚姻家庭法律规范与刑事法律规范的区别或者冲突问题。以往婚姻家庭法律规范承认事实婚姻，因此，事实婚姻成立重婚罪中的重婚构成要件，如果有配偶而与他人形成事实婚姻的，或者明知他人有配偶而与之形成事实婚姻的，当然构成重婚罪。《婚姻登记管理条例》对于事实婚姻已经不再予以承认，不受法律保护，这是否意味着事实婚姻不再具有重婚罪中的重婚性质呢？答案是否定的。1994年12月14日，《最高人民法院关于〈婚姻登记管理条例〉施行后发生的以夫妻名义非法同居的重婚案件是否以重婚罪定罪处罚的批复》（以下简称《重婚罪批复》）中指出："新的《婚姻登记管理条例》（1994年1月12日国务院批准，1994年2月1日民政部发布）发布施行后，有配偶的人与他人以夫妻名义同居生活的，或者明知他人有配偶而与之以夫妻名义同居生活的，仍应按重婚罪定罪处罚。"这是因为事实婚姻是以夫妻名义同居、以夫妻关系共同生活

---

① 参见王礼仁：《婚姻诉讼前沿理论与审判实务》，人民法院出版社2009版，第307页。

在一起，这种关系本身就是非法的，不受婚姻家庭法律规范保护，如果是有配偶的人或者明知他人有配偶仍然与他人以夫妻名义同居，虽然没有进行结婚登记，仍然是对我国一夫一妻的婚姻制度的实质性侵害，而要保护我国一夫一妻的婚姻制度，当然应当将这种有配偶的人或者明知他人有配偶仍然以夫妻名义同居形成事实婚姻的情形认定为重婚罪，前述米伦与罗敏婷重婚案中的后婚就是没有进行登记的所谓事实婚姻。此外，事实婚姻是否有效、是否得到婚姻家庭法律规范的承认与有配偶者或者明知他人有配偶仍然以夫妻名义同居形成的事实婚姻是否构成犯罪完全是两种不同的法律规范所规制的问题，不能混为一谈。在重婚行为中，至少有一个婚姻关系是非法的、无效的，是不受法律保护的；如果要求重婚行为中两个以上的婚姻关系均有效才构成重婚罪，这是一种自相矛盾的观点。此外，《重婚罪批复》已于2013年1月14日由最高人民法院以法释〔2013〕2号所废止，故根据该批复认定一方结婚后与他人在未经登记的情况下以夫妻名义共同生活的构成重婚罪，似乎已经没有法律依据。但是，《民法典》区分了重婚与有配偶者与他人同居的情形。《婚姻家庭编解释一》第2条规定，《民法典》规定的"与他人同居"的情形，是指有配偶者与婚外异性，不以夫妻名义，持续、稳定地共同居住。可见，综合《民法典》及相关司法解释、《刑法》关于重婚行为的规定来看，我国法律对以夫妻名义非法同居的重婚案已经作出了规定，上述批复是否被废止，不影响对以夫妻名义非法同居的重婚案件的认定。事实上，上述批复被废止的主要理由是《婚姻登记管理条例》已于2003年10月1日废止。因此，我们认为，上述批复的废止，并不意味着对重婚罪的认定发生根本变化，不影响对有配偶者与他人以夫妻名义公开同居的行为构成重婚罪的定性。

目前就重婚的形式而言，大概可以分为下列四种情形，试分别论述：

（1）登记婚姻与登记婚姻叠加，这种情形可以称之为"双重登记的重婚"。即已经进行婚姻登记有配偶者又与他人进行婚姻登记而重婚的，或者明知他人是已经进行婚姻登记有配偶者仍然与之进行婚姻登记而重婚的。这两种情形当然构成重婚罪。

（2）登记婚姻与事实婚姻叠加的，这种情形可以称之为先婚登记后婚不登记的重婚。即已经进行婚姻登记有配偶者又与他人以夫妻名义公开同居生活形成事实婚姻而重婚的，或者明知他人是已经进行婚姻登记有配偶者而仍然与之以夫妻名义公开同居生活，群众也认为他们是夫妻，形成事实婚姻而重婚的。这种情况在现实中居多，比如包养"二奶""三奶"等现象。这种叠加的情形，在后面的事实婚姻关系当事人中，其中必有一方是存在登记婚姻的，甚至双方都存在登记婚姻，不可能双方都没有配偶。

（3）事实婚姻与登记婚姻叠加，这种情形可以称之为先婚不登记后婚登记的重婚。对于这种情形是否构成重婚罪的问题，理论界与实务界存在争议。有学者将1994年2月1日作为将事实婚姻划分为承认法律效力的事实婚姻和不承认法律效力的事实婚姻的时间节点，从而认为，先婚如果是承认法律效力的事实婚姻，则可以成为重婚的对象，先婚如果是不承认法律效力的事实婚姻，则不能成为重婚的对象，并进而认为，如果是1994年2月1日前已经形成的事实婚姻中的一方当事人与他人登记结婚，或者明知是事实婚姻中一方当事人而仍然与之登记结婚的，就构成重婚罪。在1994年2月1日后的不承认法律效力的事实婚姻中的一方当事人与他人登记结婚，或者明知是不承认法律效力的事实婚姻中一方当事人而仍然与之登记结婚的，就不构成重婚。[①] 承认法律效力的事实婚姻的当事人与他人另行登记结婚，或者明知一方是承认法律效力的事实婚姻的当事人而仍然与之登记结婚的，当然构成重婚罪，这是无疑的。问题是，在不承认法律效力的事实婚姻的当事人与他人另行登记结婚，或者明知一方是不承认法律效力的事实婚姻的当事人而仍然与之登记结婚的情形下，是否构成重婚罪？持否定观点的理由认为，当先婚是（不承认法律效力的）事实婚姻，后婚是登记婚姻时，后一婚姻关系具有合法性，婚姻行为是合法行为，实质是行为人以具有积极意义的行为或者说有法律价值的行为，否定了在前面消极意义的行为或者说无法律价值的行为，是一种"以是对非""以善对恶"的行为，应当受到国家法律的肯定，而不是相反的待遇。[②] 最高人民法院编写的《刑事审判参考（总第2辑）》中第10号指导性案例就是一起得到最高人民法院认可先婚的事实婚姻不成立，后婚为登记婚姻而不构成重婚罪的案例。1997年4月10日，自诉人王某以被告人方伍峰犯有重婚罪，向中国人民解放军南疆军事法院起诉。南疆军事法院经公开

---

① 王礼仁：《婚姻诉讼前沿理论与审判实务》，人民法院出版社2009版，第305~306页。

② 王礼仁：《婚姻诉讼前沿理论与审判实务》，人民法院出版社2009版，第306页。

审理查明：1989 年 11 月，被告人方伍峰参军入伍后与原籍同村女青年王某恋爱。1993 年 7 月 27 日，方伍峰与王某在原籍按当地风俗举办了结婚典礼。当时，因方伍峰未到结婚年龄（距《婚姻法》规定的结婚年龄差四个半月），因此，没有到结婚登记机关办理结婚登记手续。此后，二人以夫妻名义同居生活。次年，王某生一女孩。1995 年 8 月，方伍峰在任新疆维吾尔自治区乌恰县人民武装部独立连副连长时结识了部队驻地附近的小学教师李某。1996 年 2 月 10 日，方伍峰与李某登记结婚，并于 1996 年底生一女孩。后王某向部队告发方伍峰重婚。南疆军事法院审理认为：被告人方伍峰与王某之间构成事实婚姻关系，方伍峰在与王某的事实婚姻关系存续期间，又与李某登记结婚，方伍峰的行为已经构成重婚罪。1997 年 6 月 23 日，南疆军事法院依照 1979 年《刑法》第 180 条的规定，判决如下：被告人方伍峰犯重婚罪，判处有期徒刑一年。一审宣判后，被告人方伍峰不服，以自己与王某之间不是事实婚姻，而是非法同居为由，向中国人民解放军兰州军区军事法院提出上诉。兰州军区军事法院审理认为：上诉人方伍峰与王某同居时，因方伍峰未到结婚年龄，不符合法定结婚条件，因此，方伍峰与王某属于非法同居，不能认定为事实婚姻，对方伍峰不能以重婚罪论处。1998 年 1 月 15 日，兰州军区军事法院依照《中华人民共和国刑事诉讼法》（以下简称《刑事诉讼法》）第 189 条第 2 项的规定，判决如下：撤销南疆军事法院以重婚罪对上诉人方伍峰判处有期徒刑一年的刑事判决；被告人方伍峰无罪。最高人民法院对本案例进行了分析，认定方伍峰的行为构成重婚罪的观点认为，事实婚姻是未经依法登记，主要在农村存在的一种实际上的男女婚姻关系。中国具有几千年封建历史，加之地域广阔，贫困地区较多，交通不便，人们的法治观念淡薄。长期以来，一直存在着因父母做主等原因，男女双方不登记而以夫妻名义共同生活的现象，其中有的符合法定结婚条件，且共同生活时间较长，有的还生有子女。对此。新中国成立以来，我们一直承认此种关系为事实婚姻关系。在认定重婚罪时，也一直把事实婚姻作为重婚罪的构成要件，即两次婚姻中，只要有一次事实婚姻，一次登记结婚，就构成重婚罪。1986 年 3 月 15 日，民政部颁布了《婚姻登记办法》。其中第 2 条规定："男女双方自愿结婚、离婚或复婚，必须依照本办法进行婚姻登记"，"依法履行登记的婚姻关系当事人的合法权益受法律保护。"此后，对事实婚姻是否承认，出现了争议。1994 年

2 月 1 日，民政部又颁布了《婚姻登记管理条例》，其中第 24 条规定："符合结婚条件的当事人未经结婚登记以夫妻名义同居的，其婚姻关系无效，不受法律保护。"从而彻底否定了事实婚姻（的法律效力）。但是对于未经结婚登记以夫妻名义同居的，是否承认是事实婚姻问题，处理民事案件和刑事案件有着不同的原则。在民事方面，《同居案件的意见》规定，基于这类"婚姻"关系形成的原因和案件的具体情况复杂，为保护妇女和儿童的合法权益，有利于婚姻家庭关系的稳定，维护安定团结，在一定时期内，有条件地承认其事实婚姻关系，是符合实际的。《同居案件的意见》从时间上划了几个阶段：一是 1986 年 3 月 15 日《婚姻登记办法》施行之前，未办理结婚登记手续即以夫妻名义同居生活，群众也认为是夫妻关系的，如果双方在起诉时均符合结婚的法定条件，可以认定为事实婚姻关系；二是 1986 年 3 月 15 日《婚姻登记办法》施行之后，未办理结婚登记手续即以夫妻名义同居生活，群众也认为是夫妻关系的，如果同居时双方均符合结婚的法定条件，可以认定为事实婚姻关系；三是 1994 年 2 月 1 日民政部《婚姻登记管理条例》施行之日起，未办理结婚登记即以夫妻名义同居生活的，则一律按非法同居对待。在刑事方面，1994 年 12 月 14 日，最高人民法院在给四川省高级人民法院的批复中指出："新的《婚姻登记管理条例》发布施行后，有配偶的人与他人以夫妻名义同居生活的，或者明知他人有配偶而与之以夫妻名义同居生活的，仍应按重婚罪定罪处罚。"被告人方伍峰的行为发生在 1993 年 7 月至 1996 年，对其应适用《同居案件的意见》第 2 条的规定，即：1986 年 3 月 15 日《婚姻登记办法》施行之后，未办理结婚登记手续即以夫妻名义同居生活，群众也认为是夫妻关系的，如果同居时，双方均符合结婚的法定条件，可认定为事实婚姻关系。但是，对"同居时"的含义，在理解时应当注意，《同居案件的意见》中，严格使用了"起诉时""同居时""同居期间""同居生活期间"等概念。对 1986 年 3 月 15 日《婚姻登记办法》施行之前的行为，规定为"起诉时"，而对于 1986 年 3 月 15 日《婚姻登记办法》施行之后的行为，则规定为"同居时"。因此，这里的"同居时"，应理解为同居开始时。据此，兰州军区军事法院认定方伍峰与王某之间在同居开始时，其中一方不符合结婚的法定条件，不构成事实婚姻关系，对方伍峰不能以重婚罪论处，故宣告方伍峰无罪。兰州军区军事法院的这一裁决是正确的。那么，1994 年 2 月 1 日以后，在重婚罪中，先婚是否排除了事实婚姻的存在呢？根据最高人民法院的前述批复，事实婚姻仍然可以作为重婚罪的构成要件。对最高人民法院批复中的所谓有配偶的，应理解为是指已经依法登记结婚的人。对未经依法登记而以夫妻名义共同生活的人，不能称之为有配偶的人。因此，已经登记结婚的人，又与他人以夫妻名义同居生活，或者明知他人已经登记结婚，还与之以夫妻名义同居生活，当然构成重婚罪。对于先有事实婚姻，又与他人登记结婚和两次及两次以上均是事实婚姻的，则依法不构成重婚罪。对于有配偶的人又与他人以夫妻名义同居而形成事实婚姻的，之所以应当以重婚罪追究刑事责任，是因为不能允许行为人以事实婚姻去肆意破坏依法登记的合法婚姻。法律不保护事实婚姻，但是必须保护合法的婚姻关系不受非法侵犯。民事案件中对事实婚姻不再承认，是因为事实婚姻双方应当知道结婚应依法登记而故意不予登记，由此引起的不利于己的后果，当事人双方应当分别承担。就本案来说，被告人方伍峰事实婚姻在前，合法登记结婚在后，不构成重婚罪。但是，如果被告人登记结婚后，仍然保持原来与王某的事实婚姻，则属重婚行为，应当依法追究刑事责任。[①] 从这一指导性案例来看，在方伍峰案中，我们注意到判决书的措词，法院判决方伍峰无罪的前提是认定方伍峰的先婚不构成事实婚姻，从而否定了方伍峰存在事实婚姻的先婚。因此，先婚为事实婚姻，后婚为登记婚姻的，是否构成重婚罪，司法界是持否定的态度。但是，我们认为，如先婚为不为法律承认的事实婚姻，后婚为登记婚姻，行为人在登记结婚后仍然与先婚的对方以夫妻名义公开同居的，应当按重婚罪论处。

（4）事实婚姻与事实婚姻的叠加，这种情形可称之为双重不登记的重婚。对此情形是否构成重婚罪的问题，有不同的观点。持否定态度的学者认为，这种情形是"以非对非"的行为，两个事实婚姻本身也是违法行为，具有社会危害性，但是不需要也不应当扩张国家的刑罚权加以惩罚，理由在于刑法保护的法益并没有蕴含于在先的事实婚姻中，并且刑法并没有对这种行为加

[①] 薛淑兰编、张军审编：《方伍峰重婚案——事实婚姻能否成为重婚罪的构成要件》，载中华人民共和国最高人民法院刑事审判第一、二、三、四、五庭主办：《刑事审判参考（总第2辑）》，法律出版社1999年版，第14~18页。

以罪刑法定化。[①] 实质就是认为一个事实婚姻的一方因对方又与他人形成事实婚姻，不受追究而受到侵害，是源于当初没有依法履行结婚登记手续，因此理应承担这一不利于己的后果。我们不完全赞同此观点，对双重不登记的重婚似乎应当再分三种情形：一是先婚为承认法律效力的事实婚姻，后婚也为承认法律效力的事实婚姻。这种情形，从1994年2月1日起计算，目前可以说已经不存在了。二是先婚为承认法律效力的事实婚姻，后婚为不承认法律效力的事实婚姻。这种情形，后婚构成重婚罪。这是因为作为重婚中的后婚与先婚的性质不同，先婚是具有法律效力的，后婚虽然不承认法律效力，但是仍然可以构成事实上的重婚。三是先婚为不承认法律效力的事实婚姻，后婚也为不承认法律效力的事实婚姻。这种情形，只要先后婚均为非登记婚姻而只是事实婚姻，就不应当按重婚罪论处。有刑法学者也认为，重婚行为是两个婚姻关系的重合，因此，行为人先与一方有事实婚姻，在解除了该事实婚姻后，与他人登记结婚或者形成事实婚姻的，不构成重婚罪。[②] 前提当然是解除了先婚的那个事实婚姻。

4.重婚罪侵害的客体是国家有关一夫一妻制的婚姻制度或者说是社会主义婚姻家庭制度中的一夫一妻制，还涉及侵害夫妻的配偶权。恩格斯指出："既然性爱按其本性来说就是排他的，——虽然这种排他性今日只是对妇女才完全有效，——那末，以性爱为基础的婚姻，按其本性来说就是个体婚姻。"[③] 恩格斯的重要论述是我国婚姻家庭法律规范的理论基础，也是我国婚姻家庭制度的根本遵循。《民法典》根据这一论述规定，我国实行一夫一妻的婚姻制度，禁止重婚。即便是19世纪的英国，基督教教义和法律也不允许在前一段婚姻没有解除或者配偶没有死亡之前再与他人结婚。英国著名女作家夏洛蒂·勃朗特在她的小说《简·爱》中对此就有描述，当简·爱与罗切斯特在教堂举行婚礼时，梅森和他的律师站了出来，指出简·爱与罗切斯特结婚存在障碍，即梅森的姐姐，也就是罗切斯特夫人还没有死亡。然而，罗切斯特的这位妻子是一位精神病患者，罗切斯特是因为受了欺骗才与她结婚。

---

① 参见王礼仁：《婚姻诉讼前沿理论与审判实务》，人民法院出版社2009版，第306~307页。

② 张明楷：《刑法学》，法律出版社2011年版，第831页。

③ ［德］弗里德里希·恩格斯：《家庭、私有制和国家的起源》，中共中央马克思恩格斯列宁斯大林著作编译局译，载《马克思恩格斯全集（第21卷）》，人民出版社1965年版，第95页。

虽然如此，如果罗切斯特与简·爱结婚仍然属于重婚。罗切斯特也认为，"重婚是个丑恶的字眼！——但我还是决意当个重婚者，可是命运终于耍弄了我，或者说上天阻止了我——也许是后一种。"在这种情形下，简·爱离开了桑菲尔德庄园，没有与罗切斯特结婚。直到后来罗切斯特夫人因疯症烧毁了庄园，自己也死于这场火灾，罗切斯特双目失明并孑然一身时，简·爱才返回桑菲尔德与罗切斯特结婚。[①] 在美国，重婚、多重婚在大多数州都认为是无效婚姻，而且这些州的刑法对重婚亦有追究刑事责任的规定。[②] 美国摩门教徒声称，《美国联邦宪法第一修正案》是对宗教信仰的保护，因此，他们有权保留他们一夫多妻制习俗。美国联邦最高法院认为，在政府管理行为中，社会利益应高于摩门教徒的宗教权利。他们可以信仰一夫多妻制，但是不能实行一夫多妻制。[③] 可见，禁止重婚是现代文明社会关于婚姻的基本制度。

所谓一夫一妻制，是指我国法律规定的一男一女结为夫妻的婚姻制度。根据这一制度的规定，任何人都不能同时有两个或者两个以上的配偶。这就要求已婚者在他的配偶死亡或者离异前不得再与他人结婚。任何形式的一夫多妻、一妻多夫的两性关系都是违法的。我国法律历来重视对一夫一妻婚姻关系的保护，早在中华苏维埃共和国时期制定的婚姻法律规范中就规定了一夫一妻制的基本原则。新中国成立后，在历次《婚姻法》制定和修订时均规定一夫一妻制的婚姻关系和禁止重婚。对于重婚问题，在对1980年《婚姻法》修改时，胡康生指出："近几年一些地方重婚现象呈增多趋势，严重破坏一夫一妻的婚姻制度，违背社会主义道德风尚，导致家庭破裂，影响社会安定和计划生育。对这一问题，一方面，应当进一步宣传、贯彻婚姻法，教育公民自觉遵守法律，弘扬中华民族的传统美德，抵御腐朽思想的侵蚀，预防重婚现象的发生。另一方面，为了进一步完善法制，加大遏制重婚的力度，草案规定了以下内容：（1）在总则中规定夫妻应当相互忠实，相互扶助。（2）规定禁止重婚和其他违反一夫一妻制的行为。（3）在法律责任中规定，对重婚的，应当依法追究刑事责任。公安机关、人民检察院应当依法侦查、提起公

---

① ［英］夏洛蒂·勃朗特：《简·爱》，吴钧燮译，人民文学出版社2012年版，第342~354页。

② 夏吟兰：《美国现代婚姻家庭制度》，中国政法大学出版社1999年版，第37页。

③ ［美］哈里·D.格劳斯、大卫·D.梅耶：《美国家庭法精要》，陈苇等译，中国政法大学出版社2010年版，第30~31页。

诉；受害人可以依照刑事诉讼法的有关规定，向人民法院自诉。（4）规定因一方重婚，另一方要求离婚的，调解无效，应准予离婚。（5）规定因一方重婚而导致离婚的，无过失方有权请求损害赔偿。"[1] 重婚的行为直接破坏了我国社会主义婚姻家庭制度中的一夫一妻制原则，使得合法婚姻关系的一方或者双方遭到侵害。《刑法》更是将重婚规定为犯罪，应当受到法律的取缔和刑事的制裁。

第三节　认定重婚罪应当注意的问题

1.要注意男女双方或者其中的一方有配偶而互相通奸，或者是临时姘居的行为与重婚罪的区别。男女双方通奸或者姘居，一般是指暗地里发生自愿的性行为，时间可长可短，通常没有共同的经济生活，也不以夫妻名义同居和共同生活，这与追求建立夫妻关系为目的的以夫妻名义公开共同生活，具有共同的经济生活并为当地群众所承认的事实婚姻有着本质的区别，这种通奸或者姘居的行为虽然并不道德，有悖于社会主义伦理道德观念，但毕竟不是事实婚姻，应当加以区分，对此种情形不属于我国刑法法律规范调整的范围，不能以重婚罪论处，可以考虑按有配偶者与他人同居或者夫妻一方有过错来处置。如果通奸、姘居的行为发展到以夫妻名义共同生活的程度，一方是有配偶的就可能构成重婚罪。根据我国现行法律规定，重婚行为包括法律上的重婚和事实上的重婚，因此，有婚姻家庭法学者认为，《刑法》上将重婚行为分为两类：一是形式重婚，即当事人已经同异性缔结合法的婚姻关系并且尚未解除（前婚），又同时与另外的异性缔结了婚姻关系并完成了登记手续（后婚），也称为法律上的重婚；二是后婚虽然未完成登记手续，但是以夫妻名义，持续、稳定地共同生活，社会上也认为是夫妻关系，称为事实重婚。这两种形式的重婚，均构成重婚罪，依照《刑法》应当受到刑事处罚。所以，重婚首先是一种刑法上的概念，严格意义上来说，只要有主观故意的重婚都

---

① 胡康生：《关于〈中华人民共和国婚姻法修正案（草案）〉的说明》，载中国人大网 http://www.npc.gov.cn/zgrdw/npc/lfzt/rlys/2014−10/24/content_1882720.htm。

会构成犯罪；其次，事实重婚是重婚的下位概念，而事实婚姻则是民事法律关系（婚姻家庭法律关系）的概念。对事实婚姻的理解虽然差异很大但有一些是达成共识的，即一般是指没有配偶的男女未办理结婚登记即以夫妻名义同居生活，群众也认为是夫妻关系的行为。重婚行为侵犯的是公权益，事实婚姻侵犯的是私权益，适用民法当事人意思自治原则。因此把事实重婚作为事实婚姻的下位概念来理解无疑是混淆了两类性质截然不同的矛盾。[①]但是，《重婚罪批复》中规定，"新的《婚姻登记管理条例》发布施行后，有配偶的人与他人以夫妻名义同居生活的，或者明知他人有配偶而与之以夫妻名义同居生活的，仍应按重婚罪定罪处罚。"

2. 由于重婚行为属于对合性行为，一般而言，无配偶的一方除了确实不知道对方有配偶而与之结婚的外，是可以构成重婚罪的，此时重婚者和相婚者双方都可以成为重婚罪的犯罪主体。但是，我们也应当看到，司法实践中，造成重婚的原因异常复杂，尤其是对妇女而言更是如此。因此，对于妇女的重婚行为在认定她们是否构成重婚犯罪时应当从严把握，对一些因生活发生特殊变故而导致被迫重婚的，因为她们的行为具有被动的不自由属性，一般是不作为重婚罪论处的。

3. 男女双方已经登记结婚，但是暂时还没有共同生活居住在一起，或者在提出离婚、提起离婚诉讼的期间，由于存在合法的婚姻关系，此时，双方或者一方与第三者登记结婚或者形成事实婚姻就构成重婚罪，即使在先的婚姻关系并不合法，比如不符合实质要件而采用欺骗手段登记结婚，只要在没有解除该婚姻关系期间又与他人结婚的，仍然构成重婚罪。但是，在一审判决离婚，一方当事人在上诉期间与第三者结婚的纠纷，应当查明原因，分清责任，根据具体情况处理，也不要一律按重婚罪对待。对于办理"假离婚"手续后又与他人结婚的，是否构成重婚罪的问题，应当以是否解除了婚姻关系来判断是否构成重婚罪。夫妻双方为了达到某种目的而商议"假离婚"，并且去婚姻登记机关办理了离婚手续，这就是已经从法律上解除了婚姻关系，其中一方再与他人结婚的，当然不构成重婚罪。反之，如果夫妻双方只是宣布离婚，但是并没有去婚姻登记机关办理离婚手续，解除双方的婚姻关系，

[①] 付海龙：《"非法同居"的理论澄清》，载《十堰职业技术学院学报》2003 年第 1 期。

其中一方或者双方再与第三人结婚的，就构成重婚罪。在我国，由于"同性婚姻"还没有得到法律上的承认，因此，如果行为人有一个异性婚姻，同时事实上又与他人保持"同性婚姻"，不能认定为重婚罪。此外，一方变性后导致形式上存在两个婚姻关系的，也不能认定为重婚罪。

4. 现实生活中，存在许多情形看似重婚，但是，因为没有重婚的主观故意，不宜按重婚罪处理。因此，人民法院在认定重婚罪时，应当注意个案的具体情形，具体问题具体分析，对于因为反抗包办婚姻，或者一贯受虐待，夫妻感情确已破裂，坚决要求离婚，得不到有关方面的支持，反遭到迫害，外出后与人结婚的，可以不按重婚罪对待，但是应当处理好前后婚姻关系，坚决要求与原配偶离婚的，应当做好工作，调解或者判决准予离婚，或者判决后婚离婚，或者解除后（事实）婚的同居关系。因严重自然灾害等原因，外出与人结婚的，应当严肃指出后婚的违法性，但是一般可以不按重婚罪论处。处理这类案件，原则上应当维持原来的婚姻关系，尽量调解，促使与原配偶和好。如原来夫妻感情确已破裂，女方坚决不愿回去，或者外出后婚时间长，与后夫感情很好，已经生育子女的，经动员教育无效，可以说服原夫，调解或者判决离婚。但是，无论准离与不准离，都应当做好工作，不能采取简单强制的办法让女方回原夫家。最高人民检察院于 1986 年 3 月 24 日作出的《关于〈人民检察院直接受理的法纪检察案件立案标准的规定〉（试行）中一些问题的说明》第 9 条指出，重婚案查处的重点应当是那些道德败坏、品质恶劣、喜新厌旧、影响极坏或者出于封建落后思想，为了传宗接代而重婚的案件，由于以下几种情况而重婚的，可以认为不构成重婚罪：（1）主动解除或经劝说、批评教育后解除非法婚姻关系的；（2）因自然灾害、被拐卖或者其他客观原因而流落外地，为生活所迫而与他人结婚的；（3）因强迫、包办婚姻或因遭受虐待，与原配偶没有感情，无法继续维持夫妻生活而外逃，由于生活无着，又与他人结婚的；（4）因配偶长期外出下落不明，造成家庭生活严重困难，又与他人结婚的。上述规定对于司法实践中如何办理重婚罪案件仍然有较强的指导意义。对于这些情形，有学者认为，如果形成的是事实婚姻，由于都是因为客观条件所迫，不具有期待可能性，因而阻却责任，不宜以重婚罪论处。该学者还认为，上述人员又与他人前往婚姻登记机关登记结婚的，并不缺乏期待可能性。①

第四节　对重婚的处理

1. 重婚的，依法追究刑事责任。公安机关应当依法侦查，人民检察院应当依法提起公诉；被害人也可以依照《刑事诉讼法》的有关规定，向人民法院提起刑事自诉。根据《刑法》第258条的规定，犯重婚罪的，处二年以下有期徒刑或者拘役。

2. 根据《民法典》第1051条第1项的规定，重婚的，婚姻无效。重婚的婚姻之所以无效，根本原因在于重婚是属于非法婚姻。1980年11月27日，最高人民法院研究室在《关于军事法院判处的重婚案件其非法婚姻部分由谁判决问题的电话答复》中指出："非法婚姻是构成重婚罪的前提，法院在判决重婚案件的同时判决书中应一并写明解除非法婚姻，这不属于刑事诉讼附带民事诉讼的问题。"这一答复的精神就是要求在处理重婚刑事案件时，一般应当对非法婚姻的无效性一并作出处理。上述王艳重婚案中，人民法院就一并判决王艳和胡某的婚姻无效。当然，人民法院也可以先对重婚刑事案件作出判决后，再对重婚或者说非法婚姻民事案件进行处理。在已有的案例中，对重婚罪的处理，有在判决的判项作出判决重婚为无效婚姻的，也有在本院认为的说理部分指明重婚为无效婚姻。根据《民法典》第1054条的规定，因重婚导致的婚姻无效本身又会导致一系列的其他法律后果：（1）无效婚姻自始没有法律约束力，当事人不具有夫妻的权利和义务。（2）重婚当事人共同居住期间所得财产，由当事人协议处理；协议不成，诉至人民法院的，人民法院应当受理，由人民法院根据照顾无过错方的原则判决。（3）因为重婚而导致无效婚姻，在财产的处理上往往会涉及第三方的利益，即重婚当事人的原配偶。因此，对重婚导致的婚姻无效的财产处理，不得侵害合法婚姻当事人

---

① 张明楷：《刑法学》，法律出版社2011年版，第831页。期待可能性是德国、日本刑法理论关于刑事责任分析的一种理论。这种理论认为，期待可能性是指根据具体情况，有可能期待行为人不实施违法行为而实施其他适法行为。如果不能期待行为人实施其他适法行为，就不能对其进行法的非难，因而不存在刑法上的责任。

的财产权益。《婚姻家庭编解释一》第 16 条还规定："人民法院审理重婚导致的无效婚姻案件时，涉及财产处理的，应当准许合法婚姻当事人作为有独立请求权的第三人参加诉讼。"（4）对重婚当事人所生的子女适用《民法典》有关父母子女的规定。

人民法院受理涉及重婚的案件后，经审查确实是重婚的，应当将重婚可能导致婚姻无效的情形告诉当事人，如果当事人申请撤诉则不予准许，应当依法作出宣告重婚的婚姻无效的判决，对于宣告重婚的婚姻为无效的案件不适用调解，应当依法作出判决。有关婚姻效力的判决一经作出即发生法律效力。涉及财产分割和子女抚养的，可以调解，调解达成协议的，另行制作调解书。对财产分割和子女抚养问题的判决，当事人不服的可以提出上诉。人民法院在审理重婚案件时，就同一婚姻关系，分别受理了离婚申请和申请宣告无效婚姻的，对于离婚案件的审理，应当待申请宣告婚姻无效案件作出判决后进行。婚姻关系被宣告无效后，涉及财产分割和子女抚养的应当继续审理。人民法院在审理因重婚导致的无效婚姻案件时，合法婚姻当事人有权参加诉讼，涉及财产处理时，该当事人有自行决定是否参加诉讼的权利，如果申请参加诉讼，人民法院应当准许合法婚姻当事人作为有独立请求权的第三人参加诉讼。夫妻一方或者双方死亡一年内，生存一方或者利害关系人以重婚为由申请宣告婚姻无效的，人民法院应当受理。

3. 重婚的行为可以作为离婚案件中准予离婚的情形。离婚诉讼的原告可以以被告有重婚的行为为由提起离婚诉讼，这是人民法院判决准予离婚的一个法定理由。重婚一般会造成夫妻感情破裂，这种以重婚为由而提起的离婚诉讼请求，人民法院应当判决准予离婚。人民法院在审理离婚案件时，准予或者不准予离婚应当以夫妻感情是否破裂作为标准，而判断夫妻感情是否破裂，应当从婚姻基础、婚后感情、离婚原因、夫妻关系现状以及有无和好的可能等方面综合分析。《夫妻感情的意见》中提出感情确已破裂的标准的 14 个标准，其中第 9 项指出，一方重婚，对方提出离婚是判断感情确已破裂的标准之一。《婚姻法》在第 32 条第 3 款第 1 项将重婚作为判决准予离婚的情形之一。《民法典》在第 1079 条第 3 款第 1 项中，再次将重婚作为判决准予离婚的情形之一，而不是感情已经破裂的标准之一。人民法院在审理以重婚作为离婚理由的案件时，应当对是否存在重婚行为予以查明，如果经审理查明确实存在重婚行为的情形，应当在判决书中对重婚行为予以确认并作为判决准予离婚的事实依据。从证据的角度而言，人民法院审理涉及因重婚而提出离婚的案件，可以根据人民法院的刑事判决书作为证据，认定重婚行为存在的事实。

4. 重婚的行为可以作为离婚案件中无过错方请求损害赔偿的情形。根据《民法典》第 1091 条第 1 项的规定，因为重婚而导致离婚的，无过错一方有权请求损害赔偿。即重婚行为的被（受）害人在提起离婚诉讼时，有权向重婚者请求损害赔偿。[①] 根据《婚姻家庭编解释一》第 86 条的规定，损害赔偿，包括物质损害赔偿和精神损害赔偿。涉及精神损害赔偿的，适用《精神损害赔偿意见》的有关规定。

根据《婚姻家庭编解释一》第 87 条第 1 款的规定，承担损害赔偿责任的主体，为离婚诉讼当事人中无过错方的配偶。经人民法院审理后，判决不准离婚的案件，对于当事人基于重婚提出的损害赔偿请求，根据《婚姻家庭编解释一》第 87 条第 2 款的规定，人民法院不予支持。在婚姻关系存续期间，当事人不起诉离婚而单独以重婚为由提起损害赔偿请求的，根据《婚姻家庭编解释一》第 87 条第 3 款的规定，人民法院不予受理。

根据《婚姻家庭编解释一》第 88 条的规定，人民法院受理以"重婚"为由的离婚案件时，应当将《民法典》第 1091 条第 1 项规定中当事人的有关权利义务（因重婚导致离婚的，无过错方有权请求离婚损害赔偿），书面告知当事人。在适用《民法典》第 1091 条第 1 项时，应当区分以下不同情况：一是符合因重婚导致离婚的，无过错方有权请求离婚损害赔偿的规定，无过错方作为原告基于该规定向人民法院提起损害赔偿请求的，必须在离婚诉讼的同时提出。二是符合因重婚导致离婚的，无过错方有权请求离婚损害赔偿的规定，无过错方作为被告的离婚诉讼案件，如果被告不同意离婚也不基于该规定提起损害赔偿请求的，如果判决离婚后，可以就此单独提起诉讼。三是无过错方作为被告的离婚诉讼案件，一审时被告未基于因重婚导致离婚的，无过错方有权请求离婚损害赔偿的规定提出损害赔偿请求，如果判决离婚后，二审期间提出的，人民法院应当进行调解；调解不成的，告知当事人另行起

---

① 在刑事诉讼中被称为"被害人"，在民事诉讼中被称为"受害人"。

诉。双方当事人同意由第二审人民法院一并审理的，第二审人民法院可以一并裁判。

根据《婚姻家庭编解释一》第89条的规定，当事人在婚姻登记机关办理离婚登记手续后，以重婚为由向人民法院提出损害赔偿请求的，人民法院应当受理。但是当事人在协议离婚时已经明确表示放弃该项请求的，人民法院不予支持。

关于因重婚而提起离婚损害赔偿诉讼提起的时间问题，人民法院在受理因重婚而提起的离婚案件时，应当将当事人有关权利义务书面告知当事人。因重婚中的受害人作为原告基于重婚提起损害赔偿的，必须在离婚诉讼的同时提出；重婚的受害人作为被告的离婚诉讼案件，如果被告不同意离婚也不基于重婚提起损害赔偿请求的，可以在判决离婚后一年内就损害赔偿单独提起诉讼；重婚行为的受害人作为被告的离婚诉讼案件，一审时被告没有基于重婚提出损害赔偿请求，二审期间提出的，人民法院应当进行调解，调解不成的，告知当事人在离婚后一年内另行起诉。

对于自行调查重婚犯罪而遭受的物质损失是否赔偿的问题。《刑事审判参考（总第22辑）》第141号指导案例是持否定态度的。自诉人韦某以被告人陈越、邵某犯重婚罪为由向上海市长宁区人民法院提起自诉。在诉讼过程中，韦某提起附带民事诉讼，请求判令邵某赔偿其调查邵某重婚犯罪事实而遭受的经济损失共计人民币3万元。上海市长宁区人民法院经公开审理查明：自诉人韦某与被告人陈越于2000年3月6日依法登记结婚，婚后两人感情较好。同年12月底，被告人陈越与邵某相识，并于2001年2月上旬至4月初以夫妻名义在上海市茅台路460弄2××室非法同居。4月底至6月初本案审理期间，被告人陈越与被告人邵某在上海市槽溪路125弄7号4××室继续非法同居。6月7日，被告人邵某投案自首。上海市长宁区人民法院认为：自诉人韦某指控被告人陈越，与被告人邵某公开以夫妻名义共同生活，被告人邵某明知陈越有配偶而与之以夫妻名义共同生活的事实清楚。被告人陈越明知其与邵某以夫妻名义非法同居的事实被自诉人韦某察觉并提起诉讼，在法院审理期间继续与邵某非法同居，二被告人的行为均已构成重婚罪。附带民事诉讼原告人韦某要求上海市长宁区人民法院判令被告人邵某赔偿经济损失人民币3万元，依据不足，不予支持。于2001年6月20日判决：被告人陈越犯重婚罪，判处有期徒刑六个月；被告人邵某犯重婚罪，免予刑事处罚；附带民事诉讼被告人邵某不承担民事赔偿责任。一审宣判后，自诉人、被告人均向上海市第一中级人民法院提出上诉。上海市第一中级人民法院于2001年9月3日裁定：驳回上诉人韦某、陈越、邵某的上诉，维持原判。在诉讼过程中，韦某提起附带民事诉讼，要求邵某赔偿其为调查陈越、邵某的犯罪行为而支付的律师费、翻译费、交通费、餐费及为此减少的收入等共计人民币3万元。人民法院认为，根据《刑事诉讼法》第77条的规定，被害人由于被告人的犯罪行为而遭受物质损失的，在刑事诉讼过程中，有权提起附带民事诉讼。但是，究竟哪些损失可以通过附带民事诉讼解决？《最高人民法院关于刑事附带民事诉讼范围问题的规定》第1条第1款规定："因人身权利受到犯罪侵犯而遭受物质损失或者财物被犯罪分子毁坏而遭受物质损失的，可以提起附带民事诉讼。"第2条规定："被害人因犯罪行为遭受的物质损失，是指被害人因犯罪行为已经遭受的实际损失和必然损失。"根据上述规定，纳入附带民事诉讼赔偿范围的物质损失具有下列特点：（1）犯罪行为所造成，即物质损失与犯罪行为之间有关联，这是提起附带民事诉讼的前提。人民法院应当对下列几种损害裁决附带民事被告人赔偿：①人民法院经审理确认被告人的行为构成犯罪，而该犯罪行为给民事原告人造成了损失；②经审理确认被告人的行为不构成犯罪，但是被告人的违法行为给民事原告人造成了损失，被告人对此损失应当负赔偿责任；③经审理确认被告人确给民事原告人造成损失，但是被告人因患精神病或者未成年而无刑事责任能力，应当由其监护人负赔偿责任。（2）是因犯罪行为必然遭受的损失。犯罪行为所造成的损失有直接与间接之分。直接损失指已经存在的物质利益的损失，间接损失指预期利益的损失。被害人遭受的所有直接损失均可以通过附带民事诉讼获得赔偿。而间接损失，只有与犯罪行为有必然因果联系的，即必然遭受的间接损失才属于附带民事赔偿范围。非犯罪行为必然造成的损失不属于附带民事诉讼范围。（3）不属于追缴或者退赔范畴。被害人遭受的某些损失可以通过追缴或者责令被告人退赔的方法获得补偿，比如，抢劫、盗窃犯罪行为给被害人造成的损失，就可以通过追缴、退赔的方式解决。当然，如果经过追缴、退赔，被害人遭受的物质损失未能完全弥补，被害人可以另行提起民事诉讼。就本案而言，人民法院依法认定被告人陈某、邵某犯重婚罪。被害人韦某为调查二被告人犯罪事实而支付的律师费、业务费、翻译费、交通费、餐费以及为此减少的家庭收入与邵某的重婚行为无必然联系，也就是说，邵某的重婚行为并不必然使被害人遭受这些损失。那么，韦某因自行调查重婚犯罪而遭受的物质损失就不在附带民事诉讼范围之内。但是，根据《婚姻法》第46条的规定，因一方重婚而导致离婚的，无过错方有权请求损害赔偿。那么，对于陈某与邵某的重婚行为，韦某可以通过提起民事诉讼，请求获得损害赔偿。①

---

① 蔡金芳、李燕明：《陈某、邵某重婚案——自行调查重婚犯罪而遭受的物质损失应否获得附带民事赔偿》，载中华人民共和国最高人民法院刑事审判第一、二、三、四、五庭主办：《刑事审判参考（总第22辑）》，法律出版社2001年版，第24~29页。

| 第九章 |
破坏军人婚姻的行为

　　我国法律历来重视对军人婚姻的保护，对于破坏军人婚姻的行为，除了承担相应的民事责任外，构成犯罪的，还要按照破坏军婚罪追究行为人的刑事责任。在1979年《刑法》第181条中已经对破坏军婚罪进行了规定。在1997年修订《刑法》时，对破坏军婚罪在第259条中再次进行了规定，增加了拘役刑这个刑种，实质上是提高了法定刑。为了更好地保护军人婚姻，在原规定的基础上，增加了第2款"利用职权、从属关系胁迫手段奸淫现役军人的妻子的，依照本法第二百三十六条的规定定罪处罚"的规定，即以强奸罪论处，加大了对军人婚姻保护的力度。[①] 根据《最高人民法院关于执行〈中华人民共和国刑法〉确定罪名的规定》和《最高人民检察院关于适用刑法分则规定的犯罪罪名的意见》的规定，《刑法》第259条规定的罪名是破坏军婚罪。

第一节　破坏军婚罪的概念

　　破坏军人婚姻的行为构成破坏军婚罪。所谓破坏军婚罪，是指明知是现役军人的配偶而与之同居或者结婚的行为。有学者认为，所谓破坏军婚罪，

---

　　①　刘生荣主编:《施刑范典》，中国方正出版社1999年版，第671页。

是指明知他人是现役军人的配偶而与之同居或者结婚的行为。[1]

第二节 破坏军婚罪的构成

1.破坏军婚罪的犯罪主体是一般主体，也即年满 16 周岁的自然人。既可以是男性，也可以是女性。由于破坏军婚罪是刑法理论所谓对行性犯罪，因此，在对行的双方中，必有一方是现役军人的配偶，至于另一方原来有无配偶不影响破坏军婚罪的成立。[2] 也就是说，破坏军婚罪的犯罪主体既可以是已婚的，也可以是未婚的。

对于现役军人能否成为破坏军婚罪的犯罪主体，即现役军人明知与自己同居或者结婚的对象是（其他）现役军人的配偶而与之同居或者结婚的，是否构成破坏军婚罪的问题值得研究。有刑法实务界人士认为，现役军人可以成为破坏军婚罪的犯罪主体。[3] 军队法律界人士同样也认为，现役军人的配偶负有维护军人婚姻关系的义务，现役军人亦同样负有责任履行其婚姻及其他军人婚姻关系不受破坏的义务。军人婚姻不容非法侵害的原则，不仅对军外人员适用，对现役军人和现役军人的配偶也同样适用。现役军人构成破坏军婚罪不仅要依法论处，而且还要从重处罚，体现出"军法从严"的原则。[4] 我们赞同现役军人能成为破坏军婚罪的犯罪主体的观点。因为虽然行为人也是现役军人，他与（其他）现役军人的配偶同居、结婚貌似仍然是军婚，但是现役军人与（其他）现役军人的配偶同居、结婚的行为破坏的是军人婚姻关系这一法律重点保护的社会关系，而不是一般夫妻关系这一社会关系。因此，认为现役军人能成为破坏军婚罪的犯罪主体的观点有理有据。

对于现役军人的配偶能否成为破坏军婚罪的犯罪主体问题。在一般情况

---

[1] 周道鸾、张军主编：《刑法罪名精释》，人民法院出版社 2003 年版，第 422 页。

[2] 刘生荣主编：《施刑范典》，中国方正出版社 1999 年版，第 671 页。

[3] 吴明夏、江绍恒、王亲生主编：《新刑法通释》，人民出版社 1998 年版，第 907 页。陈坚：《婚姻法原理精释与适用指南》，南方出版社 2012 年版，第 336 页。

[4] 张建田、刘暖宁：《关于破坏军婚罪主体认定的几个问题》，载《现代法学》1994 年第 2 期。

下，对现役军人的配偶是不追究刑事责任的，最高人民法院在 1958 年 3 月 21 日的《关于与军人配偶通奸的案件为什么只对与军人配偶通奸的一方判罪问题的复函》中说得很清楚："与军人配偶通奸，是按照破坏军人婚姻、家庭罪判处的，破坏军人婚姻家庭问题是与一般通奸问题有原则区别的，所以对军人配偶一般不予论罪。"目前，司法实践中有两种观点：一种观点认为，现役军人的配偶不能成为破坏军婚罪的犯罪主体，理由是从破坏军婚罪的立法精神上来看，国家法律就是要保护军人的婚姻关系，如果把现役军人的配偶也一并追究刑事责任，就等于没有保护军婚，有悖于立法精神。另一种观点则认为，现役军人的配偶可以成为破坏军婚罪的犯罪主体，理由是破坏军人婚姻的行为是男女双方以共同的情感、共同的经济生活以及共同的性生活为主要内容，而且必须相互密切配合才能实现的一种犯罪，没有现役军人的配偶的配合，犯罪是不可能实现的，因此，对这类现役军人的配偶，应当追究其法律责任。[①] 军队法律界人士也持现役军人的配偶可以成为破坏军婚罪的犯罪主体这一观点。[②] 我们认为，在一些破坏军婚罪的案件中，现役军人的配偶本身就行为不轨，甚至主动与他人勾搭，并且一意孤行，不肯悔改，导致自己婚姻家庭破裂，对这类现役军人的配偶如果不能及时惩处，那么即使对另一方打击得再严厉，也不可能有力地维护军人的婚姻关系，对巩固军人婚姻关系极为不利。因此，如果在司法实践中绝对不惩处破坏军婚的现役军人的配偶，就很难有效地保护军人婚姻家庭，也达不到我国刑法保护军婚的立法目的，在社会现实生活中，追究现役军人的配偶破坏军婚罪的刑事责任是十分必要的。

对于现役军人的配偶是否一定构成破坏军婚罪并且追究刑事责任的问题不应当一概而论，而应当具体案件具体处理。首先，应当肯定的是，现役军人的配偶可以成为破坏军婚罪的犯罪主体。其次，现役军人的配偶虽然可以成为破坏军婚罪的犯罪主体，然而并不意味着一定要追究刑事责任。从刑法的犯罪构成理论来看，现役军人的配偶当然可以成为破坏军婚罪的犯罪主体，

---

① 潘胜忠：《关于破坏军婚罪若干问题的探讨》，载《法律适用》1998 年第 6 期。
② 张建田、刘暖宁：《关于破坏军婚罪主体认定的几个问题》，载《现代法学》1994 年第 2 期。

因为在破坏军婚罪的规定中有一个明知要素，这个明知，既可以理解为明知他人是现役军人的配偶而与之（现役军人的配偶）同居、结婚，也可以理解为明知自己是现役军人的配偶而与之（与本人有婚姻关系以外的其他人）同居、结婚。同时，破坏军婚罪的法律规定本身并没有排除追究现役军人的配偶破坏军婚罪刑事责任的情形。从同居的角度看，如果双方仅为同居关系（不是以夫妻名义对外公开同居），社会危害不大，情节轻微或者显著轻微的；现役军人的配偶真诚悔过，现役军人本人不愿声张追究，表示谅解的，则可以不再追究现役军人的配偶的刑事责任。特别是现役军人夫妻关系恶化主要责任不在现役军人的配偶一方的：如现役军人的婚姻属于包办婚姻，现役军人的配偶因此不满而与他人同居的；因现役军人自身行为不检点，作风不好，或者现役军人本身就有奸情而导致现役军人的配偶采取报复性手段，与他人同居的，一般不需要追究现役军人的配偶的刑事责任。相反，如果现役军人的配偶不能真诚悔过并且愿意继续与现役军人保持婚姻关系，执意与他人继续同居且现役军人一方又坚决要求追究刑事责任的，则可以依法追究刑事责任。从结婚的角度看，如果现役军人的配偶与他人结婚，则无论是从重婚罪的角度还是破坏军婚罪的角度，都应当追究现役军人的配偶的刑事责任。

在应当追究现役军人的配偶与他人同居、结婚的刑事责任情况下，如何给现役军人的配偶的行为定性，是破坏军婚罪还是重婚罪？我们认为，应当分两种情形：一是现役军人的配偶明知自己有配偶，在这种情形下实施了与他人同居的行为，如果要追究刑事责任，应当以破坏军婚罪来追究刑事责任。二是现役军人的配偶明知自己有配偶，在这种情形下实施了与他人结婚的行为（包括登记婚姻和以夫妻名义公开同居的事实婚姻），至少是重婚的行为，由于破坏军婚罪在某种程度上来说是重婚罪的特殊形态，这一行为同时触犯重婚罪和破坏军婚罪两个罪名，属于刑法理论中的想象竞合犯，依照想象竞合犯的处罚原则，应当从一重而处断。而破坏军婚罪与重婚罪相比，破坏军婚罪的法定最高刑要高于重婚罪的法定最高刑，破坏军婚罪处刑要比重婚罪重，应当择一重罪以破坏军婚罪而不应当以重婚罪来追究刑事责任。

随着时代的发展，我们认为，在破坏军婚案件中，对于现役军人的配偶是否应当追究刑事责任的问题，应当分不同情形进行处理：（1）双方都是现役军人的配偶而同居或者结婚，且双方都明知的，应当认定双方均构成破坏军婚罪；（2）双方都是现役军人的配偶而同居或者结婚，一方明知对方是现役军人的配偶，另一方不明知对方是现役军人的配偶的，仅明知对方有配偶，明知的一方应当认定构成破坏军婚罪，不明知的一方应当认定为重婚罪或者不构成犯罪；（3）双方都是现役军人的配偶而同居或者结婚，如果双方都不明知对方是现役军人的配偶，则应当根据查明的实际情况，认定双方或者是有配偶者与他人同居的情形，或者是均构成重婚罪。（4）行为人如果不是现役军人的配偶，而与现役军人的配偶同居或者结婚的，一般不追究现役军人的配偶的刑事责任，如果存在一定要追究现役军人的配偶的刑事责任的情形时，只能以破坏军婚罪来追究现役军人的配偶的刑事责任。

2. 破坏军婚罪的主观方面必须出于故意，而且只限于直接故意，在破坏军婚罪中的直接故意，就是要求行为人明知是现役军人的配偶而仍然与该现役军人的配偶同居或者结婚。现役军人的配偶是指与现役军人已经结婚，包括已经在婚姻登记机关登记结婚尚未同居的人。如果行为人确实不知道与之同居或者结婚的人是现役军人的配偶而与之同居或者结婚，则不构成破坏军婚罪。但是，这并不能排除行为人可能构成其他犯罪，比如重婚罪。如果行为人根本不明知对方是已婚，或者不明知对方是现役军人的配偶，即使有与对方同居或者结婚的行为，比如双方都是在外地打工的，现役军人的配偶刻意隐瞒，没有告诉对方自己已婚或者是现役军人的配偶的身份，当事人也无从知晓与之同居或者结婚的人已婚或者是现役军人的配偶，这种情形就不能认定行为人构成破坏军婚罪，也不构成重婚罪。

关于明知的问题，我们在讨论重婚罪时已经进行了阐述。因此，我们认为，对行为人是否明知与之同居或者结婚的对象是现役军人的配偶，应当坚持《刑法》规范的犯罪构成要件，结合行为人的认知能力以及其他证据等主客观因素来准确认定。

3. 破坏军婚罪在客观方面表现为明知是现役军人的配偶而与之同居或者结婚的行为。

首先，要有同居或者结婚的行为。构成破坏军婚罪的客观行为只有两个：一是同居，二是结婚。

所谓同居，包括广义的同居和狭义的同居。广义的同居是指男女双方持续、稳定地共同居住，既包括以夫妻名义，持续、稳定地共同居住，也包括不以夫妻名义，持续、稳定地共同居住，前提是男女双方均没有登记结婚。狭义的同居仅指有配偶者与他人同居，《婚姻家庭编解释一》第2条规定："有配偶者'与他人同居'的情形，是指有配偶者与婚外异性，不以夫妻名义，持续、稳定地共同居住。"重点在"有配偶者""不以夫妻名义"和"持续、稳定地"。《刑法》对破坏军婚罪中同居的规定是"明知是现役军人的配偶而与之同居"，强调现役军人的配偶是行为人同居的对象。因此，《刑法》对破坏军婚罪中同居的规定有特定的含义，不能用普通语义学的概念去解释，应当是广义的同居，是指明知是现役军人的配偶仍然与之持续、稳定地共同居住。《刑法》规定的破坏军婚罪中的同居与《民法典》规定的有配偶者与他人同居的意义不尽相同，有配偶者是有配偶者与他人同居这一行为的主体，而现役军人的配偶则是破坏军婚罪中同居的对象，同时，现役军人的配偶反过来也可以说是有配偶者与他人同居的一种特殊形式。我们认为，在确定是否要追究现役军人配偶破坏军婚罪的刑事责任时，应当注意区别一下同居的形式，如果是不以夫妻名义，持续、稳定地共同居住，则可以考虑不予追究现役军人的配偶的刑事责任；如果是以夫妻名义，持续、稳定地共同居住，则应当考虑予以追究现役军人的配偶的刑事责任，因为此时现役军人配偶的行为已经具有重婚性质了，无论是从重婚罪还是破坏军婚罪的角度，都应当考虑追究现役军人的配偶的刑事责任。

《刑法》规定的破坏军婚罪中所指的同居是包括性关系在内的共同生活，同居的男女双方不仅以不正当的两性关系为基础，而且往往还存在经济生活和其他生活方面的特殊关系。由此，这种同居不同于一般的通奸，通奸仅有不正当的两性关系，而没有经济生活和其他生活方面的特殊关系。但是，如果长期保持通奸关系，那么就可能存在经济生活和其他生活方面的特殊关系，转化为同居关系。

所谓结婚，又称婚姻的成立或者婚姻的缔结。在我国，是指达到《民法典》规定的法定结婚年龄的男女双方，依照我国婚姻家庭法律规范所规定的程序经婚姻登记机关登记后，确立夫妻关系的一种民事法律行为。婚姻关系一旦确立，对婚姻关系双方当事人就会产生一系列的法律后果。《刑法》规定的破坏军婚罪中所指的结婚，是指行为人明知是现役军人的配偶，在现役军人的配偶没有依法解除与现役军人婚姻关系的情况下，行为人与现役军人的配偶采取欺骗或者其他手段在婚姻登记机关登记结婚，或者虽然未履行结婚登记手续，但是已经举行结婚仪式并以夫妻关系共同生活，形成事实婚姻的行为。我国自《婚姻登记管理条例》实施起，即不再承认事实婚姻，也就是说，凡没有到婚姻登记机关依法进行登记结婚的，即使有对外以夫妻名义进行同居的，也不认为是结婚行为，对于事实婚姻，我国婚姻家庭法律规范已经不予承认，但是在刑事法律规范中，这种以夫妻名义公开同居的行为，仍然是追究重婚罪、破坏军婚罪的刑事责任。

其次，行为人必须是与现役军人的配偶同居或者结婚。司法实践中，就结婚行为而言，主要有两种情况：第一种情况是行为人自己没有配偶而与军人的配偶结婚的，这种行为，现役军人的配偶实质上已经处于重婚的状态了；第二种情况是行为人已经有配偶，而又与军人的配偶结婚的，这种行为，实际是一种双方都处于重婚状态的行为，它破坏的是两个婚姻家庭的关系。如果不是与现役军人的配偶同居或者结婚的，即使有与有配偶的人同居或者结婚的，也不构成破坏军婚罪，如果构成犯罪的，也只能以其他罪名来追究刑事责任，如重婚罪。

所谓现役军人，是指具有军籍并且正在中国人民解放军和中国人民武装警察部队服役的军人。最为关键的是具有军籍并且正在服役，这是认定现役军人最根本的标准。一般而言，军（警）官证件、士兵证件等可以作为现役军人的证明文件，如果无法查明，一般可以要求当事人出具军队团级以上单位政治工作部门的证明书予以证明。

现役军人过去还包括服现役的中国人民武装警察的边防部队、消防部队、警卫部队和森林消防部队、黄金部队、水电部队、交通部队等。根据2016年1月1日《中央军委关于深化国防和军队改革的意见》和2018年3月21日中共中央印发的《深化党和国家机构改革方案》，武装警察部队序列发生了重大变化，《深化党和国家机构改革方案》在"深化跨军地改革"这一部分指出："着眼全面落实党对人民解放军和其他武装力量的绝对领导，贯彻落实党中央关于调整武警部队领导指挥体制的决定，按照军是军、警是警、民是民原则，将列武警部队序列、国务院部门领导管理的现役力量全部退出武警，将国家海洋局领导管理的海警队伍转隶武警部队，将武警部队担负民事属性任务的黄金、森林、水电部队整体移交国家相关职能部门并改编为非现役专业队伍，同时撤收武警部队海关执勤兵力，彻底理顺武警部队领导管理和指挥使用关系。"包括：（1）公安边防部队改制。公安边防部队不再列武警部队序列，全部退出现役。公安边防部队转到地方后，成建制划归公安机关，并结合新组建国家移民管理局进行适当调整整合。现役编制全部转为人民警察编制。（2）公安消防部队改制。公安消防部队不再列武警部队序列，全部退出现役。公安消防部队转到地方后，现役编制全部转为行政编制，成建制划归应急管理部，承担灭火救援和其他应急救援工作，充分发挥应急救援主力军和国家队的作用。（3）公安警卫部队改制。公安警卫部队不再列武警部队序列，全部退出现役。公安警卫部队转到地方后，警卫局（处）由同级公安机关管理的体制不变，承担规定的警卫任务，现役编制全部转为人民警察编制。（4）海警队伍转隶武警部队。按照先移交、后整编的方式，将国家海洋局（中国海警局）领导管理的海警队伍及相关职能全部划归武警部队。（5）武警部队不再领导管理武警黄金、森林、水电部队。按照先移交、后整编的方式，将武警黄金、森林、水电部队整体移交国家有关职能部门，官兵集体转业改编为非现役专业队伍。武警黄金部队转为非现役专业队伍后，并入自然资源部，承担国家基础性公益性地质工作任务和多金属矿产资源勘察任务，现役编制转为财政补助事业编制。原有的部分企业职能划转中国黄金总公司。（6）武警森林部队转为非现役专业队伍后，现役编制转为行政编制，并入应急管理部，承担森林灭火等应急救援任务，发挥国家应急救援专业队作用。（7）武警水电部队转为非现役专业队伍后，充分利用原有的专业技术力量，承担水利水电工程建设任务，组建为国有企业，可继续使用中国安能建设总公司名称，由国务院国有资产监督管理委员会管理。（8）武警部队不再承担海关执勤任务。参与海关执勤的兵力一次性整体撤收，归建武警部队。上述队伍和人员除了海警队伍转隶武警部队以外，已经全部归地方管理，不再是现役部队，没有军籍，他们不再是现役军人。

现役军人与军人存在一定的区别，有一些虽然在中国人民解放军和中国人民警察部队中工作，但是不具有军籍的工作人员，不能认定为现役军人。对于军人的范围，可以参考《刑法》第450条的规定，这一条规定的是"军人违反职责罪"的犯罪主体的范围，包括中国人民解放军的现役军官、文职干部、士兵及具有军籍的学员和中国人民武装警察部队的现役警官、文职干部、士兵及具有军籍的学员以及文职人员、执行军事任务的预备役人员和其他人员。同时，最高人民法院审判委员会于 2020 年 12 月 29 日修正的《最高人民法院关于军事法院管辖民事案件若干问题的规定》第 8 条规定："本规定所称军人是指中国人民解放军的现役军官、文职干部、士兵及具有军籍的学员，中国人民武装警察部队的现役警官、文职干部、士兵及具有军籍的学员。军队中的文职人员、非现役公勤人员、正式职工，由军队管理的离退休人员，参照军人确定管辖。"这是对军人范围的规定。

至于转业军人、复员退伍军人，当然不能认定为现役军人。对于转业、复员退伍军人在服现役期间因其配偶与行为人同居或者结婚如何处理的问题，最高人民法院早在 1957 年 8 月 23 日曾经作出一个批复，认为"复员军人在服现役期间因其配偶与人通奸，要求人民法院处理奸夫和离婚，应作为破坏革命军人婚姻案件受理。不能以军人已经复员而改变原来未结案件的性质"。我们认为这个精神现在仍然可以作为处理此类案件的裁判理由。

对于《刑法》第 450 条规定的执行军事任务的预备役人员而言，我们认为，是不是可以考虑执行军事任务的预备役人员在执行军事任务期间实质上是一种服现役的情形，在这种情况下，如果执行军事任务的预备役人员在执行军事任务期间，应当视为现役军人，执行军事任务的预备役人员的配偶可以视为现役军人的配偶。如果行为人在执行军事任务的预备役人员正在执行军事任务期间，明知故犯，与执行军事任务的预备役人员的配偶同居或者结婚的，可以按破坏军婚罪追究行为人的刑事责任，目的在于保障执行军事任务的预备役人员安心执行军事任务。

对于犯罪被判处徒刑但是没有被开除军籍、仍然保留军籍的军人婚姻能否以军婚对待的问题。我们认为，在军队中，因为犯罪而被判处刑罚的，一般会开除军籍，但是，也有部分因社会危害性不大、判刑较轻的军人没有被开除军籍，只是暂停军籍，刑满后又恢复军籍的，只要没有开除军籍，符合现役军人标准的，该军人婚姻仍然属于军婚，同样应当予以保护。

确定了何为现役军人后，确定现役军人的配偶问题也就迎刃而解。所谓现役军人的配偶，是指与现役军人进行了登记从而缔结了婚姻关系的人。现役军人的配偶，既包括现役军人的丈夫，也包括现役军人的妻子，而非仅指"军嫂"；既包括现役军人，也包括非现役军人，只要与现役军人登记结婚了，无论是否共同生活在一起，都是现役军人的配偶。因为有些现役军人为了国防建设，在服役期间并不能时时刻刻与自己的配偶生活在一起，但是这并不影响双方既存的婚姻关系。现役军人的配偶不包括与现役军人缔结了某种婚约关系的所谓"未婚夫""未婚妻"，这与我国一贯的政策也是相符合的。对此，1952 年 12 月 12 日《中央人民政府、司法部、最高人民法院、军委总政治部、内务部关于"革命军人婚姻问题座谈会纪要"的联合通知》就认为，革命军人的未婚妻如果已经住在军人家中生活，成为军人家庭的一个成员，即为家属①，可以享受军属的待遇；一般的军人未婚妻不能算是军属。有军队法律界人士认为，违反了我国婚姻法律规范和军队有关法规对结婚条件的规定，如未达法定结婚年龄、近亲结婚、义务兵服役期未满结婚、士兵与驻地女青年恋爱结婚、军官（含文职干部）与外国人恋爱结婚的，等等，凡是未办理结婚登记手续即以夫妻关系共同生活的，或者通过不正当手段领取结婚证，对军人的另一方，不能称其为"军人配偶"。② 这种观点实质上是视此类婚姻为无效婚姻，按照这种观点，因无效婚姻而与现役军人形成配偶关系，不能认定为军人的配偶。

虽然《军队人员婚姻管理若干规定》是针对军队人员婚姻的管理，但是其对现役军人、文职人员、军队管理的离退休人员作出了区分，现役军人、文职人员、军队管理的离退休人员三者是并列关系，文职人员、军队管理的离退休人员的婚姻不是破坏军婚罪保护的对象，破坏军婚罪中明知的对象只能是现役军人的配偶。如果行为人明知是军队文职人员的配偶而与之同居、结婚的，不能按破坏军婚罪来追究行为人的刑事责任，构成犯罪的，可以按重婚罪来追究行为人的刑事责任。对于军队离退休人员而言，由于这些离退休人员已经不再肩负保卫国防的任务和职责，无论是由军队管理还是交由地方管理，实质上已经退出现役，因此，中国人民解放军和中国人民武装警察部队中的离退休人员的配偶不是破坏军婚罪所规定的现役军人的配偶，如果行为人明知故犯，而与中国人民解放军和中国人民武装警察部队的离退休人员的配偶同居或者结婚的，不能按破坏军婚罪来追究行为人的刑事责任，构

---

① 笔者注：相当于事实婚姻。
② 张建田、金桦楚：《破坏军婚罪中"军人配偶"的界定》，载《法学》1993 年第 9 期。

成犯罪的，可以按重婚罪来追究行为人的刑事责任。因此，在认定破坏军婚罪时，要注意军人的配偶与现役军人的配偶的区别，两者的逻辑关系是包含与被包含关系。

破坏军人婚姻的行为主要有三种类型：（1）重婚型。即行为人明知是现役军人的配偶而与之办理结婚登记手续，骗取结婚的；明知是现役军人的配偶而与之以夫妻名义同居生活，群众也认为是夫妻关系的。（2）同居型。即行为人明知是现役军人的配偶，却较长时间公开或者秘密持续、稳定地在一起共同生活，这种关系不仅以不正当的两性关系为基础，往往有经济和其他生活方面的特殊关系，而不同于一般的通奸关系。（3）通奸型。所谓通奸，一般是指一方或者双方有配偶的男女自愿发生的性行为，是一种不道德的婚外性行为，双方之间没有共同生活的目的，并不存在经济上和其他生活方面的特殊关系。通奸一般具有秘密性的特点，不同于共同生活的同居行为。通奸有长期的也有短期的。现实生活中，经常遇到行为人与现役军人的配偶通奸的案件，对于通奸型破坏军婚的行为，在我国很长一段时期是明确作为犯罪处理的，但也还是有一定的限制的。在一般情况下，明知是现役军人的配偶而与之通奸的行为，不拆散军人的婚姻家庭，对社会危害较小，属于思想教育的范围，一般不宜认定构成破坏军婚罪。但是，我们认为，在特殊情况下，也是可以认定为破坏军婚罪的，只是对这种情形在认定为破坏军婚罪时要十分审慎。有刑法学者认为，一方面，不能将同居理解为事实婚姻，因为这不利于对军人婚姻的特殊保护，也使同居一词失去了独立的意义。另一方面，也不能将同居视为通奸，因为这与刑法特地使用同居一词以缩小打击范围的意图相矛盾。[1] 根据最高人民法院于 1985 年 7 月 18 日印发的《关于破坏军人婚姻罪的四个案例》（法〔研〕发〔1985〕16 号文件）的按语精神，明知是现役军人的配偶而与之长期通奸，破坏军人婚姻家庭，造成军人夫妻关系破裂的严重后果的，则应当认定为构成破坏军人婚姻罪。[2] 在这四个案例中，最高人民法院对"宋某某破坏军人婚姻案"的按语是这样表述的："被告人宋

---

[1]　张明楷：《刑法学》，法律出版社 2011 年版，第 832 页。

[2]　参见曾芳文、段启俊主编：《个罪法定情节研究与适用》，人民法院出版社 2005 年版，第 565 页。

某某与现役军人的配偶长期通奸，经教育不改，并将女方带到外地姘居，共同生活，如同夫妻。原审人民法院认定宋某某的行为构成破坏军人婚姻罪，依照刑法第181条的规定予以判处，是正确的。"对"熊某某破坏军人婚姻案"的按语是这样表述的："被告人熊某某明知严某某是现役军人的配偶而与之长期通奸，并挑拨、唆使女方与军人离婚，以便与他结婚。其行为破坏了军人的婚姻家庭，造成军人夫妻关系破裂的严重后果，已构成破坏军人婚姻罪。由于过去在审判实践中对属于这种情况的案件可否适用刑法第181条在理解上不够明确，当时未予定罪的，现在不必重新追究刑事责任。今后在办理破坏军人婚姻案件中遇到类似情况的，应当适用刑法第181条的规定予以判处。"对"赵某某破坏军人婚姻案"的按语是这样表述的："被告人赵某某明知马某某是现役军人的配偶而与之长期通奸，破坏军人的婚姻家庭，造成军人夫妻关系破裂的严重后果，已构成破坏军人婚姻罪。由于过去在审判实践中对属于这种情况的案件可否适用刑法第181条在理解上不够明确，当时未予定罪的，现在不必重新追究刑事责任。今后在办理破坏军人婚姻案件中遇到类似情况的，应当适用刑法第181条的规定予以判处。"概而言之，就是如果行为人明知是现役军人的配偶而与之长期通奸，情节恶劣或者造成夫妻关系破裂严重后果，实质上已经转化为同居的一种表现形式，可以考虑按行为人明知是现役军人的配偶而与之同居的情形，以破坏军婚罪来处理。所谓"长期通奸，情节恶劣"，一般表现为因为通奸而致现役军人的配偶怀孕或者生育等；所谓"造成军人夫妻关系破裂的严重后果"，主要表现为行为人通奸并挑拨、唆使现役军人的配偶闹离婚；行为人通奸并致现役军人的配偶严重虐待现役军人；通奸行为发生后，现役军人的配偶提出离婚的。这些处理方式实质上是一种类推适用的方法。所谓类推适用，是指对于法律没有明文规定的行为，适用有类似规定的其他条文予以处罚。上述处理方式将行为人与现役军人的配偶"长期通奸"的行为解释为同居的行为，从而认定行为人构成破坏军婚罪。

明知是现役军人的配偶而与之同居或者结婚是指明知是现役军人的配偶、与之同居或者结婚，两者必须同时具备，只有两者同时具备才能构成破坏军婚罪。

4.破坏军婚罪所侵害的客体是现役军人的婚姻关系和我国保护军人婚姻

的法律制度。破坏军婚罪侵害了现役军人的婚姻关系，这种婚姻关系不是一般的婚姻关系而是特殊的婚姻关系，这是破坏军婚罪不同于其他破坏家庭婚姻关系行为最本质的特征。所谓军婚，是指夫妻双方或者一方是现役军人的婚姻关系。

我们国家为了保护军人的婚姻权利，从法律上作出了严格的规定，对军人婚姻予以特别保护。法律对军人婚姻予以特别保护，当然是由军队的特殊性决定的。现役军人常年担负着艰苦紧张的训练和执勤任务，在日常生活中，很难照顾家庭生活，军人夫妻尤其是两地分居的军人夫妻，他们在婚姻家庭方面的权益很容易受到他人的不法侵害，因此，国家从法律层面对军人婚姻给予特别保护十分必要。

人民军队是我党执行政治任务的武装集团，是我国国家安全和人民民主政权的坚强柱石。军人担负着保家卫国的神圣使命，是为国家作出贡献的人，军人职业的特殊性决定了军人的婚姻家庭关系与普通公民的婚姻家庭关系有所不同。军人的婚姻家庭状况不仅涉及军人的切身利益和家庭幸福，而且直接关系到军心的稳定，甚至会影响我国国家的安全和社会的稳定。军人婚姻应当受到国家法律的保护，只有对军人婚姻加以特殊保护，使军人们安心保家卫国，才能使已有的和平环境更加稳定。

现役军人的婚姻关系受国家法律的重点保护、特别保护，法律对军人婚姻有关结婚、离婚等问题均有特别规定。1950年《婚姻法》和1980年《婚姻法》都贯彻了在离婚问题上对现役军人给予特殊保护的立法原则，也成为人民法院处理现役军人离婚案件的重要法律依据。1950年《婚姻法》第19条规定："现役革命军人与家庭有通讯关系的，其配偶提出离婚，须得革命军人的同意。自本法公布之日起，如革命军人与家庭两年无通讯关系，其配偶要求离婚，得准予离婚。在本法公布前，如革命军人与家庭已有两年以上无通讯关系，而在本法公布后，又与家庭有一年无通讯关系，其配偶要求离婚，也得准予离婚。"2001年修正后的《婚姻法》第33条规定："现役军人的配偶要求离婚的，须得军人同意，但军人一方有重大过错的除外。"《民法典》第1081条再次重申这一规定。这一规定，赋予了军人的离婚同意权，即在一般情况下，现役军人的非军人配偶一方提出离婚，必须得到军人一方的同意，具体的做法是受案法院应当通过军人一方所在的团以上单位政治机关的组织部门，征得军人是否同意离婚的意见。也就是说，人民法院受理非军人起诉军人离婚的案件，在没有征得军人明确同意的情况下，不得以夫妻感情确已破裂直接判决离婚。受理案件的地方人民法院应该加大对涉军离婚案件的调解力度，在原告方离婚态度坚决、夫妻感情确已破裂的情况下，通过军人所在部队团以上的政治机关，积极做好军人的思想工作，促成军人与配偶双方达成离婚协议。同时，还要注意的是，如果夫妻双方均是现役军人，一方提出离婚，另一方则不能享受所谓的军人的离婚同意权，目前此类离婚案件已经由军事法院受理。军事法院对这种离婚案件视同于一般离婚案件来对待和处理。如果不这样做，会出现对同属军人的一方予以特殊保护而对另一方不予保护的不平等现象，这显然违背《民法典》保护军人婚姻的立法原意。而所谓军人一方有重大过错，根据《婚姻法解释一》第23条的规定，"可以依据婚姻法第三十二条第二款前三项规定及军人有其他重大错误导致夫妻感情破裂的情形予以判断"，包括：重婚或者与他人同居的；实施家庭暴力或者虐待、遗弃的；有赌博、吸毒等恶习屡教不改的，这是对军人婚姻在民事法律上的特别保护条款。在查明军人有上述行为之一时，现役军人就会失去军人的离婚同意权，并且要承担以下法律后果：一是受理案件的法院在调解无效的情况下，可以判决准予离婚，不需要征得现役军人的明确同意；二是根据《民法典》第1091条的规定，有过错的现役军人一方必须承担过错赔偿责任，赔偿的范围既包括财产损害赔偿，也包括精神损害赔偿；三是当现役军人一方的重大过错超过民事责任范围而触犯刑法时，还有可能被依法追究重婚罪、虐待罪、遗弃罪以及赌博罪等刑事责任。

保护现役军人的婚姻关系，是保障部队稳定、提高部队战斗力的一个重要方面，是各级人民政府"拥军优属"的一个重要内容，也是人民法院的一项经常性的政治任务、法律任务。人民法院必须根据党的政策、国家法律以及中央有关部门规定的精神，坚决维护军人的婚姻家庭稳定，及时正确地处理涉军婚案件。我们应当充分认识到，破坏军人婚姻家庭，是一种严重的违法行为，在处理涉及破坏军人婚姻家庭的案件时，必须分别不同情况和性质，严肃对待，情节严重、屡教不改、影响极坏的，应当依照《刑法》的有关规定惩处。

军队对军婚的保护也是十分重视的，中国人民解放军总政治部2001年

11 月 9 日公布了《军队贯彻实施〈中华人民共和国婚姻法〉若干问题的规定》，该规定第 13 条第 2 款明确："对军人的婚姻纠纷，军队各级法律服务部门和律师应及时提供法律服务，积极维护军人合法权益。对破坏军婚构成犯罪的行为人，军队有关部门应协助地方司法机关依法追究刑事责任。"据《中国国防报》报道，2018 年底，现役军人朱某回家探亲期间，偶然发现其妻与米某有不正当男女关系，随后又鉴定发现妻子所生小孩与其本人无血缘关系。朱某遂向怀化市涉军维权办公室求助。怀化军分区党委领导也高度重视，协调地方有关司法部门迅速将此案列为重点督办案件。在军地双方的联合督办下，经过公安机关侦查、检察院起诉和法院审理，根据证人证言、DNA 亲子检测报告、微信聊天记录、酒店住宿登记记录和租房协议等诸多证据，足以证明米某明知他人是现役军人的配偶而与之同居。法院经审理后认为，被告人米某明知交往对象是现役军人的配偶而与之同居，并生育一子，米某的行为已经构成破坏军婚罪。依照《刑法》第 259 条第 1 款、第 67 条第 3 款之规定，判处有期徒刑二年。至此，在军地协调配合下，这起案件得到妥善快速处置。[①] 军队政治工作部门（包括政法部门）在涉及破坏军婚罪的案件时，是可以有所作为的，应当协助地方司法机关依法追究行为人的刑事责任。本案的处理充分说明，法律对军婚作出特殊保护，是国家为巩固国防、稳定军心的需要。

第三节　认定破坏军婚罪应当注意的问题

1. 注意破坏军婚罪与重婚罪的区别。破坏军婚罪和重婚罪之间存在着一定的竞合关系，从实质上来看，破坏军婚罪是重婚罪的特殊形态，然而，两罪之间仍然存在本质的区别：一是两罪的行为方式不尽相同。破坏军婚罪具有与现役军人的配偶同居或者结婚这两种方式，只要有其中一种就构成犯罪；而重婚罪则表现为与他人结婚这一种形式，包括登记结婚和对外以夫妻名义

[①] 周仁：《破坏军婚？严惩！——湖南怀化依法惩处一起破坏军婚案》，载《中国国防报》2019 年 8 月 22 日。

共同生活的事实婚姻。二是主观方面不同。重婚罪的认定有两个方面，或者是行为人有配偶而与他人结婚，这是对有配偶的人而言，只要行为人认识到自己与配偶的关系没有解除或者消失，就构成重婚罪；或者是明知他人有配偶而与他人结婚，这是对没有配偶的人而言，只要行为人认识到对方是他人的配偶就构成重婚罪，并不要求行为人认识到对方的配偶有特定身份，即现役军人的配偶。破坏军婚罪则是行为人明知是现役军人的配偶而与之同居或者结婚，两罪在主观上的认识和明知的内容方面是不相同的。破坏军婚罪的行为人不仅要明知对方是他人的配偶，而且要明知对方是现役军人的配偶，而不是一般人的配偶，否则不能构成破坏军婚罪。三是犯罪行为所指向的对象不同。破坏军婚罪同居或者结婚所指向的对象是现役军人的配偶；重婚罪结婚所指向的对象是非现役军人的配偶，包括已婚人士和未婚人士。四是破坏军婚罪和重婚罪所侵害的客体不同。破坏军婚罪所侵害的客体是我国现役军人的婚姻关系和保护军婚的法律制度。重婚罪所侵害的客体是我国一夫一妻制的婚姻关系。五是行为人的对方是否构成犯罪或者构成什么犯罪有所不同。有学者认为，在破坏军婚罪中的对方，即现役军人的配偶，除非行为人亦是现役军人的配偶，构成犯罪的，亦不构成破坏军婚罪，而是他罪即重婚罪。[①] 我们认为，如果在破坏军婚罪中的对方与行为人结婚了，则构成重婚罪，如果双方只是同居，则在破坏军婚罪中的对方不构成犯罪。而在重婚罪中的对方，如果不知道行为人有配偶则不构成犯罪，如果知道行为人有配偶，则与行为人构成同样的犯罪即重婚罪。一般而言，对现役军人的配偶不定罪处罚为宜，特别是在现役军人表示原谅、不打算离婚的情况下。但是如果现役军人的配偶隐瞒事实真相，欺骗他人与之结婚的，在不妨碍军人婚姻关系的前提下，对现役军人的配偶可以按照重婚罪处理。因此，现实生活中，如果发生了与现役军人的配偶同居或者结婚的事实，对现役军人的配偶是否追究刑事责任以及如何定罪，则应当结合犯罪的主体、主观方面、客观行为综合认定，不能一概而论。

2.破坏军婚罪与强奸罪的区别。现实生活中，有一些人利用职权、从属关系，以辞退、开除、处分等胁迫手段奸淫现役军人的妻子，这种行为就不

① 吴明夏、江绍恒、王亲生主编：《新刑法通释》，人民出版社1998年版，第909页。

仅仅是破坏军婚的问题，这种行为貌似现役军人的妻子"同意"了，但这却是一种违背妇女意志强奸妇女的行为，理应按强奸罪定罪处罚。这是《刑法》中关于强奸罪的特殊条款，属于注意条款而不是法律拟制。依据平等原则，同样的法益受到同样的保护，仅当对现役军人妻子的奸淫行为达到触犯强奸罪的程度时，才成立强奸罪，而并不是赋予现役军人妻子性自主权利的额外保护。这种胁迫行为如果仅仅从表面上来看，有时与破坏军婚的行为有相似之处，但是从实质上分析，这种行为已经不能为破坏军婚罪所包容。行为人利用职权范围、从属关系，以阻碍招工、改变工种、停职降薪、收回住房、斩断生活来源等胁迫手段，威胁现役军人的妻子，致使她处于孤立无援的境地，使她忍辱屈从，从而使行为人达成奸淫的行为，因此，如果行为人利用职权、从属关系胁迫手段奸淫现役军人的妻子，则应当按强奸罪定罪处罚而不是按破坏军婚罪定罪处罚，如果行为人使用了暴力手段那就更应当认定为强奸罪无疑，胁迫本身就意味着违背妇女意志。这里有特别注意事项的是，行为人虽然利用了职权或者从属关系，仅仅是引诱而没有进行胁迫，不能认定为强奸罪。

3. 注意破坏军婚罪和与现役军人的配偶通奸的区别。一般而言，如果行为人明知是军人的配偶而与之通奸的，是不按破坏军婚罪论处的，因为与破坏军婚罪的犯罪构成不符。但是，如果行为人明知是军人的配偶而与之长期保持通奸关系的是否构成破坏军婚罪则不可一概而论。在当下社会中，那种明知是军人的配偶而与之以夫妻关系共同生活或者结婚的比较少见，多数表现形式都是行为人与军人的配偶长期通奸，情节恶劣，造成了严重后果。对此，在《关于破坏军人婚姻罪的四个案例》中，就有三个被告人均是长期与现役军人的配偶通奸，情节恶劣，并且造成军人婚姻家庭关系破裂的严重后果，法院对被告人均以破坏军婚罪定罪处罚的案例。因此，如果我们仅强调故意与军人的配偶结婚、同居这两种明显的并不多见的犯罪行为，而把故意与军人的配偶长期通奸，造成军人婚姻家庭破裂这种隐蔽的又是多见的行为排除在外，这就会使那些故意与军人的配偶长期通奸的破坏军婚的犯罪分子逍遥法外，得不到应有的打击。按照军队法律界人士的观点，对这种长期与现役军人的配偶通奸造成严重后果的情形，应当适用"特别法优先处罚的原则"，在行为人的同一行为普通法不认为是犯罪、特别法认为是犯罪的情况下，应当从有利于打击犯罪的角度出发，按特别法优先的原则惩治犯罪，以维护军人婚姻的正当权益不受侵害。[①] 当然，这类案件一般要求造成严重后果。那么，应当如何理解因与军人配偶长期通奸造成严重后果？我们认为，应当包括：造成军人婚姻家庭关系破裂的；导致军人、军人的配偶或者军人的亲属自杀或者死亡的；加害或者遗弃军人子女的；动摇军心、影响部队作战或者平时训练、工作任务完成，造成后果的。对此类案件的审理，在追究当事人刑事责任时，应当慎之又慎。

4. 破坏军婚罪是行为犯，只要行为人有符合破坏军婚罪的客观行为就构成破坏军婚罪。对于与现役军人的配偶同居或者结婚，应当依法追究行为人的刑事责任。从立法上来看，规定破坏军婚罪的目的在于保护现役军人的婚姻关系，对于破坏军人婚姻的行为，情节显著轻微，危害不大，军人本人又不愿声张追究的，为避免扩大不良影响，可以按"情节显著轻微危害不大的，不认为是犯罪"来处理，但是必须制止行为人的违法行为。如果行为人为了达到与现役军人的配偶结婚的目的而伪造假证件，这种行为同时触犯破坏军婚罪和伪造证件罪，由于伪造证件的行为是手段行为，按手段牵连犯的处罚原则，应当以破坏军婚罪处罚。

第四节　对破坏军婚罪的处理

1. 根据《刑法》第259条第1款的规定，犯破坏军婚罪的，处三年以下有期徒刑或者拘役。法定刑高于重婚罪，体现了对军婚保护的力度。

2. 根据《刑法》第259条第2款的规定，利用职权范围、从属关系，以胁迫手段奸淫现役军人妻子的，应当依照《刑法》第236条的规定即强奸罪定罪处罚。这种行为虽然也是一种破坏军婚的行为，但是它同时还侵害妇女的性的不可侵犯的权利，是刑法理论中所谓的想象竞合犯，根据刑法理论中对想象竞合犯处罚的原则，应当择一重罪即强奸罪处罚。

[①]　张建田、刘暖宁：《关于破坏军婚罪主体认定的几个问题》，载《现代法学》1994年第2期。

3. 明知是现役军人的配偶而与之结婚的，实质上是一种特殊的重婚行为。而根据《民法典》第 1051 条的规定，行为人与现役军人的配偶结婚是无效婚姻。因此，在追究了行为人的刑事责任之后，现役军人可以向人民法院申请宣告行为人与现役军人的配偶的婚姻无效。此外，现役军人的配偶、婚姻关系当事人的近亲属也可以向人民法院申请宣告行为人与现役军人的配偶的婚姻无效。人民法院在审理申请宣告婚姻无效案件时，对婚姻效力的审理不适用调解，应当依法作出判决，有关婚姻无效的判决一经作出，即发生法律效力。婚姻是否有效是不以当事人的意志为转移的，对婚姻效力的判决具有终局性，上诉和申诉均不予受理。

4. 明知是现役军人的配偶而与之同居的，相对于现役军人的配偶而言，实质上是有配偶者与他人同居的情形。因此，根据《婚姻家庭编解释一》第 3 条的规定，现役军人的配偶和他人提起诉讼仅请求解除同居关系的，人民法院不予受理；已经受理的，裁定驳回起诉。现役军人的配偶和他人因同居期间财产分割或者子女抚养纠纷提起诉讼的，人民法院应当受理。

5. 现役军人的配偶与他人结婚或者同居，现役军人提出离婚的，经调解无效，应当准予离婚。现役军人的配偶与他人结婚，在性质上相当于重婚；与他人同居，在性质上相当于有配偶者与他人同居的情形。根据《民法典》第 1079 条第 3 款的规定，有重婚或者与他人同居的情形，夫妻一方要求离婚的，应当进行调解，调解无效的，应当准予离婚。

6. 现役军人的配偶与他人结婚或者同居，在现役军人与配偶离婚时，现役军人作为无过错一方，有权向配偶请求损害赔偿。现役军人的配偶与他人结婚，在性质上相当于重婚；与他人同居，在性质上相当于有配偶者与他人同居的情形。根据《民法典》第 1091 条的规定，有重婚、有配偶者与他人同居情形，导致离婚的，作为无过错方的现役军人，有权请求损害赔偿。

根据《婚姻家庭编解释一》第 86 条的规定，《民法典》第 1091 条规定的损害赔偿，包括物质损害赔偿和精神损害赔偿。涉及精神损害赔偿的，适用《精神损害赔偿意见》的有关规定。

根据《婚姻家庭编解释一》第 87 条规定的精神，承担《民法典》第 1091 条规定的损害赔偿责任的主体，为离婚诉讼当事人中无过错方的配偶，在破坏军婚案中即为现役军人的配偶。人民法院判决不准离婚的案件，对于现役军人基于《民法典》第 1091 条提出的损害赔偿请求，不予支持。在婚姻关系存续期间，现役军人不起诉离婚而单独依据《民法典》第 1091 条提起损害赔偿请求的，人民法院不予受理。

根据《婚姻家庭编解释一》第 88 条的规定，人民法院受理以"破坏军人婚姻"为由的离婚案件时，应当将《民法典》第 1091 条第 1 项、第 2 项规定中当事人的有关权利义务（因重婚、有配偶者与他人同居导致离婚的，无过错方有权请求离婚损害赔偿），书面告知现役军人。在适用《民法典》第 1091 条第 1 项、第 2 项时，应当区分以下不同情况：一是符合因重婚、有配偶者与他人同居导致离婚的，现役军人有权请求离婚损害赔偿的规定，现役军人作为原告基于该规定向人民法院提起损害赔偿请求的，必须在离婚诉讼的同时提出。二是符合因重婚、有配偶者与他人同居导致离婚的，现役军人有权请求离婚损害赔偿的规定，现役军人作为被告的离婚诉讼案件，如果被告不同意离婚也不基于该规定提起损害赔偿请求的，在判决离婚后，可以就此单独提起诉讼。三是现役军人作为被告的离婚诉讼案件，一审时被告未基于因重婚、有配偶者与他人同居导致离婚的，现役军人有权根据离婚损害赔偿的规定提出损害赔偿请求，在判决离婚后，二审期间提出的，人民法院应当进行调解；调解不成的，告知现役军人另行起诉。双方当事人同意由第二审人民法院一并审理的，第二审人民法院可以一并裁判。

根据《婚姻家庭编解释一》第 89 条规定的精神，当事人在婚姻登记机关办理离婚登记手续后，无过错方的现役军人以《民法典》第 1091 条规定为由向人民法院提出损害赔偿请求的，人民法院应当受理。但是当事人在协议离婚时已经明确表示放弃该项请求的，人民法院不予支持。

第十章

家庭暴力的行为

　　作为社会细胞的家庭，本应是温馨的、和睦的，是家庭成员遮风避雨、身心栖息的港湾，拥有和睦安宁、团结互助的家庭关系不仅是每个家庭成员幸福生活的重要保障，更是社会和谐稳定的基础，《民法典》在第1043条提倡："家庭应当树立优良家风，弘扬家庭美德，重视家庭文明建设。""夫妻应当互相忠实，互相尊重，互相关爱；家庭成员应当敬老爱幼，互相帮助，维护平等、和睦、文明的婚姻家庭关系。"并且在第1042条第3款规定，禁止家庭暴力。因此，从行为的性质上来说，家庭暴力行为是婚姻家庭中的一种违法行为，禁止家庭暴力是所谓禁止性法律规范。

第一节　家庭暴力现象及成因

　　人类自古以来，就存在着家庭成员之间的欺凌现象，甚至暴力，因为家庭暴力是一种社会因素和生物因素共同作用的现象，暴力行为本身更趋向生物性，是人类一种动物性残留的野蛮行为。民国学者刘师培在研究中国历史时认为："妇女从夫多由劫略或由买鬻，故视女子为甚卑以服从为女子之义务。"[①] 家庭的经济地位决定了妇女、未成年人、老年人在家庭中的弱势地位，经济上弱势的一方在家庭中遭受暴力在过去似乎是天经地义的。公权一般不

---

　　① 刘师培：《中国历史教科书（第一册）》，南宁武氏校印1934年版，第33页。

对家庭暴力予以处置。在美国，有社会学学家指出，由于家庭的冲突而通报警方的，比其他犯罪案件要多得多，但是介入家庭的动乱是警察所不愿意的，因为这种介入十分危险。被激怒了的夫妇有时会转而将他们的愤怒发泄到警察身上。他们会扔瓶子、家具，甚至还会动刀子和枪支武器。[①] 没有公权力的介入，家庭暴力也就愈演愈烈。

自人类开始存在对偶家庭以来，家庭暴力就长期存在着。家庭暴力的对象往往是在家庭中相对弱势的一方，特别是妇女、未成年人和老年人，而且妇女是家庭暴力的主要受害者。据有关专家研究披露的数据，在美国，所有婚姻中有 2/3 会发生一次暴力。在巴布亚新几内亚，67% 的农村妇女和 56% 的城市妇女遭受过虐待。在智利的圣地亚哥，80% 的妇女承认自己是家庭暴力受害者。在加拿大，每四个妇女就有一人可能会在她生命中的某个时刻遭到性侵扰。在法国，95% 的家庭暴力受害者是妇女，其中 51% 的家庭暴力出于她们的丈夫之手。在孟加拉国，丈夫杀害妻子的案件在所有他杀案例中占 50%。在印度，以往三年共发生过 1 万多宗同嫁妆有关的杀人事件。在巴基斯坦，99% 的家庭主妇和 77% 的职业妇女遭到过丈夫毒打。[②] 进入 21 世纪后，家庭暴力并没有因为时代的前进而有所减少。家庭暴力问题从 20 世纪 70 年代起，越来越引起国际社会的高度关注，社会学家、法律学家、人权问题专家对家庭暴力问题的研究也越来越深入，国际社会要求对反家庭暴力进行立法的呼声也越来越高，普遍认为司法介入能有效地预防和遏制家庭暴力，反家庭暴力也逐渐成为国际社会的共识，反家庭暴力的立法也日益提上议事日程，对家庭成员，特别是对妇女施暴的问题已然成为国际人权领域后来居上的关注事项。有研究表明，在 20 世纪 70 年代，国际社会对妇女问题的关注主要侧重于在政治参与和经济利益上对妇女的歧视以及第三世界妇女公平参与发展进程的问题。涉及妇女权利的主要国际文件，如 1979 年通过的《消除对妇女一切形式歧视公约》采取了"非歧视"的理论，该公约认为："'对妇女的歧视'一词指基于性别而作的任何区别、排斥或限制，其影响或其目的

---

① ［美］丽莎·冈斯茨尼、约翰·冈斯茨尼：《角色变迁中的男性与女性》，潘建国、潘邦顺、王晴波译，浙江人民出版社 1988 年版，第 409 页。

② ［斯里兰卡］拉德希卡·库马尔阿斯活米：《对妇女施暴的思考》，胡玉璋编译，载《妇女研究论丛》1997 年第 3 期。

均足以妨碍或否认妇女不论已婚未婚在男女平等的基础上认识、享有或行使在政治、经济、社会、文化、公民或任何其他方面的人权和基本自由。"但是，该公约并没有提及对妇女暴力的问题。为了纪念 1960 年 11 月 25 日三位多米尼加女性——米拉贝尔三姐妹被杀害事件，1981 年 7 月，第一届拉丁美洲女权主义大会宣布把 11 月 25 日作为反暴力日。1985 年 7 月，在第三届世界妇女大会上，对妇女施暴问题只是在涉及歧视、健康、经济及社会问题等方面的措施时作为边缘的问题被提到而已。鉴于对妇女与暴力问题的忽视，国际上一些非政府组织在 20 世纪 90 年代做了大量工作。这些非政府组织反对对妇女施暴的活动在联合国系统内引起了巨大的反响，最终促成联合国大会于 1993 年 12 月 20 日作出联大第 48/104 号决议，通过了《消除针对妇女的暴力行为宣言》，这一文件成为反家庭暴力极其重要的国际法渊源。①该宣言开宗明义地指出："联合国认识到迫切需要使人人享有平等、安全、自由、人格完整和尊严的权利和原则普遍适用于妇女，注意到这些权利和原则已庄严载入各项国际文书之中，这些国际文书包括：《世界人权宣言》《公民权利和政治权利国际盟约》《经济、社会、文化权利国际盟约》《消除对妇女一切形式歧视公约》和《禁止酷刑和其他残忍、不人道或有辱人格的待遇或处罚公约》，认识到有效实施《消除对妇女一切形式歧视公约》将有助于消除对妇女的暴力行为，并认识到本决议所载《消除对妇女的暴力行为宣言》将是对这一进程的加强和补充，关切地认为对妇女的暴力行为是实现《提高妇女地位内罗毕前瞻性战略》中所确认的平等、发展与和平的障碍，该《战略》为打击对妇女的暴力行为提出了一整套措施，同时，对妇女的暴力行为也是充分实施《消除对妇女一切形式歧视公约》的障碍，申明对妇女的暴力行为侵犯了妇女的人权和基本自由，也妨碍或否定了妇女享有这些人权和自由，并关切地看到在有关对妇女的暴力行为方面长期未能保护和促进这些权利和自由，认识到对妇女的暴力行为是历史上男女权利不平等关系的一种表现，此种不平等关系造成了男子对妇女的支配地位和歧视现象，并妨碍了她们的充分发展，还认识到对妇女的暴力行为是严酷的社会机制之一，它迫使

---

① ［斯里兰卡］拉德希卡·库马尔阿斯活米：《对妇女施暴的思考》，胡玉璋编译，载《妇女研究论丛》1997 年第 3 期。

妇女陷入从属于男子的地位，关切地注意到属于少数群体的妇女、土著民族妇女、难民妇女、移徙妇女、居住在农村社区或边远社区的妇女、贫困妇女、被收容或被拘留的妇女、女童、残疾妇女、老年妇女和武装冲突情况下的妇女等一些妇女群体特别易受暴力行为的伤害，忆及经济及社会理事会 1990 年 5 月 24 日第 1990/15 号决议附件第 23 段，其中承认家庭中和社会上对妇女施加暴力的现象普遍存在，而且不分收入、阶级和文化界线，必须相应采取紧急而有效的步骤来消除此种现象，又忆及经济及社会理事会 1991 年 5 月 30 日第 1991/18 号决议，其中理事会建议拟定一项国际文书框架，明确正视对妇女的暴力问题，欢迎妇女运动在提醒人们更多地注意对妇女的暴力问题的性质、严重性和程度方面所发挥的作用，震惊地看到使妇女在社会上获得法律、社会、政治和经济平等的机会受到特别是连续发生的地方性暴力行为的限制，深信鉴于以上情况，有必要明确而全面地确定对妇女的暴力行为的定义，明确阐述为确保消除对妇女的一切形式暴力而应予执行的权利，各国应就其责任作出承诺，整个国际社会也应作出承诺，致力于消除对妇女的暴力。"[1] 1994 年 9 月 13 日，美国国会通过了暴力犯罪控制和法律强制法案，并拨款 16 亿美元用于研究和防范家庭暴力行为。此后，在全美各地设立了各类家庭暴力热线电话、妇女避难所，并通过各种传媒，包括计算机网络向社会各界公布。同时，在公共场所设立监督、举报、抢救机构，并加强对家庭暴力案件的舆论监督。[2] 有资料显示，1995 年 9 月 4 日至 15 日，在中国北京召开了第四次世界妇女大会，大会制定并通过进一步加速执行《内罗毕战略》的《北京宣言》和《行动纲领》，《北京宣言》以"平等、发展与和平"为主线，肯定了国际社会在提高妇女地位方面取得的成绩，指出了存在的主要问题，重申了联合国宪章的宗旨和原则，着重反映各国共同关心的贫困、保健、教育、对妇女暴力、妇女人权、妇女参与决策等问题，要求各国和国际社会作出承诺并立即采取行动，加速实现《内罗毕战略》的各项目标。同时，呼吁在国家和国际一级为执行《行动纲领》动员足够的资源，特别是向发展中国家提供新的额外资金，帮助它们提高妇女地位。《行动纲领》详细阐述了各

---

① 资料来源：https：//www.unwwo.org。

② 夏吟兰：《美国现代婚姻家庭制度》，中国政法大学出版社 1999 年版，第 132 页。

国妇女面临的十二个主要问题，并确定了解决这些问题的战略目标和措施；把贫困、教育和保健等发展中国家最为关心的问题放在最突出的位置，充分肯定了妇女在经济和社会发展中的重要作用，要求消除妇女贫困，推进教育、保健事业，消除对妇女一切形式的歧视和暴力，保护和促进妇女人权，为妇女平等参与经济和社会发展和决策创造必要条件，等等，再次提出反对对妇女暴力的问题。[①]1999 年 11 月 3 日，联合国大会通过由多米尼加共和国提出、60 多个国家支持的倡议，将每年 11 月 25 日定为"国际消除家庭暴力日"。

家庭暴力问题在中国同样是由来已久，而且近年来也有愈演愈烈的趋势，中国第一部反映家庭暴力的电视剧《不要和陌生人说话》使国人对家庭暴力有了更为直观的感受。这部反映家庭暴力的惊悚电视连续剧，情节扑朔迷离、戏剧冲突强烈、人物性格复杂，极具煽动性的悲剧色彩，揭示了受过高等教育的医生安嘉和对从事教师职业的妻子梅湘南从猜疑到施暴，最后走向杀人的过程；同时分析了梅湘南因隐瞒过去遭受性侵而被安嘉和猜疑和暴力伤害，不断忍耐，最后从绝望中惊醒的心路历程，全剧充满家庭暴力色彩。安嘉和集高级知识分子的清高自尊与凶残"屠夫"的疯狂于一身，显示了现代家庭暴力中令人震惊的极端扭曲变态的性格。演员冯远征用男人对女人强烈的霸权意识和疯狂的占有意识来诠释安嘉和这个角色，演得真是入木三分，让观众不寒而栗，以至于后来冯远征这个演员都成了家庭暴力形象的代表。有资料表明，中国有 30% 的家庭存在暴力侵害问题。[②]相关统计表明，截至 2018 年 11 月 19 日，中国反家庭暴力求助网网站访问人数累计达 84379 人次，平均每日浏览量约 232.4 人次。网站文书下载板块包括对人身安全保证令、保证书、婚内财产协议、离婚起诉状等文书的下载量共计 1137 次，平均每日下载量约 3.1 份。在家庭暴力受害者中，女性占比 67.5%，老年人占比 7.5%，未成年人占比 12.5%，男性占比 2.5%。[③]根据中国妇联抽样调查，家庭暴力现象在我国具有相当的普遍性，它不仅发生在夫妻之间，还多发于父母与未成年子女、成年子女与年迈父母之间。据统计，全国 2.7 亿个家庭中，遭受过家庭

---

① 资料来源：https://www.unwwo.org。
② 王军华：《面对家庭暴力，女性不应沉默》，载《北京晚报》2001 年 3 月 7 日。
③ 邢婷：《中国反家庭暴力求助数据：30% 受害者非本人求助》，载《中国青年报》2018 年 11 月 24 日。

暴力的妇女已高达 30%，其中施暴人九成是男性。每年有近 10 万个家庭因家庭暴力而解体。[1] 甚至家庭暴力还发生在同居关系人之间，如 2019 年 12 月被媒体曝光的网红"宇芽"被她的同居男友施暴，新闻报道也称之为家庭暴力事件，这是典型的同居关系人之间的家庭暴力事件。在中国，一些家长们往往以教育子女为名，殴打孩子，有时殴打致伤致残甚至死亡，已经达到触目惊心的地步。一些家庭内部的故意杀人恶性案件，如妻子杀害丈夫、父母杀害子女、子女杀害父母，往往也是因为对家庭成员之间所实施的家庭暴力忍无可忍而引发的，犯罪人长期生活在家庭暴力的压力之中，在不得已的情况下，就会采取各种以暴制暴的方式杀害家庭暴力的施暴人，转化为刑事案件，造成家庭惨剧。家庭暴力不仅仅直接侵害了受害者的身体健康和生命安全，同样也侵害了受害者的精神健康，造成巨大的心理创伤，有时还给其他家庭成员造成心理恐惧感，而且家庭暴力还给社会带来了不稳定的因素。因此，家庭暴力是人性之恶，社会之患。在本书作者审理的家庭内部的犯罪案件和代理的婚姻纠纷案件中，也大量存在家庭暴力问题，家庭暴力已然成为家庭内部犯罪和夫妻离婚的主要原因之一，已经对社会造成了巨大的危害，不能不引起社会的广泛重视。反家庭暴力应当成为全社会的共识和共同责任，消除家庭暴力需要社会每一个成员积极行动起来。

家庭暴力形成的原因有很多，加拿大学者认为，家庭暴力这一社会现象主要有历史因素、宗教因素、法律因素、经济因素和心理因素。[2] 中国学者们则认为家庭暴力的产生有思想方面的原因、婚姻家庭方面的原因、社会方面的原因、经济方面的原因、法律方面的原因和历史方面的原因。[3] 在我们看来，家庭暴力的主要原因有以下几个方面：一些家长对孩子期望值过高，望子成龙、望女成凤的思想比较严重，常常与所谓的子女"不思进取"发生冲突，产生矛盾，动手打孩子，美其名曰是教育孩子；一些人因为工作、生活不尽如人意，在工作、生活上压力大，为舒缓自己的压力，对家人施以暴力。

---

① 川昌：《反家庭暴力法助力反家暴法治化》，载 http://www.gov.cn/zhengce/2015-07/30/content_2905876.htm。

② 参见《中国—加拿大司法合作项目"女性与法律"比较研讨会加方论文集》，第 262 页。

③ 参见李明舜主编：《婚姻法中的求助措施与法律责任》，法律出版社 2001 年版，第 236~237 页。

那些在社会经济生活中没有获得成功的丈夫，往往倾向于通过实施家庭暴力来转移社会机遇不平等的冲突；一些人受传统的夫权、父权观念影响，认为打骂妻儿是天经地义的事，对家人施以暴力；一些人因为性格暴戾或者酒后失控，以打人为乐，无事生非，动辄得咎，对家人施以暴力；一些人因为自己的消费欲望得不到其他家庭成员的支持，对家人施以暴力；一些人因为婚外情而迷失方向，道德观念特别是婚姻道德观念发生了错位，以拥有婚外情作为向人炫耀的资本，有配偶者与他人同居，回家则对配偶冷眼相对，以种种借口逼迫配偶离婚，更有甚者，将情人带回家中居住，配偶稍有不满，则拳脚相加，对家人施以家庭暴力；一些人性格扭曲，常常无端怀疑配偶生活作风不检点，不允许配偶和其他异性说话，配偶若有异议，则挥拳相向，对家人施以家庭暴力；一些年轻男女沾染上不良习惯，整天贪于玩乐，游手好闲，在外赌博、酗酒、卖淫嫖娼无所不为，毫无家庭责任感，有不顺心的事就回家耍威风，对家人施以家庭暴力，等等。前面已经说过，家庭暴力的受害者一般是在家庭中相对弱势的一方，因此，现实生活中，家庭暴力并不全是男性对妇女的家庭暴力，也存在男性遭受女性家庭暴力的情形，而导致男性遭遇家庭暴力的主要原因，我们认为应当归咎于极端女权主义。一般而言，造成这一现象的因素有这么几种：一是女方在家庭中的经济收入远远高于男方，男方收入微薄或者年老体弱，在家庭中的地位降低，夫妻之间一旦有了矛盾，容易遭到女方的欺凌，被施以家庭暴力；二是夫妻体力上的差距，一般来说，女方长得高大强悍，男方矮小瘦弱，这时如果感情基础不好，在夫妻吵架升级为厮打时，矮小的男方往往不是女方的对手，被施以家庭暴力；三是女方有了外遇，一旦被男方发现不轨行为，自恃外面有了依靠，往往对男方大打出手，甚至还联合第三者殴打男方，施以家庭暴力。

总之，从国内外学者对家庭暴力发生的原因的分析，我们不难看出，家庭成员之间的家庭暴力发生的原因，就它的本质而言并没有更多区别，家庭成员之间存在的实质性的经济、社会不平等是根本性的原因，要消除家庭暴力，就必须消除这种不平等。

第二节　反家庭暴力的立法

　　家庭暴力严重侵害家庭成员特别是妇女、未成年人和老年人的人身权利，由此而引发的继发性犯罪也日益增多，严重破坏家庭和社会稳定，已经成了社会的毒瘤。为了反对家庭暴力，保护家庭成员的人身安全，稳固社会的基本细胞，世界各国都在陆续探索进行反家庭暴力的立法。新西兰于 1995 年 12 月通过并于 1996 年 7 月施行《新西兰家庭暴力法案》；圣卢西亚于 1995 年颁布了《圣卢西亚家庭暴力法》；哥伦比亚于 1996 年通过了 294 号法律《哥伦比亚预防、消除和惩治家庭内对妇女的暴力法》；韩国于 1997 年 12 月 13 日颁布了第 5436 号法律《韩国惩治家庭暴力专项法案》；南非于 1998 年通过了《南非家庭暴力法》；日本于 2001 年 4 月 6 日制定了《日本关于防止来自配偶的暴力以及保护被害人的法律》，并于 2004 年 4 月 1 日起实施，该法一般简称为"日本家庭暴力防止法"，还有诸如美国、英国、加拿大、澳大利亚和厄瓜多尔等国家也都出台了反家庭暴力的相关法律。[1] 在美国，家庭暴力，曾一度以家庭的私事为由被驳回，现在也得到了检察官、法官及立法者的关注。[2] 美国家庭法学者进一步指出，在很长一段时间内，家庭暴力被认为是一种私事。但是近年来，公众对这一问题的范畴及性质的理解得到了很大的改善，进一步引发了在拘捕、检控以及审判犯罪人的形式上的重大变化。[3] 在国际上，除了前述联合国《消除对妇女的暴力行为宣言》外，美洲国家组织也于 1994 年通过了《防止、处罚和消除对妇女暴力公约》，这些文件可以称为最早的反家庭暴力的国际法渊源。2011 年 5 月 11 日，13 个欧洲联盟成员国签署了具有法律效力的国际公约——《欧洲联盟防止和反对针对妇女的暴力和家庭暴力公约》。

---

　　[1]　参见王礼仁：《婚姻诉讼前沿理论与实务》，人民法院出版社 2009 年版，第 311~315 页。

　　[2]　［美］哈里·D. 格劳斯、大卫·D. 梅耶：《美国家庭法精要》，陈苇等译，中国政法大学出版社 2010 年版，第 4 页。

　　[3]　［美］哈里·D. 格劳斯、大卫·D. 梅耶：《美国家庭法精要》，陈苇等译，中国政法大学出版社 2010 年版，第 74 页。

新中国成立以后，我国法律历来重视对家庭中弱势一方的保护，特别是对妇女、儿童的平等保护。1950年《婚姻法》第1条中就规定："废除包办强迫、男尊女卑、漠视子女利益的封建主义婚姻制度。实行男女婚姻自由、一夫一妻、男女权利平等、保护妇女和子女合法权益的新民主主义婚姻制度。"强调男女权利平等，保护妇女和子女合法权益，实质上也就包含了反家庭暴力的内容，虽然并没有提出家庭暴力的概念。1980年《婚姻法》第2条第2款规定，"保护妇女、儿童和老人的合法权益"，第3条也规定，"禁止家庭成员间的虐待和遗弃"，虐待、遗弃实质上是比目前我们所说的家庭暴力更为严重的家庭暴力。《宪法》第49条规定，婚姻、家庭、母亲和儿童受国家的保护，禁止虐待老人、妇女和儿童，这一宪法规定成为日后反家庭暴力的重要立法依据。

改革开放后，中国政府更加重视对妇女、未成年人和老年人权益的保护，认为消除对妇女、未成年人和老年人一切形式的暴力，不仅是巩固和发展中国安定团结局面的需要，而且是维护妇女、未成年人和老年人人权，提高妇女、未成年人和老年人社会地位的需要。为了切实保护妇女、未成年人和老年人的人身权利不受不法侵害，立法机关陆续出台了保障妇女、未成年人和老年人权益的法律，其中反家庭暴力是十分重要的内容。《婚姻法》在第3条第2款规定，"禁止家庭暴力"，这是我国第一部明确规定禁止家庭暴力的法律。其中规定了对家庭暴力受害人的救助措施；相应的机构应当应受害人的要求采取救助措施；对构成犯罪的，司法机关应当依法追究刑事法律责任。规定实施家庭暴力是人民法院准予离婚的法定情形之一；并且规定因家庭暴力导致离婚的，受害人有权请求损害赔偿。在对此立法进行说明时，胡康生指出："近年来，我国家庭暴力问题在一些地方比较突出，因家庭暴力导致离婚和人身伤害案件增多。家庭暴力的直接受害者主要是妇女、儿童和老人，必须严厉打击家庭暴力的违法犯罪行为，有力地保护妇女、儿童和老人的权益。为了明确禁止家庭暴力，加强对受害者的保护和救助，并考虑到婚姻法和其他法律有关惩治家庭暴力违法犯罪行为的规定相衔接，草案作出下列规定：1.在总则中明确规定禁止家庭暴力或以其他行为虐待家庭成员。2.实施家庭暴力或以其他行为虐待家庭成员，由公安机关依照治安管理处罚条例予以行政处罚；构成犯罪的，依法追究刑事责任。3.对正在实施的家庭暴力，受害人可以请求公安机关救助，也可以请求居民委员会、村民委员会劝阻。4.实施家庭暴力或以其他行为虐待家庭成员，受害人可以请求村民委员会、居民委员会以及所在单位予以调解。5.一方以暴力或其他行为虐待家庭成员，另一方要求离婚的，调解无效，应准予离婚。6.因暴力或其他行为虐待家庭成员导致离婚的，无过失方有权请求损害赔偿。"[1] 随后，《妇女权益保障法》《未成年人保护法》和《老年人权益保障法》均作了修改，将禁止家庭暴力的条款纳入这三部法律之中。《妇女权益保障法》第 2 条第 2 款明确规定："妇女在政治的、经济的、文化的、社会的和家庭的生活等各方面享有同男子平等的权利。"第 46 条规定："禁止对妇女实施家庭暴力。""国家采取措施，预防和制止家庭暴力。""公安、民政、司法行政等部门以及城乡基层群众性自治组织、社会团体，应当在各自的职责范围内预防和制止家庭暴力，依法为受害妇女提供救助。"《未成年人保护法》规定未成年人包括人身权在内的合法权益受到法律保护。第 17 条第 1 项规定，未成年人的父母或者其他监护人不得对未成年人实施家庭暴力。《老年人权益保障法》第 3 条规定："国家保障老年人依法享有的权益。"第 25 条规定："禁止对老年人实施家庭暴力。"这些规定始终贯穿了反对对包括妇女、未成年人和老年人在内的一切形式的家庭暴力，保护妇女、未成年人和老年人权益的精神。此外，中国政府还签署了《消除对妇女一切形式的歧视公约》《儿童权利公约》等国际公约，是《北京宣言》《行动纲领》等国际文件的承诺国，表明中国已经向全世界庄严承诺将采取有效措施，制止一切形式的家庭暴力，保护妇女、未成年人和老年人等一切弱势群体的权益。1995 年 7 月，国务院制定颁布了《中国妇女发展纲要（1995—2000 年）》，提出"依法保护妇女在家庭中的平等地位，坚决制止家庭暴力"。2001 年 5 月 22 日，国务院发布《中国妇女发展纲要（2001—2010 年）》，提出"预防和制止针对妇女的家庭暴力"。但是，上述法律在预防和制止家庭暴力方面多为宣示性、概括性的规定，相对缺乏可操作性。《反家庭暴力法》于 2016 年 3 月 1 日起施行，这是我国第一部预防和制止家庭暴力的专门法律。各省市自治区也相继出台了相应的反家庭暴力

---

[1] 胡康生：《关于〈中华人民共和国婚姻法修正案（草案）〉的说明》，载中国人大网 http://www.npc.gov.cn/zgrdw/npc/lfzt/rlys/2014–10/24/content_1882720.htm。

的实施办法或者地方性法规。立法机关在编纂《民法典》时，再次在"婚姻家庭编"对家庭暴力进行了规制。自此，我国形成了完备的反家庭暴力法律体系。

第三节 家庭暴力的概念

关于家庭暴力的概念，根据 1994 年 2 月 23 日联合国大会第 48/104 号决议通过的《消除对妇女的暴力行为宣言》第 1 条规定，为本《宣言》的目的，"对妇女的暴力行为"一词定义为：系指对妇女造成或者可能造成身心方面或者性方面的伤害或者痛苦的任何基于性别的暴力行为，包括威胁进行这类行为、强迫或者任意剥夺自由，而不论其发生在公共生活还是私人生活中。第 2 条规定："对妇女的暴力行为应当理解为包括但是并不仅限于下列各项：（a）在家庭内发生的身心方面和性方面的暴力行为，包括殴打、家庭中对女童的性凌虐、因嫁妆引起的暴力行为、配偶强奸、阴蒂割除和其他有害于妇女的传统习俗、非配偶的暴力行为和与剥削有关的暴力行为；（b）在社会上发生的身心方面和性方面的暴力行为，包括强奸、性凌虐、在工作场所、教育机构和其他场所的性骚扰和恫吓、贩卖妇女和强迫卖淫；（c）国家所做或者纵容发生的身心方面和性方面的暴力行为，无论其在何处发生。"[①] 1995 年 4 月，在北京召开的第四次世界妇女大会通过的《行动纲领》第 113 条规定："'对妇女的暴力行为'一语是指公共生活或者私人生活中发生的基于性别原因的任何暴力行为，这种暴力行为造成或者可能造成妇女受到身心或者性方面的伤害或者痛苦，也包括威胁采用此种行为，胁迫或者任意剥夺自由。因此，对妇女的暴力行为包括但是并不仅限于下列现象：（a）家庭中发生的身心和性方面的暴力行为，包括殴打、对家庭中女孩的性凌虐、与嫁妆问题有关的暴力、配偶强奸、切割女性生殖器官和对妇女有害的其他传统习俗、非配偶的暴力行为以及与剥削有关的暴力行为；（b）一般社区中发生的身心和性方面的暴力行为，包括工作场所、教育机关和其他地方发生的强奸、性凌

---

① 资料来源：https://www.un.org/zh/documents/treaty/files/A-RES-48-104.shtml。

虐、性骚扰和胁迫、贩卖妇女和强迫卖淫；（c）国家所施行或者容忍的身心和性方面的暴力行为，不论在何处发生。"第114条规定："对妇女的其他暴力行为，包括在武装冲突情况下侵犯妇女的人权，尤其是谋杀、有计划地强奸、性奴役和强迫怀孕。"第115条规定："对妇女的暴力行为还包括强迫绝育和强迫堕胎、胁迫/强迫使用避孕药具、溺杀女婴和产前性别选择。"①《欧盟防止和反对针对妇女的暴力和家庭暴力公约》界定了什么是针对妇女的暴力，认为它是"对人权的侵害，对女性的歧视，指一切在公共或私人领域，实施或者威胁使用给女性带来——或者可能带来——身体、性、心理或者经济伤害或者痛苦的性别暴力行为，强行或者任意剥夺他人自由"。这一概念将心理、经济伤害及剥夺自由等明确定义为暴力。家庭暴力则指一切发生在家庭或者家庭单位内部，或者前配偶及现配偶或者伴侣之间的身体、性、心理或者经济暴力，无论施暴人与受害人是否（曾经）同居。"妇女"一词指一切女性，包括18岁以下的女孩。②美洲国家组织1994年通过的《防止、惩罚和消除对妇女暴力公约》第1条规定："任何以性别为基础的造成死亡或者身体、性或者心理伤害或者痛苦的，无论在公共场合还是在私人生活中作出的对妇女的行为或者作为。"该公约第2条还进一步指出："对妇女的暴力行为应当理解为包括下述肉体、性和心理上的暴力行为：（1）发生在家庭或者家庭单位或在任何其他人际关系之间，无论行为者是否与该妇女分离或者曾经分离同一居所，除其他外包括强奸、殴打和性虐待的行为；（2）任何人在社会上作出的，除其他外，包括强奸、性虐待、酷刑、拐卖人口、强迫卖淫、绑架和在工作场所、教育机构、医疗或者其他场所的性骚扰行为；以及（3）在任何场所发生的同国家作出或者纵容或者其代理人作出的行为。"③这些法律强调的重点是对妇女的暴力问题，因此，概念中所称的暴力是仅指对妇女的暴力，其内涵和外延都与我们现在所研究的家庭暴力有所不同。

根据美国现代婚姻家庭法理论，所谓家庭暴力，是指一个人的行为受到与其有亲密关系的他人的控制。有亲密关系的人包括已婚者、分居者、男女

---

① 资料来源：http://www.nwccw.gov.cn/2017-05/23/content_157555.htm。
② 参见李昀：《〈欧洲委员会防止和反对针对妇女的暴力和家庭暴力公约〉评析》，载《人权》2011年第4期。
③ 参见白桂梅：《论国际上对妇女暴力行为的责任》，载《中外法学》2002年第3期。

同性恋者、同居者甚至有约会关系者。暴力行为包括精神虐待、实施或威胁实施殴打等身体伤害、性袭击、性虐待、禁闭、跟踪、恐吓、威胁等。[①] 美国家庭法理论还认为，家庭暴力，换言之，发生在家里的暴力，有很多形式。这其中不仅包括单纯的身体上的殴打，还包括心理上和情感上的妨害和困扰，同时，还包括纠缠不休、打骚扰电话和恐吓。某些时候，此种暴力是极其严重的，以至于导致刑事犯罪。[②] 我国台湾地区对家庭暴力的法律界定没有区别家庭暴力和虐待、遗弃的界限，在法律概念中将暴力的概念界定为"不法侵害之行为"。据我国台湾地区"家庭暴力防治法"（1998 年 6 月 24 日实施）第2 条规定："本法所称家庭暴力者，谓家庭成员间实施身体或精神上不法侵害之行为。"

对于家庭暴力的界定，我国婚姻法学理论界和实务界有不同的观点。就家庭暴力伤害内容而言，有学者认为，家庭暴力仅限于身体或者肉体的伤害。[③] 就家庭暴力伤害范围而言，还有学者认为，家庭暴力仅限于家庭内部出现的侵犯他人人身、精神、性三个方面。[④] 就家庭暴力伤害指向而言，还有学者认为，家庭暴力是强势一方对弱势一方的暴力，过去受伤害者往往是妇女、未成年人和老年人，目前部分在家庭中处于弱势的男性也开始成为家庭暴力的受害者了。[⑤] 就家庭暴力中家庭的范围而言，更有学者认为，家庭暴力中的家庭应当借鉴国外的立法例，不仅包括依婚姻、血缘和法律拟制而形成的家庭，还应当包括具有"亲密关系或者曾经有过亲密关系"的前男（女）友、性伴侣、情人、同居者、前性伴侣或前夫（妻）。[⑥] 还有一些学者认为，家庭暴力包括虐待、遗弃，在此不一一赘述。

---

① 夏吟兰：《美国现代婚姻家庭制度》，中国政法大学出版社 1999 年版，第 132 页。

② ［美］凯特·斯丹德利：《家庭法》，屈广清译，中国政法大学出版社 2004 年版，第101 页。

③ 参见巫昌祯：《婚姻与继承法学》，中国政法大学出版社 2001 年版，第 62~63 页。李霞：《家庭暴力范畴论纲——基于性别的角度》，载《中国社会科学研究》2005 年第 4 期。

④ 参见巫昌祯：《中国婚姻法》，中国政法大学出版社 2001 年版，第 68 页。杨龙：《浅谈家庭暴力的内涵、特征及应承担的法律责任》，载 https://www.chinacourt.org/article/detail/2004/11/id/141802.shtml。

⑤ 黄莺：《家庭暴力问题的法律分析》，载 http://www.law-lib.com/lw/lw_view.asp?no=5389。

⑥ 李霞：《家庭暴力范畴论纲——基于性别的角度》，载《中国社会科学研究》2005 年第4 期；李明舜：《制定反家庭暴力法的几点思考》，载《中华女子学院学报》2003 年第 2 期。

对于家庭暴力的概念，在《婚姻法》《妇女权益保障法》等几部法律中都没有明确界定。最早对家庭暴力的概念作出具有法律意义的界定的是《最高人民法院关于适用〈中华人民共和国婚姻法〉若干问题的解释（一）》，该解释第 1 条规定："婚姻法第三条、第三十二条、第四十三条、第四十五条、第四十六条所称的'家庭暴力'，是指行为人以殴打、捆绑、残害、强行限制人身自由或者其他手段，给其家庭成员的身体、精神等方面造成一定伤害后果的行为。持续性、经常性的家庭暴力，构成虐待。"

之后，各省市自治区在反家庭暴力问题上进行了地方性立法，对家庭暴力的概念也进行了界定。如河南省就在《河南省关于预防和制止家庭暴力的决定》（2006 年 3 月 29 日河南省第十届人民代表大会常务委员会第二十三次会议通过）第 2 条规定："本决定所称家庭暴力是指行为人以殴打、捆绑、残害、强行限制人身自由或者其他手段，给其家庭成员的身体、精神等方面造成一定伤害后果的行为。"这一规定与最高人民法院的司法解释是一致的，显然是直接借鉴司法解释的规定。

《反家庭暴力法》对家庭暴力进行了法律界定，这是我国正式以国家立法的形式对家庭暴力概念进行法律规定。该法第 2 条规定："本法所称家庭暴力，是指家庭成员之间以殴打、捆绑、残害、限制人身自由以及经常性谩骂、恐吓等方式实施的身体、精神等侵害行为。"此外，《婚姻家庭编解释一》认为，"持续性、经常性的家庭暴力，构成虐待"。此外，《人身保护令的规定》第 3 条规定："家庭成员之间以冻饿或者经常性侮辱、诽谤、威胁、跟踪、骚扰等方式实施的身体或者精神侵害行为，应当认定为反家庭暴力法第二条规定的'家庭暴力'。"

这些法律、地方性法规、司法解释关于家庭暴力的概念是将家庭暴力和虐待、遗弃进行了区分。在民法上，《婚姻法》《民法典》是将虐待、遗弃作为与家庭暴力并列的离婚条件，而且虐待、遗弃是有独立的法律构成的；在刑法上，《刑法》中虐待罪、遗弃罪都有独立的犯罪构成，是不同的罪名，家庭暴力则没有纳入刑法体系作为独立的罪名，因此，家庭暴力是不包括虐待和遗弃的，或者说狭义的家庭暴力是不包括虐待和遗弃的。此外，我国法律关于家庭暴力的概念是包括精神方面的侵害的，就是其中所谓经常性谩骂、恐吓的行为。虽然我们认为经常性谩骂、恐吓不是一种通常意义上的所谓暴力行为，但是，立法机关已经将经常性谩骂、恐吓纳入家庭暴力的范围，须遵守法律的规定来认定。

第四节　家庭暴力的特征

在我国，家庭暴力是具有特定意义的法律概念，对于家庭暴力的司法认定，应当严格按照《反家庭暴力法》的规定来认定，对家庭暴力范围的认定不宜扩大，也不宜缩小。家庭暴力具有以下几方面的性质：一是行为的广泛性，主要是指家庭暴力在婚姻家庭违法行为中占有相当大的比例；二是对象的特定性，主要是指家庭暴力的对象是家庭成员，也包括家庭成员以外共同生活的人，而妇女、未成年人和老人则更是主要的受害者；三是形式的多样性，主要是指暴力必须是以强制的武力形式出现，是积极的作为行为，手段五花八门，还包括经常性谩骂、恐吓；四是行为的隐蔽性，主要是指家庭暴力主要发生在家庭内部，因为家丑不可外扬和清官难断家务事的观念，具有一般外人难以知晓的隐蔽性；五是行为的社会危害性，主要是指家庭暴力对受害者的身心健康具有巨大的伤害，并且引发其他刑事犯罪。对此，对于家庭暴力的基本特征，我们认为，应当从以下几方面去认定：

1. 家庭暴力的主体和对象。《反家庭暴力法》在定义家庭暴力的概念时，将家庭暴力的范围严格限制在家庭成员之间，这就说明家庭暴力应当是指发生在家庭成员之间的暴力，来自家庭外部的暴力不应当称之为家庭暴力。有学者认为，家庭成员之间不仅具有婚姻、血缘或者法律拟制而发生的亲属关系，而且还具有以家庭为单位的共同生活关系。[①] 我们在认定家庭暴力的时候，首先，必须要确定家庭的范围。家庭暴力中的家庭应当是具有严格意义上的家庭，应当是符合《民法典》规定的家庭，它是以婚姻、血缘关系（包括拟制血亲关系）为基础的共同生活体。同居者、已经离异的夫妻但是仍然同居的，前男友和前女友、性伴侣、同性恋家庭，这些群体都不是严格意义上的家庭，他们之间发生的暴力虽然也应当反对，但是，这种暴力不是我国

---

① 杨大文主编：《婚姻家庭法》，高等教育出版社 2001 年版，第 37 页。

婚姻家庭法律中严格意义上的家庭暴力。《反家庭暴力法》第 37 条规定："家庭成员以外共同生活的人之间实施的暴力行为,参照本法规定执行。"这就说明《反家庭暴力法》已经将家庭成员以外共同生活的人纳入了《反家庭暴力法》参照执行的范围。同时根据 2015 年 3 月 4 日发布的《最高人民法院 最高人民检察院 公安部 司法部关于依法办理家庭暴力犯罪案件的意见》(以下简称《反家暴意见》)指出:"发生在家庭成员之间,以及具有监护、扶养、寄养、同居等关系的共同生活人员之间的家庭暴力犯罪,严重侵害公民人身权利,破坏家庭关系,影响社会和谐稳定。"说明司法解释已经将"具有监护、扶养、寄养、同居等关系的共同生活人员"纳入了《反家庭暴力法》适用的范围。我们认为,这些规定还不能说已经扩大了家庭暴力主体和对象的范围,只能说明家庭成员以外共同生活的人之间实施的暴力行为,是参照《反家庭暴力法》的规定执行,参照就说明还不是严格意义上的家庭暴力行为。在认定家庭暴力时,不能忽视共同生活这种状态。其次,必须准确认定家庭成员的范围。《民法典》第 1045 条第 3 款规定:"配偶、父母、子女和其他共同生活的近亲属为家庭成员。"这是第一次在法律层面将家庭成员的内涵与外延进行了明确的规定。因此,家庭暴力的主体和对象中的家庭成员,应当严格限制在这一规定的范围内,即配偶、父母、子女和其他共同生活的近亲属。对于近亲属,《民法典》第 1045 条第 2 款规定:"配偶、父母、子女、兄弟姐妹、祖父母、外祖父母、孙子女、外孙子女为近亲属。"近亲属是否能成为家庭成员应当以是否共同生活作为判断的唯一标准。《人身保护令的规定》第 4 条规定:"反家庭暴力法第三十七条规定的'家庭成员以外共同生活的人'一般包括共同生活的儿媳、女婿、公婆、岳父母以及其他有监护、扶养、寄养等关系的人。"因此,如果是已经分了家的兄弟姐妹等旁系亲属之间偶尔发生的暴力行为,一般不宜认定为家庭暴力。如果是没有共同生活的岳父母与女婿、公婆与儿媳妇之间偶尔发生的暴力行为,一般也不宜认定为家庭暴力,但如果是共同生活在一起的岳父母与女婿、公婆与儿媳妇之间发生的暴力行为,则应当认定为家庭暴力。对于虽然已经分了家的直系亲属之间,如父母与子女、祖父母与孙子女之间发生的暴力行为,应当认定为家庭暴力。对于鳏寡孤独,被亲属朋友收养、赡养而形成监护关系,并在一起共同生活者,如果发生监护人与被监护人之间的暴力行为,应当认定为家庭暴力。总之,家庭暴力的主体和对象是家庭成员。

2. 家庭暴力的主观方面。从家庭暴力的行为方式来看，家庭暴力的施暴人在主观上必须是故意，如果是因为过失行为给家人造成了某种身体或者精神上的损害，则不构成家庭暴力。至于动机，在所不问，无论是酗酒撒疯，还是心理变态，或者是发泄自身的怨气，只有是故意所为，才能构成家庭暴力，也就是明知自己的行为是家庭暴力的行为而仍然为之。

3. 必须要有以殴打、捆绑、残害、限制人身自由以及经常性谩骂、恐吓等方式实施的身体、精神等侵害的行为。所谓殴打，是指打人的意思。[①] 一般而言包括拳脚相加、棍棒扑打等。所谓捆绑，是指用绳索、胶带等把人手脚缠紧并且打上结，使人无法自由行动。所谓残害，是指残酷地伤害或者杀害。[②] 一般是指实施的暴力程度比较大，已经达到人们感觉到残酷的程度。所谓限制人身自由，指施暴人采取拘押、禁闭或者其他强制方法，控制约束他人人身自由的行为。所谓谩骂，是指以傲慢无礼的态度，使用侮辱性的语言骂人的行为。所谓恐吓，是指威胁、吓唬，使人感到害怕。[③] 殴打、捆绑、残害在行为性质上都不同程度地具有对人身体肉体上的伤害，是对人身身体的侵害行为，也就是我们常说的肢体暴力。从施暴人方面而言，一般是指行为人用肢体包括使用手脚、棍棒等器械攻击伤害他人的行为，肢体暴力的行为模式包括：鞭挞、拳殴、捶打、脚踢、推拉、甩扯、捆抓、咬掐、敲捏、揍揪、扭扭及灼烧等，最为常见的是以手脚直接进行攻击，这种行为所占比例较高，其他则是使用器械，而且施暴人一般都不会用一种方法，更多的多种方法同时使用。从受害者方面而言，往往是身体的各部位都可以受到伤害，受伤的程度由皮肉之苦、皮肉瘀青、皮肉出血递进，甚至致受害者伤残或者死亡。谩骂、恐吓在行为性质上一般要达到对人产生某种精神钳制的程度，这是对人精神的侵害行为，也就是我们常说的语言暴力。施暴人往往使用威

[①] 李行健主编：《现代汉语规范词典》，外语教学与研究出版社、语文出版社 2004 年版，第 968 页。

[②] 李行健主编：《现代汉语规范词典》，外语教学与研究出版社、语文出版社 2004 年版，第 122 页。

[③] 李行健主编：《现代汉语规范词典》，外语教学与研究出版社、语文出版社 2004 年版，第 752 页。

胁恐吓、恶意诽谤、侮辱、刺激性语言，伤害他人心理，这些恶言恶语、尖酸刻薄、愤怒吼叫、暴力威胁的言语一般会让人产生强烈的心理不适感。这种语言暴力虽然还没有达到如肢体暴力那样的激烈程度，但是有时比对人的肢体暴力所造成的伤害更严重，肢体性伤害只是皮肉之苦，有时可以很快过去，而语言暴力伤害的是人的感情、心灵，心理上的伤害造成的影响有时会长久伴随人的成长，甚至影响终身。正如《昔时增广贤文》所言，"良言一句三冬暖，恶语伤人六月寒"，危害是很大的。而限制人身体自由在行为的性质上既有对人身体肉体上的某种拘束，也有对人精神上的某种控制，介乎对人身体、精神侵害行为两者之间。

家庭暴力会产生一定的法律后果，特别是在离婚案件中。必须准确认定家庭暴力。根据《反家庭暴力法》的规定，在家庭暴力中，上述行为要达到侵害的程度才构成我国法律意义上的家庭暴力。所谓侵害，是指用暴力或者非法手段损害。[①] 因此，一般而言，暴力的程度要达到对身体、精神有损害的结果发生，这种损害仅限于身体、精神层面，不包括财产的损毁。一般的轻微暴力，比如家庭成员之间因日常生活偶尔争吵引发的肢体冲突，这种肢体冲突当然也可以认为是暴力行为，但是，似乎还未达到法律规定的家庭暴力的程度，司法实践中，一般不宜将此类行为认定为具有法律意义和法律后果的家庭暴力。

根据相关司法解释的规定，在涉及婚姻家庭法律规范提到的家庭暴力中，家庭暴力要达到一定伤害后果的程度才构成感情确已破裂这一离婚的条件。所谓一定伤害后果，是指在身体上要有一定的创伤，而不仅仅是短暂的轻微的皮肉之痛；在精神上要有较大的痛苦或者达到难以承受的程度。显然，轻微的暴力行为不认为是家庭暴力。因此，在认定一定伤害后果时，必须考虑三个方面的情形：首先是伤害程度，这是认定一定伤害后果的基础；其次是暴力次数和频度，这一标准反映的是施暴人的主观恶性；最后是受害人的感受或者痛苦指数，这一标准反映的是受害人的心理状态，是实际损害后果的一个衡量标准。一般而言，应当以伤害程度为主要标准，辅之以参考家庭暴力的频度、受害人的痛苦指数，只有将上述三个标准综合起来考虑，才能准

---

① 中国社会科学院语言研究所词典编辑室编：《现代汉语词典》，商务印书馆 2012 年版，第 1050 页。

确地认定家庭暴力。有婚姻家庭法研究者认为，如果是偶然发生的一次或者两次的伤害程度轻微的侵害行为，不宜认定为家庭暴力。如果一次暴力行为造成严重后果的，应当属于家庭暴力。在家庭暴力发生的频率上，可以根据一定时间内所发生的暴力行为的次数计算，如果长期实施暴力，或者每年都要实施暴力数次，甚至一个月内发生两次以上的轻微暴力行为，就可以认定为家庭暴力。至于受伤害人的感受或者痛苦指数，如果受害人痛苦的指数高，这种伤害就是大，否则就是小。由于受害人的承受能力不同，加上有些施暴人的手段不同，有时难以凭借伤势、暴力次数来判断是否达到家庭暴力的程度，需要借助受害人实际遭受的心理伤害来判断。凡是暴力行为足以使他人不堪忍受或者极其痛苦的，就可以认定为家庭暴力。[①] 要准确认定家庭暴力，有两个方面的问题必须注意：第一个是施暴方与受暴方的力量或者地位不相对称，施暴方往往是在家庭中处于强势、控制的一方，受暴方往往是在家庭中处于弱势、受控制的一方，具有不对称性。如果是家庭成员之间的互相斗殴，谁也不怕谁，势均力敌的情况，斗殴双方互有伤害，一般认为这种斗殴具有对称性，可以不认定为法律意义上的家庭暴力，当然也是要反对的。第二个是暴力必须达到一定的程度，达到了这种程度，就可以作为离婚的条件或者是离婚赔偿的依据。因此，对于符合《反家庭暴力法》和相关司法解释关于家庭暴力标准的，我们可以称之为法定暴力。

4. 家庭暴力所侵害的是家庭成员平等的社会关系，这种社会关系是受《宪法》《民法典》《反家庭暴力法》等法律规范保护的人与人之间的关系。同时，家庭暴力还侵害了家庭成员的人身权利，人身权利包括身体健康权、生命权以及精神健康权。

第五节　认定家庭暴力应当注意的问题

家庭暴力与其他婚姻家庭违法（包括犯罪）有着本质上、法律意义上的

---

① 参见王礼仁：《婚姻诉讼前沿理论与审判实务》，人民法院出版社 2009 年版，第 351~352 页。

区别，在认定家庭暴力时应当注意：

1. 要注意区分家庭暴力与虐待、遗弃的关系。家庭暴力与虐待、遗弃既有联系，又有区别。从立法例上来看，由于《民法典》是将家庭暴力与虐待、遗弃并列的，因此，至少在《民法典》《反家庭暴力法》意义上的家庭暴力是不包括虐待、遗弃的。《婚姻家庭编解释一》第1条规定："持续性、经常性的家庭暴力，可以认定为民法典第一千零四十二条、第一千零七十九条、第一千零九十一条所称的'虐待'。"这就说明，家庭暴力在一定的情况下，可以转化为虐待，转化的条件就是持续性、经常性地实施家庭暴力。我们认为，家庭暴力是不包括虐待、遗弃的，在对家庭暴力的认定上，要与虐待、遗弃作出法律上的区别划分，不可混淆在一起。或者可以这样说，虐待、遗弃是广义的家庭暴力，而本章所研究的是狭义的家庭暴力。

2. 要注意区分家庭暴力与暴力干涉婚姻自由关系。二者在行为上都存在暴力行为，有一定的共性，但是，二者的区别也是明显的。首先，行为的主体不尽相同，家庭暴力的实施者一般为共同生活在一起的家庭成员，而暴力干涉婚姻自由的实施者则可以是任何人，包括家庭外部人员；其次，家庭暴力和暴力干涉婚姻自由所侵害的法益不同，家庭暴力侵害的是家庭成员之间的平等权和人身权，暴力干涉婚姻自由侵害的则是他人婚姻自由权；最后，家庭暴力和暴力干涉婚姻自由的法律后果不同，前者是违法行为，后者则可能是犯罪行为。

3. 关于家庭暴力案件的证据问题。由于家庭暴力往往具有隐蔽性的特点，一般发生在居住屋内，而且在现代都市社会，邻居一般对外界发生的此类家庭暴力漠不关心，因此，对于家庭暴力存在取证难、举证难的问题，家庭暴力的受害者除了进行必要的鉴定外，很难举出确实、充分的证据，使得此类案件在认定上往往存在证据不足的问题。对于在涉及家庭暴力诉讼中的举证责任，可以考虑举证责任倒置原则。同时，作为家庭暴力的受害者，在受到家庭暴力时应当及时向外界求助，一方面可以防止家庭暴力升级，另一方面可以使得施暴人的家庭暴力的行为得以有外界人士予以证明，为今后可能的诉讼保存证据。公安机关在办理家庭暴力案件时，要及时、充分、全面收集、固定证据，除收集现场的物证、受害人陈述、证人证言等证据外，还应当注意及时向村（居）民委员会、人民调解委员会、妇联、共青团、残联、医院、学校、幼儿园等单位、组织的工作人员，以及受害人的亲属、邻居等收集涉及家庭暴力的处理记录、病历、照片、视频等证据。

第六节 对家庭暴力的处理

《民法典》要求家庭成员之间应当敬老爱幼，互相帮助，互相关爱，和睦相处，履行家庭义务，维护平等、和睦、文明的婚姻家庭关系。因此，我国法律明确反对家庭暴力，并规定国家禁止任何形式的家庭暴力。

对于家庭暴力，《反家庭暴力法》规定，县级以上人民政府负责妇女儿童工作的机构，负责组织、协调、指导、督促有关部门做好反家庭暴力工作。指出县级以上人民政府有关部门、司法机关、人民团体、社会组织、居民委员会、村民委员会、企事业单位，应当依照《反家庭暴力法》和有关法律规定，做好反家庭暴力工作。这些规定明确了反家庭暴力的工作机构和相关单位的职责，从法律上解决了公权力介入婚姻家庭领域特别是反家庭暴力的问题。

反家庭暴力应当遵循预防为主，教育、矫治和惩处相结合的原则，这项工作应当尊重家庭暴力受害人的真实意愿，并且应当保护当事人的隐私。对于未成年人、老年人、残疾人、孕期和哺乳期的妇女、重病患者遭受家庭暴力时应当给予特殊保护。这些原则是有关机构在反家庭暴力时必须遵守的。我国反家庭暴力重在预防，国家开展家庭美德宣传教育，普及反家庭暴力知识，增强公民反家庭暴力意识。这就要求相关反家庭暴力的机构，包括工会、共产主义青年团、妇女联合会、残疾人联合会、广播电视报刊网络、学校幼儿园、各级基层政权和自治组织、人民调解组织、用人单位在内，做好反家庭暴力的宣传工作，做好反家庭暴力的教育工作，做好家庭矛盾的调解工作。开展相应的心理健康咨询服务，开展反家庭暴力的业务培训等，医疗机构还应当做好家庭暴力受害人的诊疗记录工作。对于施暴人应当进行必要的教育、矫治和惩处。

关于遭受家庭暴力的救济问题。由于《反家庭暴力法》是专门的反对家庭暴力的法律规范，对遭受家庭暴力的救济问题有规定，因此，立法机关在编纂《民法典》时删除了《婚姻法》第 43 条所规定的实施家庭暴力的求助措施的内容,这种修改并不意味着法律对于反家庭暴力措施的削弱,而是出于立法的节俭性考虑。

家庭暴力一旦发生后,受害人可以向外界寻求救助。《反家庭暴力法》和之前的《婚姻法》均规定,家庭暴力受害人及其法定代理人、近亲属有权向加害人或者受害人所在单位、居民委员会、村民委员会、妇女联合会等单位投诉、反映或者求助,也可以向公安机关报案或者依法向人民法院起诉。由于家庭暴力的受害者往往在家庭中处于弱势地位,经济上也可能受限于施暴人,因此,人民法院受理案件时,应当依法对家庭暴力受害人缓收、减收或者免收诉讼费用,法律援助机构应当依法为家庭暴力受害人提供法律援助。对正在实施的家庭暴力,受害人有权提出请求,居民委员会、村民委员会应当予以劝阻,而公安机关则应当予以制止。

《反家庭暴力法》《反家暴意见》《民政部、全国妇联关于做好家庭暴力受害人庇护求助工作的指导意见》《最高人民法院关于人身安全保护令案件相关程序问题的批复》等法律法规及相关文件还要求有关单位接到家庭暴力投诉、反映或者求助后,应当给予帮助、处理,单位、个人发现正在发生的家庭暴力行为,有权及时劝阻。有关基层组织,如学校、幼儿园、医疗机构、居民委员会、村民委员会、社会工作服务机构、救助管理机构、福利机构及其工作人员在工作中发现无民事行为能力人、限制民事行为能力人遭受或者疑似遭受家庭暴力的,应当及时向公安机关报案。公安机关应当对报案人的信息予以保密。公安机关接到家庭暴力报案后应当及时出警,制止家庭暴力,按照有关规定调查取证,协助受害人就医、鉴定伤情。在家庭暴力发生后,为了防止家庭暴力升级,有时需要将施暴人和受害人进行短暂的隔离,如果不能投亲靠友,县级或者设区的市级人民政府可以单独或者依托救助管理机构设立临时庇护场所,为家庭暴力受害人提供临时生活帮助。对于无民事行为能力人、限制民事行为能力人因家庭暴力身体受到严重伤害、面临人身安全威胁或者处于无人照料等危险状态的,公安机关应当通知并协助民政部门将其安置到临时庇护场所、救助管理机构或者社会福利机构。工会、共青团、妇联会、残联会、居民委员会、村民委员会等人民团体、基层自治组织应当对实施家庭暴力的加害人进行法治教育,必要时可以对加害人、受害人进行心理辅导。人民法院、人民检察院、公安机关等负有保护公民人身安全职责的单位和组织，对因家庭暴力受到严重伤害需要紧急救治的受害人，应当立即协助联系医疗机构救治；对面临家庭暴力严重威胁，或者处于无人照料等危险状态，需要临时安置的受害人或者相关未成年人，应当通知并协助有关部门进行安置。

对于家庭暴力的法律责任或者说法律后果，相关的法律都有明确规定：

1. 实施家庭暴力可以作为离婚案件中准予离婚的情形。离婚诉讼的原告可以以被告对自己实施家庭暴力为由提起离婚诉讼。《民法典》在1077条新增了离婚冷静期制度。但是，离婚冷静期制度只适用于协议离婚。对于有家庭暴力情形的，在实践中一般是向人民法院提起离婚诉讼的，而起诉离婚不适用离婚冷静期制度。人民法院在审理离婚案件时，准予或者不准予离婚应当以夫妻感情是否破裂作为标准，而判断夫妻感情是否破裂，应当从婚姻基础、婚后感情、离婚原因、夫妻关系现状以及有无和好的可能性等方面综合分析。《婚姻法》在第32条第3款第2项将实施家庭暴力作为判决准予离婚的情形之一，而不再是判断感情确已破裂的情形。《民法典》第1079条第3款第2项再次将实施家庭暴力作为判决准予离婚的情形之一。

人民法院在审理以家庭暴力作为离婚理由的案件时，应当对是否存在家庭暴力予以查明，如果经审理查明确实存在家庭暴力的情形，应当在判决书中予以确认并作为判决的事实依据。从证据的角度而言，人民法院审理涉及家庭暴力的案件，可以根据公安机关出警记录、告诫书、伤情鉴定意见等证据，认定家庭暴力事实。对此，《人身保护令的规定》第9条规定："离婚等案件中，当事人仅以人民法院曾作出人身安全保护令为由，主张存在家庭暴力事实的，人民法院应当根据《最高人民法院关于适用〈中华人民共和国民事诉讼法〉的解释》第一百零八条的规定，综合认定是否存在该事实。"

对于离婚案件判决不离或者调解和好的案件，原告又以被告违反人身安全保护令再次实施家庭暴力为由提出离婚诉讼的问题。《人身保护令的规定》第11条规定："离婚案件中，判决不准离婚或者调解和好后，被申请人违反人身安全保护令实施家庭暴力的，可以认定为民事诉讼法第一百二十七条第七项规定的'新情况、新理由'。"人民法院应当受理。

2. 实施家庭暴力可以作为离婚案件中无过错方请求离婚损害赔偿的情形。

根据《民法典》第1091条的规定，因为实施家庭暴力而导致离婚的，无过错方有权请求离婚损害赔偿。即家庭暴力的受害者在提起离婚诉讼时，有权向施暴人请求损害赔偿。之前的《婚姻法》第46条也是这样规定的，《民法典》承续了这一规定。这个损害赔偿包括物质损害赔偿和精神损害赔偿，而涉及精神损害赔偿的，应当适用《精神损害赔偿意见》的有关规定。2015年11月19日，最高人民法院公布30起婚姻家庭纠纷典型案例的第二起案例就是因家庭暴力判决精神损害赔偿的案例。北京市通州区人民法院审理认定，原告王某与被告江某经人介绍相识并且登记结婚，婚后无子女。由于双方相识时间短，相互了解较少，结婚较为仓促，感情基础薄弱。婚后由于被告酗酒，对王某有家庭暴力，经常因为生活琐事对王某拳脚相加。2009年，江某无缘无故将王某毒打一顿并致王某离家出走。后王某提起离婚诉讼。北京市通州区人民法院认为：该案中，双方均同意离婚，表明双方感情已彻底破裂，故对王某要求离婚的诉讼请求，法院予以准许。王某要求江某支付精神损害赔偿金的诉讼请求，因江某在婚姻存续期间，确实存在家庭暴力情形，法院予以支持，具体数额由法院依法予以酌定。为此，法院判决王某与江某离婚，并由江某支付王某精神损害赔偿金。法院认为该案的典型意义在于夫妻应当互敬互爱，和睦相处，但遗憾的是，夫妻之间实施暴力给其中一方造成人身伤害和精神痛苦的现象仍然存在，家庭暴力问题作为离婚案件的重要诱因，仍然在很大程度上影响着家庭的稳定与和谐。根据北京法院对2013年度东城区人民法院、丰台区人民法院、通州区人民法院结案的620件离婚案件抽样统计显示，涉家庭暴力类的离婚案件占选取离婚案件总数的9%，数量比例虽然不高，但是涉家暴案件大多矛盾激烈、调解率低、最终离异率高。我国婚姻法禁止家庭暴力，规定配偶一方对另一方实施家庭暴力，经调解无效的应准予离婚，因实施家庭暴力导致离婚的，无过错方在离婚时有权请求损害赔偿。本案就是典型的因家庭暴力导致离婚的案件，人民法院依法支持无过错方的离婚请求和赔偿请求，对于家庭暴力这样违反法律和社会主义道德的行为，旗帜鲜明地给予否定性评价。①

　　因家庭暴力而提起离婚诉讼并提出损害赔偿的，根据《婚姻家庭编解释

----

① 《婚姻家庭纠纷典型案例选登》，载《人民法院报》2015年11月20日。

一》第 87 条的规定，承担《民法典》第 1091 条第 3 项规定（对实施家庭暴力者可以提出离婚损害赔偿）损害赔偿责任的主体，为离婚诉讼当事人中无过错方的配偶。人民法院判决不准离婚的案件，对于当事人仅仅基于家庭暴力而提出的损害赔偿请求，不予支持。同时，在婚姻关系存续期间，当事人不起诉离婚而单独依据《民法典》第 1091 条第 3 项（实施家庭暴力）提起损害赔偿请求的，人民法院不予受理。

根据《婚姻家庭编解释一》第 88 条的规定，人民法院受理以"家庭暴力"为由的离婚案件时，应当将《民法典》第 1091 条第 3 项规定中当事人的有关权利义务（因家庭暴力导致离婚的，无过错方有权请求离婚损害赔偿），书面告知当事人。在适用《民法典》第 1091 条第 3 项时，应当区分以下不同情况：一是符合因家庭暴力导致离婚的，无过错方有权请求离婚损害赔偿的规定，无过错方作为原告基于该规定向人民法院提起损害赔偿请求的，必须在离婚诉讼的同时提出。二是符合因家庭暴力导致离婚的，无过错方有权请求离婚损害赔偿的规定，无过错方作为被告的离婚诉讼案件，如果被告不同意离婚也不基于该规定提起损害赔偿请求的，如果判决离婚后，可以就此单独提起诉讼。三是无过错方作为被告的离婚诉讼案件，一审时被告未基于因家庭暴力导致离婚的，无过错方有权请求离婚损害赔偿的规定提出损害赔偿请求，如果判决离婚后，二审期间提出的，人民法院应当进行调解；调解不成的，告知当事人另行起诉。双方当事人同意由第二审人民法院一并审理的，第二审人民法院可以一并裁判。

根据《婚姻家庭编解释一》第 89 条规定，当事人在婚姻登记机关办理离婚登记手续后，以《民法典》第 1091 条第 3 项的规定为由向人民法院提出损害赔偿请求的，人民法院应当受理。但是当事人在协议离婚时已经明确表示放弃该项请求的，人民法院不予支持。

根据《婚姻家庭编解释一》第 90 条的规定，夫妻双方均有《民法典》第 1091 条规定的过错情形，例如，一方与他人同居，另一方得知后实施家庭暴力，一方或者双方向对方提出离婚损害赔偿请求的，人民法院不予支持。

3. 实施家庭暴力可以作为申请撤销监护人案件中撤销监护人资格的情形。《民法典》第 34 条第 3 款规定："监护人不履行监护职责或者侵害被监护人合法权益的，应当承担法律责任。"同时，第 36 条第 1 款还规定："监护人有下列情形之一的，人民法院根据有关个人或者组织的申请，撤销其监护人资格，安排必要的临时监护措施，并按照最有利于被监护人的原则依法指定监护人：（一）实施严重损害被监护人身心健康的行为；（二）怠于履行监护职责，或者无法履行监护职责且拒绝将监护职责部分或者全部委托给他人，导致被监护人处于危困状态；（三）实施严重侵害被监护人合法权益的其他行为。"根据《反家庭暴力法》第21条的规定，如果监护人对被监护人实施了家庭暴力并且严重侵害被监护人合法权益的，人民法院可以根据被监护人的近亲属、居民委员会、村民委员会、县级人民政府民政部门等有关人员或者单位的申请，依法撤销其监护人资格，另行指定监护人。同时，人民法院、公安机关对于监护人实施家庭暴力，严重侵害被监护人合法权益的，在必要时可以告知被监护人及其他有监护资格的人员、单位，向人民法院提出申请，要求撤销监护人资格，依法另行指定监护人。而被撤销监护人资格的加害人，应当继续负担相应的赡养、扶养、抚养费用。《民法典》第37条同样也规定："依法负担被监护人抚养费、赡养费、扶养费的父母、子女、配偶等，被人民法院撤销监护人资格后，应当继续履行负担的义务。"同时，《民法典》第38条还规定："被监护人的父母或者子女被人民法院撤销监护人资格后，除对被监护人实施故意犯罪的外，确有悔改表现的，经其申请，人民法院可以在尊重被监护人真实意愿的前提下，视情况恢复其监护人资格，人民法院指定的监护人与被监护人的监护关系同时终止。"也就是说，虽然行为人因实施了家庭暴力而被撤销了监护人资格，但是如果行为人确已悔改，经过行为人的申请，人民法院可以在尊重被监护人意愿的前提下，视情况恢复行为人的监护人资格。

4. 实施家庭暴力可以作为请求公安机关对施暴人予以行政处罚的情形。如果施暴人实施家庭暴力，受害人提出请求的，公安机关应当依照治安管理处罚的法律规定予以行政处罚。公安机关也可以主动作出行政处罚决定。当家庭暴力情节较轻，依法不给予治安管理处罚时，由公安机关对加害人给予批评教育或者出具告诫书。告诫书的内容应当包括加害人的身份信息、家庭暴力的事实陈述、禁止加害人实施家庭暴力等内容。公安机关应当将告诫书送交加害人、受害人，并通知居民委员会、村民委员会。居民委员会、村民委员会、公安派出所应当对收到告诫书的加害人、受害人进行查访，监督加害人不再实施家庭暴力。如果因经常性家庭暴力而达到虐待的程度，受害人可以提起刑事诉讼，要求追究施暴人虐待罪的刑事责任。如果实施家庭暴力构成故意杀人、故意伤害罪的，应当依法以故意杀人罪、故意伤害罪追究施暴人的刑事责任。从 2015 年 3 月 4 日最高人民法院发布的涉家庭暴力犯罪 5 起典型案例来看，并没有纯粹的家庭暴力案件，而都是因家庭暴力达到了故意杀人、故意伤害、虐待犯罪的程度而以故意杀人罪、故意伤害罪、虐待罪追究刑事责任的。[①] 此外，《妇女权益保障法》第 58 条也规定，对妇女实施家庭暴力，构成违反治安管理行为的，受害人可以提请公安机关对违法行为人依法给予行政处罚，也可以向人民法院提起民事诉讼。

5. 实施家庭暴力可以作为受害人向人民法院申请人身安全保护令的情形。人身安全保护令这一法律制度是专门为预防、制止家庭暴力而设立的一种重要的民事法律救济措施，这一制度通过一系列的隔离措施，在受害者与施暴人之间树起一道防护的"屏障"，给施暴人戴上"紧箍咒"，起到一定的震慑作用，从而起到预防家庭暴力发生或者再次发生的效果。当事人因遭受家庭暴力或者面临家庭暴力的现实危险，向人民法院申请人身安全保护令的，人民法院应当受理。《人身保护令的规定》第 1 条规定："当事人因遭受家庭暴力或者面临家庭暴力的现实危险，依照反家庭暴力法向人民法院申请人身安全保护令的，人民法院应当受理。""向人民法院申请人身安全保护令，不以提起离婚等民事诉讼为条件。"当事人是无民事行为能力人、限制民事行为能力人，或者因受到强制、威吓等原因无法申请人身安全保护令的，他的近亲属、公安机关、妇女联合会、居民委员会、村民委员会、救助管理机构可以代为申请。同时，《人身保护令的规定》第 2 条规定："当事人因年老、残疾、重病等原因无法申请人身安全保护令，其近亲属、公安机关、民政部门、妇女联合会、居民委员会、村民委员会、残疾人联合会、依法设立的老年人组织、救助管理机构等，根据当事人意愿，依照反家庭暴力法第二十三条规定代为申请的，人民法院应当依法受理。"申请人身安全保护令应当以书面方式提出；书面申请确有困难的，可以口头申请，由人民法院记入笔录。对于人身安全保护令的管辖问题，法律规定人身安全保护令案件由申请人或者被申

[①] 《最高人民法院发布涉家庭暴力犯罪案件典型案例》，载《人民法院报》2015 年 3 月 5 日。

请人居住地、家庭暴力发生地的基层人民法院管辖。人身安全保护令的法律文书是以民事裁定书的形式作出，即人身安全保护令由人民法院以裁定形式作出。由于双方分手后一方仍然对另一方施以暴力的现象相当普遍，国际社会将这种现象称为"分手暴力"，因此，人民法院根据实际情况，在作出离婚判决后，可以根据受害方的申请，作出人身安全保护令。有研究表明，引发家庭暴力的，是施暴方内心强烈的控制欲。分手使得他的控制欲受挫，因此可能导致他在分手期间或者分手后再次施暴，以图重新控制或者报复受害人。域外研究成果显示，高达 50% 的男人在他们的妻子或者女友提出分手或者实际分手后，会继续以殴打或者以其他形式威胁和恐吓她们。[①] 在人民法院审理的一些离婚案件中，因法院判决离婚引发的暴力刑事案件也有不少，有的甚至发生命案，更有甚者还有迁怒于法官而杀害办案法官的，这些都需要在审判过程中加以防范。

对于申请人身安全保护令的基本条件，《反家庭暴力法》第 27 条规定："作出人身安全保护令，应当具备下列条件：（一）有明确的被申请人；（二）有具体的请求；（三）有遭受家庭暴力或者面临家庭暴力现实危险的情形。"相关法律还对人民法院作出人身安全保护令的时间作出了规定，要求人民法院受理申请后，应当在 72 小时内作出人身安全保护令或者驳回申请；情况紧急的，应当在 24 小时内作出。

人身安全保护令是一种民事强制措施，是人民法院为了保护家庭暴力受害人及其子女和特定亲属的人身安全、确保婚姻家庭纠纷案件诉讼程序的正常进行而作出的民事裁定，法律文书的形式是民事裁定书。《反家庭暴力法》第 29 条对人身安全保护令所应当采取的措施进行了规定："人身安全保护令可以包括下列措施：（一）禁止被申请人实施家庭暴力；（二）禁止被申请人骚扰、跟踪、接触申请人及其相关近亲属；（三）责令被申请人迁出申请人住所；（四）保护申请人人身安全的其他措施。"所谓其他措施，根据《人身保护令的规定》第 10 条规定："反家庭暴力法第二十九条第四项规定的'保护申请人人身安全的其他措施'可以包括下列措施：（一）禁止被申请人以电

---

① ［澳］谢丽斯·克拉马雷、戴尔·斯彭德：《国际妇女百科全书》，国际妇女百科全书课题组译，高等教育出版社 2007 年版，第 220 页。

话、短信、即时通讯工具、电子邮件等方式侮辱、诽谤、威胁申请人及其相关近亲属；（二）禁止被申请人在申请人及其相关近亲属的住所、学校、工作单位等经常出入场所的一定范围内从事可能影响申请人及其相关近亲属正常生活、学习、工作的活动。"对于近亲属的范围，《民法典》第1045条第2款作出了规定："配偶、父母、子女、兄弟姐妹、祖父母、外祖父母、孙子女、外孙子女为近亲属。"人民法院在发布人身安全保护令时，保护的对象一般而言不得超出这一范围。

人身安全保护令是有时限性的，并非作出后无限期地有效。根据相关法律规定，人身安全保护令的有效期不超过六个月，自作出之日起生效超过六个月如果申请人不申请延长，则人身安全保护令自动失效。人身安全保护令失效前，人民法院可以根据申请人的申请撤销、变更或者延长。前提是申请人书面向人民法院提出申请，要求撤销、变更或者延长人身安全保护令。

关于人身安全保护令的证据问题。《人身保护令的规定》第5条规定："当事人及其代理人对因客观原因不能自行收集的证据，申请人民法院调查收集，符合《最高人民法院关于适用〈中华人民共和国民事诉讼法〉的解释》第九十四条第一款规定情形的，人民法院应当调查收集。""人民法院经审查，认为办理案件需要的证据符合《最高人民法院关于适用〈中华人民共和国民事诉讼法〉的解释》第九十六条规定的，应当调查收集。"第6条规定："人身安全保护令案件中，人民法院根据相关证据，认为申请人遭受家庭暴力或者面临家庭暴力现实危险的事实存在较大可能性的，可以依法作出人身安全保护令。""前款所称'相关证据'包括：（一）当事人的陈述；（二）公安机关出具的家庭暴力告诫书、行政处罚决定书；（三）公安机关的出警记录、讯问笔录、询问笔录、接警记录、报警回执等；（四）被申请人曾出具的悔过书或者保证书等；（五）记录家庭暴力发生或者解决过程等的视听资料；（六）被申请人与申请人或者其近亲属之间的电话录音、短信、即时通讯信息、电子邮件等；（七）医疗机构的诊疗记录；（八）申请人或者被申请人所在单位、民政部门、居民委员会、村民委员会、妇女联合会、残疾人联合会、未成年人保护组织、依法设立的老年人组织、救助管理机构、反家暴社会公益机构等单位收到投诉、反映或者求助的记录；（九）未成年子女提供的与其年龄、智力相适应的证言或者亲友、邻居等其他证人证言；（十）伤情鉴定意见；（十一）其他能够证明申请人遭受家庭暴力或者面临家庭暴力现实危险的证据。"

6.对于人身安全保护令有一个复议程序，申请人对驳回人身安全保护令申请的裁定不服或者被申请人对人身安全保护令裁定不服的，可以自裁定生效之日起五日内向作出裁定的人民法院申请复议一次。人民法院依法作出人身安全保护令的，复议期间不停止人身安全保护令的执行。对于人身安全保护令送达的范围，法律也有规定，人民法院作出人身安全保护令后，应当送达申请人、被申请人、公安机关以及居民委员会、村民委员会等有关组织。人身安全保护令由人民法院执行，公安机关以及居民委员会、村民委员会等应当协助执行，这样做的目的，一是明确执行的主体是人民法院，协助执行的主体是公安机关、居民委员会、村民委员会，二是使得人身安全保护令可以得到更好地执行。

7.关于被申请人违反人身安全保护令的法律责任。《反家庭暴力法》第34条规定，被申请人违反人身安全保护令，构成犯罪的，依法追究刑事责任；尚不构成犯罪的，人民法院应当给予训诫，可以根据情节轻重处以1000元以下的罚款、15日以下的拘留。对于应当如何追究刑事责任，该法并没有加以规定。但是，《人身保护令的规定》第12条作出了规定："被申请人违反人身安全保护令，符合《中华人民共和国刑法》第三百一十三条规定的，以拒不执行判决、裁定罪定罪处罚；同时构成其他犯罪的，依照刑法有关规定处理。"因为人身安全保护令是由人民法院作出的民事裁定，这个民事裁定具有法律效力，如果违反此裁定，当然应当按照《刑法》第313条的规定，以拒不执行判决、裁定罪来追究行为人的刑事责任。而人民法院对相关人员给予训诫、罚款、司法拘留等则是属于对妨害民事诉讼行为的强制措施。

| 第十一章 |
干涉婚姻自由的行为

　　贝克尔从生物学理论的角度出发，认为"每一种动物的成员总是会为食物、配偶和其他有限的资源而互相竞争的。其中强壮的、聪明的和对异性有吸引力的动物在生育后代方面占有更多的优势，因为它们能强行霸占更多的资源，包括配偶"①。因此，从人类生物性角度而言，人类更愿意在没有外界干涉的情况下自行选择配偶，婚姻自由其实是人类的天性。刘师培认为："上古昏（婚）礼未备，以女子为一国所共有，故民知母不知有父，且当时之民，非惟以女子为一国共有也，且有劫略之风，凡战胜他族，必系縶妇女以备嫔嫱，故娶女必于异部，而妇女也亦与奴婢相同。其始也，盛行一妻多夫之制，及男权日昌，使女子终事一夫。故一妻多夫制革而一夫多妻之制仍属盛行。伏羲之世虑劫略之易于造乱，乃创为俪皮之礼，定夫妇之道，而女娲亦佐伏羲定昏礼并置女媒。然俪皮之礼即买卖妇女之俗也，故视妇女为财产之一。后世昏（婚）姻行纳采纳吉问名纳徵请期迎亲六礼，纳采纳吉皆奠雁，而纳徵则用玄纁束帛，所以沿买卖妇女之俗也。而迎亲必以昏者，古代劫略妇女必乘妇家不备，故必以昏时，后世稍属有徵。"②刘师培的观点说明了婚姻的不自由特别是对女子而言的不自由是起源于古代的劫掠婚姻和买卖婚姻。人

---

　　① ［美］加里·斯坦利·贝克尔：《家庭论》，王献生、王宇译，商务印书馆1989年版，第323~324页。

　　② 刘师培：《中国历史教科书（第一册）》，南宁武氏校印1936年版，第50页。"昏礼""昏姻"是指"婚礼""婚姻"。关于"縶"，《说文解字》："縶，绁得理也。一曰大索也。从系、晶声。"绳索的意思。

类学家詹姆斯·弗雷泽在他的《旧约全书中的民俗学》中就对这种婚姻交换模式的优越性作了经济的解释。弗雷泽对社会制度作了明确的交换理论分析。在探究原始社会中多样的亲属关系和婚配习俗时，弗雷泽为澳大利亚土著对交表甚于平表的明显偏重所震惊："为什么交表婚姻如此受偏爱？为什么嫡表（即平表）婚姻一律受禁止？"弗雷泽得益于功利主义经济学，他对交换婚姻模式的优越性作了一个经济的解释，在这一解释中，弗雷泽指出了"经济动机律"，由于"没有等价的财产可换取妻子，于是澳大利亚土著一般都被迫以一位女性亲戚——通常是姐妹或女儿——作为交换"。弗雷泽观察到，土著相互交换妇女，其结果起码在两个独立方面造成权力和特权的分化：首先，"由于澳大利亚土著中妇女具有较高的经济价值和商业价值，具有很多姐妹或女儿的男子就是富者，没有的则贫穷，并有可能根本就无力娶妻。""上了年纪的男子利用交换体系娶到若干年轻妻子，而没有妇女可作交换物的年轻男子则常常被迫成了单身汉，或接纳他们的长者所抛弃的妻子。"[1]家长们之所以会作出干涉婚姻的举动，美国社会学家研究认为，既然婚姻常常被认为是两个家庭的联系而不简单地是两个人的联系，家族便把为年轻的男子和女子作出婚姻决定看作是权力、责任和经济因素（如聘礼、嫁妆、遗产等），因而在决定中起着重要作用。[2]因此，社会的经济因素是人类干涉他人婚姻的根本动因，如果不是经济因素，家长一般不会干涉子女的婚姻。

中国共产党历来重视新型婚姻家庭制度建设，早在中华苏维埃共和国时期，就在婚姻法律规范中开宗明义地确定男女婚姻以自由为原则，废除一切包办和买卖的婚姻制度，禁止童养媳，并且规定，男女结婚须双方同意，不

---

① 参见［美］乔纳森·H.特纳：《社会学理论的结构》，吴曲辉等译，浙江人民出版社1987年版，第262~263页。交表婚，又称交错从表婚，是指一个男子娶他姑、舅的女儿为妻的婚姻。按照父系的观念，兄弟的子女与姐妹的子女互为姑舅表兄弟姐妹，姑舅表兄弟姐妹不仅可以通婚，而且有优先婚配的权利。从原始时代母系社会的氏族外婚发展而来，即两个固定氏族成员之间互相缔结婚姻。平表婚，又称平行从表婚，是指一个男子娶他姨的女儿为妻。按照父系的观念，两兄弟的子女为从兄弟姊妹，两姊妹的子女为姨表兄弟姊妹。姨表兄弟姊妹之间不通婚，其原因可追溯到母系社会的氏族外婚制。在群婚时期，姊妹的子女都是兄弟姊妹，属于同一氏族，因而在禁婚之列。

② ［美］丽莎·冈斯茨尼、约翰·冈斯茨尼：《角色变迁中的男性与女性》，潘建国、潘邦顺、王晴波译，浙江人民出版社1988年版，第121页。

许任何一方或者第三者加以强迫。在 1950 年《婚姻法》第 1 条，同样开宗明义地规定："废除包办强迫、男尊女卑、漠视子女利益的封建主义婚姻制度。实行男女婚姻自由、一夫一妻、男女权利平等、保护妇女和子女合法权益的新民主主义婚姻制度。"中国共产党领导中国人民制定的有关婚姻家庭方面的法律规范都充分地体现了马克思主义婚姻家庭理论在中国的实践。但是，在我国现实生活中，还存在着包办婚姻、买卖婚姻和其他干涉他人婚姻自由包括暴力干涉他人婚姻自由的行为，这些行为都是破坏婚姻自由的行为，为我国法律所禁止。如果违反法律的规定，干涉他人婚姻自由就应当承担相应的法律责任，构成犯罪的还应当追究刑事责任。

在我国，婚姻自由毫无疑问是《宪法》赋予中华人民共和国每一位公民的一项基本权利，也是我国婚姻家庭法律制度中一项重要的原则和制度。《宪法》第 49 条第 4 款规定，禁止破坏婚姻自由。《婚姻法》依据《宪法》的规定，在第 2 条第 1 款中规定，实行婚姻自由的婚姻制度。在第 3 条第 1 款中规定，禁止包办、买卖婚姻和其他干涉婚姻自由的行为。立法机关在编纂《民法典》时，在"婚姻家庭编"第 1041 条、第 1042 条再次对上述内容进行了规定。《婚姻法》第 5 条规定："结婚必须男女双方完全自愿，不许任何一方对他方加以强迫或任何第三者加以干涉。"《民法典》在第 1046 条中将《婚姻法》第 5 条的内容修改为："结婚应当男女双方完全自愿，禁止任何一方对另一方加以强迫，禁止任何组织或者个人加以干涉。"扩大了禁止的范围，包括禁止任何一方对另一方加以强迫和禁止任何组织或者个人加以干涉。

第一节 包办婚姻、买卖婚姻和其他干涉婚姻自由的行为

在追溯一夫一妻制的起源时，我们应当看到，一夫一妻制不是个人性爱的结果，甚至与个人性爱的本性完全相反，一夫一妻制不是以自然条件为基础，而是以经济条件为基础。恩格斯在研究家庭、私有制、阶级和国家、法律的起源时发现："直到中世纪末期，在绝大多数场合，婚姻的缔结仍然和最初一样，不是由当事人决定的事情。起初，人们一出世就已经结了婚——同整个一群异性结了婚。在较后的各种群婚形式中，大概仍然存在着类似的状

态，只是群的范围逐渐缩小罢了。在对偶婚之下，通例是由母亲给自己的子女安排婚事的；在这里关于新的亲戚关系的考虑也起着决定的作用，这种新的亲戚关系应该保证年轻夫妇在氏族和部落中占有更牢固的地位。当父权制和一夫一妻制随着私有财产的份量超过共同财产以及随着对继承权的关切而占了统治地位的时候，婚姻的缔结便完全依经济上的考虑为转移了。买卖婚姻的形式正在消失，但它的实质却在愈来愈大的范围内实现，以致不仅对妇女，而且对男子都规定了价格，而且不是根据他们的个人品质，而是根据他们的财产来规定价格的。"马克思主义经典作家的论述深刻地揭示了包办婚姻和买卖婚姻的历史根源，即私有制的存在。在恩格斯看来，在资本主义社会之前，婚姻是没有个人自由可言的，到了资本主义社会，社会经过了"从身份到契约"的发展过程，从而使得"婚姻是一种契约，是一种法律行为，而且是一种最重要的法律行为，因为它决定了两个人终身的肉体和精神的命运"，虽然婚姻在本阶级中有了部分的自由，但是，婚姻仍然是阶级的婚姻。"婚姻的充分自由，只有在消灭了资本主义生产和它所造成的财产关系，从而把今日对选择配偶还有巨大影响的一切派生的经济考虑消除以后，才能普遍实现。到那时候，除了相互的爱慕以外，就再也不会有别的动机了。"[1] 这些经典论述为我们消除包办婚姻、买卖婚姻和其他干涉婚姻自由的行为指明了正确方向。

传统社会中，婚姻是社会生活中最重要的事情之一，因此，家族一般都是尽可能避免与那些有不诚实名声的家族或者那些因管理不善而总是求助于他人的家族，以及那些可能会有损于自己家族名声的家族通婚联姻，家父、家长们在家族成员的配偶选择问题上，总是要进行相当严格的把关，甚至加以干涉。许多婚姻是由家族或者通过媒人来安排，较少关注和在意当事人的感受，而有时青年男女宁死也不愿与任何自己不喜欢的人结婚。在这种环境中，追求所谓爱情的婚姻是很难被容许的，除非这一婚姻能够为家庭带来利益。由于我国社会主义脱胎于半殖民地半封建社会，一些地区经济还不发达，

---

[1] 以上参见［德］弗里德里希·恩格斯：《家庭、私有制和国家的起源》，中共中央马克思恩格斯列宁斯大林著作编译局译，载《马克思恩格斯全集（第 21 卷）》，人民出版社 1965 年版，第 92~95 页。

一些人的思想观念还存在着封建的、资产阶级的婚姻观，对家人的婚姻进行干涉，包办婚姻、买卖婚姻和其他干涉婚姻自由的行为仍然不同程度地存在，违反了社会主义婚姻自由制度。

一、包办婚姻、买卖婚姻和其他干涉婚姻自由的概念

（一）包办婚姻的概念

对于包办婚姻的概念，有婚姻家庭法学者认为，所谓包办婚姻，是指第三者包括父母在内违背婚姻自由原则，包办强迫他人婚姻的行为。这种包办用行为人自己的意志决定他人是否结婚、与谁结婚以及是否离婚，而不管婚姻关系当事人男女双方是否愿意。一般而言，包办婚姻是父母等长辈利用长者的地位为子女、晚辈包办。当然，也不排除他人如兄弟、叔伯等出于各种原因而包办他人的婚姻。[1] 还有学者认为，包办婚姻是父母或者他人违背男女双方或者一方的意愿、强迫包办的婚姻。[2] 还有学者认为，包办婚姻是指父母或者第三人违反婚姻自由的原则，对婚姻关系当事人的结婚、离婚越俎代庖，强制干涉子女或者他人婚姻的行为。[3] 而在婚姻家庭法实务界也有不同的表述，有研究者认为，所谓包办婚姻，是指第三者（包括父母在内）违反婚姻自由原则，强制、干涉他人婚姻的行为。[4] 还有学者认为，包办婚姻，是指第三者（包括父母）违背婚姻自由的原则，无视婚姻关系当事人的意志，强迫他人的婚姻。[5] 上述定义均有可取和值得商榷之处。我们认为，所谓包办婚姻，是指行为人违反我国法律规定的婚姻自由原则，违背婚姻关系当事人的意志，强迫婚姻关系当事人与行为人选择的结婚对象结婚或者要求婚姻关系当事人按行为人的意志与另一方婚姻关系当事人离婚，干涉他人婚姻自由的

---

[1] 贺小电、周利民：《婚姻继承适用新论》，中国政法大学出版社 2001 年版，第 62 页。

[2] 高言、郑晶主编：《婚姻家庭法理解适用与案例评析》，人民法院出版社 1996 年版，第 7 页。

[3] 李建国主编：《最新婚姻法实用问答》，人民法院出版社 2001 年版，第 17 页。

[4] 马原主编：《新婚姻法条文释义》，人民法院出版社 2002 年版，第 33 页。

[5] 陈坚：《婚姻法原理精释与适用指南》，南方出版社 2012 年版，第 13 页。

行为。包办婚姻包括包办结婚和包办离婚。

（二）买卖婚姻的概念

对于买卖婚姻的概念，在我国婚姻家庭法理论界有着不同的表述，有学者认为，所谓买卖婚姻，是指第三者包括父母在内为索取大量财物，包办强迫他人婚姻自由的行为。通俗地说，主要是指以金钱买媳妇或者以支付相应的身价为前提嫁姑娘，即将妇女作为商品由男人竞买。[①] 还有学者认为，买卖婚姻是指以索取财物为目的，违背男女双方或者一方的意愿而强迫结合的婚姻。[②] 还有学者认为，买卖婚姻是指父母或者第三方以索取大量财产为目的，强制干涉他人婚姻自由的行为。[③] 而在婚姻家庭法实务界也有不同的表述，有研究者认为，所谓买卖婚姻，是指第三者（包括父母在内）以索取大量财产为目的，强制干涉他人婚姻的行为。[④] 还有学者认为，买卖婚姻，是指第三者（包括父母）以索取大量财物为目的，包办强迫他人的婚姻。[⑤] 上述定义均有可取和值得商榷之处。我们认为，所谓买卖婚姻，是指行为人违反我国法律规定的婚姻自由原则，违背婚姻关系当事人的意志，以索取大量财产为目的，强迫婚姻关系当事人与不是自己自由选择的结婚对象结婚，干涉他人婚姻自由的行为。买卖婚姻一般只存在于结婚环节而不存于离婚环节。

（三）其他干涉婚姻自由的概念

对于其他干涉婚姻自由的概念，在我国婚姻家庭法理论界以及实务界有着大致相同的定义，有学者认为，所谓其他干涉婚姻自由的行为，是指除包办、买卖婚姻以外的干涉婚姻自由的行为。[⑥] 还有学者认为，其他干涉婚姻自

---

① 贺小电、周利民：《婚姻继承适用新论》，中国政法大学出版社 2001 年版，第 62 页。
② 高言、郑晶主编：《婚姻家庭法理解适用与案例评析》，人民法院出版社 1996 年版，第 7 页。
③ 李建国主编：《最新婚姻法实用问答》，人民法院出版社 2001 年版，第 17 页。
④ 马原主编：《新婚姻法条文释义》，人民法院出版社 2002 年版，第 35 页。
⑤ 陈坚：《婚姻法原理精释与适用指南》，南方出版社 2012 年版，第 13 页。
⑥ 贺小电、周利民：《婚姻继承适用新论》，中国政法大学出版社 2001 年版，第 62 页。陈坚：《婚姻法原理精释与适用指南》，南方出版社 2012 年版，第 13 页。

由的行为，是指除了包办、买卖婚姻以外的违反婚姻自由原则的行为。[①] 我们认为，其他干涉婚姻自由的行为是指除了包办、买卖婚姻以外的违反我国法律规定的婚姻原则，干涉他人婚姻自由的行为。包括暴力干涉婚姻自由，对于暴力干涉他人婚姻自由，因为涉及犯罪问题，我们将在下一节中论述。

二、包办婚姻、买卖婚姻和其他干涉婚姻自由的特征

无论是包办婚姻、买卖婚姻还是其他干涉婚姻自由的行为，都有一个共同的特征，那就是它们都违反了我国法律规定的婚姻自由原则，违背了婚姻关系当事人的意志，至少是违背了婚姻关系一方当事人的意志。从性质上来说，都是干涉婚姻自由的行为。如果行为人没有违背婚姻关系当事人的意志，比如父母介绍、过问子女的婚姻，一方当事人自愿给付一些财物作为聘礼、嫁妆等，婚姻关系当事人也同意的情况下，这些行为虽然貌似包办、买卖的行为，却不能认定为包办婚姻、买卖婚姻和其他干涉婚姻自由的行为。

（一）包办婚姻的特征

1. 包办婚姻的行为人是不特定的自然人。行为人既可以是一方当事人的亲属，又可以是双方当事人的亲属，还可以是以组织名义出面的其他人。而这些亲属多为一方当事人的长辈亲属或者双方当事人的长辈亲属，他们是这种婚姻关系的第三方，一般而言，都是一方当事人或者双方当事人的父母，也有是一方当事人或者双方当事人的兄姐、叔伯姑舅姨等，往往都是在家庭关系中处于强势地位的人。以组织名义出面的其他人则是组织中的负责人。

2. 包办婚姻最本质的主观特征是行为人违背婚姻关系当事人的意志，将行为人自己的意志强加给婚姻关系当事人。因此，包办婚姻的行为在主观上是一种故意的行为，即行为人明知自己的行为是违反婚姻自由原则的行为、是违背婚姻关系当事人意志的行为、是包办婚姻的行为而仍然为之。

3. 包办婚姻的行为特征是指行为人违反我国法律规定的婚姻自由原则，违背婚姻关系当事人意志，要求婚姻关系当事人与行为人为婚姻关系当事人

---

① 马原主编：《新婚姻法条文释义》，人民法院出版社 2002 年版，第 35~36 页。

选择的结婚对象结婚或者要求婚姻关系当事人按行为人意志与另一方婚姻关系当事人离婚，干涉他人婚姻自由的行为。

古德通过研究推断出这样一个结论：社会地位较高的家庭比社会地位较低的家庭给青年人提供的求婚自由更少一些。他们更害怕爱情的不利影响，他们拥有更多的资源以控制爱情，他们为避免其后果而花费更多的精力。[①] 阐明了婚姻自由与经济因素的关系。在不同的社会阶层，经济因素对婚姻影响的程度不尽相同。相对而言，上层社会人士在择偶时对对方的社会地位、财产是要优先考虑的。而对中产阶层来说，对财富和身份比较重视，对所谓提高社会地位的需求或者愿望并不高，一般对年轻人都会给予较大的择偶自主权，这个阶层的年轻人更强调对象的个人素质以及自己喜爱的程度。但是，无论是在相对自由的择偶环境下，还是在他人精心撮合的择偶环境下，人们在择偶时，多多少少还是会受到各种利害关系的左右。上层社会的婚姻往往是家庭、家族决定的产物，个人选择的结果往往是以和家庭、家族的决裂为代价，英国国王爱德华八世为了娶美国平民出身的辛普森夫人，不得不放弃王位，留下不爱江山爱美人的美丽传奇。在上层社会的家庭、家族中，长辈总是寄希望于晚辈能够继承、光大他们的家庭、家族。在贝克尔看来，遗产在富裕家庭的财产中占有相当大的比重，在中产阶级家庭财产中所占的分量一般，而在穷人家庭里却不占有重要的地位。其中一个原因是孩子的财富将超过贫穷家庭父母的财富，却很难超过富裕家庭父母的财富。无论原因是什么，留给孩子遗产，这种现象意味着，父母同孩子之间的某种有效交易，在贫穷家庭里不可能像在富裕家庭里那么普遍。然而，遗产也可能会造成其他不利的影响。[②] 在上层、富裕家庭中，青年男女的婚姻在财产传承和家庭联姻方面就起着重要的作用，因此，青年男女的婚姻一般是由父母来决定配偶的选择，虽然不排除在某种程度上也要得到青年男女双方的同意，但是家长对子女的影响具有决定性的作用，他们根据对方家世、财产、势力和名誉的考虑来决定子女婚配。在家长们看来，自己的家庭、家庭世系需要延续下去，

---

① ［美］威廉·J.古德：《家庭》，魏章玲译，社会科学文献出版社1986年版，第83页。

② ［美］加里·斯坦利·贝克尔：《家庭论》，王献生、王宇译，商务印书馆1989年版，第392页。

家族财产需要增加，已有的政治地位需要稳固，防止社会地位下降。因此，子女的婚姻必须家长们来包办。

我国现实生活中，有一些家长或者长辈受封建主义婚姻制度余毒的影响，不顾子女或者晚辈的意愿，反对子女或者晚辈自由恋爱、结婚，对子女或者晚辈的婚姻强加干涉，甚至强行拆散相爱的恋人，要求子女或者晚辈按照家长或者长辈的意志与婚姻关系当事人并不相爱的人结婚。包办婚姻的形式多种多样，有的是讲究门当户对，为子女选择配偶时以对方的经济状况和家世为主要条件，进行经济联姻、政治联姻、政商联姻，这种联姻往往是只顾及家族利益而忽视个体情感；还有的是战友、朋友、老乡从小给儿女订的娃娃亲，当事人年龄尚小，对什么是婚姻都不了解，根本无法表达自己的意志，长大后，家长们不顾及当事人的感受，包办婚姻；更有的家庭儿子自身条件较差找不到媳妇，而家中又有待嫁闺女，就与相类似的家庭采取以女儿换媳妇的方式解决儿子的婚姻问题。一般来说，两家对换的，称之为换亲，多家互相转换的则称之为转亲，这是一种将女儿当作"活彩礼"的行为，家长考虑的主要是儿子的利益，对女儿的利益则往往不放在心上，女儿的幸福往往被漠视，这无疑是有悖于婚姻自由原则的，并且容易引发各种纠纷，甚至造成婚姻关系当事人自杀等后果，应当坚决予以制止、反对。因此，包办婚姻是一种干涉婚姻自由的行为。评剧《刘巧儿》是根据真实的故事改编的一部反映抗日民主根据地女青年刘巧儿反对包办婚姻，大胆追求婚姻自主的戏剧。真实的案例是：1938年，陕西省华池县封家园子村有位女青年叫封芝琴，由父亲封颜贵包办，与张金才之子张柏儿订婚。1942年5月，封颜贵为多索聘礼，企图赖婚，一方面教唆封芝琴以婚姻自主为借口，要求与张柏儿解除婚约；另一方面又将封芝琴高价出卖。然而，封芝琴与张柏儿在一次偶然相遇中相爱，表示自愿结为夫妻。当封芝琴得知父亲将自己卖给庆阳县富商朱孝昌为妻时，坚决不从，并表示愿维持原有的婚约与张柏儿结为夫妻。而张家得知封彦贵买卖女儿后，便召集亲友邻居乘夜抢回封芝琴与张柏儿成亲。封彦贵眼看人财两空，气急败坏，将张家告到县司法处。县司法处不经调查研究，判决：判处张金才徒刑六个月，封芝琴与张柏儿婚姻无效。判决书对封颜贵屡次出卖女儿的不法行为却不予追究。对此，当事人不服，群众也不满意。适逢陕甘宁边区陇东专区专员兼陕甘宁边区高等法院陇东分庭庭长马锡五到华池巡视工作，封芝琴拦路告状。于是，马锡五亲赴封家园子，深入调查了解，还征求封芝琴对婚姻的意见。在弄清全部案情的基础上，就地公开审理，最后作出判决：依法撤销华池县司法处的判决；封芝琴、张柏儿双方同意结婚，婚姻有效；张金才黑夜抢亲，扰乱治安，判处短期徒刑；封颜贵多次出卖女儿，违反政府法令，判处劳役，以示惩戒。对这个判决，群众认为合情合理，受罚者甘心服罪。这一判决使一对反对封建婚姻制度，争取婚姻自主的青年心愿得以实现，结成了美满夫妻，也使群众在参与案件审理充分发表意见的同时，受到了教育，提高了自觉遵守《陕甘宁边区婚姻条例》的意识，有力地打击了包办、买卖婚姻的陋习。

包办婚姻的具体方式还有这么几种：（1）指腹为婚型包办婚姻。这种情况一般是男女父母在母亲怀孕时互相为腹中的胎儿，相约如果生下的是一男一女，必须按约定结为夫妻。即当儿女还在母亲腹中时，双方的父母就为他们以后订下了婚事，孩子长大后，双方家长违背子女自由选择结婚对象的意志，要求子女按指腹为婚的约定结婚。（2）童养媳型包办婚姻。这是封建婚姻制度的遗毒，在新中国成立之前这样的事情很多。所谓童养媳是指父母为自己年幼的儿子娶回比儿子大的"媳妇"，待儿子成年后再与之正式结婚、圆房。在儿子成年前，童养媳一般地位类似于奴婢，往往在婆家要做很多事。这样做的目的主要是可以节省大量的聘礼，这种情况往往发生在小地主、富农及部分贫苦人家，这种情况显然是违背了当事人自由选择结婚对象的意志。在民主革命时期，在我党领导下的革命政权在制定婚姻家庭法律规范时都是规定"禁止童养媳"。新中国成立后，1950年《婚姻法》再次规定，"禁止童养媳"。这种童养媳的现象在我国可以说已经基本杜绝了。（3）交换型包办婚姻。交换婚姻是一种较为常见的包办婚姻形式，包括换亲和转亲。换亲，是指两个家庭的家长违背未婚子女自由选择结婚对象的意志，要求未婚子女互相交换结婚，也就是甲家的儿子娶乙家的女儿为妻子，然后，乙家的儿子又娶甲家的女儿为妻子，俗称"扁担亲"。转亲，是三个以上家庭的家长违背未婚子女自由选择结婚对象的意志，相约为未婚子女交叉转换结婚，也就是甲家的儿子娶乙家的女儿为妻子，乙的儿子娶丙家的女儿为妻子，然后丙家的儿子再娶甲家的女儿，形成一个完整的包办婚姻循环圈。这种换亲、转亲的婚姻方式在世界各民族早期都曾发生过，是旧婚姻习惯的残余。（4）娃娃亲型包办婚姻，也称奶婚、童婚，是指当事人双方父母在当事人年幼时为他们订下婚事，待当事人成年后，违背当事人自由选择结婚对象的意志，要求当事人结婚的包办婚姻。

（二）买卖婚姻的特征

1. 买卖婚姻的行为人是不特定的自然人。既可以是婚姻关系当事人一方又可以是婚姻关系当事人双方的亲属，多为欲缔结婚姻关系的一方或者双方当事人的长辈亲属，他们是这种婚姻关系的第三方，一般而言都是婚姻关系的一方或者是双方当事人的父母，也有婚姻关系的一方或者双方当事人的兄弟姐妹、叔伯姑舅姨等，一般是在家庭关系中处于强势地位的人，但是在现实生活中，多数是女方的家长。

2. 买卖婚姻最本质的主观特征是行为人违背婚姻关系当事人的意志，将行为人自己的意志强加给婚姻关系当事人，并且具有以索取大量财物的目的。因此，买卖婚姻的行为在主观上是一种故意的行为，即行为人明知自己的行为是违反婚姻自由原则、违背婚姻关系当事人意志，并且以索取大量财物为目的的行为而仍然为之。1981 年在中国上映了一部《被爱情遗忘的角落》的电影，说的是在一个物质生活和精神生活极度贫困偏僻的山村，女青年沈存妮和邻村小伙子小豹子在劳动间歇时的一场嬉闹，引发了带上原始本能色彩的爱情，两人双双"被捉奸"，在这个封建意识极浓的山村，存妮满怀羞愤自杀了，小豹子则因"强奸致死人命"被捕入狱。沈荒妹因为姐姐的不幸在心灵留下耻辱和恐惧，造成了她孤僻的性格，对所有的男青年都产生了戒心。许荣树从部队复员回来了，这是一个有见识、有理想的青年，决心改变家乡的落后面貌，荒妹对他萌发了爱情。但是，母亲菱花为了偿还沈存妮生前欠下的彩礼，准备将荒妹嫁出去，换取财物。荒妹责备母亲把女儿当东西出卖。这句话深深地震动了菱花。新中国成立初期，菱花也这样指责过自己的母亲，并勇敢地反对买卖婚姻，与沈山旺自由恋爱结婚，菱花感到茫然。荒妹为了解救家庭困危，甘愿作出牺牲，准备顺从母亲意愿。就在这个时候，党的十一届三中全会的春风吹到了这偏僻的角落。荒妹看到了希望，勇敢面对爱情，和自己相爱的许荣树结婚了，爱情战胜了旧的习俗。

3. 买卖婚姻的行为特征是指行为人违反我国法律规定的婚姻自由原则，

违背婚姻关系当事人意志，并且以索取大量财物为目的，要求婚姻关系当事人与不是自己自由选择的结婚对象结婚，干涉他人婚姻自由的行为。

我国自周朝以来，婚姻礼仪中就存在着缔结婚姻要遵循"六礼"的规定，即纳采、问名、纳吉、纳徵、请期、亲迎。其中纳徵是最关键、最重要的一个环节，《仪礼·士昏（婚）礼》："纳徵，玄纁、束帛、俪皮，如纳吉礼。"郑玄注曰："徵，成也，使使者纳币以成昏（婚）礼。"贾公彦疏曰："纳此，则昏（婚）礼成，故云徵也。"[1] 只要女方收下了"玄纁、束帛、俪皮"这些财物，就意味着女方家庭同意了这桩婚事，纳徵实际上就是当下所谓收彩礼，有时也称之为聘礼。中国进入封建社会以后，周朝制定的"六礼"有所变化，礼的数量有所下降，在北宋时期已经改"六礼"为"四礼"，在朱熹制定的《朱子家礼》中又减为"三礼"，但是"纳徵"这一核心礼仪却始终没有裁减，只要男子给女方家庭交付并且女方家庭收取了钱财，就等于女方家庭答应了这门亲事，一般是不得反悔的。宋代以降的户婚律都规定，婚姻的决定因素是纳徵，即聘礼。但是，也有学者认为"六礼"并非买卖婚姻，民国学者柳诒徵指出，刘师培从古代六礼推出当时的婚姻是买卖婚姻的理由不充分："刘氏之说大致可以证明婚姻制度因乱交而起。至以聘礼为买卖，则有未当。古者相见必执贽或执羔或执雁，国家聘使则以玉帛，皆所以表示敬礼，不得谓之买卖也。婚姻之道，男下女，女从男，以其所有赠遗于女子，游猎之民所有者惟兽皮，爰以此为赠品，后世相沿，则委禽焉，非恶俗也。"[2] 在柳氏看来，六礼中男方向女方赠送一些财物是正常的礼仪，不是恶俗，更不是什么买卖婚姻。韦斯特马克也持同样的观点，在他看来，娶亲付报酬并不是一般意义上的买卖行为。[3] 买卖婚姻的特征是婚姻关系当事人家长违背婚姻关系当事人的意志，以索要钱财为子女结婚的条件。在我国现实生活中，残存的买卖婚姻仍然带有浓厚的封建买卖婚姻的性质，这一现象有其深厚的历史渊源。从历史上看，从原始社会的新郎赠送礼物给新娘的同族亲属过渡到奴隶社会

---

① （汉）郑玄注，（唐）贾公彦疏：《仪礼注疏》，载《十三经注疏（上）》，中华书局1980年版，第962页。

② 柳诒徵：《中国文化史（上）》，商务印书馆1947年版，第29页。

③ ［芬兰］E.A.韦斯特马克：《人类婚姻史（第二卷）》，李彬译，商务印书馆2015年版，第838页。

可以随意将妻子、儿女当作商品出卖，买卖婚姻实在是私有制的产物。在私有制条件下，家庭、家族往往将婚姻作为追求最大经济效果的途径，目的是想通过婚姻给自己家庭、家族带来经济效益的最大化。一夫一妻制的家庭是人类两性结合而成的社会经济组织，需要一定的经济基础来满足家庭的建立、存在和发展。婚姻作为一种交换，首先就产生了交换性消费需求。在我国古代，极重视婚姻程序，结婚程序的规定除了政治、宗族和礼仪的因素外，更主要地体现了婚姻的交换性质。从周代开始的婚姻"六礼"可以说是最典型也最原始的交换性消费。在现代，婚姻聘礼或者彩礼始终不能革除，说明婚姻交换性消费的客观需要与存在。从封建社会的把妻子女儿变卖典当他人到现在的索要彩礼，可以说是买卖婚姻的发展和变种，资本主义社会在历史上曾经起过非常革命的作用，提出了婚姻自由的革命口号，但是由于资产阶级承袭了一切剥削阶级腐朽的政治制度和意识形态，把一切社会关系变成赤裸裸的金钱关系，因而资产阶级的婚姻只不过是在买卖婚姻的身上披上了一件外衣而已。[①] 我们知道，婚姻关系形成了新的社会联系，亲属有了新的发展，一个家庭会失去某些资源，如劳动资源，而另一个家庭则会增添一些资源。在过去有些社会，某个家庭失去的妇女劳动力可以通过索取"聘金"来得到补偿，或者是让男方到女方家庭干一段时期的活，以劳动来补偿女方经济上的损失。正因为如此，加上"由于婚姻的确是会对已婚者继续寻找配偶造成限制，即限制他们接近其他单身男女的行为。由于结束一场婚姻的成本可能是十分昂贵的（主要原因在于用于后代和用于婚姻的特殊投资），因而婚姻市场的参与者通常并不会马上与他所遇到的第一个还说得过去的婚姻候选人结婚；而是要努力去了解他们，以选择更好的候选人"[②]。在某种程度上，缔结婚姻时适当地考虑经济因素，似乎还有利于婚姻家庭的稳定，可以让人们因冲动而提出离婚时不得不考虑离婚成本。婚姻形式又相应产生了买卖婚姻不同的具体方式，在对偶婚转为一夫一妻制婚姻的时候，婚姻个体还缺乏婚姻交换的物质基础，由于生产资料和财产开始私有并带有一定的掠夺性，因此，

---

① 苏梅凤等：《法律社会学》，武汉出版社 1990 年版，第 183~184 页。

② ［美］加里·斯坦利·贝克尔：《家庭论》，王献生、王宇译，商务印书馆 1998 年版，第 344 页。

男子采取掠夺的方法以获得妻妾。掠夺婚被认为是人类早期婚姻形式发展的一个重要阶段，是对偶婚向一夫一妻制过渡时期广泛采用的婚姻方法。当生产资料私有制逐步形成，个体婚姻奠定了物质基础的时候，就开始跨入了有偿婚姻阶段，并成为直接的财物交易。有偿婚姻把某些经济条件作为婚姻缔结的前提，作为掠夺婚姻矛盾的缓和，有偿婚姻首先以服役婚形式代替了掠夺婚姻对妇女的掠夺和抢劫，它通过用劳动的形式补偿女方的身价和女方家庭对经济利益的要求。但是由于以服役婚形式作为婚姻的交换条件，从而进一步导致了婚姻在生产力发展和私有制基础上的交换性和有偿性，使婚姻直接进入买卖阶段，并广泛存在于世界各个民族和地区，成为人类婚姻史上一个重要的发展阶段和主要婚姻形式之一，这一现象在韦斯特马克的《人类婚姻史》中多有描述。随着婚姻经济基础的进一步确立，适应社会经济和社会关系的发展，逐步形成了以聘娶婚为主的婚姻方法，从而使婚姻的交换和买卖制度化、礼制化、合法化和统一化。聘礼在礼制上成为唯一的婚姻标准。

买卖婚姻的一种表现形式高彩礼，它的隐性危害更为严重，不仅阻碍了农村的生产发展，也恶化了乡风，进而使新农村建设面临严峻挑战。[①]

买卖婚姻的具体方式还有这么几种：（1）索财型买卖婚姻。这种情形是家长将女性晚辈作为"商品"，与女性晚辈婚姻关系中的另一方当事人进行金钱交换，一般是长辈违背女性晚辈自由选择结婚对象的意志，视女性晚辈为"摇钱树"，将女性晚辈卖给他人做妻子，索要大量财产，干涉他人婚姻自由，形成买卖婚姻。（2）拐卖型买卖婚姻。现实生活中，存在一些专门拐卖妇女，进行买卖婚姻的人贩子，他们专门进行拐卖妇女的犯罪活动，将他们拐骗的妇女卖给偏远、贫困地区的男子为妻，而买受者往往是年龄偏大、残障等家庭条件不好的男子，为的是传宗接代。在这些被拐卖的妇女当中，既有十多岁的未成年少女，也有已婚妇女，甚至还有女大学生、女研究生，这种买卖婚姻没有任何感情基础，对被拐卖妇女来说，毫无幸福可言，甚至极其痛苦地生活着，严重违反了我国法律，侵害了被拐卖妇女的合法权益，干涉他人婚姻自由，形成买卖婚姻。（3）骗婚骗财型买卖婚姻。现实生活中，一些人

---

① 魏国学、熊启泉、谢玲红：《转型期的中国农村人口高彩礼婚姻——基于经济学视角的研究》，载《中国人口科学》2008年第4期。

勾结起来，以介绍对象为名，将女方介绍给偏远、贫困地区未婚男子，待男方同意后就索要钱财，待钱财到手后，女方则想方设法逃走，使得男方人财两空，形成买卖婚姻。还有的妇女自己出卖自己，自愿"嫁"到男方为妻，待财产到手后寻机逃离，往往会形成重婚。上述情形是一种诈骗行为，一般俗称为"放鸽子"。

目前，我国社会存在的买卖婚姻大概有以下三种情形：一是公开的买卖婚姻。这种情形就是在缔结婚姻时女方的父母违背女方的意志，与男方谈妥姑娘的身价，公开索要。而男方则一次付清后女方父母将姑娘出嫁。二是变相买卖婚姻。这种情形一般是父母违背女方的意志，但是又不公开要价，而是以各种名目索要大量的钱物，男方付清后，女方家长将姑娘出嫁。三是商品交换的价值形态。这种情形一般是一些女青年精神空虚，一味追求物质生活的高标准，借助缔结婚姻来大量索取财物，以达到对物质追求的目的，自己把自己当作商品来出卖了。相比而言，后两种情形危害更大，隐蔽性更强。第一，我国婚姻家庭法律规范明文规定禁止买卖婚姻，慑于法律的威严，有些人不敢公开买卖婚姻，变相的买卖婚姻却可以"礼"之名索取财物，可以在很大程度上逃避法律责任。第二，公开买卖婚姻容易遭到当事人的反对和社会的责难，而后两种情形却往往利用子女报答养育之恩的心理不容易引起当事人的强烈反对。第三，公开买卖婚姻容易遭到社会舆论的指责，而后两种情形却能利用一般人"孩子拉扯一场不容易"的心理，在一定程度上可以避人口实。对于买卖婚姻的原因和防止买卖婚姻，有法律社会学学者研究指出，当前之所以存在买卖婚姻，是由多方面的社会原因造成的，要杜绝买卖婚姻，必须进行综合治理。首先是要全党动手，领导重视。根绝买卖婚姻是社会主义事业的一个组成部分，只有在党的高度重视和正确领导下才能完成。其次是加强法律宣传，要在全社会范围进行广泛的法制宣传，使广大群众知法，并以此约束自己的行为，使婚姻当事人均能掌握法律武器，维护自己的合法权益，同时还要动员全社会，特别是群众组织及其他教育政法部门要把根绝买卖婚姻当作自己分内的工作，认识到这项工作的社会意义和迫切性，尤其要发挥司法机关的职能作用，对公开的和变相的买卖婚姻，严厉打击和从严处罚，并运用典型案例向全社会作广泛的宣传，营造强烈的社会舆论，以根绝其市场。再次，加强教育，提高群众思想觉悟。特别是社会发展性的教育，使之认识买卖婚姻的腐朽性和落后性，自觉起来同买卖婚姻作斗争。最后，社会都来关心广大青年的婚姻问题，采取多种形式，加强工、青、妇组织，充实人力财力，为自由恋爱提供场所和条件。[①]

（三）其他干涉婚姻自由的行为的特征

1. 其他干涉婚姻自由的行为的行为人是不特定的自然人，一般是婚姻关系当事人的亲友或者是与婚姻有利害关系的人，也就是《民法典》第 1046 条所说的任何组织和个人。

2. 其他干涉婚姻自由的行为最本质的主观特征也是行为人违背婚姻关系当事人的意志，将行为人自己的意志强加给婚姻关系当事人。因此，其他干涉婚姻自由的行为在主观上是一种故意的行为，即行为人明知自己的行为是违反婚姻自由原则的行为，是违背婚姻关系当事人意志的行为而仍然为之。

3. 其他干涉婚姻自由的行为的行为特征是指除了包办、买卖婚姻以外的违反我国法律规定的婚姻自由原则，干涉他人婚姻自由的行为。现实生活中，除了包办婚姻、买卖婚姻和暴力干涉他人婚姻自由的行为外，还有其他形形色色的干涉他人婚姻自由的现象，都是违反我国法律规定的婚姻自由原则，违背当事人意志的行为，是法律所禁止的。

其他干涉婚姻自由的行为主要有以下几种情形：（1）干涉丧偶者的再婚，特别是干涉寡妇再婚的行为。丧偶者特别是寡妇再婚是丧偶者正当而又合法的权利，对此，他人无权干涉。针对旧中国封建婚姻制度片面要求妇女坚守所谓贞操的恶习、社会舆论限制寡妇再嫁的现象，1950 年《婚姻法》第 2 条规定："禁止干涉寡妇婚姻自由。"但是，在一些偏远、贫困农村寡妇再嫁往往受到夫家亲属、家族甚至其他村民的干涉，其中的主要原因还是在经济上怕寡妇再嫁带走夫家财产，在亲情上怕寡妇带走孩子，在舆论上怕外人议论夫家无能等。现实中也有较为强势的岳父母在独生女儿亡故后，为防止家庭财产、孩子随女婿再娶而"失去"，从而反对女婿再婚的现象。事实上，由于父母与子女是最为亲近的直系亲属，未成年子女在父亲或者母亲去世后，丧偶后的母亲或者父亲具有单独监护权，可以独立行使监护权。因此，未成年

---

① 苏梅风等：《法律社会学》，武汉出版社 1990 年版，第 185~186 页。

人的祖父母、外祖父母和其他亲属不得阻挠、干涉丧偶后的母亲或者父亲行使监护权，特别是不能阻挠、干涉丧偶后的母亲或者父亲再婚后将未成年人带入再婚后新组建的家庭抚养，这既是一项自然权利，也是法律赋予他们的一项权利，更是一项法律责任。反而，丧偶的母亲或者父亲抛弃未成年子女再婚则是违法行为，可能会构成遗弃罪。当然，如果未成年人的祖父母、外祖父母和其他亲属在征得丧偶母亲和父亲的同意后，也可以取得该未成年人的监护权并进行抚养。至于丧偶者再婚时带走属于丧偶者本人的财产，同样是他们所拥有的合法权利，其他人不得进行阻挠、干涉。如果他人以霸占丧偶者财产为目的，强令丧偶者离家舍财是为法律所不允许的，如果这种行为构成犯罪是要追究刑事责任的。（2）干涉父母再婚的行为。近些年，子女干涉丧偶父母或者离异父母再婚的现象时有发生，他们往往认为，自己的父母在丧偶或者离异后再婚是不光彩的事情，特别是对老年父母丧偶或者离异后再婚更是如此。造成这种情况的原因多种多样，有的子女认为父母年龄大了，在丧偶后再婚，是老不正经、老风流，对不起已故的父或者母；有的则担心家庭财产被老年人再婚配偶分走；有的担心被外人指责自己没有尽到赡养义务；有的担心再婚家庭关系复杂，处理不好家庭关系，影响家庭和睦，等等。干涉的形式也是多种多样，有的是"好心规劝父母要保持晚节"，有的则威胁父母如果再婚就断绝父母子女关系或者不再承担赡养责任，甚至威胁死后不安葬或者祭祀。（3）干涉非近亲属结婚的行为。《民法典》第1048条规定，"直系血亲或者三代以内的旁系血亲禁止结婚"，这当然是基于伦理和生物进化的因素所作的规定，立法的宗旨是禁止堂兄弟姐妹之间通婚和表兄弟姐妹之间通婚。然而，现实生活中，一些家族长辈基于五服以内皆亲属旧观念，干涉同族三代以外五服以内甚至出了五服的旁系血亲结婚，更有甚者，有的还坚持同姓不婚的观念，干涉同姓男女结婚。（4）干涉他人不结婚的自由的行为。《民法典》规定的婚姻自由的婚姻制度，既包括结婚的自由，也包括不结婚的自由。结婚固然包含有社会的责任在内，男女青年在能够结婚的前提下当然还是应当尽量结婚，这是关系到种族延续的社会问题。但是，我们也应当看到，结婚是男女双方基于感情特别是爱情自愿结为夫妻的法律行为，如果男女青年因为种种原因暂时找不到感情寄托，不想结婚或者甚至就是不愿意结婚，就愿意单身，这也是无可厚非的。因为结婚是法律赋予公民的一项基本权利，不结婚同样也是法律赋予公民的一项基本权利，他人不得干涉。这些暂时不愿意结婚，或者根本不愿意结婚的男女青年的亲属往往出于各种观念，对不结婚的青年男女加以干涉，强迫他们结婚，对不结婚者进行人格侮辱、恶语相向，干涉他人不结婚的自由。（5）干涉他人离婚自由的行为。《民法典》规定的婚姻自由的婚姻制度，既包括结婚自由，也包括离婚自由，结婚是法律赋予公民的一项基本权利，不容他人非法干涉，同样，离婚也不容他人非法干涉，离婚也是法律赋予公民的一项基本权利。当婚姻关系当事人在感情确已破裂后，解除婚姻关系可以避免婚姻当事人更大的痛苦，正如恩格斯所言："如果只有以爱情为基础的婚姻才是合乎道德的，那末，也只有继续保持爱情的婚姻才合乎道德。"[①] 干涉他人离婚自由的行为人对离婚的意义存在认识上的差错，在他们看来，离婚是一件不光彩的事，特别是他们认为女子被休回娘家，必定是她们做了什么错事，不顾婚姻关系当事人感情确已破裂的现实，以可能影响子女成长、影响家族名声等理由对不愿意再继续维系夫妻关系的婚姻关系当事人一方要求离婚的请求加以干涉。这种观念仍然在一些人的头脑中作祟，使得妇女在离婚时备感压力。（6）因封建迷信干涉他人婚姻自由的行为。现实生活中，一些人的封建迷信思想严重，在子女的婚姻问题上，有时喜欢让所谓"大师"为子女和恋爱对象"合八字"，如果有"八字不合""属相不合""命相相克"等情形，就会以这些理由干涉子女的婚姻自由，直至拆散有情人。（7）干涉与外国人或者不同民族同胞以及不同宗教信仰的人结婚的行为。现实生活中存在一些人，对外国人或者不同民族同胞存有偏见，不愿意自己子女与外国人或者其他民族同胞结婚，干涉子女的涉外婚姻以及与不同民族同胞婚姻。

（四）包办婚姻、买卖婚姻和其他干涉婚姻自由的行为所侵害的法益

包办婚姻、买卖婚姻和其他干涉婚姻自由的行为所侵害的是婚姻自由的婚姻制度，表现行为是干涉他人结婚、不结婚、离婚，侵犯他人的婚姻自主权。《宪法》《民法典》对婚姻自由的婚姻制度都进行了规范，婚姻自由的制

---

① ［德］弗里德里希·恩格斯：《家庭、私有制和国家的起源》，中共中央马克思恩格斯列宁斯大林著作编译局译，载《马克思恩格斯全集（第21卷）》，人民出版社1965年版，第96页。

度是我国婚姻家庭法律规范的首要原则，包括《老年人权益保障法》《妇女权益保障法》在内的我国所有涉及婚姻关系的法律规范都明文禁止干涉他人婚姻自由，为婚姻自由的婚姻制度的彻底贯彻提供了必要的法律保障。

我国婚姻家庭法律规范实行婚姻自由的婚姻制度的目的就是因为干涉他人婚姻自由的行为侵害了公民的婚姻自由权，在于要使婚姻关系建立在婚姻关系双方当事人自愿的基础之上，让每对夫妻都能生活在幸福美满的家庭之中。对于婚姻自由的婚姻制度的理解，司法实务界有研究者指出，婚姻自由有两个方面的基本要求：一是每一个社会成员都有按自己独立的意志缔结婚姻关系、解除婚姻关系、处理婚姻关系中各项问题的自由权利，包括意志自由、人身自由、性自主等，任何人不得以强迫、干涉等非法手段施以侵犯和破坏；二是每个人行使婚姻自由权必须同时接受法律和社会道德的约束，严格按法定条件和程序处理婚姻问题，履行法律义务，承担法律责任，尊重他人的婚姻自由权，遵守社会公序良俗，不得危害社会公共利益。因此，凡是违反这两个方面基本要求的行为都是违反婚姻自由的婚姻制度的行为。①

包办婚姻、买卖婚姻和其他干涉婚姻自由的行为，制造了没有感情的婚姻，这种婚姻不仅给婚姻关系当事人带来精神上的痛苦，而且有时还会造成家破人亡等形形色色的家庭、社会悲剧，必须坚决反对。与传统社会相反，在现代社会，家族的重要性下降，相对而言，中产阶级家庭成员更容易获得在传统社会中只有相对贫穷家庭中才能拥有的婚姻自由权，子女们有权拒绝父母为自己所选择的配偶，有权利选择父母所反对的配偶，他们有权利在选择配偶时根本不去考虑父母的意见。这些青年男女之间的约会，甚至十几岁的青少年男女之间的约会，变得更为常见，他们在寻找个人之间而不是家庭之间的和谐性，在积极地寻找他们自己所爱的对象。反而是经济状态不太好的家庭或者经济条件十分优渥的家庭，在婚姻问题上更多地出现干涉子女婚姻的现象，目的就是想通过干涉婚姻为家庭获得更多的财产或者防止财产流失。而在美国，说服或者与父母作交易以便他们接受年轻人选择自己的配偶的权利，这在很大程度上取决于年轻人所具有的可以与父母资源相对抗的外部资源。在这个意义上，上层社会的年轻人在配偶选择中几乎没有什么权利

---

① 马原主编：《新婚姻法条文释义》，人民法院出版社 2002 年版，第 32 页。

和自由，中产阶级年轻人多一些，工人阶级的子女更多一些，下层阶级子女有最多的自由。[①]

三、认定包办婚姻、买卖婚姻和其他干涉他人婚姻自由的行为应当注意的问题

1.要注意包办婚姻与买卖婚姻的区别。包办婚姻、买卖婚姻都是较为典型的干涉婚姻自由的行为，因此，包办婚姻和买卖婚姻二者之间既有区别，又有联系。二者的共同之点在于，包办婚姻也好、买卖婚姻也好，都是行为人违背婚姻关系当事人的意志，仅按行为人自己的意思对当事人的婚姻进行安排。因此，买卖婚姻包含于包办婚姻之中，是一种特殊的包办婚姻。包办婚姻和买卖婚姻的主要区别就在于行为人是否以索取大量的财物为目的，买卖婚姻必须以索取大量的财物为目的，买卖婚姻除了剥夺他人的婚姻自由权利之外，还将人身当作商品进行买卖，更是与现代文明格格不入的野蛮的行为，而包办婚姻则不一定以此为特征，包办婚姻不一定为买卖婚姻。

2.注意包办婚姻、买卖婚姻和暴力干涉他人婚姻的行为的区别。三者都是干涉他人婚姻的行为，包办婚姻、买卖婚姻虽然都有一定的强制性，但是这种强制性还没有达到使用暴力的程度，如果行为人使用暴力的手段干涉他人的婚姻，那就构成暴力干涉他人婚姻的行为。在追究相应法律责任时，包办婚姻、买卖婚姻主要是以批评教育为主，以承担民事责任为主，而暴力干涉他人婚姻自由的行为则可能构成犯罪，除了承担相应的民事责任外，还可能追究行为人的刑事责任。

3.注意包办婚姻和父母、亲友介绍但是本人同意的区别。现实生活中，一些男女青年经父母、亲友介绍相识恋爱结婚，这种介绍得到了双方当事人的同意，这种介绍后恋爱结婚的行为没有违背婚姻自由的婚姻制度，虽然由父母主持，但是经双方了解自愿结婚，是符合婚姻自由的婚姻制度的合法行为，不属于包办婚姻，因为父母、亲友并没有干涉当事人的婚姻自由。

---

① ［美］丽莎·冈斯茨尼、约翰·冈斯茨尼：《角色变迁中的男性与女性》，潘建国、潘邦顺、王晴波译，浙江人民出版社1988年版，第128页。

4.注意买卖婚姻和男女婚前自愿赠送财产以及说媒骗财和正当婚姻介绍的区别。买卖婚姻这种行为最主要的特征是违背了婚姻关系当事人的意志，是以索取财物作为结婚的目的，将一方当事人作为商品出卖，给予方也是违心、被迫地给予，是非法的行为。而男女婚前自愿馈赠的行为，是在不违背当事人意志的情况下，一方或者双方主动自愿赠与婚姻关系当事人的另一方，不附条件，和结婚与否不发生直接关系，是合法的行为。说媒骗财，是行为人以说媒为手段骗取婚姻关系当事人财物的违法行为；而正当婚姻介绍既可以是人们善意的无偿帮助，也可能是一种有偿的社会中介业务，都是合法行为，作为经过批准的社会婚姻中介机构在介绍对象时适当收取费用，没有违背婚姻关系当事人的意志，这种中介行为不能认定为买卖婚姻的行为。同时，买卖婚姻与借婚姻索取财物也存在着不同，虽然二者都有索取财物的行为，但是，二者的主要区别在于是否违背当事人婚姻自由的意志，买卖婚姻是违背婚姻关系当事人婚姻自由意志，而借婚姻索取财物则没有违背婚姻关系当事人婚姻自由意志。

四、对包办婚姻、买卖婚姻和其他干涉他人婚姻自由的行为的处理

包办婚姻、买卖婚姻和其他干涉婚姻自由的行为是违法行为，而要有效地杜绝、禁止干涉婚姻自由的行为，在现有历史条件下，一方面要加大开展婚姻家庭法律规范关于婚姻自由的婚姻制度宣传的力度，提高广大公民对干涉婚姻自由违法性的认识，增强法治观念，妥善处理因此类情形导致的婚姻纠纷；另一方面也要对实施包办婚姻、买卖婚姻和其他干涉他人婚姻自由的行为进行批评、教育，并视情节给予相应的处罚，令行为人承担相应的法律后果。而对于因包办婚姻、买卖婚姻和其他干涉婚姻自由的行为而形成的婚姻关系的法律效力问题法律并没有规定。我们认为，对于这个问题，可以从以下几方面考虑：首先从无效婚姻的构成来看，可以肯定这种婚姻关系不是无效婚姻。其次，从可撤销婚姻的构成来看，这种婚姻关系可能构成可撤销婚姻，当包办、买卖和其他干涉行为达到胁迫的程度时，就可以认定为构成"因胁迫结婚的"情形，受胁迫一方的婚姻关系当事人就可以在法定期限内向

人民法院申请撤销该婚姻关系。关于可撤销婚姻的法律后果在前面章节中已经予以充分的讨论，在此不再赘述。

1. 包办婚姻是干涉他人婚姻自由的一种形式，对于包办者目前主要以批评教育为主，如果包办者妨害了被包办者的其他人身权利，触犯了其他应当受处罚的法律，则应当按该法律予以处罚。我们查阅了众多的离婚诉讼的民事判决，发现以包办婚姻为由提起离婚诉讼的不在少数，但是，由于证据方面的原因，真正认定为包办婚姻的极少，并且仅以包办婚姻为由判决离婚的几乎没有看到。那么，包办婚姻是否可以作为离婚的法定情形呢？《婚姻法》第 32 条第 3 款和《民法典》第 1079 条第 3 款列举的应当准予离婚的法定情形中没有明确包括包办婚姻在内。但是，我们认为，1989 年 11 月 21 日颁布的《夫妻感情的意见》中所列举的 14 种可视为夫妻感情确已破裂的情形，凡与《民法典》的规定没有冲突的，依然有参考价值。因此，根据该意见第 6 条的有关规定，包办婚姻，婚后一方随即提出离婚，或者虽然共同生活多年，但是确实没有建立起夫妻感情的，可以视为感情确已破裂的情形。

人民法院审理涉及包办婚姻的案件，一定要切实保护男女婚姻自主权，坚决反对包办婚姻。对包办婚姻的人，有人告发，要对包办者进行批评教育。对于具体案件，既要严肃处理，又要具体问题具体分析，区别对待。对要求解除包办婚约关系的，应当坚决支持请求人的正当要求，宣布婚约无效，对包办者的违法行为，进行批评教育。当事人以包办婚姻为由提出离婚的，如夫妻关系尚能维持，特别是已经生育子女的，应当进行调解，促使双方改善夫妻关系，不要轻率判决离婚；如果始终没有建立感情，夫妻感情确已破裂，应当在做好工作的情况下，判决准予离婚。对包办婚姻中的换亲、转亲婚姻关系，如果当事人一方要求离婚，引起连锁反应，其他婚姻关系当事人亦要求离婚的，首先应当对包办他人婚姻的，进行批评教育。对具体案件的处理，要根据每一个婚姻关系的具体情况，夫妻感情确已破裂，要在做好当事人和亲属工作的情况下，判决离婚；如果夫妻感情还有挽救的余地，要做好有关方面的工作，调解和好或者判决不准离婚。

2. 买卖婚姻是干涉他人婚姻自由的一种形式，对于买卖婚姻虽然为法律所禁止，但是对买卖婚姻应当承担怎么样的法律后果，法律并没有规定，而且在现实生活中，买卖婚姻中的财产和彩礼、嫁妆有时难以区分。因此，买卖婚姻问题一般是在离婚案件中与对婚姻中的财产一并处理的。所谓彩礼是婚前男方家庭送给女方的一份礼金或者财产的总和。所谓嫁妆是女方带给婆家的物品或者钱财的总和。有人从经济关系分析说彩礼和嫁妆是亲家之间为了儿女建立长久的婚姻关系而采取的物质相互交换，也有人说彩礼、嫁妆就是买卖婚姻，认为彩礼、嫁妆极易导致畸形"金钱婚姻"观。最高人民法院公布的49起婚姻家庭纠纷典型案例中"郭某起诉与吕某离婚案"就是一件彩礼返还案。原告郭某起诉与被告吕某离婚，并以双方没有共同生活过为由请求返还彩礼21200元，被告吕某承认原告郭某所述是事实，同意离婚，但以自己是原告郭某明媒正娶的妻子为由不同意返还彩礼。河南省嵩县人民法院经过开庭审理查明：原告郭某与被告吕某于2009年8月经人介绍相识，于2011年3月7日登记结婚，于2011年3月12日举行结婚仪式。从双方相识到结婚这段时间内，被告吕某共接受原告郭某彩礼金21200元。另查明：双方相识四年来，确实未共同生活过。嵩县人民法院于2014年6月9日作出（2014）嵩民五初字第22号民事判决书，判决如下：一、准予原告郭某与被告吕某离婚；二、被告吕某于本判决生效后十日内返还原告郭某彩礼14840元；三、被告吕某的个人财产三组合皮革沙发1套（单人沙发1个、双人沙发1个、长沙发1个）、26英寸海信牌液晶彩色电视机1台、茶几1个、棉被4床、毛毯3条、太空被1床、单子16条归被告吕某所有；四、驳回原告郭某的其他诉讼请求。判决作出后，双方当事人均没有上诉。该案是有关彩礼与嫁妆如何返还的案件，在审理离婚案件时具有一定的借鉴意义。在传统习俗看来，没有彩礼与嫁妆，婚姻难以成立、难讲合法。而实质上，彩礼、嫁妆等败坏社会风气。彩礼飙升，嫁妆攀比，这已经不仅是一个重大的社会问题，而且也是一个值得研究的法律问题。关于彩礼返还问题，《最高人民法院关于适用〈中华人民共和国婚姻法〉若干问题的解释（二）》中有规定："当事人请求返还按照风俗给付的彩礼的，如果查明属于以下情形，人民法院应予支持：（一）双方未办理结婚登记手续的；（二）双方办理结婚登记手续但确未共同生活的；（三）婚前给付导致给付人生活困难的。"本案适用前款第2项的规定，即双方办理结婚登记手续但确未共同生活，返还彩礼应当以双方离婚为条件，本案的审理结果也依照上述规定。另外，男方只拿回了14000多元钱，是因为彩礼应当返还多少尚没有明确法律条文进行详细规定，一般是根据双方婚姻维持时间长短，还有双方的过错确定。① 同时，《民法典》第1079条第3款列举应当准予离婚的法定情形中没有明确包括买卖婚姻在内。此外，对于骗财型买卖婚姻，司法实践中对行为人一般是按诈骗罪追究刑事责任，采取追赃的形式追回被骗财物。

人民法院审理涉及买卖婚姻案件时，必须向有关当事人指出买卖婚姻是为我国法律所禁止的违法行为，对违法的有关当事人，应当进行严肃的批评教育。而对具体案件的处理，则要根据案件的实际情况，具体问题具体分析，区别对待。当事人一方以买卖婚姻为由提出离婚，时间不长，夫妻无法维系或者夫妻感情确已破裂的，应当判决准予离婚；对于结婚时间较长，已经生育子女，夫妻感情还没有完全破裂的，可以调解和好不予判决离婚。对于被拐卖妇女以自己是被拐卖而结婚的为由提出离婚的，人民法院不能以双方结婚多年，有一定的"感情基础"，有孩子等为由判决不予离婚。如果还在撤销权有效期间内，人民法院应当告知原告可以以"被胁迫而结婚"为由提出撤销婚姻之诉，经审理查明确属被拐卖的妇女，应当依法作出撤销婚姻的判决；如果撤销权已经消灭，则应当依法作出准予离婚的判决。对于用于买卖婚姻的财物，也应当根据具体情况依下列原则妥善处理：（1）对于以骗取财物为职业的"媒婆"、贩卖妇女的人贩子，公安机关应当按照《刑法》的规定以诈骗罪、贩卖人口罪坚决打击，贩卖人口所得的财物一律没收，诈骗所得的财物应当发还被害人。对于第三者（包括女方父母）以买卖婚姻骗取财物，情节严重的，在追究相应的刑事责任后，应当依法发还被害人。（2）对准备结婚或者已经结婚，财物可以不予没收。其中确因买卖婚姻造成了男方生产、生活上的严重困难，可以让收受财物的人酌情返还部分。但是不能因返还财物而妨碍婚姻自由，或者再次造成买卖婚姻。（3）对共同生活多年、已经生育子女的买卖婚姻，财物不予没收，一般也不予返还。对于婚姻基本上自主自愿，但是女方向男方要了许多财物，或者父母从中要了一部分财物的，不要以买卖婚姻对待，如因财物发生纠纷，可以根据实际情况，酌情处理。对于完全自主自愿的婚姻，男女主动互相赠送和赠送对方父母的财物，以及为

---

① 载中华人民共和国最高人民法院官方网站，https://www.court.gov.cn/zixun-xiangqing-16211.html。

结婚而共同购置的衣物用品，属于正常的往来，如果当事人后来离婚，原则上不予返还。结婚时大操大办铺张浪费，所花用的财物，如果当事人后来离婚，原则上也不予返还。

3. 干涉他人婚姻的行为侵害的客体是我国婚姻自由的制度，妨害的是他人的婚姻自主权。因此，被侵权人有权以妨害婚姻自主权为由向人民法院提起诉讼，请求人民法院为被侵权人排除妨害。山西省洪洞县人民法院（2015）洪民初字第 1274 号民事判决审理的原告贾某某与被告席某某、贾某甲婚姻自主权纠纷一案，就是一起典型的排除妨害他人婚姻自主权的案件。经洪洞县人民法院审理查明，原告贾某某与被告席某某系母子关系，与被告贾某甲系继父女关系。原告贾某某与李某某经媒人介绍相识，确立恋爱关系谈婚论嫁，但是原告恋爱没有得到父母同意。为此，当原告向父母提出拿户口簿办结婚证的请求时，父母没有给贾某某户口簿。现原告贾某某以父母扣着户口簿致自己不能与他人结婚，已经严重侵犯贾某某的婚姻自主权为由诉至法院，请求依法判令二被告归还原告的户口簿。该院认为，我国实行婚姻自由的婚姻制度。禁止包办、买卖婚姻和其他干涉婚姻自由的行为以及结婚必须男女双方完全自愿，不许任何一方对他方加以强迫或者任何第三方加以干涉。《婚姻登记条例》第 5 条规定，公民办理婚姻登记需要提供本人户口簿。二被告作为家庭户口簿的管理者，应当为原告办理结婚登记提供方便，二被告在原告请求后，仍然不提供户口簿的行为欠妥，已经构成妨害他人婚姻自主。因此，对原告要求二被告为他办理婚姻登记提供户口簿的诉讼请求予以支持。判决：本判决生效后十日内，被告席某某、贾某甲为原告贾某某办理婚姻登记提供户口簿。[①] 与此同时，人民法院判决排除妨害婚姻自主权后，行为人如果不履行人民法院的判决，可以考虑按拒不执行人民法院判决、裁定罪处罚。

第二节　暴力干涉婚姻自由的行为

1979 年《刑法》在第 179 条中对暴力干涉婚姻自由罪进行了规定，1997

---

① 山西省洪洞县人民法院（2015）洪民初字第 1274 号民事判决书。

年3月，立法机关在修订《刑法》时，在《刑法》第257条中对暴力干涉婚姻自由罪再次进行了规定，将第2款原规定的"引起被害人死亡的"修订为"致使被害人死亡的"，更加符合刑事法律的立法规范，使暴力干涉的行为与被害人死亡之间在刑法上的因果关系更加明确。根据《最高人民法院关于执行〈中华人民共和国刑法〉确定罪名的规定》和《最高人民检察院关于适用刑法分则规定的犯罪罪名的意见》的规定，《刑法》第257条规定的罪名是暴力干涉婚姻自由罪。

一、暴力干涉婚姻自由罪的概念

暴力干涉婚姻自由，除了承担相应的民事责任外，构成犯罪的，应当按暴力干涉婚姻自由罪定罪处罚。所谓暴力干涉婚姻自由罪，是指以暴力干涉他人婚姻自由的行为。在我国刑法实务界，有研究者认为，所谓暴力干涉婚姻自由罪，是指以暴力手段，干涉他人恋爱、结婚和离婚自由的行为。[1] 此论将暴力干涉恋爱自由的行为纳入暴力干涉婚姻自由罪的范畴似有不妥。在我国刑法理论界，有学者认为，暴力干涉婚姻自由罪，主要是指以暴力手段干涉他人结婚和离婚自由的行为。[2] 该学者在概念中将婚姻自由分列为结婚自由和离婚自由，似有多余之嫌，因为婚姻自由的概念本身就包含了结婚自由和离婚自由的概念。

二、暴力干涉婚姻自由罪的构成

1.暴力干涉婚姻自由罪的犯罪主体是一般主体，也就是达到刑事责任年龄并且具有刑事责任能力的自然人。实际成为暴力干涉婚姻自由罪犯罪主体的一般是与被害人有一定的亲密关系的人，比如父母、兄弟姐妹、子女、同宗族的人以及情夫情妇，还有所在单位负责人等。现实生活中，暴力干涉婚

---

① 周道鸾、张军主编：《刑法罪名精释》，人民法院出版社2003年版，第418页。
② 郭泽强：《暴力干涉婚姻自由罪新解——以解释"暴力"为基点》，载《云南大学学报（法学版）》2005年第2期。

姻自由的，以父母干涉子女婚姻自由的居多，而子女干涉父母再婚的次之，也有亲属干涉婚姻自由的。行为人因配偶提出离婚而殴打、虐待配偶，致使配偶不能行使离婚自由权的，考虑到夫妻双方的特殊关系，一般不以暴力干涉婚姻自由罪论处，如果构成其他违法犯罪也应当按家庭暴力、故意伤害罪或者虐待罪来追究行为人的相关责任。

2. 暴力干涉婚姻自由罪在主观方面必须出于故意，即明知自己的行为是以暴力干涉他人婚姻自由的行为而仍然决意为之，并且具有干涉婚姻自由的动机，暴力干涉婚姻自由罪不存在过失的问题。暴力干涉婚姻自由罪的动机，或者是为了维护封建礼教，或者是出于贪图钱财，或者是想高攀权贵，或者是要维持奸情，或者是为了换亲，或者是对对方不满，或者是不准被害人与其所爱的人结婚，或者出于强迫被害人必须与某人结婚，或者是强迫被害人不得改嫁或者是不准离婚，动机如何不影响暴力干涉婚姻自由罪的成立。

3. 暴力干涉婚姻自由罪在客观方面表现为以暴力干涉他人婚姻自由的行为。因此，行为人干涉婚姻自由的行为是以暴力而为之，这是构成暴力干涉婚姻自由罪的重要前提或者说是主要的构成要件要素。干涉婚姻自由的行为有很多，比如包办、买卖婚姻等都是干涉婚姻自由的行为，而暴力干涉婚姻自由罪最本质的特征则是以暴力干涉，行为人如果在干涉婚姻自由时没有对他人使用暴力，而是仅仅停留在一般的威胁，比如以断绝亲属关系、中断经济上的供给资助相威胁，甚至是以暴力相威胁，虽然也是对他人婚姻自由的一种干涉，却不构成暴力干涉婚姻自由罪。因此，如何界定暴力对于认定暴力干涉婚姻自由罪至关重要。我国刑法理论界一般认为，所谓暴力是指捆绑、殴打、禁闭、强抢等对人身实行强制或者打击的方法。① 但是，上述概念在实质上并没有准确地解释暴力的内涵与外延。通观《刑法》及其他法律法规也没有对暴力进行明确的界定。在《刑法》中暴力一词散见于总则和分则。在《刑法》总则中，暴力往往是与犯罪一起出现的，如《刑法》第20条第3款关于特殊防卫权的规定，它所针对的对象是正在进行的行凶、杀人等严重危及人身安全的"暴力犯罪"。在关于假释的消极条件中规定，因为"暴力性犯

---

① 高铭暄、马克昌主编：《刑法学》，北京大学出版社、高等教育出版社2000年版，第498页。

罪"被判处十年以上有期徒刑的犯罪分子，不得适用假释。而在《刑法》分则中出现暴力有两种情形：一是罪名中包含暴力二字，如暴力取证罪和暴力干涉婚姻自由罪。二是罪状中包含暴力二字，这种情形相对较多，并且在条文中使用暴力一词，一般在于将暴力作为实施犯罪行为的一种方式，典型的如抢劫罪以及强奸罪中的暴力。那么，《刑法》中暴力一词的含义是否相同呢？尽管从逻辑以及应然的角度而言，同一部法律系统中的同一用语应当具有同一含义。但是，事实上并非如此。在《刑法》中，就有不少相同的语词在不同的条文规定中具有不同的含义，这种现象属于法律语用学研究的范围，即同一语词在不同的法律语境中它的意义有所不同。例如，《刑法》中的犯罪分子一词因语境不同而存在四种意义。[①] 正因为存在这种语用的相对性，也就决定了暴力在不同的刑法条文中的含义不尽相同。在刑法实务界，有研究者指出，在探寻具体罪状中的暴力等术语的含义时，应当根据整个犯罪构成要件来作出相应的解释，或者作出超出基本含义的扩大性解释，或者作缩减基本含义的限制性解释。[②] 就《刑法》中涉及的暴力这一词语而言，无非是对物的暴力和对人的暴力两种，具体到暴力干涉婚姻自由罪中的暴力，就必须是针对被害人身体实施的暴力，如果仅仅是对物的暴力破坏以威胁被害人，还不足以认定为暴力干涉婚姻罪中的暴力。同时，仅仅限定暴力作用的对象，还不能准确地界定暴力干涉婚姻自由罪中的暴力，还必须从暴力的程度去界定。按照暴力所造成的实际后果，可以将暴力划分为致人死亡的暴力、致人重伤的暴力、致人轻伤的暴力、致人轻微伤的暴力以及只是造成肉体的暂时痛苦的单纯暴力。因此，暴力干涉婚姻自由罪中的暴力程度显然低于诸如抢劫罪中的暴力程度。这也就是立法机关没有将暴力干涉婚姻自由罪纳入暴力犯罪的范畴的原因。暴力犯罪中所表现出来的暴力往往具有残酷性的特征，而暴力干涉婚姻自由罪中的暴力则一般不具有残酷性特征，对人身伤害并不严重，即使有伤亡的后果，也不是行为人所积极追求的，而是行为人预料之外的，是一种过失的主观心态。行为人以暴力干涉的最终目的不是追求对人身伤害的后果，而是追求对婚姻自由的干涉。因此，我们认为，所谓以暴力

---

① 李宇先：《刑法中"犯罪分子"的语境分析》，载《预防犯罪·导刊》2006年第5期。

② 刘树德：《罪状结构刑事法解释的展开》，法律出版社2002年版，第147~148页。

干涉，是指行为人采取拳打脚踢、捆绑吊打、扣押禁闭、强行抢亲等能让被干涉者身心遭受损害、痛苦的强制手段进行阻挠、干扰。这种暴力干涉的行为通常表现为较长时间的持续性，如果被干涉者不屈服，行为人就不罢休。如果只是短暂的轻微暴力，并不足以阻碍他人婚姻自由的，当然不能构成暴力干涉婚姻自由罪。设置暴力干涉婚姻自由罪的立法本意是保护被害人婚姻自由的权利，并且保护的主要不是人身健康权和生命权。在我国刑法实务界，有研究者认为，如果干涉行为没有使用暴力手段，而是由于被害人心理承受能力差而轻生自杀或者因为其他原因自杀的，也不应当按暴力干涉婚姻自由罪定罪处罚。[①] 在我国刑法理论界，有学者认为，把威胁、恐吓等无形的暴力（即使这样的行为引起了严重的危害后果）排除在外，与刑法保护法益、保障人权的目的严重背离，刑法无视这种行为的客观存在及其社会危害性是立法上的不足，主张要将威胁、恐吓等精神暴力纳入暴力干涉婚姻自由罪暴力的范畴。[②] 这种观点是值得商榷的，暴力是指不法行使有形力量的一切情况，是有形的物理力量，包括对人的暴力和对物的暴力，显然不包含所谓无形的精神暴力。

4. 暴力干涉婚姻自由罪侵害的犯罪客体是我国的婚姻自由制度，侵犯的是他人的婚姻自主权利和人身权利。暴力干涉婚姻自由是封建婚姻制度的产物，是家庭暴力犯罪的表现形式之一，是对他人婚姻自主权的严重侵犯，也是古代抢掠婚的遗迹。据梁启超研究："社会学者言最初之婚姻起于掠夺，盖男子恃其膂力，掠公有女子而独据之。实为母系革命之始，我国载籍中虽无明徵，然易爻屡见'匪寇昏（婚）媾'之文，其一曰：'乘马班如，泣血涟如，匪寇婚媾'，夫寇与婚媾，截然二事，何至相混？得母古代昏媾所取之手段与寇无大异。故闻马蹄蹴踏，有女啜泣，谓是遇寇。细审乃知，其为昏媾也。爻辞据孔子所推定，谓'兴之殷之末世周之盛德。'若吾所解释不缪，则掠昏之风商周间犹未绝矣。据昏礼（指《仪礼·士昏礼》）所规定，亦有痕迹可寻。如亲迎必以昏夜，不用乐，女家三夜不举烛。其制礼本意不可晓，若

---

① 何帆编著：《刑法注释书》，中国民主法制出版社 2019 年版，第 584 页。
② 俞小海：《暴力干涉婚姻自由罪之"暴力"反思》，载《安徽警官职业学院学报》2009年第 6 期。

以掠昏遗蜕释之，则是掠者与被掠者两造各求遏密焉耳。今俗亦尚有存其余习者，如婿亲迎及门，妇家闭门，妇家儿童常哗逐媒妁之类皆是。"[①] 还有婚姻史学者认为，抢人去做奴隶是极其普遍的事，妻子是丈夫的财产，抢劫妇女做妻子是增殖财产的重要措施，这就是产生抢劫婚姻的重要根源。从另一方面讲，由于社会的文明程度低下，人们智力较低，对事物缺乏长远考虑，认为女子长大后就嫁给了他人，不能继承自己，因而不愿白养她，所以人为地制造了弃杀女婴的恶习。由这种恶习造成的弊端是数十年后部族中的人感到缺乏成年女子做妻，便组织一批武士到他部族去抢劫一批妇女，带回后分配给胜利者做妻或妾，这也是造成抢劫婚姻的缘由之一。[②] 掠夺婚姻多数出在偏僻落后的边远农村，是以暴力强抢女子为婚的习俗，往往违背当事人意志，是一种野蛮愚昧的婚姻形式，目的是生育，这样组合而成的家庭对于女子而言往往是悲剧性的，婚姻家庭也是凑合型。我国个别少数民族长期流行这种习俗，在某个民族中，虽然已经事先得到女方的默认，男子仍然通过"抢劫"女子来成婚，这种"野蛮"的婚姻方式其实是原始婚姻方式的再现。目前，在我国掠夺婚姻是极少数的。但是，仍然存在有变相的掠夺婚姻，有的屈于权势或者经济方面的原因，而男方加以威迫，这种婚姻就是变相的掠夺婚姻。[③] 新中国成立后，建立了新型的婚姻制度，对旧有的婚姻家庭制度进行了大规模的改革，禁止暴力干涉婚姻自由，在制度上保障了婚姻自由。但是，由于我国历史上长期处于封建社会，旧习惯势力根深蒂固，还不可能在短时期内完全消除。特别是在一部分边远山区和经济文化落后的地方，婚姻大事由父母做主的思想观念至今植根于一些人的头脑中，仍然存在暴力干涉婚姻自由的现象。

暴力干涉婚姻自由，实为旧时掠夺婚之残余。婚姻自由，是指根据自己的意志与某人结婚或者离婚的自由。所谓干涉婚姻自由，既包括不准被害人与所爱的人结婚或者与被害人不爱的人离婚，又包括强迫被害人与被害人不爱的人包括行为人结婚或者与被害人相爱的人离婚。所谓婚姻自由权，是指

---

① 梁启超：《中国文化史·社会组织编》，载《饮冰室合集·饮冰室专集第十八册·饮冰室专集之八十六》，上海中华书局 1936 年版，第 4 页。

② 刘发岑：《婚姻通史》，辽宁人民出版社 1991 年版，第 74 页。

③ 苏梅凤等：《法律社会学》，武汉出版社 1990 年版，第 183 页。

符合法律规定的结婚条件的男女，对于是否结婚、与谁结婚的自主决定权，包括恋爱、结婚、离婚的决定权。所谓身体自由权，是指当事人自由支配自己身体的权利。行为人使用暴力干涉婚姻自由，往往同时要以暴力方式限制他人身体的自由，所以暴力干涉婚姻自由罪既侵犯了他人婚姻自由权，也侵犯了他人身体自由权。当然，一些未成年子女在不该恋爱的时候恋爱，父母出于善意进行干预，即使可能采取较为强烈的暴力方式，因为只是干涉恋爱，而没有干涉婚姻，一般也不按暴力干涉婚姻自由罪论处。

《民法典》第 1041 条规定，实行婚姻自由的婚姻制度。第 1042 条规定，禁止干涉婚姻自由。第 1069 条规定，子女应当尊重父母的婚姻权利，不得干涉父母离婚、再婚以及婚后的生活。这一规定包含禁止暴力干涉婚姻自由的意蕴。《妇女权益保障法》第 44 条规定，禁止干涉妇女的结婚、离婚自由。《老年人权益保障法》第 21 条规定，老年人的婚姻自由受法律保护。子女或者其他亲属不得干涉老年人离婚、再婚。这些法律都禁止干涉婚姻自由，更不用说以暴力手段干涉了。婚姻自由，包括结婚自由和离婚自由。结婚自由，是当事人享有根据自己的意愿与他人结婚的自由，即是否结婚、和谁结婚，当事人有权自主决定，不允许任何一方对另一方加以强迫或者任何第三者加以干涉。离婚自由，是指在婚姻关系难以维系的情况下，双方或者一方可以依法定程序解除婚姻关系的自由。结婚自由和离婚自由共同构成婚姻自由的完整内容，任何干涉婚姻自由的行为都是违法的，违反这些法律规定，是暴力干涉婚姻的行为，构成犯罪的，当然应当追究行为人相应的刑事责任。

三、认定暴力干涉婚姻自由罪应当注意的问题

暴力干涉婚姻自由罪所涉及的情形十分复杂，人民法院在审理此类案件时，应当根据《刑法》的相关规定，以刑法犯罪构成要件的理论为指导，具体案件具体分析，不能仅从存在是否暴力行为来认定以暴力干涉，而应当从行为人的主观心态、暴力的具体情形以及危害程度、造成的后果与案件的其他情况结合起来综合认定，特别要查明行为与结果之间是否有以及有什么样的刑法上的因果关系。

1. 注意区别暴力干涉婚姻自由罪与一般干涉婚姻自由行为的界限。如果

仅以暴力相威胁，或者以非暴力方式干涉婚姻自由，比如包办、买卖婚姻就属于一般干涉婚姻自由的行为，不构成暴力干涉婚姻自由罪。同时，暴力干涉婚姻自由罪是行为犯，只要行为人实施了暴力干涉婚姻自由的行为就构成暴力干涉婚姻自由罪。但是，按照《刑法》第 13 条"但书"的规定，如果行为人暴力干涉婚姻自由的行为情节显著轻微、危害不大的，不认为是犯罪，就不宜按暴力干涉婚姻自由罪定罪处罚。比如，行为人仅仅使用较为轻微的暴力，对被干涉者争取婚姻自由的威胁不大，或者暴力行为对被干涉者人身危害程度轻微，一般不宜以犯罪定罪处罚。由于被告人和被害人往往有亲属关系，加之是告诉才处理的自诉案件，人民法院在审理此类案件时可以适用调解程序，尽量缓解双方的对立情绪，能不作犯罪处理的尽量不作犯罪处理。湖南省株洲市石峰区人民法院审理的自诉人罗某某诉张某某犯暴力干涉他人婚姻罪案就是一起宣告干涉他人婚姻而无罪的案件。自诉人罗某某（女）以被告人张某某犯暴力干涉婚姻自由罪于 2016 年 8 月 15 日向湖南省株洲市石峰区人民法院提起刑事自诉。罗某某诉称：罗某某与张某某的祖父张大爷于 1998 年经过登记结为夫妻，双方均系再婚。婚后，罗某某与张大爷生活一直很幸福，经常一起游山玩水。为保障夫妻俩晚年生活幸福自由，张大爷与罗某某约定，张大爷的工资是唯一生活来源，双方子女都必须自食其力。罗某某与张大爷因年事已高，准备到养老院去安度晚年，可张大爷的孙女张某某为了霸占张大爷的工资收入，于 2013 年就将张大爷的工资卡拿走，必须给张某某打电话后才送 1000 元来，但是每月 1000 元的生活费根本不够用，罗某某认为，罗某某与张大爷系登记结婚的合法夫妻，双方的收入都是家庭的共同财产，罗某某作为张大爷的妻子，对张大爷的工资享有权利。在罗某某提出意见后，为了继续控制张大爷的财产，2016 年 4 月份，张某某逼着张大爷到法院起诉离婚，在法官找张大爷谈话后，张大爷撤回了离婚诉讼。被告人张某某见逼张大爷离婚不成，又于 2016 年 4 月 15 日以找张大爷有事为由将张大爷带离，不让张大爷回家，将罗某某与张大爷隔离。罗某某认为，张某某使用暴力使罗某某与张大爷强行隔离，干涉罗某某与张大爷的婚姻自由，触犯了《刑法》第 257 条第 1 款的规定，已经构成暴力干涉婚姻自由罪，请求人民法院依法追究张某某的刑事责任，并恢复张大爷的人身自由。经湖南省株洲市石峰区人民法院审理查明：自诉人罗某某（女）与被告人张某某的祖父张大爷于 1998 年登记结婚，2016 年 4 月 15 日，张大爷向法院提起离婚诉讼，诉请法院判决与本案自诉人罗某某（女）离婚，2016 年 4 月 28 日撤回离婚诉讼。2016 年 4 月 15 日，张某某应张大爷的要求，开车将张大爷接往张某某父亲家中居住。至今，张大爷一直居住在张某某父亲家中。湖南省株洲市石峰区人民法院认为，自诉人罗某某（女）指控被告人张某某犯暴力干涉婚姻自由罪的证据不足，不足以认定张某某有罪，故自诉人罗某某（女）指控被告人张某某犯暴力干涉婚姻自由罪的罪名不成立。自诉人罗某某（女）提供的证据仅能证明罗某某与张大爷婚后夫妻感情尚可，现张大爷提出与自诉人罗某某（女）离婚并分居的事实，无法证明张某某向张大爷、罗某某（女）使用暴力干涉二人的婚姻自由。法院在审理过程中，通过谈话，张大爷陈述他与罗某某（女）离婚是自愿行为，没有他人干涉，更没有遭受张某某的暴力干涉。遂判决如下：宣告被告人张某某无罪。[①] 后二审裁定维持原判。张某某虽然有干涉老年人婚姻自由的某些行为，但是并没有证据证明张某某使用了暴力，因此，该案宣告无罪是完全正确的。

2. 注意区别暴力干涉婚姻自由罪与故意杀人罪、故意伤害罪等罪的界限。行为人在以暴力干涉婚姻自由时造成被干涉对象伤害、死亡的结果，应当如何定罪的问题，我国刑法理论界存在不同的观点。第一种观点认为，以故意伤害、故意杀人的手段干涉他人婚姻自由行为，造成重伤、死亡的结果，应当构成暴力干涉婚姻自由罪与故意伤害罪或者故意杀人罪的想象竞合，按照想象竞合犯从一重处断的原则以故意伤害罪或者故意杀人罪处理。[②] 第二种观点认为，为了干涉他人婚姻自由将被害人打成重伤或者重伤致死的，则同时触犯了故意伤害罪的法条和暴力干涉婚姻自由罪的法条，且两罪之间具有手段行为与目的行为的关系，因此，应当以牵连犯处理，而牵连犯也适用从一重处断的原则，故最后应以重罪故意伤害罪论处。第三种观点认为，暴力干涉他人婚姻自由造成重伤的，应当以暴力干涉婚姻自由罪与故意伤害罪数罪并罚。[③] 我们认为，由于暴力干涉婚姻自由的行为人与被干涉对象一般都有一

---

① 湖南省株洲市石峰区人民法院（2016）湘 0204 刑初字 116 号刑事判决书。

② 苏长青、阴建峰主编：《侵犯公民民主权利和妨害婚姻家庭罪》，中国人民大学出版社 1999 年版，第 316 页。

③ 王作富主编：《中国刑法研究》，中国人民大学出版社 1992 年版，第 706 页。

定的亲属关系，从行为人的主观动机上来看，行为人并非追求被干涉对象伤害或者死亡的结果，在使用暴力时，应当预见自己的行为可能发生被干涉对象伤害或者死亡的结果，造成伤害或者死亡的结果，一般都是因为疏忽大意而没有预见，或者已经预见而轻信能够避免，以致发生被干涉对象伤害或者死亡的结果。因此，凡是行为人暴力干涉他人婚姻自由而造成被干涉对象伤害或者死亡的后果，都应当定暴力干涉婚姻自由罪。对于这一点，我们可以从几个罪名的法定刑的配置上来分析，我国立法机关基于犯罪社会危害性的大小来配置相应的法定刑，而衡量犯罪行为社会危害性大小的标准就是犯罪行为的手段或者方法。因此，我们在分析罪状中术语的含义时，就应当研判这一术语在法定刑配置上的限定功能。首先，行为人在暴力干涉婚姻自由时因过失造成被干涉对象轻伤结果的，由于没有过失致人轻伤罪，因此，这种轻伤的后果为暴力干涉婚姻自由罪所吸纳，无须另行追究行为人在暴力干涉婚姻自由时因过失造成被干涉对象轻伤结果的刑事责任。其次，行为人在暴力干涉婚姻自由时因过失造成被干涉对象重伤结果的，由于过失致人重伤罪的法定刑是三年以下有期徒刑或者拘役，而暴力干涉婚姻自由罪的法定刑是二年以下有期徒刑或者拘役，两罪法定刑相近，加之暴力干涉婚姻自由罪是特别条款，完全可以将过失致人重伤这一后果所吸纳，因此，无须另行追究行为人在暴力干涉婚姻自由时因过失造成被干涉对象重伤结果的刑事责任。再次，行为人在暴力干涉婚姻自由时因过失致使被干涉对象死亡结果的，根据《刑法》第257条第2款的规定，这种情形是暴力干涉婚姻自由罪的结果加重犯，法定刑在二年以上七年以下有期徒刑，这一法定刑已经将行为人在暴力干涉婚姻自由时因过失致使被干涉对象死亡的结果吸纳进去了，同时，过失致人死亡罪的法定刑是三年以上七年以下有期徒刑，情节较轻的，三年以下有期徒刑，过失致人死亡的法定刑完全可以被暴力干涉婚姻自由罪结果加重犯的法定刑所吸纳，无须另行追究行为人在暴力干涉婚姻自由时因过失致使被干涉对象死亡结果的刑事责任。最后，行为人在暴力干涉婚姻自由时故意伤害被干涉对象造成轻伤结果，由于故意伤害造成轻伤后果的故意伤害罪的法定刑是三年以下有期徒刑、拘役或者管制，而暴力干涉婚姻自由罪的法定刑是二年以下有期徒刑或者拘役，两罪法定刑相近，加之暴力干涉婚姻自由罪是特别条款，完全可以将故意伤害致人轻伤这一后果吸收，因此，无须另行追究行为人在暴力干涉婚姻自由时因故意伤害造成被干涉对象轻伤结果的刑事责任。

暴力干涉婚姻自由与故意杀人罪、故意伤害罪二者的主要区别是：一是侵害的客体不同，暴力干涉婚姻自由罪侵害的客体是复杂客体，包括公民的婚姻自主权和人身权利，人身权利又包括生命权和健康权，但是侵害的主要是公民的婚姻自由权利，而故意杀人罪、故意伤害罪侵害的客体则是他人的生命权和健康权；二是在客观方面，使用暴力程度不同，暴力干涉婚姻自由罪虽然也会使被害人遭受身体上的伤害和精神上的痛苦，但是伤害程度一般不会很严重，一般限于轻伤以下的伤害程度，即使致使被干涉对象重伤或者死亡的结果，也是出于过失的主观心态，对于那种因干涉婚姻自由的目的不能实现，公然故意伤害或者杀害被害人的，由于犯罪主观方面的内容和行为的性质都已发生了变化，因此，应当按故意伤害罪或故意杀人罪定罪处罚；三是在主观方面虽然都是直接故意，但是故意的内容不同，暴力干涉他人婚姻罪的动机是干涉他人婚姻自由，不具有损害他人身体健康的直接故意，而故意杀人罪、故意伤害罪则具有剥夺他人生命或者损害他人身体健康的故意，实质上是一种牵连犯。

3. 注意区别暴力干涉婚姻自由罪与"抢亲"行为的界限。"抢亲"的习俗是古老的抢婚制度的遗留物。在古代社会，由氏族内不允许结婚，只能与其他氏族的异性结婚，在女子缺少的情况下，有些氏族的男子就会到外氏族去抢掠女子回来成亲，形成了抢婚制度，这实质上是群婚和母权制遗迹。据史书记载，罗马建城后不久，罗马人抢劫萨宾人的女子为妻子，并引发战争。这些罗马人的妻子就向她们的父兄请求，把她们替马罗人生的孩子给她们的父兄看，证明她们的丈夫没有虐待她们，恳求萨宾人怜惜她们自己、他们的女婿、外孙子女、外甥（女）。在这样的情况下，萨宾人就停止了对马罗人的进攻，两个氏族就此和好了。[①] 韦斯特马克的研究认为，在任何一个民族中，抢夺婚都不曾是缔结婚姻的通常形式或正常形式。抢夺婚主要是作为战争的

---

① ［古罗马］阿庇安：《罗马史》，谢德风译，商务印书馆 2011 年版，第 24~25 页。

伴随物，或是在用正常手段难以娶妻时作为一种非常手段而出现的。① 现实生活中，在一些地方往往存在女方出于种种原因与男方办理了结婚登记的情形，此后因女方拒绝与男方同居，男方即将女方抢走而强行同居。这种行为是在男女双方经过婚姻登记已经确立了夫妻关系后，已经存在婚姻关系下所实施的行为，这种男方强行"抢走"并与女方同居的行为，在婚姻关系出于正常存续期间的婚内行为，不宜作为暴力干涉婚姻自由罪处理。抢婚后强行与被抢人发生性关系，是否应当认定为强奸也不能一概而论，已经进行了婚姻登记的，不宜认定构成强奸罪，没有进行婚姻登记的，应当认定构成强奸罪。对于"抢亲"案件是否要按暴力干涉婚姻自由罪论处的问题，应当根据具体的案件具体分析，不能一概而论：（1）在一些存在"抢亲"风俗的地方，这不是实质意义上的"抢"，而是形式意义上的"抢"，如果是这种情况，"抢婚""抢亲"就是当地的一种结婚的形式，此时的"抢亲""抢婚"就不能按暴力干涉婚姻自由罪来定罪量刑。如果一方当事人不愿意，另一方当事人强行"抢"，这就是实质意义的"抢"，而不仅仅是形式意义上的"抢"。违背了一方当事人的意愿，干涉了他人的婚姻自由，就应当按暴力干涉婚姻自由罪定罪量刑，一切以被抢当事人的意志为准。（2）如果是在恋爱中，一方提出断绝恋爱关系或者解除婚约，另一方采取暴力方式将女方劫持、非法拘禁至自己控制的地方强迫对方与自己结婚，则可以构成暴力干涉婚姻自由罪。如果采用"生米煮成熟饭"的手段，造成既成事实，违背妇女意志而强行奸淫妇女，则可以按强奸罪定罪处罚。当然，如果"被害人"没有向司法机关控告或者告诉，并与男方建立了正常的夫妻关系共同生活在一起，一般就不宜再追究行为人的刑事责任了。（3）如果双方办理了结婚手续，女方又不愿意与男方同房，男方采用暴力手段抢亲，强行与女方同居的，一般不宜以犯罪论处。如果女方提出离婚，男方仍然强行抢亲奸淫，女方又提出告诉并且非要治罪的，则可以考虑按暴力干涉婚姻自由罪定罪处罚。

4. 注意区别暴力干涉婚姻自由罪与非法拘禁罪的界限。行为人如果以非法拘禁的手段干涉婚姻自由的，一般可以按下列原则处理：一是如果以非法

---

① ［芬兰］E.A.韦斯特马克：《人类婚姻史（第二卷）》，李彬、李毅夫、欧阳觉亚、刘宇、李坚尚译，商务印书馆 2015 年版，第 722~723 页。

拘禁干涉婚姻自由，尚未造成严重后果，且被害人没有向司法机关告发的或者提起自诉，自然不宜追究被告人的刑事责任。由于《刑法》对暴力干涉他人婚姻罪规定了告诉才处理的原则，因此，在处理暴力干涉婚姻自由罪与非法拘禁罪的想象竞合时，如果被害人没有向司法机关告发的或者提起自诉，就不宜按通常的处理原则去适用非法拘禁罪；如果被害人向司法机关告发或者提起自诉，则应当按想象竞合犯处理，以非法拘禁罪定罪处罚。二是如果行为人以非法拘禁的方法干涉婚姻自由，致使被害人重伤、死亡的，应当以想象竞合犯的原则以非法拘禁罪追究被告人的刑事责任。

四、对暴力干涉婚姻自由罪的处理

1. 根据《刑法》第 257 条第 1 款的规定，犯暴力干涉婚姻自由罪的，处二年以下有期徒刑或者拘役。

根据《刑法》第 257 条第 3 款的规定，犯《刑法》第 257 条第 1 款规定的暴力干涉婚姻自由罪，告诉的才处理。根据《刑法》第 98 条的规定，所谓告诉才处理，是指被害人告诉才处理。如果被害人因受强制、威吓无法告诉的，人民检察院和被害人的近亲属也可以告诉。《反家暴意见》第 9 条也规定，要通过代为告诉充分保障被害人自诉权。对于暴力干涉婚姻自由的自诉案件，被害人无法告诉或者不能亲自告诉的，被害人的法定代理人、近亲属可以告诉或者代为告诉；被害人是无行为能力人、限制行为能力人，被害人的法定代理人、近亲属没有告诉或者代为告诉的，人民检察院可以告诉；被害人因受强制、威吓无法告诉的，人民检察院也可以告诉。人民法院对告诉或者代为告诉的，应当依法受理。这里要注意的是，即使是检察机关代为告诉，案件的性质仍然是自诉案件。如果被害人不告诉就不加处理，即司法机关不能主动介入追究行为人的刑事责任，这就明确了暴力干涉他人婚姻自由是自诉案件，除非出现因受强制、威吓无法告诉这一法定事由，人民法院是不告不理，公诉机关也不能越俎代庖提起公诉。

暴力干涉婚姻自由往往是由于家长对子女的婚姻选择不满，或者强迫子女选择家长满意的对象；也有子女不满离婚或者丧偶后的父母的再婚选择的。被干涉者往往也只希望干涉者不再干涉自己的婚姻自由，并不一定希望将自己的亲属送进监狱，也不希望亲属关系破裂，因此，要充分考虑被干涉者的意愿，这些情况处理好了有利于安定团结，如果情节比较轻，可以通过亲友邻里或者有关单位进行帮助解决，被害人如没有要求对行为人追究刑事责任的，司法部门就不干预。只有在被害人认为说服不能解决问题时，告到法院，法院才予以处理。如果出现致使被害人死亡时，司法机关就要主动进行干预，追究有关人员的刑事责任。此外，如果有人暴力干涉婚姻而被害人又死亡或者丧失行为能力，被害人的法定代理人、近亲属也有权代为告诉，人民法院应当受理。这里所说的被害人死亡，不是指因被告人暴力干涉婚姻自由的行为而致使被害人死亡的情况，而是指如年老病死、发生意外事故死亡、被他人杀害等，如是因被告人的暴力干涉行为而致使被害人死亡的就不属于这种情况。

在审理案件时，对于实施暴力干涉婚姻自由情节较轻，或者被告人真诚悔罪，获得被害人谅解，从轻、减轻处罚有利于被害人的，以及有利于促进家庭和睦的，在认定构成犯罪的前提下，可以酌情从轻或者减轻处罚；对于情节轻微不需要判处刑罚的，人民法院可以判决免予刑事处罚。

2. 根据《刑法》第 257 条第 2 款的规定，暴力干涉婚姻自由致使被害人死亡的，处二年以上七年以下有期徒刑。应当指出的是，从立法原意以及罪刑责的设置上来看，这里的致使被害人死亡，显然不包括故意伤害致人死亡或者故意杀人。同时，暴力干涉婚姻自由罪条文由原来的"引起"改为现在的"致使"，"致使"更加强调暴力干涉婚姻自由行为与被害人的死亡之间的因果关系。因此，所谓致使被害人死亡，是指行为人因干涉他人婚姻自由而实施暴力的过程中致被害人死亡的。一般表现为被害人因不屈从暴力干涉而愤然自杀以及在暴力干涉的过程中因行为人的行为过失致使被害人死亡，如在抢亲过程中用毛巾堵嘴致被害人窒息死亡，就是如此。对于死亡的结果，行为人必须是出于过失。在我国刑法实务界，有研究者认为，对于行为人过失致人重伤的行为，法律没有提及，这时可以过失致人重伤从重处罚。[①]但是，如我们在前面所分析的，过失致人重伤的这一结果其实已经包含在暴力干涉婚姻自由罪可能造成的后果当中了。

---

① 吴明夏、江绍恒、王亲生主编：《新刑法通释》，人民出版社 1998 年版，第 904 页。

因暴力干涉婚姻自由而致人死亡的，不适用告诉才处理原则，应当由公安机关侦查、检察机关提起公诉，这一规定强调的是暴力干涉行为与被害人死亡之间的因果关系。被害人因暴力干涉而自杀是否属于致使被害人死亡的问题。刑法理论界有两种观点：一种观点认为，致使被害人死亡是指被害人自杀身亡；另一种观点则认为致使被害人死亡是指被害人因不屈从暴力干涉而愤然自杀以及在暴力干涉过程中过失地致被害人死亡。[①] 主流观点是后者，司法实践中，人民法院一般也是对被告人适用致使被害人死亡这一法定量刑档次，但是，我们认为，是否由此排除暴力干涉致使被害人自杀这一情形的适用，仍有待于司法解释加以明确。

3. 因暴力干涉他人婚姻自由而缔结的婚姻关系是可以撤销的婚姻。因为这样缔结的婚姻不是当事人自愿的婚姻，违背了《民法典》有关婚姻自由的婚姻制度，就其实质而言是因胁迫结婚的，根据《民法典》第150条、第1052条的原则规定，因暴力干涉他人婚姻自由而缔结的婚姻关系应当予以撤销，被撤销的婚姻自始没有法律效力，当事人不具有夫妻的权利和义务。关于可撤销婚姻的法律后果在前面章节中已经予以充分的讨论，在此不再赘述。

---

① 参见曾芳文、段启俊：《个罪法定情节研究与适用》，人民法院出版社2005年版，第562~563页。

| 第十二章 |
虐待和遗弃的行为

　　《宪法》第 49 条第 4 款规定，禁止虐待老人、妇女和儿童。《婚姻法》依据《宪法》在第 3 条第 2 款规定，禁止家庭成员间的虐待和遗弃，将《宪法》的规定具体化。禁止侵害的对象不仅限于老人、妇女和儿童，而且扩大到了家庭成员间；禁止侵害的行为也不仅仅限于虐待，而是扩大到了遗弃。《民法典》第 1042 条第 3 款重申，禁止家庭成员间的虐待和遗弃。

　　家庭成员间的虐待和遗弃的行为，行为人要承担相应的民事责任，构成犯罪的，应当按虐待罪和遗弃罪定罪处罚，追究刑事责任。在美国，遗弃、虐待是终止父母权利的法定条件之一，不与孩子联络达到一定时间，没有支付抚养费，或有其他的放弃父母对子女权利的情形均视为遗弃。[①]1979 年《刑法》第 182 条、第 183 条对虐待罪、遗弃罪进行了规定。在修订《刑法》时，在第 260 条、第 261 条对虐待罪、遗弃罪进行了规定。在虐待罪中，将原规定的"引起被害人重伤、死亡的"修订为"致使被害人重伤、死亡的"，这一修订更加符合刑事立法规范。《中华人民共和国刑法修正案（九）》（以下简称《刑法修正案（九）》）第 18 条对《刑法》第 260 条第 3 款进行了修正，"将刑法第二百六十条第三款修改为：'第一款罪，告诉的才处理，但被害人没有能力告诉，或者因受到强制、威吓无法告诉的除外。'"加大了对虐待罪被害人司法保护的力度。根据《最高人民法院关于执行〈中华人民共和国刑法〉确定罪名的规定》和《最高人民检察院关于适用刑法分则规定的犯罪罪

---

　　① 夏吟兰：《美国现代婚姻家庭制度》，中国政法大学出版社 1999 年版，第 106 页。

名的意见》的规定,《刑法》第 260 条和第 261 条规定的罪名分别是虐待罪和遗弃罪。

第一节　虐待的行为

一、虐待罪概念

虐待家庭成员的行为,行为人应当承担相应的民事责任,构成犯罪的,按虐待罪定罪处罚,追究刑事责任。在美国,典型的虐待定义是:由于身体伤害威胁生命、四肢或健康,使配偶一方承受无法忍耐的痛苦,以及导致丧失婚姻生活安全感的一切不正当行为。传统上,虐待须为在一段时间内的持续行为,一次性身体上的伤害行为通常不能作为离婚的理由,除非该行为非常残酷导致生命危险或者造成身体严重伤害,或者引起可以合理预见到在将来会发生的严重危险。[①] 有关研究还表明,在美国法律关于虐待这一概念的外延近几十年来已经大大扩展,除了身体上的虐待外,精神虐待也构成虐待。美国许多州认为有下列行为之一者,即可构成虐待:(1)夫妻一方对他方身体上或者精神上的损害所产生的威胁足以使理智正常的人不敢与加害人继续共同生活;(2)夫妻一方对他方的身体实际加以伤害,如有殴打等残暴行为。虐待行为还包括性虐待以及配偶一方坚持要求过分的、非自然的或者其他非理智的性交行为,而拒绝理智的性交行为。[②] 这些内容涵盖了民事法律和刑事法律的适用范围。

在我国,所谓虐待罪,有刑法学者认为,虐待罪,是指对共同生活的家庭成员,经常以打骂、冻饿、强迫过度劳动、有病不予治疗、限制自由、凌辱人格等手段,从肉体上和精神上进行摧残、折磨,情节恶劣的行为。[③] 还

---

① 夏吟兰:《美国现代婚姻家庭制度》,中国政法大学出版社 1999 年版,第 156 页。
② 夏吟兰:《美国现代婚姻家庭制度》,中国政法大学出版社 1999 年版,第 157 页。
③ 张明楷:《刑法学》,法律出版社 2011 年版,第 818 页。

有刑法学者认为，虐待罪，是指对共同生活的家庭成员，经常采取打骂、冻饿、捆绑、禁闭、凌辱人格、限制自由、强迫过度劳动、有病不给治疗等手段，从肉体上和精神上进行摧残、折磨、迫害，情节恶劣的行为。[1] 我们认为，上述概念在表述上是不规范的，这些学者将自己对"虐待"二字的理解纳入概念之中，而且家庭成员这个概念已经蕴含了"共同生活"在内，再使用"共同生活"有语义重复之嫌。准确的表述应当根据虐待罪的犯罪构成来表述虐待罪的概念，即虐待罪，是指虐待家庭成员，情节恶劣的行为。

二、虐待罪的构成

1. 虐待罪的犯罪主体在刑法理论界有不同的观点，有认为是特殊主体的，理由是行为人是具有特定人身关系的人。[2] 有认为是一般主体的，理由是这种所谓的"具有特定人身关系的人"不是特殊主体。[3] 我们认为，对虐待罪的犯罪主体是一般主体还是特殊主体暂且不论，但是，虐待罪的犯罪主体在身份关系上必须与被害人之间具有家庭成员关系；虐待罪的犯罪主体在空间关系上必须与被害人共同生活在一起，只有这样才能体现虐待罪的犯罪主体的本质特征。一般来说，虐待罪的犯罪主体往往是在经济上或者体力上、家庭地位上占有一定优势的家庭成员。

《民法典》第 1045 条第 3 款规定："配偶、父母、子女和其他共同生活的近亲属为家庭成员。"这一规定表明，配偶、父母、子女和其他共同生活的近亲属四者是并列关系。所以，首先，配偶、父母、子女之间互为家庭成员；其次，共同生活的近亲属之间互为家庭成员。而近亲属的范围，根据《民法典》第 1045 条第 2 款规定："配偶、父母、兄弟姐妹、祖父母、外祖父母、孙子女、外孙子女为近亲属。"也就是说，如果行为人与兄弟姐妹、祖父母、外祖父母、孙子女、外孙子女共同生活，则行为人与兄弟姐妹、祖父母、外

---

① 吴明夏、江绍恒、王亲生主编：《新刑法通释》，人民出版社 1998 年版，第 910 页。周道鸾、张军主编：《刑法罪名精释》，人民法院出版社 2003 年版，第 424 页。

② 吴明夏、江绍恒、王亲生主编：《新刑法通释》，人民出版社 1998 年版，第 67 页、第 910 页。

③ 参见张明楷：《刑法学》，法律出版社 2011 年版，第 134~138 页。

祖父母、孙子女、外孙子女互为家庭成员，就是所谓其他共同生活的近亲属。家庭成员中有人对另一家庭成员实施了虐待犯罪行为，就可以成为虐待罪的犯罪主体，而被虐待者也就成为虐待罪的对象、被（受）害人。如果行为人与被（受）害人不具有家庭成员关系，则不能成为虐待罪的犯罪主体，此为刑法理论界的通说。

此外，《反家暴意见》指出："发生在家庭成员之间，以及具有监护、扶养、寄养、同居等关系的共同生活人员之间的家庭暴力犯罪，严重侵害公民人身权利，破坏家庭关系，影响社会和谐稳定。"这一表述是否说明具有监护、扶养、寄养、同居等关系的共同生活人员也可以视为家庭成员从而构成虐待罪的犯罪主体？从《反家暴意见》的态度来看，具有监护、扶养、寄养、同居等关系的共同生活人员是可以成为虐待罪的犯罪主体的，如果是，则是对虐待罪的犯罪主体的扩大解释，但是，《反家暴意见》还是强调了共同生活。另外，《刑法修正案（九）》第19条规定："在刑法第二百六十条后增加一条，作为第二百六十条之一：'对未成年人、老年人、患病的人、残疾人等负有监护、看护职责的人虐待被监护、看护的人，情节恶劣的，处三年以下有期徒刑或者拘役。'"这种行为构成虐待被监护人、被看护人罪。这种负有监护、看护职责的人与未成年人、老年人、患病的人、残疾人没有形成家庭成员关系，如果负有监护、看护职责的人虐待未成年人、老年人、患病的人、残疾人，情节恶劣的，不构成虐待罪，而是构成虐待被监护人、被看护人罪。《刑法修正案（九）》是基本法律，法律效力位阶高于《反家暴意见》，应当优先适用。

2.虐待罪在主观方面必须是出于直接故意。即行为人明知自己的行为是虐待家庭成员的行为而希望这种行为的发生，虐待这个词本身就蕴含着故意的意义在内。但是，也有学者认为，虐待罪的主观方面之所以是直接故意，是行为人有意识地对被害人进行肉体上、精神上的折磨摧残。[1] 这种观点将虐待罪的直接故意理解为"有意识地"似有不妥。我们认为，判断行为人在主观方面是直接故意还是间接故意，应当看行为人在主观上对犯罪的危害结果或者犯罪的危害行为是持希望发生的态度还是持放任发生的态度，如果是持

---

[1] 周道鸾、张军主编：《刑法罪名精释》，人民法院出版2003年版，第425页。

希望发生的态度就是直接故意，如果是持放任发生的态度就是间接故意。过失不能构成虐待罪。

3.虐待罪在客观方面表现为虐待家庭成员，情节恶劣的行为。

首先，要有虐待的行为。所谓虐待，就普通语义学意义而言，是指用残酷凶狠的手段对待。对象只能是处于相对弱势的人。[①] 在美国，过去法律界认为，虐待须包括对"生命、肢体或健康的危害"[②]。近年来美国法律则认为，"虐待"子女包括对子女在身体、性及情感上的虐待。[③] 我国有婚姻家庭法研究者认为，虐待是指以作为或者不作为的方式，对家庭成员歧视、折磨、摧残，使精神上和肉体上遭受伤害的行为。[④] 我们认为，根据《婚姻家庭编解释一》第1条的规定，持续性、经常性的家庭暴力，构成虐待。而根据《反家庭暴力法》第2条的规定："本法所称家庭暴力，是指家庭成员之间以殴打、捆绑、残害、限制人身自由以及经常性谩骂、恐吓等方式实施的身体、精神等侵害行为。"在此，说明我国司法实务界认为，虐待的行为的外延包括殴打、捆绑、残害、限制人身自由以及经常性谩骂、恐吓等方式。对于虐待的行为的性质，根据《反家暴意见》第17条第1款的规定："依法惩处虐待犯罪。采取殴打、冻饿、强迫过度劳动、限制人身自由、恐吓、侮辱、谩骂等手段，对家庭成员的身体和精神进行摧残、折磨，是实践中较为多发的虐待性质的家庭暴力。"说明我国司法实务界认为，虐待的行为性质具有家庭暴力的性质，虐待的行为的外延包括殴打、冻饿、强迫过度劳动、限制人身自由、恐吓、侮辱、谩骂等手段。这些法律、司法解释和司法意见都是司法实务界判断什么是虐待的行为的法律依据，这些行为主要体现在对被害人肉体上、精神上进行摧残、折磨和迫害，包括积极的作为和消极的不作为。不论是肉体上的摧残还是精神上的折磨、不论是单独连续进行还是交替穿插进行，都不影响虐待罪的成立。

---

① 李行健主编：《现代汉语规范词典》，外语教学与研究出版社、语文出版社2004年版，第967页。

② ［美］哈里·D.格劳斯、大卫·D.梅耶：《美国家庭法精要》，陈苇等译，中国政法大学出版社2010年版，第170页。

③ ［美］哈里·D.格劳斯、大卫·D.梅耶：《美国家庭法精要》，陈苇等译，中国政法大学出版社2010年版，第130页。

④ 王礼仁：《婚姻诉讼前沿理论与审判实务》，人民法院出版社2009年版，第358页。

其次，虐待的行为必须是持续性、经常性的。刑法学界一般均认为这是构成虐待罪的一个基本特征，因为偶尔的矛盾冲突而发生的打骂、冻饿、赶出家门等，不具有持续性、经常性的特征，不能认定为虐待罪的虐待的行为。正是因为这个持续性、经常性的特点，有刑法学者认为，虐待罪中的虐待的行为一方面使虐待的行为对被害人的法益构成了严重侵犯，另一方面也使得虐待的行为不同于伤害、杀人行为。[①] 婚姻家庭法实务界认为，持续性、经常性的家庭暴力，构成虐待。这是《婚姻家庭编解释一》第 1 条的规定，之所以持此种观点，是因为虐待的性质和危害程度要比家庭暴力严重，因此，持续性、经常性的家庭暴力构成虐待。

再次，虐待的行为必须是发生在家庭成员之间。与传统社会的家族相比，现代社会的核心家庭成员特别是配偶、子女之间关系更加友爱，联系也更为紧密，但是也更容易成为虐待的对象。家庭成员是虐待罪犯罪构成的客观要件中最重要的要素，既是犯罪主体，也是犯罪的对象。如果行为人实施了虐待的行为，但是虐待的对象不是家庭成员，则不构成虐待罪，构成犯罪的也是其他罪。

根据《民法典》的相关规定，家庭成员的形成一般有以下几种情形：

一是因婚姻关系而形成的家庭成员。婚姻关系的缔结形成夫妻关系，这是最初的家庭成员，夫妻（配偶）互为家庭成员。夫妻关系是父母与子女间的关系产生的前提和基础。继父母与继子女之间的关系，如果形成一种抚养关系，共同生活在一起，也互为家庭成员，这种家庭成员关系的实质也是因为婚姻关系而形成。

二是因血缘关系而形成的家庭成员。有两种情形：一是由直系血亲关系而联结起来的父母子女关系，他们之间不因成家立业和经济上的分开而解除家庭成员的法律地位；由直系血亲关系而联结起来的其他亲属关系，由己身往上溯，为父母、（外）祖父母、曾（外）祖父母等，由己身往下溯，为子女、（外）孙子女、重（外）孙子女等，如果他们共同生活在一起，也形成家庭成员关系。二是由旁系血亲而联结起来的其他亲属关系。如兄、弟、姐、妹，如果与他们共同生活在一起，也形成家庭成员。

---

① 张明楷：《刑法学》，法律出版社 2011 年版，第 818 页。

三是因收养关系而形成的家庭成员,即养父母与养子女之间,这是一种拟制血亲关系,这种关系等同于父母子女关系,即所谓的亲子关系。

四是现实生活中,还经常出现一种既区别于收养关系、血亲关系,又区别于婚姻关系而形成的家庭成员之间的关系。例如,某甲是位孤寡老人,生活无着落,乙丙夫妇见状而将甲领回去共同生活,自愿履行一种不是法律意义上的赡养义务。一经甲同意被赡养,甲就事实上成了乙丙家的一个家庭成员。

综上,只有基于上述血缘关系、婚姻关系、收养关系等方面取得家庭成员的身份,方能成为虐待罪的犯罪主体和犯罪的对象,这也是此种犯罪行为本身的性质所决定的。

此外,《反家庭暴力法》第37条规定:"家庭成员以外共同生活的人之间实施的暴力行为,参照本法规定执行。"那么,这种家庭成员以外共同生活的人之间实施的暴力行为达到了虐待罪的标准时,对行为人是否按虐待罪追究刑事责任?我们认为,《刑法》的基本原则之一就是罪刑法定,《刑法》的法律效力位阶也高于《反家庭暴力法》,《刑法》对虐待罪的犯罪构成的主体要件中的要素和犯罪对象仅限于家庭成员,《刑法》对虐待罪的犯罪主体和对象没有扩大到家庭成员以外共同生活的人就不宜扩大。

最后,虐待的行为还必须达到情节恶劣的程度才能构成虐待罪,否则虽然具有虐待的行为,但是还没有达到恶劣的程度,也不能以虐待罪论处,只是民事违法行为,是婚姻家庭法范畴内的虐待行为。我们认为,虐待的行为是否构成情节恶劣,应当从虐待的手段、持续的时间、虐待的对象、虐待的后果等方面进行考量。有刑法学者认为对于"情节恶劣"要注意以下几方面:一是虐待的行为持续的时间。虐待时间的长短,在相当程度上决定了对被害人身心损害的大小。虐待时间持续的时间长,往往会造成被害人身心受到较为严重的损害。二是虐待的行为的次数。有些虐待人实施虐待的行为时间不长,但是行为次数频繁,也容易使被害人的身心遭受难以忍受的痛苦,极易出现严重后果。三是虐待手段。现实中,有的虐待手段十分残忍。四是虐待后果。虐待的行为一般会不同程度地给被害人造成精神上、肉体上的痛苦的损害。① 还有刑法学者认为，"情节恶劣"主要是指长期虐待被害人，严重摧残被害人身心健康的；虐待手段凶暴残忍的，如针扎、火烧、皮鞭抽、开水烫等；出于重男轻女、逼迫妻子离婚或者因勾搭成奸等卑劣动机进行虐待的；虐待老年人、未成年人、残疾人、怀有身孕的妇女等；虐待多人、屡教不改的；因虐待的行为造成严重后果或者引起公愤的。② 我们认为，动机卑劣、手段残酷、持续时间长等是判断情节是否恶劣的标准。对因一般家庭矛盾引起的打耳光、拧耳朵、踢踹等，后果不严重，手段不残忍，则不能认定为情节恶劣，比如父母有时在教育孩子时使用了某些暴力手段，只要不是有意对家庭成员在肉体上和精神上进行摧残、折磨，虽然这些行为也不对，可以认定为家庭暴力而不应当认定为虐待的行为，可以按家庭暴力处理。

针对《刑法》对虐待罪的定罪标准不够明确的问题，《反家暴意见》在总结司法实践经验的基础上，对《刑法》规定的构成虐待罪所要求的情节恶劣进行了细化。根据《反家暴意见》第 17 条第 1 款的规定："根据司法实践，具有虐待持续时间较长、次数较多；虐待手段残忍；虐待造成被害人轻微伤或者患较严重疾病；对未成年人、老年人、残疾人、孕妇、哺乳期妇女、重病患者实施较为严重的虐待的行为等情形，属于刑法第二百六十条第一款规定的虐待'情节恶劣'，应当依法以虐待罪定罪处罚。"这一规定在某种意义上也是最高司法机关对虐待罪中情节恶劣的界定。

4. 虐待罪所侵害的客体是家庭成员之间的平等权利，同时也侵害了被害人的人身权利。《宪法》第 48 条第 1 款规定："中华人民共和国妇女在政治的、经济的、文化的、社会的和家庭的生活等各方面享有同男子平等的权利。"《民法典》第 1043 条第 2 款规定："夫妻应当互相忠实，互相尊重，互相关爱；家庭成员应当敬老爱幼，互相帮助，维护平等、和睦、文明的婚姻家庭关系。"这条规定虽然是倡导性、示范性法律规范，但是它体现了我国社会主义家庭关系的基本准则，虐待罪则破坏了社会主义家庭关系的基本准则。《民法典》第 1042 条第 3 款规定，禁止家庭成员间的虐待。《妇女权益保障法》第 2 条第 4 款规定，禁止虐待妇女。第 38 条规定，禁止虐待生育女婴的

---

① 曾芳文、段启俊：《个罪法定情节研究与适用》，人民法院出版社 2005 版，第 566 页。
② 吴明夏、江绍恒、王亲生主编：《新刑法通释》，人民出版社 1998 年版，第 911 页。

妇女和不育的妇女；禁止用迷信、暴力等手段残害妇女；禁止虐待病、残妇女和老年妇女。《未成年人保护法》第10条第2款规定，禁止虐待未成年人。《老年人权益保障法》第3条第3款规定，禁止虐待老年人。这些法律规范都是为了保护家庭成员之间的平等权利。虐待罪侵害的对象则是与行为人共同生活的家庭成员，相互之间存在着一定的亲属关系或者扶养关系，如父母包括养父母、继父母，子女包括养子女、继子女，祖父母包括养祖父母、继祖父母，兄弟姐妹以及自愿扶养的鳏寡孤独者。需要注意的是，虽然是近亲属，但是如果没有共同生活在一起则不能成为虐待罪的犯罪对象，如果发生对他们的人身侵害，如果构成其他犯罪的，按其他罪名处理，不能按虐待罪论处。

三、认定虐待罪应当注意的问题

1.虐待罪的对象必须是家庭成员，而且仅限于家庭成员。如果虐待的对象不是家庭成员，即使有虐待的行为也不构成虐待罪，如果构成犯罪的也是其他犯罪，如对未成年人、老年人、患病的人、残疾人等负有监护、看护职责的人虐待被监护、被看护的人，则构成虐待被监护、看护人罪。如果虐待的是被关押在看守所、监狱等羁押场所的人，则构成虐待被监管人罪。如果是军官虐待部属的，则构成虐待部属罪。如果是虐待俘虏的，则构成虐待俘虏罪，都不能按虐待罪论处。

2.要注意罪与非罪的认定。虐待的行为的情节是否恶劣是区分罪与非罪的一个主要标志。根据《刑法》的规定，虐待家庭成员，只有情节恶劣的，才构成犯罪。虐待的行为一般，情节轻微的，如一两次的打骂，偶尔地不给饭吃、禁闭等，均不应当作为虐待罪论处。在美国，许多法官认为，父母在普通法上，甚至在宪法上，有权使用"合理的"体罚来惩戒其子女，但"不合理的"体罚将被视为"虐待"。[①] 因此，家长对子女一般轻微的体罚不能认定为虐待罪，最多构成民事法律意义上的虐待。

3.要注意虐待罪与故意伤害罪、故意杀人罪的区别。根据《反家暴意见》

---

① ［美］哈里·D.格劳斯、大卫·D.梅耶:《美国家庭法精要》，陈苇等译，中国政法大学出版社2010年版，第130页。

第 17 条第 2 款的规定："准确区分虐待犯罪致人重伤、死亡与故意伤害、故意杀人犯罪致人重伤、死亡的界限，要根据被告人的主观故意、所实施的暴力手段与方式、是否立即或者直接造成被害人伤亡后果等进行综合判断。对于被告人主观上不具有侵害被害人健康或者剥夺被害人生命的故意，而是出于追求被害人肉体和精神上的痛苦，长期或者多次实施虐待的行为，逐渐造成被害人身体损害，过失导致被害人重伤或者死亡的；或者因虐待致使被害人不堪忍受而自残、自杀，导致重伤或者死亡的，属于刑法第二百六十条第二款规定的虐待'致使被害人重伤、死亡'，应当以虐待罪定罪处罚。对于被告人虽然实施家庭暴力呈现出经常性、持续性、反复性的特点，但其主观上具有希望或者放任被害人重伤或者死亡的故意，持凶器实施暴力，暴力手段残忍，暴力程度较强，直接或者立即造成被害人重伤或者死亡的，应当以故意伤害罪或者故意杀人罪定罪处罚。"明确界定了几个相关罪名之间的区别。

4. 与虐待罪相关的罪数问题。如果行为人在实施虐待的行为时还对被害人实施了侮辱、诽谤的行为，这属于刑法理论上的牵连犯形态，应当从一重罪处断。夫妻一方为达到离婚的目的而虐待对方构成犯罪的，由于夫妻关系、婚姻关系并没有解除，不能认定为暴力干涉婚姻自由罪，而应当按虐待罪定罪处罚。

四、对虐待的处理

1. 对实施虐待家庭成员构成犯罪的，依法追究刑事责任。根据《刑法》第 260 条第 1 款的规定，犯虐待罪的，处二年以下有期徒刑、拘役或者管制。

2. 根据《刑法》第 260 条第 2 款的规定，犯虐待罪，致使被害人重伤、死亡的，处二年以上七年以下有期徒刑。这是刑法理论上的所谓结果加重犯，是指法律上规定的一个犯罪行为，由于行为人能够预见而没有预见，发生了严重的结果而加重其法定刑的情况。

3. 根据《刑法》第 260 条第 3 款的规定："第一款罪，告诉的才处理，但被害人没有能力告诉，或者因受到强制、威吓无法告诉的除外。"也就是说，虐待罪属于告诉才处理的刑事自诉案件，一般采取不告不理的原则，也就是说，对于犯虐待罪，在没有致使被害人重伤、死亡的情况下，只有被害人向人民法院提起刑事自诉时的才处理，被害人不控告的，人民检察院不能主动提起公诉，人民法院也不能主动受理，追究行为人的刑事责任。但是，因虐待致使被害人重伤、死亡的，案件则不属于告诉才处理的范围。

所谓告诉才处理，根据《刑法》第98条的规定："本法所称告诉处理，是指被害人告诉才处理。如果被害人因受强制、威吓无法告诉的，人民检察院和被害人的近亲属也可以告诉。"告诉才处理的案件是属于刑事自诉案件的范围，也就是说，此类案件如果被害人要追究施虐者的刑事责任，必须亲自向人民法院提起刑事自诉。犯虐待罪，告诉才处理这一规定，主要是考虑到虐待案件都是发生在家庭成员之间，有些被害人不希望亲属关系破裂，更不希望将施虐者诉诸司法机关对施虐者定罪量刑。因此，司法机关在处理此类案件时要充分考虑被害人的意思。如果被害人不控告，司法机关就不要主动干预。

《婚姻法》第45条规定，虐待家庭成员构成犯罪的，依法追究刑事责任，受害人可以依照刑事诉讼法的有关规定，向人民法院自诉；公安机关应当依法侦查，人民检察院应当依法提起公诉。在编纂《民法典》时没有保留这一规定。《刑法修正案（九）》第18条修正条款对《刑法》第260条第3款告诉的才处理的规定，增加了"但被害人没有能力告诉，或者因受到强制、威吓无法告诉的除外"的规定。被害人没有能力告诉，是指被害人因病重、年幼、智力缺陷、精神障碍等没有能力向人民法院告诉。增加的这部分内容与《刑法》第98条的规定是有区别的。根据《刑法》第98条的规定，如果被害人因受强制、威吓无法告诉的，人民检察院和被害人的近亲属也可以告诉。这是指代为告诉，性质仍然为自诉案件。而《刑法修正案（九）》第18条的规定，是指此类情形应当按公诉案件处理，由检察机关提起公诉，不是代为告诉。[①]《刑法修正案（九）》第18条是《刑法》分则的特别规定，对检察机关而言，应当优先适用而不再适用《刑法》第98条的规定，此时，案件的性质已经由自诉案件转为公诉案件。最高人民检察院公布的第44号指导性案例对于某虐待案就是按公诉案件处理的。该案的基本事实是：被告人于某，女，1986年5月出生，无业。2016年9月以来，因父母离婚，父亲丁某常年在外

---

① 参见何帆编著：《刑法注释书》，中国民主法制出版社2019年版，第587页。

地工作，被害人小田（女，11 岁）一直与继母于某共同生活。于某以小田学习及生活习惯有问题为由，长期、多次对小田实施殴打。2017 年 11 月 21 日，于某又因小田咬手指甲等问题，用衣服撑、挠痒工具等对小田实施殴打，致小田离家出走。小田被爷爷找回后，经鉴定，小田头部、四肢等多处软组织挫伤，身体损伤程度达到轻微伤等级。该案的审理经过是：2017 年 11 月 22 日，网络披露 11 岁女童小田被继母虐待的信息，引起舆论关注。某市某区人民检察院未成年人检察部门的检察人员得知信息后，会同公安机关和心理咨询机构的人员对被害人小田进行询问和心理疏导。通过调查发现，其继母于某存在长期、多次殴打小田的行为，涉嫌虐待罪。鉴于本案被害人系未成年人，没有向人民法院告诉的能力，无法告诉，也没有近亲属代为告诉。检察机关建议公安机关对于某以涉嫌虐待罪立案侦查。11 月 24 日，公安机关作出立案决定。次日，犯罪嫌疑人于某投案自首。2018 年 4 月 26 日，公安机关以于某涉嫌虐待罪向检察机关移送审查起诉。审查起诉阶段，某区人民检察院依法讯问了犯罪嫌疑人，听取了被害人及其法定代理人的意见，核实了案件事实与证据。检察机关经审查认为，犯罪嫌疑人供述与被害人陈述能够相互印证，并得到其他家庭成员的证言证明，能够证明于某长期、多次对被害人小田进行殴打，致被害人小田轻微伤，属于情节恶劣，于某的行为涉嫌构成虐待罪。2018 年 5 月 16 日，某区人民检察院以于某犯虐待罪对其提起公诉。5 月 31 日，该区人民法院适用简易程序开庭审理本案。法庭调查阶段，公诉人宣读起诉书，指控被告人于某虐待家庭成员，情节恶劣，应当以虐待罪追究其刑事责任。被告人对起诉书指控的犯罪事实及罪名无异议。法庭辩论阶段，公诉人发表公诉意见：被告人于某虐待未成年家庭成员，情节恶劣，于某的行为触犯了《刑法》第 260 条第 1 款，犯罪事实清楚，证据确实充分，应当以虐待罪追究其刑事责任。被告人于某案发后主动投案，如实供述自己的犯罪行为，是自首，可以从轻或者减轻处罚。综合法定、酌定情节，建议在有期徒刑六个月至八个月之间量刑。考虑到被告人可能被宣告缓刑，公诉人向法庭提出应适用禁止令，禁止被告人于某再次对被害人实施家庭暴力。最后陈述阶段，于某表示对检察机关指控的事实和证据无异议，并当庭认罪。法庭经审理，认为公诉人指控的罪名成立，出示的证据能够相互印证，提出的量刑建议适当，予以采纳。当庭作出一审判决，认定被告人于某犯虐待罪，判处有期徒刑六个月，缓刑一年。禁止被告人于某再次对被害人实施家庭暴力。一审宣判后，被告人未上诉，判决已生效。某市某区人民检察院在办理本案中发现，2015年9月，小田的亲生父母因感情不和协议离婚，约定其随父亲生活。小田的父亲丁某于2015年12月再婚。丁某长期在外地工作，没有能力亲自抚养被害人。检察人员征求小田生母武某的意见，武某愿意抚养小田。检察人员支持武某到人民法院起诉变更抚养权。2018年1月15日，小田生母武某向某市某区人民法院提出变更抚养权诉讼。法庭经过调解，裁定变更小田的抚养权，改由生母武某抚养，生父丁某给付抚养费至其独立生活为止。该案的指导要旨是：（1）被虐待的未成年人，因年幼无法行使告诉权利的，属于《刑法》第260条第3款规定的被害人没有能力告诉的情形，应当按照公诉案件处理，由检察机关提起公诉，并可以依法提出适用禁止令的建议。（2）抚养人对未成年人未尽抚养义务，实施虐待或者其他严重侵害未成年人合法权益的行为，不适宜继续担任抚养人的，检察机关可以支持未成年人或者其他监护人向人民法院提起变更抚养权诉讼。该案的指导意义是：《刑法》第260条规定，虐待家庭成员，情节恶劣的，告诉的才处理，但是被害人没有能力告诉，或者因受到强制、威吓无法告诉的除外。虐待未成年人犯罪案件中，未成年人往往没有能力告诉，应当按照公诉案件处理，由检察机关提起公诉，维护未成年被害人的合法权利。《最高人民法院、最高人民检察院、公安部、司法部关于对判处管制、宣告缓刑的犯罪分子适用禁止令有关问题的规定（试行）》第7条规定，人民检察院在提起公诉时，对可能宣告缓刑的被告人，可以建议禁止其从事特定活动，进入特定区域、场所，接触特定的人。对未成年人遭受家庭成员虐待的案件，结合犯罪情节，检察机关可以在提出量刑建议的同时，有针对性地向人民法院提出适用禁止令的建议，禁止被告人再次对被害人实施家庭暴力，依法保障未成年人合法权益，督促被告人在缓刑考验期内认真改造。夫妻离婚后，与未成年子女共同生活的一方不尽抚养义务，对未成年人实施虐待或者其他严重侵害合法权益的行为，不适宜继续担任抚养人的，根据《民事诉讼法》第15条的规定，检察机关可以支持未成年人或者其他监护人向人民法院提起变更抚养权诉讼，切实维护未成年人合法权益。[①]

4.实施虐待的行为可以作为离婚案件中准予离婚的情形。在无过错离婚理由确立之前，美国最通常使用的传统离婚理由是虐待。虐待有时被称为残酷的非人道行为，目前有26个州适用该理由。[②] 在我国，离婚诉讼的原告可以以被告对自己实施虐待的行为为由提起离婚诉讼，这是准予离婚的一个法定情形。这种以虐待为由而提起的离婚诉讼，不限于夫妻之间的虐待，即一方对自己的配偶虐待，对其他家庭成员（如子女、岳父母、公婆）虐待，都可以成为提起离婚诉讼的法定情形。人民法院在审理离婚案件时，准予或者不准予离婚应当以夫妻感情是否确已破裂作为标准，而判断夫妻感情是否确已破裂，应当从婚姻基础、婚后感情、离婚原因、夫妻关系现状以及有无和好的可能等方面综合分析。最高人民法院曾经在《夫妻感情的意见》中提出14个标准，其中第13项指出，受对方的虐待，或者受对方亲属的虐待，或者虐待对方亲属，经教育不改，另一方不谅解的作为夫妻感情已破裂的标准之一。而《婚姻法》在第32条第3款第2项将虐待家庭成员作为调解无效的，应当准予离婚的情形之一。《民法典》第1079条第3款第2项仍然将虐待家庭成员作为调解无效的，应当准予离婚的情形之一。这是是否准予离婚的客观标准，而不再是判断夫妻感情确已破裂的标准，只要有虐待家庭成员的情形，经调解无效就应当准予离婚。人民法院在审理以虐待家庭成员作为离婚理由的案件时，应当对是否存在虐待的行为予以查明，这里的虐待不一定要达到构成虐待罪的程度，如果经审理查明确实存在虐待的行为的情形，应当在判决书中予以确认并作为判决的事实依据。从证据的角度而言，人民法院审理涉及因虐待而提出离婚的案件，可以根据公安机关出警记录、伤情鉴定意见、刑事判决书等证据，认定虐待的行为存在的事实。在此基础上，先行进行调解，调解无效的，应当准予离婚。

此外，《婚姻家庭编解释一》第63条还规定："人民法院审理离婚案件，符合民法典第一千零七十九条第三款规定'应当准予离婚'情形的，不应当

[①]　资料来源：中华人民共和国最高人民检察院网站：https://www.spp.gov.cn/spp/jczdal/201811/t20181118_399377.shtml。

[②]　夏吟兰：《美国现代婚姻家庭制度》，中国政法大学出版社1999年版，第156页。

因当事人有过错而判决不准离婚。"意思就是在夫妻关系存续期间，夫妻一方对另一方有虐待的行为，人民法院不能因为施虐者有过错，而对施虐者提出的离婚诉讼请求判决不准离婚。

5. 实施虐待的行为可以作为离婚案件中无过错方请求损害赔偿的情形。根据《民法典》第 1091 条第 4 项的规定，因为虐待家庭成员而导致离婚的，无过错方有权请求损害赔偿。

根据《婚姻家庭编解释一》第 86 条的规定，这里的损害赔偿包括物质损害赔偿和精神损害赔偿。涉及精神损害赔偿的，适用《精神损害赔偿意见》有关规定。

关于承担损害赔偿责任的主体。根据《婚姻家庭编解释一》第 87 条第 1 款的规定，承担损害赔偿责任的主体是离婚诉讼当事人中无过错方的配偶。经人民法院审理后，判决不准离婚的，对于当事人基于虐待提起损害赔偿请求的，根据《婚姻家庭编解释一》第 87 条第 2 款的规定，人民法院不予支持。在婚姻关系存续期间，当事人不起诉离婚而单独以虐待提起损害赔偿请求的，根据《婚姻家庭编解释一》第 87 条第 3 款的规定，人民法院不予受理。

根据《婚姻家庭编解释一》第 88 条的规定，人民法院受理以"虐待"为由的离婚案件时，应当将《民法典》第 1091 条第 4 项规定中当事人的有关权利义务（因虐待导致离婚的，无过错方有权请求离婚损害赔偿），书面告知当事人。在适用《民法典》第 1091 条第 4 项时，应当区分以下不同情况：一是符合因虐待导致离婚的，无过错方有权请求离婚损害赔偿的规定，无过错方作为原告基于该规定向人民法院提起损害赔偿请求的，必须在离婚诉讼的同时提出。二是符合因虐待导致离婚的，无过错方有权请求离婚损害赔偿的规定，无过错方作为被告的离婚诉讼案件，如果被告不同意离婚也不基于该规定提起损害赔偿请求的，如果判决离婚，可以就此单独提起诉讼。三是无过错方作为被告的离婚诉讼案件，一审时被告未基于因虐待导致离婚的，无过错方有权请求离婚损害赔偿的规定提出损害赔偿请求，如果判决离婚，二审期间提出的，人民法院应当进行调解；调解不成的，告知当事人另行起诉。双方当事人同意由第二审人民法院一并审理的，第二审人民法院可以一并裁判。

根据《婚姻家庭编解释一》第 89 条的规定，当事人在婚姻登记机关办理离婚登记手续后，以虐待为由向人民法院提出损害赔偿请求的，人民法院应当受理。但是当事人在协议离婚时已经明确表示放弃该项请求的，人民法院不予支持。

6. 实施虐待的行为可以作为申请撤销监护人案件中撤销监护人资格的情形。根据《民法典》第 36 条的规定："监护人有下列情形之一的，人民法院根据有关个人或者组织的申请，撤销其监护人资格，安排必要的临时监护措施，并按照最有利于被监护人的原则依法指定监护人：（一）实施严重损害被监护人身心健康的行为；（二）怠于履行监护职责，或者无法履行监护职责且拒绝将监护职责部分或者全部委托给他人，导致被监护人处于危困状态；（三）实施严重侵害被监护人合法权益的其他行为。""本条规定的有关个人、组织包括：其他依法具有监护资格的人，居民委员会、村民委员会、学校、医疗机构、妇女联合会、残疾人联合会、未成年人保护组织、依法设立的老年人组织、民政部门等。""前款规定的个人和民政部门以外的组织未及时向人民法院申请撤销监护人资格的，民政部门应当向人民法院申请。"也就是说，如果监护人对被监护人实施了虐待的行为并且严重侵害被监护人合法权益的，人民法院可以根据被监护人的近亲属、居民委员会、村民委员会、县级人民政府民政部门等有关人员或者单位的申请，依法撤销其监护人资格，另行指定监护人。同时，根据《反家暴意见》第 22 条规定，人民法院、人民检察院、公安机关对于监护人实施虐待的行为，严重侵害被监护人合法权益的，在必要时可以告知被监护人及其他有监护资格的人员、单位，向人民法院提出申请，要求撤销监护人资格，依法另行指定监护人。根据《民法典》第 37 条的规定："依法负担被监护人抚养费、赡养费、扶养费的父母、子女、配偶等，被人民法院撤销监护人资格后，应当继续履行负担的义务。"2016 年 5 月 31 日，最高人民法院公布的关于侵害未成年人权益被撤销监护人资格典型案例中，林某某因虐待家庭成员而被撤销监护人资格案就是一起典型案例。福建省仙游县榜头镇梧店村村民林某某（女）多次使用菜刀割伤年仅 9 岁的亲生儿子小龙（化名）的后背、双臂，用火钳鞭打小龙的双腿，并经常让小龙挨饿。自 2013 年 8 月始，当地镇政府、村委会干部及派出所民警多次对林某某进行批评教育，但林某某拒不悔改。2014 年 1 月，共青团莆田市委、市妇联等部门联合对林某某进行劝解教育，林某某书面保证不再殴打小龙，但其后林某某依然我行我素。2014年5月29日凌晨，林某某再次用菜刀割伤小龙的后背、双臂。为此，仙游县公安局对林某某处以行政拘留十五日并处罚款人民币1000元。6月13日，申请人仙游县榜头镇梧店村民委员会以被申请人林某某长期对小龙的虐待行为已严重影响小龙的身心健康为由，向法院请求依法撤销林某某对小龙的监护人资格，指定梧店村民委员会作为小龙的监护人。在法院审理期间，法院征求小龙的意见，其表示不愿意随林某某共同生活。福建省仙游县人民法院经审理认为，监护人应当履行监护职责，保护被监护人的身体健康、照顾被监护人的生活，对被监护人进行管理和教育，履行相应的监护职责。被申请人林某某作为小龙的监护人，未采取正确的方法对小龙进行教育引导，而是采取打骂等手段对小龙长期虐待，经有关单位教育后仍拒不悔改，再次用菜刀割伤小龙，其行为已经严重损害小龙的身心健康，故其不宜再担任小龙的监护人。依照民法及未成年人保护法的有关规定，撤销被申请人林某某对小龙的监护人资格；指定申请人仙游县榜头镇梧店村民委员会担任小龙的监护人。这个案件的典型意义在于撤销父母监护权是国家保护未成人合法权益的一项重要制度。父母作为未成年子女的法定监护人，若不履行监护职责，甚至对子女实施虐待、伤害或者其他侵害行为，再让其担任监护人将严重危害子女的身心健康。结合本案情况，仙游县人民法院受理后，根据法律的有关规定，在没有其他近亲属和朋友可以担任监护人的情况下，按照最有利于被监护人成长原则，指定当地村民委员会担任小龙的监护人。本案宣判后，该院还主动与市、县两级团委、妇联沟通，研究解决小龙的救助、安置等问题。考虑到由村民委员会直接履行监护职责存在一些具体困难，后在团委、民政部门及社会各方共同努力之下，最终将小龙妥善安置在SOS儿童村，切实维护小龙合法权益。本案为《关于监护人的意见》中有关有权申请撤销监护人资格的主体及撤销后的安置问题等规定的出台，提供了实践经验，并对类似情况发生时，如何具体保护未成年人权益，提供了示范样本。①

---

① 《最高人民法院关于侵害未成年人权益 被撤销监护资格典型案》，载《人民法院报》2016年6月1日。

7. 实施虐待的行为可以作为请求公安机关对施虐者予以行政处罚的情形。根据《治安管理处罚法》第 45 条的规定，如果施虐者实施虐待的行为，受害人有权向公安机关提出相应的请求，受害人提出请求的，公安机关应当依照治安管理处罚的法律规定给予行为人处五日以下拘留或者警告的行政处罚。

8. 虐待未成年养子女是解除收养关系的法定事由。根据《民法典》第 1114 条第 2 款的规定，收养人不履行抚养义务，有虐待未成年养子女合法权益行为的，送养人有权要求解除养父母与养子女间的收养关系。送养人、收养人不能达成解除收养关系协议的，可以向人民法院提起诉讼。由于收养关系解除后，养子女与养父母以及其他近亲属间的权利义务关系即行消除，与生父母以及其他近亲属间的权利义务关系自行恢复，养父母与养子女间的抚养与赡养义务也随之消除，生父母与子女的抚养与赡养义务自行恢复。但是，根据《民法典》第 1118 条的规定，收养关系解除后，经养父母抚养的成年养子女，对缺乏劳动能力又缺乏生活来源的养父母，应当给付生活费。因养子女成年后虐待养父母而解除收养关系的，养父母可以要求养子女补偿收养期间支出的抚养费。生父母要求解除收养关系的，养父母可以要求生父母适当补偿收养期间支出的抚养费；但是，因养父母虐待养子女而解除收养关系的除外。

9. 虐待被继承人是丧失继承权的法定事由。根据《民法典》第 1125 条第 1 款第 3 项的规定，继承人虐待被继承人情节严重的，丧失继承权。这一规定是否意味着继承人在虐待被继承人时必须构成虐待罪呢？有学者认为，这一规定的意义是指继承人在被继承人生前经常对被继承人进行精神或者肉体上的折磨，如经常打骂、冻饿、强迫从事过度劳动、有病不给治疗等手段折磨、摧残被继承人。虐待被继承人必须是情节严重才丧失继承权。情节是否严重，可以从实施虐待的行为的持续时间、手段、后果及社会影响等诸方面综合考虑，并不是以是否构成刑事犯罪、是否应当承担刑事责任为依据。[①] 但是，根据《民法典》第 1125 条第 2 款规定，如果继承人如果确已悔改，被继承人表示宽恕或者事后在遗嘱中将其列为继承人的，该继承人不丧失继承权。这是当事人意志自治原则的体现。

---

① 许莉主编：《婚姻家庭继承法学》，北京大学出版社 2019 版，第 230 页。

第二节　遗弃的行为

一、遗弃罪的概念

遗弃家庭成员的行为，行为人应当承担相应的民事责任，构成犯罪的，应当按遗弃罪定罪处罚，追究刑事责任。所谓遗弃罪，是指对于年老、年幼、患病或者其他没有独立生活能力的人，负有扶养义务而拒绝扶养，情节恶劣的行为。这是我国关于遗弃罪标准的刑法概念。

二、遗弃罪的构成

1. 遗弃罪的犯罪主体。刑法理论界一般认为遗弃罪的犯罪主体是特殊主体，是指那些对被害人负有扶养义务且具有扶养能力的人。所谓负有扶养义务，有刑法学者认为，是指行为人对于年老、年幼、患病或者其他没有独立生活能力的人，依法负有在经济、生活等方面予以供给、照顾、帮助，以维持其正常生活的义务。[①] 如果对年老、年幼、患病或者其他没有独立生活能力的人不负有扶养义务，或者虽然负有扶养义务但是自身没有负担能力，自然也就不存在拒不扶养的问题，更不存在构成遗弃罪的问题。那么，什么样的情况下才能形成扶养义务？根据《民法典》的相关规定，扶养义务主要包括以下几种情况：

一是夫妻之间有互相扶养的义务，这是基于婚姻关系形成的法定义务。《民法典》第 1059 条规定："夫妻有相互扶养的义务。""需要扶养的一方，在另一方不履行扶养义务时，有要求其给付扶养费的权利。"《老年人权益保障法》第 23 条第 1 款规定："老年人与配偶有相互扶养的义务。"因此，负有扶

---

① 吴明夏、江绍恒、王亲生主编：《新刑法通释》，人民出版社 1999 年版，第 913 页。何帆编著：《刑法注释书》，中国民主法制出版社 2019 年版，第 589 页。

养义务的丈夫或者妻子可能成为遗弃罪的犯罪主体。

二是父母对未成年子女或者不能独立生活的成年子女有抚养的义务，这是基于血缘关系形成的法定义务。《民法典》第 1058 条规定："夫妻双方平等享有对未成年子女抚养、教育和保护的权利，共同承担对未成年子女抚养、教育和保护的义务。"第 1067 条第 1 款规定："父母不履行抚养义务的，未成年子女或者不能独立生活的成年子女，有要求父母给付抚养费的权利。"所谓抚养费，根据《婚姻家庭编解释一》第 42 条的规定，抚养费包括子女生活费、教育费、医疗费等费用。同时，父母离婚后，对未成年子女或者不能独立生活的成年子女仍然有抚养义务。《民法典》第 1084 条第 1 款、第 2 款规定："父母与子女间的关系，不因父母离婚而消除。离婚后，子女无论由父或者母直接抚养，仍是父母双方的子女。""离婚后，父母对于子女仍有抚养、教育、保护的权利和义务。"因为血缘关系是无法解除的。因此，负有抚养义务的父母可能成为遗弃罪的犯罪主体。

三是成年子女对缺乏劳动能力或者生活困难的父母有赡养的义务，这是基于血缘关系形成的法定义务。《民法典》第 1067 条第 2 款规定："成年子女不履行赡养义务的，缺乏劳动能力或者生活困难的父母，有要求成年子女给付赡养费的权利。"《老年人权益保障法》第 14 条第 2 款规定："赡养人是指老年人的子女以及其他依法负有赡养义务的人。"第 3 款规定："赡养人的配偶应当协助赡养人履行赡养义务。"同时，《民法典》第 1069 条还规定："子女对父母的赡养义务，不因父母的婚姻关系变化而终止。"不得因为父母离婚或者再婚而拒绝赡养。因此，负有赡养义务的成年子女可能成为遗弃罪的犯罪主体。

四是关于养父母与养子女之间的扶养义务问题。养父母对未成年养子女或者不能独立生活的成年养子女有抚养的义务；成年养子女对缺乏劳动能力或者生活困难的养父母有赡养的义务，这是基于因收养关系构成的拟制血亲关系而形成的法定义务。根据《民法典》第 1093 条的规定："下列未成年人，可以被收养：（一）丧失父母的孤儿；（二）查找不到生父母的未成年人；（三）生父母有特殊困难无力抚养的子女。"从这一规定来看，在收养时，被收养人都是未成年人，养父母自然应当承担对养子女的抚养义务。同时，《民法典》第 1111 条规定："自收养关系成立之日起，养父母与养子女间的权利义务关系，适用本法关于父母子女关系的规定；养子女与养父母的近亲属间的权利义务关系，适用本法关于子女与父母的近亲属关系的规定。""养子女与生父母以及其他近亲属间的权利义务关系，因收养关系的成立而消除。"养父母与养子女间的权利义务关系等同于父母子女的权利义务关系，养子女与生父母之间的赡养与扶养义务因为收养关系的成立而消除，生父母不再承担已经送养的亲生子女的抚养义务，养子女也不必承担赡养生父母的义务。如果成年养子女拒绝赡养缺乏劳动能力或者生活困难的生父母，不能成为遗弃罪的犯罪主体，成年养子女拒绝赡养生父母的行为不构成遗弃罪。当然，法律并不排斥甚至鼓励养子女在自愿的前提下赡养缺乏劳动能力或者生活困难的生父母。因此，负有抚养义务的养父母或者负有赡养义务的养子女可能成为遗弃罪的犯罪主体。

五是关于继父母与继子女之间的扶养义务问题。继父母与继子女关系是因父母离异、丧偶后再婚这种婚姻关系而形成的家庭关系。受到继父母抚养的继子女在成年后对缺乏劳动能力或者生活困难的继父母有赡养的义务，这是基于婚姻关系构成的拟制血亲关系而形成的法定义务。《民法典》第1072条规定："继父母与继子女间，不得虐待或者歧视。""继父或者继母和受其抚养教育的继子女间的权利义务关系，适用本法关于父母子女关系的规定。"对于继父母与继子女关系而言，继父母对继子女没有抚养的义务，继子女对继父母也没有赡养的义务。但是，如果继子女受到继父母的抚养，他们之间的权利义务关系则适用《民法典》关于父母子女关系的规定，形成了继子女对继父母的赡养义务。当然，继子女在没有受到继父母的抚养的情况下，法律并不排斥甚至鼓励继子女在自愿的前提下赡养缺乏劳动能力或者生活困难的继父母。因此，负有赡养义务的继子女可能成为遗弃罪的犯罪主体。

六是父母和非婚生子女之间的抚养与赡养义务与父母和婚生子女之间的抚养与赡养义务相同，这是基于血缘关系形成的法定义务。根据《民法典》第1071条的规定："非婚生子女享有与婚生子女同等的权利，任何组织或者个人不得加以危害和歧视。""不直接抚养非婚生子女的生父或者生母，应当负担未成年子女或者不能独立生活的成年子女的抚养费。"非婚生子女成年后，因患病、残疾等原因不能独立生活的，生父、生母仍然需要继续支付必要的生活费用。因此，负有抚养义务的生父、生母和负有赡养义务的非婚生子女可能成为遗弃罪的犯罪主体。对于人工授精所生育的子女法律地位如何认定的问题，最高人民法院于 1991 年 7 月 8 日在《关于夫妻离婚后人工授精所生子女的法律地位如何确定的复函》中指出："在夫妻关系存续期间，双方一致同意进行人工授精，所生子女应视为夫妻双方的婚生子女，父母子女之间权利义务关系适用《婚姻法》的有关规定。"这一规定在诸多发生法律效力的裁判中得到确认，在 2006 年第 7 期《最高人民法院公报》刊登的李某花、范某诉范某业、滕某继承纠纷案就是如此。最高人民法院认为，范某祥和李某花在夫妻关系存续期间，双方一致同意利用他人的精子进行人工授精并使女方受孕，后男方又反悔，这种反悔未征得女方同意。在未协商一致时，男方突然死亡，后范某出生，尽管该子女与男方没有血缘关系，仍然应当视为夫妻双方的婚生子女，范某可以继承范某祥的遗产。[①] 这一案例虽然涉及的是继承问题，但是明确了夫妻双方一致同意进行人工授精，所生子女为夫妻婚生子女的原则。

七是有负担能力的祖父母、外祖父母，对于父母已经死亡或者父母无力抚养的未成年孙子女、外孙子女，有抚养的义务；有负担能力的孙子女、外孙子女，对于子女已经死亡或者子女无力赡养的祖父母、外祖父母，有赡养的义务，这是基于血缘关系而形成的法定义务。对此，《民法典》第 1074 条规定："有负担能力的祖父母、外祖父母，对于父母已经死亡或者父母无力抚养的未成年孙子女、外孙子女，有抚养的义务。""有负担能力的孙子女、外孙子女，对于子女已经死亡或者子女无力赡养的祖父母、外祖父母，有赡养的义务。"因此，负有抚养义务的祖父母、外祖父母和负有赡养义务的孙子女、外孙子女可能成为遗弃罪的犯罪主体。

八是有负担能力的兄、姐，对于父母已经死亡或者父母无力抚养的未成年弟、妹，有扶养的义务；由兄、姐扶养长大的有负担能力的弟、妹，对于缺乏劳动能力又缺乏生活来源的兄、姐，有扶养的义务，这是基于血缘关系而形成的法定义务。对此，《民法典》第 1075 条有规定："有负担能力的兄、姐，对于父母已经死亡或者父母无力抚养的未成年弟、妹，有扶养的义

---

① 资料来源：《李某花、范某诉范祖业、滕某继承纠纷案》，载《最高人民法院公报》2006 年第 7 期。

务。""由兄、姐扶养长大的有负担能力的弟、妹，对于缺乏劳动能力又缺乏生活来源的兄、姐，有扶养的义务。"因此，负有扶养义务的兄、姐或者弟、妹可能成遗弃罪的犯罪主体。

根据上述规定，对于不负有法律规定的扶养义务的近亲属拒绝扶养的，不应当认为是遗弃行为。但是，按照立法精神和社会主义道德的要求，具有以下情形的，应当认为负有抚养的权利义务关系：由法律上不负有抚养义务的人抚养成人的人，对抚养人应当负有赡养扶助的义务；在长期生活中互相形成的道义上的抚养关系，如老保姆不计较待遇，多年帮助雇主抚育子女、操持家务等，雇用一方言明养其晚年，对于这种赡养关系，应当予以确认和保护。此外，对于没有抚养义务的人而抚养成人的人，在抚养人年老、患病等丧失独立生活能力而又无其他法定扶养义务的人的情况下，是否对抚养人负有扶养义务，法律上虽然没有明确规定，但是根据立法精神、社会伦理道德，应当视为负有扶养义务的人。扶养人与被扶养人在事实上已经形成了扶养的关系，因而相互之间已经形成了法律上认可的扶养义务。

上述这些负有扶养义务的人都有可能成为遗弃罪的犯罪主体。此外，《反家暴意见》指出："发生在家庭成员之间，以及具有监护、扶养、寄养、同居等关系的共同生活人员之间的家庭暴力犯罪，严重侵害公民人身权利，破坏家庭关系，影响社会和谐稳定。"说明具有监护、扶养、寄养、同居等关系的共同生活人员可以视为家庭成员从而构成遗弃罪的犯罪主体。对于这个问题，我们在论述虐待罪时已经提及，在此不再赘述，有待立法机关或者最高司法机关予以明确。

2. 遗弃罪在主观方面必须是出于故意，即行为人明知自己是负有扶养义务且有扶养能力的人而决意对需要行为人扶养的人拒绝扶养，过失不能构成遗弃罪，遗弃这个词本身就蕴含故意的意义。有刑法学者认为，遗弃罪的主观方面体现在行为人为达到某种卑鄙目的而故意不履行扶养义务。[①] 有婚姻家庭法学者认为，遗弃在主观方面表现为任意离去、无回来之意思、未经配偶同意之离去、无正当理由之离去等。并认为在主观上是一种恶意遗弃。该学者还认为，我国婚姻法没有规定遗弃行为在主观上必须为故意或者恶意，但

---

① 周道鸾、张军主编：《刑法罪名精释》，人民法院出版社 2003 年版，第 427 页。

是在解释上，通说认为，遗弃行为在主观上必须为故意或者恶意。即明知自己应当履行扶养义务而拒绝扶养。[1]

3.遗弃罪在客观方面表现为对年老、年幼、患病或者其他没有独立生活能力的人，负有扶养义务而拒绝扶养，情节恶劣的行为。

首先，行为人必须对年老、年幼、患病或者其他没有独立生活能力的人负有扶养义务。所谓年老、年幼、患病或者其他没有独立生活能力的人，其实就是对没有独立生活能力的人的列举。没有独立生活能力是指因年老、年幼、患病、残疾等原因，不具有或者丧失劳动能力，从而没有生活来源需要他人在经济上予以供养，或者虽然具有一定的经济能力或者来源，但是生活上却不能自理而需要照顾等。一般包括家庭成员中具有以下几种情况的人：（1）因年老、伤残、疾病等生理原因，丧失了劳动能力，而且没有其他生活来源；（2）虽然有生活来源，但是因患病、年老、伤残等生理原因，生活不能自理的；（3）因年幼或者智力障碍等生理、精神原因，没有独立生活能力的；（4）其他原因而没有独立生活能力的，等等。除了对于具有这类情况的家庭成员外，一般不发生遗弃，更谈不上构成遗弃罪的问题。关于遗弃行为的性质，根据《反家暴意见》第17条第3款的规定："依法惩处遗弃犯罪。负有扶养义务且有扶养能力的人，拒绝扶养年幼、年老、患病或者其他没有独立生活能力的家庭成员，是危害严重的遗弃性质的家庭暴力。"认为遗弃是具有家庭暴力性质的行为。

所谓扶养，是指行为人不仅仅要向没有独立生活能力的家庭成员提供必要的经济或者物质上的供给，而且还应当给没有独立生活能力的家庭成员在生活上提供必要的照料和帮助，以保障没有独立生活能力的家庭成员维持基本的生活，减轻因为没有独立生活能力、生活不能自理所带来的痛苦。在婚姻家庭法律规范中，扶养分为广义的扶养和狭义的扶养，广义的扶养包括平辈之间的互相扶养、长辈对晚辈的抚养、晚辈对长辈的赡养；狭义的扶养，仅指夫妻之间的互相扶养和兄弟姐妹之间的互相扶养。

---

[1] 王礼仁：《婚姻诉讼前沿理论与审判实务》，人民法院出版社2009年版，第366页。

抚养，是指关心爱护并教育培养，只用于长辈对晚辈。[①] 父母与子女之间关系从子女出生起就自然存在，父母对未成年子女的抚养义务，是社会所赋予并由国家法律规定的义务，它既是一项社会义务，也是一项法律义务，同样也可以说是一种天性。而所谓不能独立生活的成年子女，根据《婚姻家庭编解释一》第41条的规定，尚在校接受高中及其以下学历教育，或者丧失、部分丧失劳动能力等非因主观原因而无法维持正常生活的成年子女，可以认定为不能独立生活的成年子女。

祖父母对孙子女、外祖父母对外孙子女抚养义务的产生必须具备法定的条件。在特定条件下，孙子女有要求祖父母抚养的权利，外孙子女有要求外祖父母抚养的权利。这个特定的条件就是未成年的孙子女、外孙子女的父母已经死亡或者父母无力抚养。前提是负有义务的祖父母、外祖父母有负担能力。

赡养，是指供给生活需要，特指供给父母的生活需要。[②] 子女对父母的赡养义务，同样是社会所赋予的社会义务，也是我国婚姻家庭法律规范所规定的法律义务。《老年人权益保障法》第14条第1款规定："赡养人应当履行对老年人经济上供养、生活上照料和精神上慰藉的义务，照顾老年人的特殊需要。"因此，从父母需要子女赡养之日起，这种义务是不能附条件的，子女就是无条件要赡养父母。

孙子女对祖父母、外孙子女对外祖父母赡养义务的产生必须具备法定的条件。在特定条件下，祖父母有要求孙子女赡养的权利，外祖父母有要求外孙子女赡养的权利。这个特定的条件就是祖父母、外祖父母的子女已经死亡或者子女无力赡养。前提是负有义务的孙子女、外孙子女有负担能力。

扶养，是指扶助供养，一般用于平辈之间。[③] 夫妻相互间的扶养义务，在我国社会主义法律制度下，是一项无条件的法律义务。我国婚姻家庭法律规

[①] 李行健主编：《现代汉语规范词典》，外语教学与研究出版社、语文出版社2004年版，第406页。

[②] 李行健主编：《现代汉语规范词典》，外语教学与研究出版社、语文出版社2004年版，第1139页。

[③] 李行健主编：《现代汉语规范词典》，外语教学与研究出版社、语文出版社2004年版，第406页。

范规定，夫妻双方在家庭中的地位是平等的，权利和义务也是完全平等的，任何一方既有扶养对方的义务，也有要求对方扶养的权利，因此，夫妻之间形成了一种扶养和领受扶养的权利和义务关系，即狭义的扶养扶助关系。夫妻相互间的扶养扶助关系必须是以存在夫妻关系为前提，是双方婚姻关系存续期间的一种夫妻人身财产关系，一旦这种婚姻关系终止了，那么这种扶养扶助关系自然也就宣告终止。

兄弟姐妹之间扶养义务的产生必须具备法定的条件。在特定条件下，兄姐对未成年弟妹有扶养的义务，这个特定的条件就是兄弟姐妹的父母已经死亡或者父母无力抚养。在特定的条件下，弟妹对缺乏劳动能力又缺乏生活来源的兄姐有扶养的义务，这个特定的条件就是弟妹是由兄姐扶养长大。前提是负有义务的兄弟姐妹有负担能力。

总之，公民对哪些家庭成员负有扶养义务，是由我国法律规定的。扶养义务是基于上述扶养与被扶养、抚养与被抚养和赡养与被赡养这三种家庭成员之间不同的权利义务关系而产生的。

其次，行为人要有拒绝扶养的行为。拒绝扶养的前提是有扶养能力，这是毫无疑问的，如果自己都没有独立生活能力，或者说生存条件不足以扶养他人，当然也就不存在拒绝的问题。所谓有扶养能力，是指行为人能够负担起被扶养人的生活，一般是指有独立的经济能力，并有能够满足本人及子女、老人的最低生活标准（当时、当地的标准）的情况。行为人是否有扶养能力或者说有能力负担，这就需要司法机关结合负有扶养义务的人收入、开支、家庭人口等情况具体加以认定。所谓拒绝扶养，是指应当扶养且有能力扶养而拒不提供，以至于没有独立生活能力的家庭成员处于难以克服的困难境地，生活无以为继，也就是能养不养。拒绝扶养的方式有各种各样，有的是对没有独立生活能力的家庭成员视而不见、听而不闻、放任不管、不加理睬和照料，逃避扶养责任；有的是将没有独立生活能力的家庭成员弃而不管、离家出走，逃避扶养责任；有的是将没有独立生活能力的家庭成员丢弃在自己不能扶养的场所，如将婴儿、残疾人丢弃在他人家或者福利院门口，逃避扶养责任；消极地不履行所负有的扶养义务，如儿女对失去劳动能力又无经济来源的父母不承担经济供给义务，子女对生活不能自理的父母不予照料等，如此种种。无论行为人的行为如何，就行为人应当履行扶养义务而不履行这一最为根本的特征而言，遗弃罪是不作为犯罪的一种，这是遗弃罪重要的特点，正是这一特点使得遗弃罪与其他婚姻家庭方面的犯罪如虐待罪有了本质的区别。有婚姻家庭法学者认为，遗弃主要是指对于需要扶养的家庭成员，负有扶养义务而拒绝扶养的行为。表现在经济上不供养，生活上不照顾，使被扶养人的正常生活不能维持，甚至生命和健康得不到保障。[①]

最后，行为人对于年老、年幼、患病或者其他没有独立生活能力的人，负有扶养义务而拒绝扶养的行为必须达到情节恶劣的程度才构成遗弃罪。否则只能算有遗弃行为，只须承担民事责任。关于遗弃罪中的情节恶劣，一般学者认为，所谓情节恶劣，从司法实践来看，主要包括以下几种情形：（1）由于遗弃行为而致没有独立生活能力的家庭成员重伤、死亡或者自杀的；（2）没有独立生活能力的家庭成员因为遗弃而致生活无着落、流离失所的；（3）在遗弃过程中又对没有独立生活能力的家庭成员实施打骂、虐待的行为的；（4）具有其他恶劣情节的。[②]还有学者认为，"情节恶劣"，是指由于遗弃造成被害人重伤、死亡等严重后果的，有遗弃行为屡教不改的，或者遗弃手段、情节特别恶劣的。[③]我们认为，还应当包括被害人因被遗弃而生活无着，被迫沿街乞讨的；行为人屡经教育，拒绝改正而使被害人的生活陷入危难境地的；遗弃手段十分恶劣的（如在遗弃中又有打骂、虐待的行为的），等等。

针对《刑法》对遗弃罪的定罪标准不够明确的问题，《反家暴意见》在总结司法实践经验的基础上，对《刑法》规定的构成遗弃罪所要求的情节恶劣进行了细化。根据《反家暴意见》第17条第3款的规定："根据司法实践，具有对被害人长期不予照顾、不提供生活来源；驱赶、逼迫被害人离家，致使被害人流离失所或者生存困难；遗弃患严重疾病或者生活不能自理的被害人；遗弃致使被害人身体严重损害或者造成其他严重后果等情形，属于刑法第二百六十一条规定的遗弃'情节恶劣'，应当依法以遗弃罪定罪处罚。"这一规定在某种意义上也是司法机关对遗弃罪中情节恶劣的界定，是判断遗弃行为是否达到情节恶劣的法律依据。

---

① 王礼仁：《婚姻诉讼前沿理论与审判实务》，人民法院出版社2009年版，第362页。
② 曾芳文、段启俊：《个罪法定情节研究与适用》，人民法院出版社2005年版，第567页。
③ 何帆编著：《刑法注释书》，中国民主法制出版2019年版，第589页。

4. 遗弃罪所侵害的客体是家庭成员之间的扶养权利义务关系。犯罪的对象则是年老、年幼、患病或者其他没有独立生活能力的家庭成员。家庭成员之间存在扶养的权利义务，但是如果不存在没有独立生活能力的情形，当然也就不是遗弃罪的对象，也无从成立遗弃罪。在美国，大多数州则认为，成年子女对于生活困难需要赡养的父母应当尽赡养义务。有学者认为，父母子女关系是一种互惠关系，在子女未成年时，父母有抚养子女的义务，当父母年老体弱，生活困难需要赡养时，子女当然责无旁贷。根据这一理论，父母对子女的抚养和照顾是一种恩惠，如果子女未能得到应有的抚养、照顾，父母有忽视、遗弃子女行为的，自无恩惠可言，互惠关系亦不能成立。故此，有些州规定父母对未成年子女有故意忽视、遗弃行为的，其子女成年后无赡养父母的义务。[①] 这种现象在我国也不同程度地存在，一些父母不抚养未成年子女，待自己年龄大了以后却要求子女赡养，而子女又不能以自己没有被父或者母抚养过自己作为抗辩的理由，拒绝赡养父或者母，这从情理上很难让人接受。目前，对这个问题我国法律没有明确规定，需要理论界加以研究，最高司法机关也应当有所规定。我们认为，美国法律界关于这一问题"恩惠理论"的观点可供我国参考。此外，现实生活中还存在父母偏心，把财产全部给了一个子女，但是还要其他子女承担赡养义务的情形。其中的原因可能是重男轻女，也可能是某个子女讨人喜欢。一旦出现这种情形，没得到财产的子女觉得不公平，就不愿意赡养。对这种情形，目前法律上没有明确规定没分到财产可以成为不赡养父母的理由，因此，没有分到财产的子女仍然负有赡养义务，如果当事人起诉到法院，人民法院在判决承担经济给付义务时，应当充分考虑此前分财的情况，作出合法合情合理的判决。

《宪法》第 49 条第 1 款、第 3 款规定："婚姻、家庭、母亲和儿童受国家的保护。""父母有抚养教育未成年子女的义务，成年子女有赡养扶助父母的义务。"这是《刑法》设置遗弃罪的宪法依据。《民法典》第 26 条规定："父母对未成年子女负有抚养、教育和保护的义务。""成年子女对父母有赡养、扶助和保护的义务。"第 1059 条第 1 款规定："夫妻有相互扶养的义务。"《妇女权益保障法》第 2 条第 4 款规定，禁止遗弃妇女。第 38 条规定，禁止遗弃

---

① 夏吟兰：《美国现代婚姻家庭制度》，中国政法大学出版社 1999 年版，第 105 页。

病、残妇女和老年妇女。《老年人权益保障法》第3条第3款规定，禁止遗弃老年人。《未成年人保护法》第10条2款规定，禁止遗弃未成年人。所有这些法律规范构成了我国家庭成员平等权利的法律保护体系，违反这些法律规定，应当承担相应的民事责任，情节恶劣，构成犯罪的，《刑法》规定为遗弃罪。

三、认定遗弃罪应当注意的问题

1. 注意遗弃罪与虐待罪的区分。这两个罪在犯罪主体、犯罪对象、主观方面、客观方面都相似或者有交叉之处。但是两罪之间还是存在着明显的区别：一是犯罪主体的区别。遗弃罪的犯罪主体，行为人与被遗弃人不一定在同一家庭中共同生活；而虐待罪的犯罪主体则要求行为人与被虐者共同生活在一起。二是在犯罪的主观方面的区别。遗弃罪与虐待罪都是故意犯罪，但是，遗弃罪是不作为犯罪，虐待罪则主要是作为犯罪。遗弃罪犯罪的动机是行为人逃避扶养义务；虐待罪犯罪动机则是行为人使被虐者产生肉体和精神上的痛苦。三是犯罪的客观方面的区别。遗弃罪是不作为，表现为负有扶养义务而拒不扶养的行为；虐待罪则既有作为，也有不作为，通常表现为作为的行为。四是遗弃罪侵害的对象仅限于年老、年幼、患病或者其他没有独立生活能力的人，这些人与行为人存在扶养与被扶养的关系；虐待罪侵害的对象则是与施虐者共同生活的家庭成员，并不要求被虐者没有独立生活能力。司法实践中，如果遇有行为人对没有独立生活能力的人既有打骂等虐待的行为，又有拒不扶养的行为，这时就要查明，行为人是不是负有扶养义务，行为人的主观动机以及行为特征，如果主要是虐待的行为，则应当认定为虐待罪；如果主要是拒不扶养的行为，则应当认定为遗弃罪。

2. 注意遗弃罪与故意杀人罪的区别。故意杀人是可以通过拒不扶养的不作为形式来实现的，因此，有时会出现故意杀人罪与遗弃罪相混淆的情形，司法实践中要特别注意。遗弃罪和故意杀人罪区别的关键在于行为人的主观故意以及在这一主观故意支配下的行为方式。根据《反家暴意见》第17条第4款的规定："要根据被告人的主观故意、所实施行为的时间与地点、是否立即造成被害人死亡，以及被害人对被告人的依赖程度等进行综合判断。对于只是为了逃避扶养义务，并不希望或者放任被害人死亡，将生活不能自理的被害人弃置在福利院、医院、派出所等单位或者广场、车站等行人较多的场所，希望被害人得到他人救助的，一般以遗弃罪定罪处罚。对于希望或者放任被害人死亡，不履行必要的扶养义务，致使被害人因缺乏生活照料而死亡，或者将生活不能自理的被害人带至荒山野岭等人迹罕至的场所扔弃，使被害人难以得到他人救助的，应当以故意杀人罪定罪处罚。"以弃婴这一行为为例，就遗弃罪而言，遗弃罪的主观故意是逃避履行应尽的法定抚养义务，并不希望或者放任被害人死亡结果的发生，因此，即使发生弃婴的行为，也只是为逃避抚养义务，将这一抚养义务转嫁给他人从而达到自己不再承担抚养义务的结果。因此，一般就会将婴儿丢弃在容易被人发现的、能够获得救助的场所，比如车站、码头、医院、大街或者别人家门口等。在这种情形下，即使有遗弃致婴儿死亡的结果发生，也不能认定为故意杀人罪，而应当以遗弃罪定罪处罚，死亡的结果只能作为从重处罚的情节加以考量。而就故意杀人罪而言，故意杀人罪则是对自己的行为造成他人死亡的结果处于希望或者放任心理状态。因此，一般就会将婴儿丢在比较隐蔽不易为人发现的地方，比如人迹罕至的荒郊野岭或者故意几天不喂奶活活饿死、直接溺婴致死等，在这种情形下，即使没有发生死亡的结果，也应当以故意杀人罪定罪处罚，未遂的情形只能作为从轻、减轻处罚的情节加以考量。

3. 注意遗弃罪与故意伤害罪的区别。故意伤害是可以通过拒不扶养的不作为形式来实现的，因此，有时同样会出现故意伤害罪与遗弃罪相混淆的情形，司法实践中要特别注意。遗弃罪和故意伤害罪区别的关键在于行为人的主观故意以及在这一主观故意支配下的行为方式。就遗弃罪而言，遗弃罪的主观故意是逃避履行应尽的法定扶养义务，并不希望或者放任被害人伤害结果的发生，因此，即使有因遗弃致人伤害包括重伤的结果发生，也不能认定为故意伤害罪，而应当以遗弃罪定罪处罚，重伤的结果只能作为从重处罚的情节加以考量。而就故意伤害罪而言，故意伤害罪则是对自己的行为造成他人伤害包括重伤的结果处于希望或者放任心理状态，因此，只要有伤害结果的发生，就应当以故意伤害罪定罪处罚。

四、对遗弃的处理

1. 对实施遗弃家庭成员构成犯罪的，依法追究刑事责任，根据《刑法》第 261 条的规定，犯遗弃罪的，处五年以下有期徒刑、拘役或者管制。

2. 实施遗弃的行为可以作为离婚案件中准予离婚的情形。在美国，遗弃是另一个传统的离婚理由，目前有 28 个州适用。遗弃是指一方不履行同居义务，即一方未经他方同意和司法判决，擅自与他方分居并不打算恢复婚姻的共同生活，试图通过遗弃行为达到离婚的目的。[①] 美国法律界普遍认为，作为一种过错离婚的原因，遗弃必须是故意的，并有遗弃配偶的意愿，且必须持续一段特定的期限。[②] 在我国，离婚诉讼的原告可以以被告对自己实施遗弃行为为由提起离婚诉讼。人民法院在审理离婚案件时，准予或者不准予离婚应当以夫妻感情是否破裂作为标准，而判断夫妻感情是否破裂，应当从婚姻基础、婚后感情、离婚原因、夫妻关系现状以及有无和好的可能等方面综合分析。最高人民法院在《夫妻感情的意见》中提出 14 个标准，其中第 13 项指出，受对方的遗弃，经教育不改，另一方不谅解的是感情确已破裂的标准之一。而《婚姻法》在第 32 条第 3 款第 2 项将遗弃家庭成员作为调解无效的，应当准予离婚的情形之一。《民法典》第 1079 条第 3 款第 2 项仍然将遗弃家庭成员作为调解无效的，应当准予离婚的情形之一。这是是否准予离婚的客观标准，而不再是判断夫妻感情确已破裂的标准，人民法院在审理以遗弃家庭成员作为离婚理由的案件时，应当对是否存在遗弃行为予以查明，如果经审理查明确实存在遗弃行为的情形，应当在判决书中予以确认并作为判决的事实依据。从证据的角度而言，人民法院审理涉及因遗弃而提出离婚的案件，可以根据公安机关收到的报警出警记录、证人证言、被（受）害人的陈述、刑事判决书等证据，认定遗弃行为存在的事实。

3. 实施遗弃的行为可以作为申请撤销监护人案件中撤销监护人资格的情

---

① 夏吟兰：《美国现代婚姻家庭制度》，中国政法大学出版社 1999 年版，第 157 页。

② ［美］哈里·D. 格劳斯、大卫·D. 梅耶：《美国家庭法精要》，陈苇等译，中国政法大学出版社 2010 年版，第 170 页。

形。根据《民法典》第36条的规定："监护人有下列情形之一的，人民法院根据有关个人或者组织的申请，撤销其监护人资格，安排必要的临时监护措施，并按照最有利于被监护人的原则依法指定监护人：（一）实施严重损害被监护人身心健康的行为；（二）怠于履行监护职责，或者无法履行监护职责且拒绝将监护职责部分或者全部委托给他人，导致被监护人处于危困状态；（三）实施严重侵害被监护人合法权益的其他行为。""本条规定的有关个人、组织包括：其他依法具有监护资格的人、居民委员会、村民委员会、学校、医疗机构、妇女联合会、残疾人联合会、未成年人保护组织、依法设立的老年人组织、民政部门等。""前款规定的个人和民政部门以外的组织未及时向人民法院申请撤销监护人资格的，民政部门应当向人民法院申请。"也就是说，如果监护人对被监护人实施了遗弃行为并且严重侵害被监护人合法权益的，人民法院可以根据被监护人的近亲属、居民委员会、村民委员会、县级人民政府民政部门等有关人员或者单位的申请，依法撤销其监护人资格，另行指定监护人。同时，人民法院、人民检察院、公安机关对于监护人实施遗弃行为，严重侵害被监护人合法权益的，在必要时可以告知被监护人及其他有监护资格的人员、单位，向人民法院提出申请，要求撤销监护人资格，依法另行指定监护人。根据《民法典》第37条的规定："依法负担被监护人抚养费、赡养费、扶养费的父母、子女、配偶等，被人民法院撤销监护人资格后，应当继续履行负担的义务。"2016年5月31日，最高人民法院公布的关于侵害未成年人权益被撤销监护人资格典型案例中，周某因不尽抚养义务，遗弃家庭成员而被撤销监护人资格案就是一起典型案例。申请人秦某某、周某某系夫妻关系，1978年6月领养了周某。1999年至2000年，秦某某、周某某因周某吸食毒品屡教不改并偷拿家中财物导致矛盾激化，双方于2000年11月21日经上海市长宁区人民法院主持调解，解除了秦某某、周某某与周某之间养父母与养女关系。2005年3月23日，周某在外非婚生育一女，取名周某一。2005年6月，周某找到秦某某、周某某希望能暂时代为照顾周某一。但是当老两口接手孩子后，周某只是每年偶尔来看看孩子，也未支付过抚养费。自2013年2月起，周某未再看望过周某一，也未履行抚养义务，经秦某某、周某某多次电话联系，仍然无法联系到周某。周某一现就读于上海市某小学四年级，成绩优良，但是因被申请人周某没有履行监护职责，未能办理户籍。本案在审理期间法院委托上海市阳光社区青少年事务中心长宁工作站进行社会观护。社会观护员反映：周某一自幼由二申请人照顾，被申请人偶尔回家一次。现在有一年多没有回家或者联系周某一。平时申请人周某某负责接送周某一，课余经常带周某一去各种游乐场所和公园，申请人秦某某负责周某一的饮食起居和学习。周某一明确表示希望和二申请人生活在一起，不喜欢母亲周某。因为周某下落不明以及消极处理周某一的户籍问题，导致周某一目前处于没有户籍、没有医保、没有身份证的状况，亦增加了二申请人的经济负担。社会观护员建议从保障未成年人权益出发，由二申请人担任周某一监护人为宜。上海市长宁区人民法院经审理后认为，二申请人虽然是年迈老人，且与未成年人周某一无法律关系、无抚养义务，但是出于对未成年人的关爱之情，长期抚养周某一，并经所在居民委员会同意，向人民法院提出撤销周某的监护人资格。而在周某一的生父尚不明确的情况下，生母周某作为唯一法定监护人不亲身切实履行抚养周某一的义务，不承担抚养费用，未能有效履行抚养未成年人的义务，不宜再担任周某一的监护人。鉴于二申请人长期抚养周某一，具有抚养能力，双方形成亲密抚养关系，且相关证据亦表明未成年人周某一在二申请人的照顾下成长状况良好，学习成绩优良，可以认为二申请人具备监护周某一的资格和条件。判决：一、撤销被申请人周某的监护人资格。二、变更申请人秦某某、周某某为周某一的监护人。这个案件的典型意义在于它是上海首例监护人不尽抚养义务被撤销监护权的案件。这个案件给我们的启示是，并不是只有虐待未成年子女才会受到法律制裁，监护人长期不尽抚养义务，也会被剥夺监护权，由国家或者他人代为行使监护权。孩子不是父母的私有财产，他们是国家的未来，一旦发现未成年人权益受到侵害，公民有报告的义务，这样才会逐步减少未成年人权益受侵害的现象。①

4. 实施遗弃的行为可以作为离婚案件中无过错方请求损害赔偿的情形。根据《民法典》第 1091 条第 4 项的规定，因为遗弃家庭成员而导致离婚的，无过错方有权请求损害赔偿。

---

① 《最高人民法院关于侵害未成年人权益 被撤销监护人资格典型案例》，载《人民法院报》2016 年 6 月 1 日。

根据《婚姻家庭编解释一》第 86 条的规定，这里的损害赔偿，包括物质损害赔偿和精神损害赔偿。涉及精神损害赔偿的，适用《精神损害赔偿意见》有关规定。

根据《婚姻家庭编解释一》第 87 条第 1 款的规定，承担损害赔偿责任的主体是离婚诉讼当事人中无过错方的配偶。经人民法院审理后，判决不准离婚的案件，根据《婚姻家庭编解释一》第 87 条第 2 款的规定，对于当事人基于遗弃提出的损害赔偿请求，人民法院不予支持。根据《婚姻家庭编解释一》第 87 条第 3 款规定的精神，在婚姻关系存续期间，当事人不起诉离婚而单独以遗弃提起损害赔偿请求的，人民法院不予受理。

根据《婚姻家庭编解释一》第 88 条的规定，人民法院受理以"遗弃"为由的离婚案件时，应当将《民法典》第 1091 条第 4 项规定中当事人的有关权利义务（因遗弃导致离婚的，无过错方有权请求离婚损害赔偿），书面告知当事人。在适用《民法典》第 1091 条第 4 项时，应当区分以下不同情况：一是符合因遗弃导致离婚的，无过错方有权请求离婚损害赔偿的规定，无过错方作为原告基于该规定向人民法院提起损害赔偿请求的，必须在离婚诉讼的同时提出。二是符合因遗弃导致离婚的，无过错方有权请求离婚损害赔偿的规定，无过错方作为被告的离婚诉讼案件，如果被告不同意离婚也不基于该规定提起损害赔偿请求的，如果判决离婚，可以就此单独提起诉讼。三是无过错方作为被告的离婚诉讼案件，一审时被告未基于因遗弃导致离婚的，无过错方有权请求离婚损害赔偿的规定提出损害赔偿请求，如果判决离婚，二审期间提出的，人民法院应当进行调解；调解不成的，告知当事人另行起诉。双方当事人同意由二审人民法院一并审理的，二审人民法院可以一并裁判。

根据《婚姻家庭编解释一》第 89 条的规定，当事人在婚姻登记机关办理离婚登记手续后，以遗弃为由向人民法院提出损害赔偿请求的，人民法院应当受理。但当事人在协议离婚时已经明确表示放弃该项请求的，人民法院不予支持。

5. 实施遗弃的行为可以作为请求公安机关对遗弃者予以行政处罚的情形。如果遗弃者实施遗弃的行为，根据《治安管理处罚法》第 45 条的规定，受害人有权向公安机关提出相应的请求，受害人提出请求的，公安机关应当依照治安管理处罚的法律规定给予行为人处五日以下拘留或者警告的行政处罚。

6. 遗弃未成年养子女是解除收养关系的法定事由。根据《民法典》第1114条第2款的规定，收养人不履行抚养义务，有遗弃未成年养子女合法权益行为的，送养人有权要求解除养父母与养子女间的收养关系。送养人、收养人不能达成解除收养关系协议的，可以向人民法院提起诉讼。由于收养关系解除后，养子女与养父母以及其他近亲属间的权利义务关系即行消除，与生父母以及其他近亲属间的权利义务关系自行恢复，养父母与养子女间的抚养与赡养义务也随之消除，生父母与子女的抚养与赡养义务自行恢复。但是，根据《民法典》第1118条的规定，收养关系解除后，经养父母抚养的成年养子女，对缺乏劳动能力又缺乏生活来源的养父母，应当给付生活费。因养子女成年后遗弃养父母而解除收养关系的，养父母可以要求养子女补偿收养期间支出的抚养费。生父母要求解除收养关系的，养父母可以要求生父母适当补偿收养期间支出的抚养费；但是，因养父母遗弃养子女而解除收养关系的除外。

7. 遗弃被继承人是丧失继承权的法定事由。根据《民法典》第1125条第3项的规定，继承人遗弃被继承人的，丧失继承权。遗弃被继承人是指有抚养、扶养、赡养能力的继承人对丧失劳动能力或者其他没有独立生活能力的被继承人（尤指老、弱、病、残、幼）拒绝抚养、扶养或者赡养的行为。[1] 这一规定的意义在于保障被继承人的合法利益。行为人作出对被继承人不利的行为，当然不能再从被继承人那儿获得利益。但是，根据《民法典》第1125条第2款规定，如果继承人确已悔改，被继承人表示宽恕或者事后在遗嘱中将其列为继承人的，该继承人不丧失继承权。这是当事人意志自治原则的体现。《民法典》第1130条第3款、第4款规定："对被继承人尽了主要扶养义务或者与被继承人共同生活的继承人，分配遗产时，可以多分。""有扶养能力和有扶养条件的继承人，不尽扶养义务的，分配遗产时，应当不分或者少分。"这些规定也是为了鼓励社会养成扶养需要扶养的人，形成良好的家庭和睦的氛围。

---

① 许莉主编：《婚姻家庭继承法学》，北京大学出版社2019版，第230页。

家庭暴力违法犯罪相关章节的结语

家庭暴力、暴力干涉婚姻自由罪、虐待罪和遗弃罪等违法犯罪行为是发生在家庭成员之间，以及具有监护、扶养、寄养、同居等关系的共同生活人员之间具有家庭暴力性质的违法犯罪，严重侵害公民人身权利，破坏家庭关系，影响社会和谐稳定。根据《反家庭暴力法》《反家暴意见》等法律法规和司法解释的相关规定，司法机关应当严格履行各自的职责，充分运用法律武器，积极预防和有效惩治各种家庭暴力违法犯罪，切实保障人权，维护社会秩序，要让最大限度减少家庭暴力违法犯罪的发生成为全社会的共识。司法机关在办理家庭暴力违法犯罪案件时，应当注意以下几方面的问题。

（一）要用四项原则促进法、理、情的统一

根据最高人民法院刑事审判第一庭负责人介绍，与其他暴力犯罪相比，家庭暴力犯罪具有一定的特殊性和复杂性。办理这类案件，涉及公权干预与私权自治的界限把握，涉及被害人利益、家庭利益以及严格适用法律的国家利益三者之间的平衡，涉及法、理、情的统一，政策性强，处理难度大。[1] 因此，在办理家庭暴力违法犯罪案件时，应当坚持以下四项基本原则：

1.坚持依法及时、有效干预原则。针对家庭暴力违法犯罪持续反复发生，不断恶化升级的特点，司法机关对已经发现的家庭暴力违法犯罪，应当依法采取及时、有效的措施，进行妥善处理，不能以家庭暴力违法犯罪发生在家庭成员之间，或者属于家务事为由而置之不理，互相推诿。

---

[1] 罗书臻：《充分运用法律反对家庭暴力——最高人民法院刑一庭负责人就〈关于依法办理家庭暴力犯罪案件的意见〉答记者问》，载《人民法院报》2015 年 3 月 7 日。

2.坚持保护被（受）害人安全和隐私原则。在办理家庭暴力违法犯罪案件时，司法机关应当首先保护被（受）害人的安全。通过对被（受）害人进行紧急救治、临时安置，以及对施暴人采取刑事强制措施、判处刑罚、宣告禁止令等措施，制止家庭暴力违法犯罪并防止再次发生，消除家庭暴力违法犯罪的现实侵害和潜在危险。对与案件有关的个人隐私，应当保密，但是法律有特别规定的除外。

3.坚持尊重被（受）害人意愿原则。在办理家庭暴力违法犯罪案件时，司法机关既要严格依法进行，也要尊重被（受）害人的意愿。在立案、采取刑事强制措施、提起公诉、判处刑罚、减刑、假释时，应当充分听取被害人意见，在法律规定的范围内作出合法、合情、合理的处理。对法律规定可以调解、和解的案件，应当在当事人双方自愿的基础上进行调解、和解。

4.坚持对未成年人、老年人、残疾人、孕妇、哺乳期妇女、重病患者特殊保护原则。在办理家庭暴力违法犯罪案件时，司法机关应当根据法律规定和案件情况，通过代为告诉、提起公诉、法律援助等措施，加大对未成年人、老年人、残疾人、孕妇、哺乳期妇女、重病患者的司法保护力度，切实保障他们的合法权益。

（二）鼓励举报家庭暴力违法犯罪线索，司法机关要积极作为

及时发现家庭暴力违法犯罪事实，是进行有效干预的前提，而要加强对家庭暴力违法犯罪的干预，就必须设法拓宽发现家庭暴力违法犯罪的渠道，司法机关要加大宣传力度，形成鼓励全社会举报家庭暴力违法犯罪线索氛围。同时，司法机关在日常办理案件中，也应当积极有为。此外，为了保护被（受）害人的人身安全、防止家庭暴力违法犯罪再次发生、保证刑事诉讼、民事诉讼顺利进行，司法机关应当对实施家庭暴力违法犯罪的施暴人、犯罪嫌疑人、被告人采取适当的强制措施。

1.要宣传鼓励积极报案、控告和举报。《刑事诉讼法》第110条规定："任何单位和个人发现有犯罪事实或者犯罪嫌疑人，有权利也有义务向公安机关、人民检察院或者人民法院报案或者举报。""被害人对侵犯其人身、财产权利的犯罪事实或者犯罪嫌疑人，有权向公安机关、人民检察院或者人民法院报案或者控告。""公安机关、人民检察院或者人民法院对于报案、控告、

举报，都应当接受。对于不属于自己管辖的，应当移送主管机关处理，并且通知报案人、控告人、举报人；对于不属于自己管辖而又必须采取紧急措施的，应当先采取紧急措施，然后移送主管机关。""犯罪人向公安机关、人民检察院或者人民法院自首的，适用第三款规定。"家庭暴力违法犯罪的被害人及其亲属、朋友、邻居、同事，以及村（居）民委员会、人民调解委员会、妇联、共青团、残联、医院、学校、幼儿园等单位、组织，如果发现家庭暴力违法犯罪，有权利也有义务及时向司法机关报案、控告或者举报。

司法机关对于报案人、控告人和举报人不愿意公开自己的姓名和报案、控告、举报行为的，应当为其保守秘密，保护报案人、控告人和举报人的安全。

2. 要迅速审查、立案和转处。公安机关、人民检察院、人民法院接到家庭暴力违法犯罪的报案、控告或者举报后，应当立即问明案件的初步情况，制作笔录，迅速进行审查，按照《刑事诉讼法》关于立案的规定，根据自己的管辖范围，决定是否立案。对于符合立案条件的，要及时立案。对于可能构成犯罪但是不属于自己管辖的，应当移送主管机关处理，并且通知报案人、控告人或者举报人；对于不属于自己管辖而又必须采取紧急措施的，应当先采取紧急措施，然后移送主管机关。

经审查，对于家庭暴力违法行为尚未构成犯罪，但是属于违反治安管理行为的，应当将案件移送公安机关，依照治安管理处罚法的规定进行处理，同时告知受害人可以向人民调解委员会提出申请，或者向人民法院提起民事诉讼，要求施暴人承担停止侵害、赔礼道歉、赔偿损失等民事责任。

3. 要注意发现犯罪案件。公安机关在处理人身伤害、虐待、遗弃等行政案件过程中，人民法院在审理婚姻家庭、继承、侵权责任纠纷等民事案件过程中，应当注意发现可能涉及的家庭暴力犯罪。一旦发现家庭暴力犯罪线索，公安机关应当将案件转为刑事案件办理，人民法院应当将案件移送公安机关；属于自诉案件的，公安机关、人民法院应当告知被害人提起自诉。

4. 要妥善救治、安置被（受）害人。司法机关等负有保护公民人身安全职责的单位和组织，对因家庭暴力违法犯罪受到严重伤害需要紧急救治的被（受）害人，应当立即协助联系医疗机构救治；对面临家庭暴力违法犯罪严重威胁，或者处于无人照料等危险状态，需要临时安置的被（受）害人或者相关未成年人，应当通知并协助有关部门进行安置。

5. 要依法采取强制措施。司法机关对实施家庭暴力违法犯罪的施暴人、犯罪嫌疑人、被告人，符合（行政、刑事）拘留、逮捕条件的，可以依法拘留、逮捕；没有采取拘留、逮捕措施的，应当通过走访、打电话等方式与被害人或者其法定代理人、近亲属联系，了解被（受）害人的人身安全状况。对于施暴人、犯罪嫌疑人、被告人再次实施家庭暴力违法犯罪的，应当根据情况，依法采取必要的强制措施。

司法机关决定对实施家庭暴力违法犯罪的施暴人不予行政拘留，对犯罪嫌疑人、被告人取保候审的，为了确保被害人及其子女和特定亲属的安全，可以依照《刑事诉讼法》第71条第2款的规定，责令犯罪嫌疑人、被告人不得再次实施家庭暴力；不得侵扰被害人的生活、工作、学习；不得进行酗酒、赌博等活动；经被害人申请且有必要的，责令不得接近被害人及其未成年子女。

6. 要加大对被害人的法律援助力度。人民检察院自收到移送审查起诉的案件材料之日起三日内，人民法院自受理案件之日起三日内，应当告知被害人及其法定代理人或者近亲属有权委托诉讼代理人，如果经济困难，可以向法律援助机构申请法律援助；对于被害人是未成年人、老年人、重病患者或者残疾人等，因经济困难没有委托诉讼代理人的，人民检察院、人民法院应当帮助被害人申请法律援助。

法律援助机构应当依法为符合条件的被害人提供法律援助，指派熟悉反家庭暴力法律法规的律师办理案件。

（三）要充分尊重和保障被害人程序选择权

家庭暴力违法犯罪案件涉及私权的行使与公权的介入如何平衡的问题，司法机关应当充分尊重和保障被害人程序选择权，对于构成犯罪的案件，是选择公诉还是自诉，应当根据被害人的意志由被害人自行选择。对不能自主行使自诉权的被害人要通过代为告诉或者公诉的途径保障被害人的诉权的行使。

1. 要尊重被害人的程序选择权。对于被害人有证据证明的轻微家庭暴力违法犯罪案件，在立案审查时，应当尊重被害人选择公诉或者自诉的权利。

被害人要求公安机关处理的，公安机关应当依法立案、侦查。在侦查过程中，被害人不再要求公安机关处理或者要求转为自诉案件的，应当告知被害人向公安机关提交书面申请。经审查确系被害人自愿提出的，公安机关应当依法撤销案件。被害人就这类案件向人民法院提起自诉的，人民法院应当依法受理。但是，对于虐待罪的被害人没有能力告诉，或者因受到强制、威吓无法告诉的，人民检察院应当提起公诉，人民法院应当受理。

2. 要通过代为告诉充分保障被害人自诉权。对于家庭暴力犯罪自诉案件，被害人无法告诉或者不能亲自告诉的，其法定代理人、近亲属可以告诉或者代为告诉；被害人是无行为能力人、限制行为能力人，其法定代理人、近亲属没有告诉或者代为告诉的，人民检察院可以告诉；告诉才处理的案件，被害人因受强制、威吓无法告诉的，人民检察院也可以告诉。人民法院对告诉或者代为告诉的，应当依法受理。

3. 要切实加强立案监督，防止有案不立。人民检察院要切实加强对家庭暴力违法犯罪案件的立案监督，发现公安机关应当立案而不立案的，或者被害人及其法定代理人、近亲属，有关单位、组织就公安机关不予立案向人民检察院提出异议的，人民检察院应当要求公安机关说明不立案的理由。人民检察院认为不立案理由不成立的，应当通知公安机关立案，公安机关接到通知后应当立案；认为不立案理由成立的，应当将理由告知提出异议的被害人及其法定代理人、近亲属或者有关单位、组织。

（四）办理家庭暴力违法犯罪案件要注意证据的收集

家庭暴力违法犯罪案件中的证据是认定家庭暴力违法犯罪事实的依据和基础，而家庭暴力违法犯罪案件一般具有案发周期较长，被害人与施暴人共同生活、处于相对弱势、举证能力有限，证据难以保存的特点。司法机关在办理家庭暴力违法犯罪案件时，对收集证据以及指导被害人收集证据，要做到及时、全面，加强指导。

1. 要及时、全面收集证据。公安机关在办理家庭暴力违法犯罪案件时，要充分、全面地收集、固定证据，除了收集现场的物证、被害人陈述、证人证言等证据外，还应当注意及时向村（居）委会、人民调解委员会、妇联、共青团、残联、医院、学校、幼儿园等单位、组织的工作人员，以及被害人的亲属、邻居等收集涉及家庭暴力违法犯罪的处理记录、病历、照片、视频等证据。

2. 要加强自诉案件举证指导。家庭暴力犯罪案件一般具有案发周期较长、证据难以保存、被害人处于相对弱势、举证能力有限、相关事实难以认定等特点，在自诉案件中表现得更为突出。因此，人民法院在审理家庭暴力犯罪自诉案件时，对于因当事人举证能力不足等原因，难以达到法律规定的证据要求的，应当及时对当事人进行举证指导，告知需要收集的证据及收集证据的方法。对于因客观原因不能取得的证据，当事人申请人民法院调取的，人民法院应当认真审查，认为确有必要的，应当调取。

（五）在办理家庭暴力违法犯罪案件时要注意贯彻宽严相济刑事政策

家庭暴力违法犯罪案件，由于大多发生在家庭成员之间，处罚时需要考虑的因素较多，既要体现对施暴人的惩处，也要充分考虑被害人的意愿、其他被扶养人的利益以及家庭关系的恢复等。因此，贯彻宽严相济刑事政策是司法机关应当遵循的一项基本准则。同时，因家庭暴力违法犯罪引发的伤害、杀害施暴人构成犯罪的案件在实践中也比较常见，民众对这类案件的被告人普遍存在同情，司法机关在处理此类案件时应当充分考虑天理、人情和国法的统一。

1. 要切实贯彻宽严相济刑事政策。对于实施家庭暴力构成犯罪的，司法机关应当根据罪刑法定、罪刑相适应的原则，兼顾维护家庭稳定、尊重被害人意愿等因素综合考虑，宽严并用，区别对待，当宽则宽，当严则严。司法实践中，对于实施家庭暴力违法犯罪手段残忍或者造成严重后果；出于恶意侵占财产等卑劣动机实施家庭暴力违法犯罪；因酗酒、吸毒、赌博等恶习而长期或者多次实施家庭暴力违法犯罪；曾因实施家庭暴力违法犯罪受到刑事处罚、行政处罚；或者具有其他恶劣情形的，在处罚上可以适当从严。对于实施家庭暴力违法犯罪情节较轻，或者被告人真诚悔罪，获得被害人谅解，从宽处罚有利于被扶养人的，可以酌情从宽处罚；对于情节轻微不需要判处刑罚的，人民检察院可以不起诉，人民法院可以判处免予刑事处罚。

对于实施家庭暴力违法行为情节显著轻微危害不大，不构成犯罪的，应当撤销案件、不起诉，或者宣告无罪。

司法机关应当充分运用非刑罚处罚措施，如训诫，责令施暴人保证不再实施家庭暴力违法犯罪，或者向被害人赔礼道歉、赔偿损失等非刑罚处罚措施，加强对施暴人的教育与惩戒。

2. 要准确认定对家庭暴力违法犯罪的正当防卫。为了使本人或者他人的人身权利免受不法侵害，对正在进行的家庭暴力违法犯罪行为采取制止行为，只要符合《刑法》规定的条件，司法机关就应当依法认定为正当防卫，作出不负刑事责任决定或者判决。防卫行为造成施暴人重伤、死亡，且明显超过必要限度，属于防卫过当，应当负刑事责任，但是，司法机关应当作出减轻或者免除处罚的判决。

在认定防卫行为是否"明显超过必要限度"时，司法机关应当以足以制止并使防卫人免受家庭暴力违法犯罪不法侵害的需要为标准，根据施暴人正在实施家庭暴力违法犯罪的严重程度、手段的残忍程度，防卫人所处的环境、面临的危险程度、采取的制止暴力的手段、造成施暴人重大损害的程度，以及既往家庭暴力违法犯罪的严重程度等进行综合判断。

3. 要充分考虑案件中的防卫因素和过错责任。对于长期遭受家庭暴力违法犯罪后，在激愤、恐惧状态下为了防止再次遭受家庭暴力违法犯罪，或者为了摆脱家庭暴力违法犯罪而故意杀害、伤害施暴人，被告人的行为具有防卫因素，施暴人在案件起因上具有明显过错或者直接责任的，可以酌情从宽处罚。对于因遭受严重家庭暴力违法犯罪，身体、精神受到重大损害而故意杀害施暴人；或者因不堪忍受长期家庭暴力违法犯罪而故意杀害施暴人，犯罪情节不是特别恶劣，手段不是特别残忍的，可以认定为《刑法》第320条规定的故意杀人"情节较轻"，在十年有期徒刑以下量刑。在服刑期间确有悔改表现的，可以根据罪犯家庭情况，依法放宽减刑的幅度，缩短减刑的起始时间与间隔时间；符合假释条件的，应当假释。被杀害施暴人的近亲属表示谅解的，司法机关在量刑、减刑、假释时都应当予以充分考虑。

虽然司法机关对这类案件的量刑总体上体现出从宽处理的精神，但这绝不是鼓励家庭暴力被害人"以暴制暴"。被害人仍然应当通过正当的法律途径维护自己的合法权益，避免自陷囹圄。

（六）要充分运用多种措施，做好个别预防和一般预防

1. 要充分运用禁止令措施。人民法院对实施家庭暴力构成犯罪被判处管制或者宣告缓刑的犯罪分子，为了确保被害人及其子女和特定亲属的人身安全，可以依照《刑法》第 38 条第 2 款、第 72 条第 2 款的规定，同时禁止犯罪分子再次实施家庭暴力违法犯罪，侵扰被害人的生活、工作、学习，进行酗酒、赌博等活动；经被害人申请且有必要的，禁止接近被害人及其未成年子女。

2. 要充分运用人身安全保护措施。人民法院为了保护被害人的人身安全，避免其再次受到家庭暴力违法犯罪的侵害，可以根据申请，依照《民事诉讼法》等法律的相关规定，作出禁止施暴人再次实施家庭暴力违法犯罪、禁止接近被害人、迁出被害人的住所等内容的裁定。对于施暴人违反裁定的行为，如对被害人进行威胁、恐吓、殴打、伤害、杀害，或者未经被害人同意拒不迁出住所的，人民法院可以根据情节轻重予以罚款、拘留；构成犯罪的，应当依法追究刑事责任。

3. 要充分运用社区矫正措施。社区矫正机构对因实施家庭暴力构成犯罪被判处管制、宣告缓刑、假释或者暂予监外执行的犯罪分子，应当依法开展家庭暴力行为矫治，通过制定有针对性的监管、教育和帮助措施，矫正犯罪分子的施暴心理和行为恶习。

后 记

习近平总书记指出："改革开放以来，我国民法理论研究和话语体系建设取得了明显成效，但同日新月异的民法实践相比还不完全适应。要坚持以中国特色社会主义法治理论为指导，立足我国国情和实际，加强对民事法律制度的理论研究，尽快构建体现我国社会主义性质，具有鲜明中国特色、实践特色、时代特色的民法理论体系和话语体系，为有效实施民法典、发展我国民事法律制度提供理论支撑。"① 习近平总书记重要指示精神为我们加强民事法律制度理论研究指明了正确的目标方向，提供了强大的精神动力。

《民法典》正式施行已经两年多了，各类解读《民法典》的书籍可以说已经不少了，但是，从婚姻家庭违法行为的角度研究婚姻家庭的著作并不多。本书的出版或可填补婚姻家庭违法行为研究的空白，为我国民事法律制度的研究添砖加瓦。

经过一年的构思、准备、撰写、统稿，终于完成了本书的写作，在人民法院出版社的支持下得以出版。它的出版，或许对于深化婚姻家庭法律的研究作出些许贡献，给法律理论工作者和法律实务工作者提供一种研究的进路和审判的参考。

由于两位作者水平有限，错讹之处在所难免，还请读者批评指正，以期将来在可能再版之时予以改正。

二〇二三年三月

---

① 习近平：《充分认识颁布实施民法典重大意义 依法更好保障人民合法权益》，载《求是》2020 年第 12 期。